Robert M. Barnes

DAS BUCH ZUM DAY-TRADING

Robert M. Barnes

DAS BUCH ZUM DAY-TRADING

BÖRSENVERLAG

Titel der Originalausgabe:
High-Impact Day Trading
Copyright 1996 by Richard D. Irwin,
a Times Mirror Higher Education Group, Inc. company
Introduction 1996 by Robert M. Barnes

Der Verlag dankt Herrn Thomas Knieß für die vielen richtungs-
weisenden Hilfestellungen bei der vorliegenden Übersetzung.

Die Deutsche Bibliothek – CIP-Einheitsaufnahme

Barnes, Robert M.:
Das Buch zum Day-Trading / Robert M. Barnes. [Aus dem
Amerikan. von Petra Pyka]. - 1. Aufl. -
Rosenheim : TM Börsenverl., 1999
ISBN 3-930851-25-3

© 1999 by
TM BÖRSENVERLAG AG
Salinstraße 1, 83022 Rosenheim
Telefon 0 80 31 / 20 33-0
Telefax 0 80 31 / 20 33 30
Internet: www.boersenverlag.de

1. Auflage Juni 1999
Printed in Austria

Titelbild:
Mauritius/AGE

INHALTSVERZEICHNIS

11

Chart Nr.	Bezeichnung	

VORWORT

Die meisten Trader und fast alle Infodienste, Börsenbriefe und sogar Bücher konzentrieren sich auf ganz bestimmte Aspekte des Tradings: die Methodik (Trendfolge/Theorie der „gegensätzlichen Meinung"/ Formationen, etc.) und deren Aufbau und Umsetzung (graphisch/ computertechnisch, etc.) – bisweilen ergänzt durch Tests dieser Methoden anhand historischer Daten zur Bestimmung der besten Einsatzmöglichkeiten und eventuell noch durch den Versuch einer Einschätzung, welche Methode(n) zum jeweiligen Tradertyp passen.

Trotz dieser hilfreichen Quellen bleiben dabei viele durchaus relevante Aspekte unberücksichtigt. Insbesondere ein Hauptproblem des Tradings findet in der Fachliteratur – mit wenigen Ausnahmen – keine Erwähnung: nächtliche Kurssprünge, die oft zu größeren Gaps und damit massiv in die Verlustzone führen, da der Trader erst dann reagieren kann, wenn alle Nachrichten ihre Wirkung gezeigt und Kursbewegungen bereits stattgefunden haben.

Wer ernst zu nehmendes Trading betreiben und seine Risiken beim Trading in hebelstarken Derivaten, etwa am Futures-Markt, wirkungsvoll begrenzen will, sollte sich daher unbedingt mit Day-Trading befassen und erfolgreiche Strategien entwickeln, um die Vorteile dieser dynamischen Trading-Form mit ihrem beachtlichen Gewinnpotenzial voll auszuschöpfen.

Dazu gehört mehr, als irgendeine herkömmliche Methode (einen gleitenden Durchschnitt, etwa) aufzugreifen und aufs Day-Trading zuzuschneiden. Man muss sich zunächst einen umfassenden Überblick über alle gängigen Methoden und deren Vor- und Nachteile in Theorie und Praxis verschaffen. (Einen Überblick, wie Sie ihn in Kapitel 1 finden.)

Dabei muss der Trader aber auch Instinkt beweisen und die Möglichkeiten und Grenzen des Day-Tradings ergründen, um Kursschwankungen während eines Börsentages mit neuen und praxisnahen Strategien

25

zu begegnen. (In Kapitel 2 finden Sie eine ausführliche Darstellung und Erläuterung der allgemeinen Praxis und eine bahnbrechende neue Strategie für den Umgang mit Intraday-Kursschwankungen.)

Außerdem muß der Trading-Ansatz einfach, doch funktionstüchtig sein. Praktische Regeln sind gefragt, die von Computerspezialisten, aber ebenso von anderen Tradern angewandt werden können, die sich mit den Märkten und dem Day-Trading-Ansatz gründlich auseinandergesetzt haben und ausschließlich doch nur auf Grundlage von Charts traden. (In Kapitel 3 erwarten Sie einfache Rechenmodelle und solide Trading-Strategien für unterschiedliches Börsenpublikum.)

Vor allem aber muss die Day-Trading-Methode bei vielen Basiswerten unter unterschiedlichen Bedingungen und bei verschiedenen Spielarten des Tradings deutliche Gewinne einbringen. (In Kapitel 4 werden knapp 20 Commodities in verschiedenen Zeitrahmen und anhand unterschiedlicher Daten untersucht und profitable Kriterien ausgetestet und erarbeitet, die vor Abzug der Kosten in einem typischen Trading-Monat Gewinne in der Größenordnung von $ 1 000 bis über $ 5 000 je Kontrakt erzielen. Sie bieten dem Day-Trader – ob spekulativ oder konservativ orientiert – jede Menge Gewinnchancen.)

Schließlich braucht der Trader noch praktische Anwendungshinweise und Tipps, wie er die Methode seinen Bedürfnissen entsprechend anpassen und optimieren kann. (Kapitel 5 befasst sich unter anderem mit der Ermittlung der geeigneten Trading-Objekte, dem Late-Day-Trading und der Gegenüberstellung von Einzel- und Mehrfach-Trades.) Dieses Buch soll Ihnen zeigen, dass Day-Trading besonders tauglich ist. Wenn Sie es gelesen haben, sollten Sie die innovative, unter Umständen verlässlichere und dabei auch praxisnähere Methode, den Berg-und-Tal-Ansatz, für Ihr Trading in Erwägung ziehen. Sie sollten die Regeln für das Anwenden dieser Technik und das Umsetzen in der Praxis – ob auf Chart-Basis oder computergesteuert – verstehen, gutheißen und schließlich auch praktisch anwenden. Schließlich sollten Sie ein Portefeuille von Commodities auswählen, die vorgeschlagenen Kriterien für konservatives bzw. spekulatives Trading zugrunde legen oder für sich selbst eigene Rahmenbedingungen festlegen.

Ich wünsche Ihnen eine einträgliche Reise in die aufregende Welt des Day-Tradings!

Robert M. Barnes

Day-Trading und Trading-Technik – ein Hexenkessel

DAS PROBLEM EINES JEDEN TRADERS

Jeder Trader, ob privater Spekulant, Broker oder Commodity Trading Advisor, hat seine individuellen Ziele und seinen persönlichen Stil. Manche sind auf langfristige, größere Gewinne aus, anderen genügt ein kleines Plus bei geringen Verlusten und einer großen Zahl von Trades. All diesen Strategien liegt das zugrunde, was wir als „Wohlfühl"-Ansatz der Geldanlage bezeichnen. Jeder Trader möchte gern möglichst hohe Gewinne erzielen, doch nicht alle sind gleich risikofreudig. Manche sind bedingt bereit, Risiken einzugehen, andere überhaupt nicht, wieder andere würden für die Aussicht auf einen richtig großen Gewinn jedes Risiko in Kauf nehmen (solange ihre Bank mitspielt).

Nur Masochisten mögen Verluste. Doch Verluste sind nun mal unmittelbare Realität.

Trader, die langfristig ausgerichtete Trendfolge-Techniken einsetzen, häufen in guten Zeiten – den „Big Moves" – satte Gewinne an, erleiden dafür aber in unruhigen, trendschwachen Zeiten empfindliche Verluste. Kurzfristig orientierten Tradern gelingt es häufig, Verluste in unberechenbaren Märkten zu minimieren, wo sie sich mit kleinen Zuwächsen bescheiden, doch dafür halten sich ihre Gewinne zu Zeiten nachhaltiger Trends ebenfalls in Grenzen, weil sie die „Big Moves" nicht ausreizen.

Welcher Stil hier auf lange Sicht der beste ist, hängt von der persönlichen Risikobereitschaft des jeweiligen Traders ab (langfristig große Gewinne, wobei auch das Verlustrisiko steigt, oder kurzfristig kleinere Gewinne und Verluste; hoher Ertrag/hohes Risiko gegenüber niedrigem Ertrag/geringem Risiko) und vom vorherrschenden Markttyp.

In Trend-Zeiten gewinnen alle, doch der langfristig orientierte Trendfolger wird (im Allgemeinen) unterm Strich den größeren Gewinn verbuchen, während die Risiken (Verluste) die gleichen sind wie beim kurzfristig orientierten Trader. Kommt es verstärkt zu unruhigen Märkten, hat gewöhnlich der kurzfristig orientierte Trader die besseren Karten – er macht unterm Strich mehr Gewinn bei deutlich geringeren Risiken (weniger Verlust pro Dollar Gewinn). Denn bleiben Trends ganz aus und es kommt zu großer Volatilität der Kursbewegungen, könnten beide Trader so viel verlieren, dass sie ihr Einsatzkapital ernsthaft gefährden oder sogar ganz aufs Spiel setzen.

Genau das ist die Crux eines jeden Commodity Traders.

DIE RISIKEN EINER OVERNIGHT-POSITION

Beide Trader-Typen, vom einen Extrem – langfristig ausgerichteter Trendfolge – zum anderen – kurzfristig orientierter Gewinnmitnahme –, haben mit drei hauptsächlichen Risiken zu kämpfen, drei primären Ursachen für Verluste: die Volatilität der Kurse von einem Tag auf den anderen, die über Nacht entstehenden Kurs-Gaps und die Trading-Methoden als solche.

Die Größe der Kursveränderung/-bewegung von einem Tag auf den anderen ist ein Risiko, das in der Natur der Sache liegt. Kein Trader kann sich dem entziehen. Es handelt sich dabei im Grunde um das Ausmaß der Kursveränderungen innerhalb eines Tages (Tagesspanne) oder, was der Trader häufiger zu spüren bekommt, um die Kursschwankungen von Börsenschluss zu Börsenschluss. Vom einen sind Trader mit kurzfristigen Zeit- und Gewinnvorgaben stärker betroffen (beim Verfolgen von Intraday- und Stundenkursen etwa), vom anderen ausnahmslos alle Trader. Deutliche Kursveränderungen haben nicht nur maßgebliche Auswirkungen darauf, welche Positionen eingenommen werden, sondern auch darauf, wann sie eingenommen werden. Außerdem bestimmen sie das Kursniveau, den Einstiegskurs beim Eröffnen einer Position. Ein plötzlicher Kurssprung könnte ein Kaufsignal auslösen. Bei einer größeren Bewegung muss der Trader dann zu einem hohen Kurs einsteigen und unausweichlich in der einen oder anderen Phase der Entwicklung Retracements bzw. Verlustpotenzial in Kauf nehmen. Die Kursschwankungen von Schluss zu Schluss sind unvermeidliche Bewegungen mit Auswirkungen auf alle Trader, die über Nacht Positionen gehalten haben. Sie sind das größte Risiko.

Selbst wenn ein Trader die Kurse während des Tages genau verfolgt, um gegen böse Überraschungen über Nacht oder von Schluss zu Schluss (wenn viele strategische Trader ihre Entscheidungen treffen) möglichst gut gewappnet zu sein, gibt es da noch ein anderes Risiko, das nicht auszuschalten ist: ein über Nacht entstehendes Gap.

Vom Schluss des einen bis zur Eröffnung des anderen Tages kann viel passieren. Nachrichten, die nach Börsenschluss oder bei Eröffnung bekannt werden (etwa Erzeugerpreisindex, Zinsveränderungen durch die Federal Reserve, Arbeitslosenzahlen, etc.), haben ab Handelsbeginn maßgebliche Auswirkungen auf die Kurse. Die Chancen für den unglücklichen Trader, der bereits eine Position eingenommen hat, stehen dann fifty-fifty – die Entwicklung kann positiv, aber auch negativ verlaufen. Viel tut sich aber auch in der Zeit vom Schluss (Spätnachmittag) bis zum späten Vormittag, einem Zeitraum von rund 16 Stunden, also zwei Dritteln des Tages. Nicht nur Ereignisse im Ausland (zu den dortigen Geschäftszeiten), sondern auch Inlandsnachrichten können die Kurse bei der nächsten Eröffnung stark beeinflussen. Dieses unvermeidbare Risiko kann der Trader nur ausschalten, indem er seine Position jeden Abend auflöst. Es ist ein Basis- oder Minimalrisiko, dessen sich der Trader bewusst sein muss.

Schließlich stellen die quantitativen Trading-Methoden als solche noch ein bestimmtes Maß – oder Minimum – an Risiko dar. Bei Trendfolge-Techniken müssen erst größere Bewegungen in die Richtung des kommenden oder erwarteten Trends auftreten, damit eine Position eröffnet wird. Mit der neuen Position nimmt der Trader per Definition eine Bewegung und damit eine Gewinneinbuße oder Verlustzunahme gegenüber seiner gegenwärtigen Position in Kauf. Für das Engagement nach der Theorie der „gegensätzlichen Meinung" gilt das umgekehrt: Hier wird eine neue Bewegung erwartet, die eine Bewegung konträr zum Trend signalisiert. Manchmal ist jedoch die neue Bewegung der Anfang oder die Fortsetzung eines Trends, so dass beim Trading gegen den Trend durch das „gegensätzliche" Engagement Verluste anfallen.

Das Halten von Positionen über Nacht, mögliche Kurs-Gaps und die Schwächen der jeweiligen Methode bringen gewisse Risiken mit sich, denen sich jeder Trader stellen muss. Natürlich will er diese Risiken möglichst minimieren und, wenn es irgend geht, seinen Nettogewinn steigern (das Tüpfelchen auf dem i). Auf das Gewinnpotenzial möchte er dabei natürlich nicht verzichten.

WIE SIE RISIKEN BEGRENZEN UND GEWINNE ERHALTEN/STEIGERN

Was wir brauchen, ist sowohl eine Möglichkeit, die Kurs-Volatilität über Nacht und die Gefahren von Gaps zu umgehen als auch eine effektive Trading-Strategie. Kurz gesagt, wir wollen Erträge steigern und Risiken minimieren.

Wir wollen uns zunächst mit der Risikoverringerung befassen. Abbildung 1-1 zeigt zwei Kursserien, eine mit Tageskursen von Schluss zu Schluss, die andere mit Minuten-Kursen innerhalb eines Tages. Daraus und aus realen Daten (siehe Charts 1-1 und 1-2) ergeben sich drei Schlussfolgerungen. Die Kursschwankungen, die Volatilität also, sind bei den Tageskursen größer als die Veränderungen bei Minuten-Kursen innerhalb eines Tages. Außerdem zeigen sich verschiedentlich Gaps zwischen dem Schluss des einen und dem Eröffnungskurs des anderen Tages (siehe Chart 1-1), die bei den Daten zu 1-Minuten-Intervallen so nicht vorkommen (denn diese Daten sind ja kontinuierlich, d. h. der Eröffnungskurs jeder Minute entspricht in der Regel auch dem Schlusskurs der vorigen). Zum Dritten ist die Kursveränderung vom Anfang des Zeitraums bis zum Ende – wie aus Abbildung 1-1(a) und Chart 1-1 ersichtlich – im Vergleich zum 1-Minuten-Intervall (oft) größer – wie aus Abbildung 1-1(b) und Chart 1-2 ersichtlich. Damit steht dem langfristig orientierten Trader auf Grundlage längerfristiger Daten (Tagesdaten im Vergleich zu 1-Minuten-Daten) ein größeres Gewinnpotenzial zur Verfügung. Wenn wir das kurzfristige Engagement – „in and out" – außer Acht lassen, so hat der Trader hier durch die größeren Kursschwankungen bei den Tagesdaten mehr Gelegenheiten, kurzfristige Ziele zu erreichen – ob mit oder gegen den Trend. Das liegt einfach an den größeren Kursschwankungen der Tagesdaten (auf die unser Trader ja auch setzt).

Abbildung 1-1
Tages- und Intraday-Kurse

a. Tageskurse

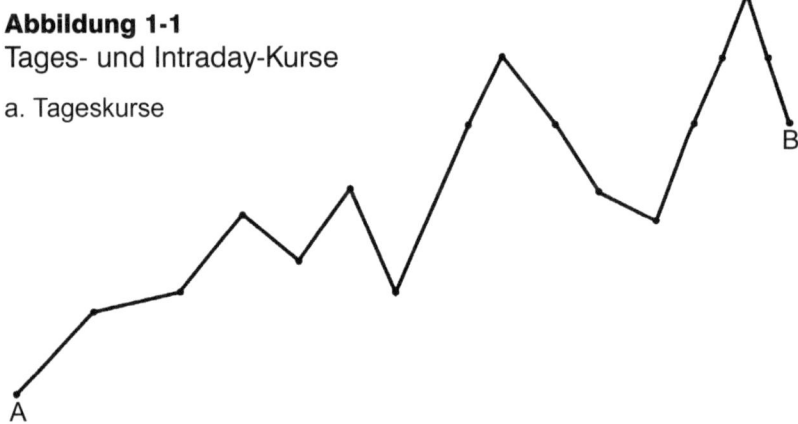

b. Intraday-1-Minuten-Kurse (1 Tag)

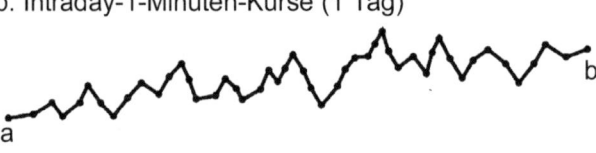

Chart 1-1
Schweizer Franken mit Laufzeit Juni, 60-Minuten-Kurs-Chart

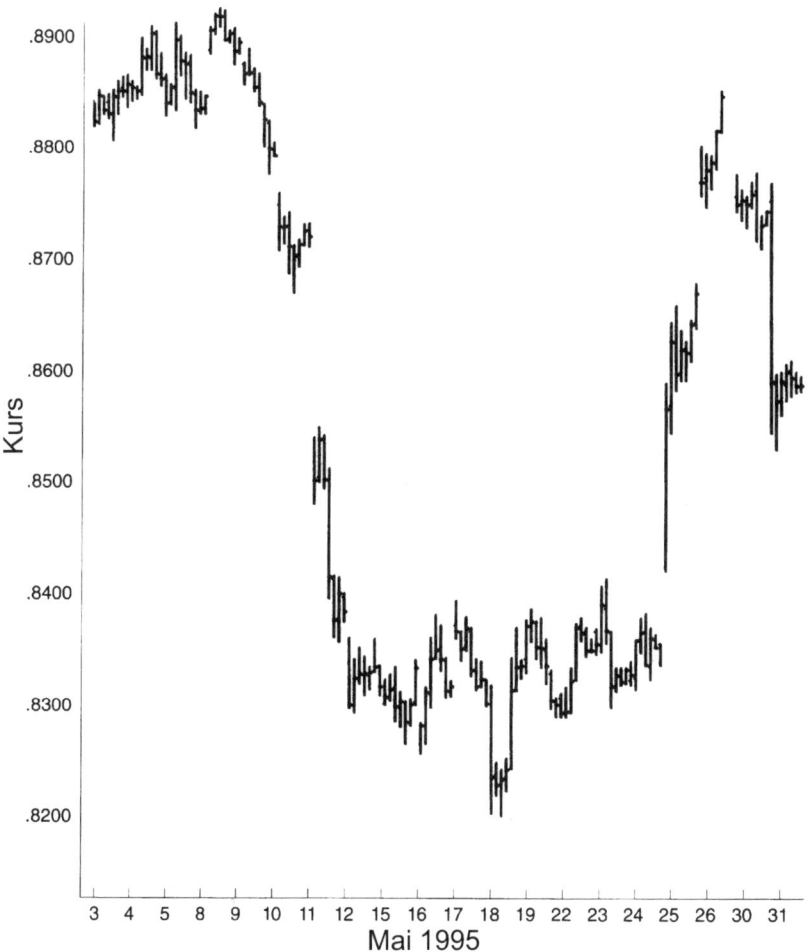

ANWENDEN VON INTRADAY-DATEN

Ob nun 1-Minuten-, 5-Minuten- oder 15-Minuten-Daten zu Grunde gelegt werden, eins ist sicher: Das Risiko (gemessen in Kursveränderung) ist gegenüber Tagesdaten immer kleiner. Die durch nächtliche Kurssprünge verursachten Kursschwankungen und möglichen Gaps zwischen Schluss und Eröffnung lassen sich durch Umsteigen auf Intraday-Daten beträchtlich reduzieren.

Doch wie steht's mit dem Gewinnpotenzial? Ob langfristig oder kurzfristig ausgerichtetes Trading anhand von Intraday-Daten profitabler ist, ist bisher noch nicht geklärt. Dabei ist zu berücksichtigen, welches Kursniveau oder welche Kursspanne im jeweiligen Zeitraum erreicht wird. In Abbildung 1-1 (a) zeigen die Tageskurse ein höheres Niveau und eine größere Handelsspanne als die innerhalb eines Tages registrierten in (b). Möglicherweise hätte diese Entwicklung aber auch umgekehrt verlaufen können, so dass die Intraday-Kurse ein höheres Niveau erreicht hätten.

Außerdem wird in Abbildung 1-1 (b) ja nur ein Tag berücksichtigt. Hätte jeder in Abbildung 1-1 (a) dargestellte Tag ähnliche Gewinnchancen wie der in (b), hätte ein Trader viele Gewinn bringende Trades wie den in (a) aufgezeigten durchführen können. Insgesamt hätte also viel mehr herausgeschaut als bei dem einen in (a) berücksichtigten Trade. Selbst wenn jeder einzelne Tag nur mäßiges Gewinnpotenzial aufwiese, könnten diese Gewinne in ihrer Gesamtheit immer noch größer sein als der Gewinn aus dem Trade (a). Und wir könnten jederzeit effektive, zuverlässige Trendfolge-Techniken oder andere Methoden einsetzen, mit denen wir das bescheidene Gewinnpotenzial in (b) über viele Tage hinweg viele Male ausschöpfen könnten, selbst wenn wir uns auf ein, zwei Trades pro Tag beschränken müssten.

Auf den ersten Blick scheint die Aussicht attraktiv, die kleinen Gewinne in Abbildung 1-1 (b) mehrmals am Tag einzustecken,

Chart 1-2
Schweizer Franken mit Laufzeit Juni, 1-Minuten-Kurs-Chart,
25. Mai 1995

doch berücksichtigt man die Kosten (Slippage und Provisionen) und die geringeren Spannen, wird zweifelhaft, ob unter dem Strich noch Gewinn übrig bleibt. Obwohl es während des Tages zu „Minitrends" kommt (siehe Chart 1-2), sind diese nicht so ausgeprägt (groß) wie Trends, die sich über mehrere Tage hinweg entwickeln. Doch wie diese neigen auch die Intraday-Trends zur Ausweitung. Sie treten nicht an jedem Tag auf, doch auch nicht nur einmal im Jahr: Sie sind keineswegs besonders selten.

Unser Problem ist also Folgendes: Um Risiken wirkungsvoll zu minimieren, müssen wir uns aufs Day-Trading verlegen. Um echte Gewinne zu erzielen (also unter Berücksichtigung von Provisionen, Slippage und kleinen Schwankungen), müssen wir uns darauf konzentrieren, die Chancen für einen erfolgreichen Trade zu optimieren und den möglichen Gewinn pro Trade zu maximieren.

An dieser Stelle wollen wir ein paar der gängigen Methoden auf ihre Verwendbarkeit fürs Day-Trading hin untersuchen.

HERKÖMMLICHE METHODEN

Die paar hier dargestellten Ansätze sind keineswegs alle, die man fürs Day-Trading oder allgemein fürs Trading benutzen kann, doch sie stellen eine repräsentative Auswahl dar und vermitteln einen Überblick über das gesamte Spektrum. Wir wollen sie auf ihre Eignung zur Risikominimierung und Gewinnmaximierung in der heiklen Day-Trading-Situation hin untersuchen.

1. Moving Averages. Die wohl bekannteste und beliebteste Methode ist der Einsatz von gleitenden Durchschnitten zur Unterscheidung, wann wirklich ein Trend einsetzt und wann es sich um bedeutungslose Ausrutscher oder Seitwärtsbewegungen handelt. Dazu addiert man einfach die Tageskurse von N Tagen und teilt sie durch N. Mit gleitenden Durch-

schnitten wurden in vielen Bereichen der Wirtschaft und der Wissenschaft beachtliche Erfolge erzielt.

Ausgangspunkt ist hier die Annahme, dass ein gleitender Durchschnitt am besten die aktuelle Entwicklung des Trends wiedergibt, wobei die jeweils neuesten Daten auf eine deutliche Veränderung des Trends hinweisen können, der sich möglicherweise in Richtung der jüngsten Kurse drehen wird. Die Regeln fürs Trading anhand von Averages sind relativ einfach.

Weichen die aktuellen, neuesten Kurse deutlich vom laufenden Trend ab (dem Moving Average eben), fallen sie etwa in einem Bullenmarkt unter die Linie oder steigen sie in einem Bärenmarkt darüber, ist der aktuelle Trend mit Vorsicht zu genießen, da einiges auf eine bevorstehende Trendwende hindeutet.

Abbildung 1-2 illustriert diese Methode. Der Trader berechnet den Moving Average und konstruiert ihn auf dem Chart. Wird er von den Kursen über- oder unterschritten, ist das das Signal zum Eröffnen einer Position.

Abbildung 1-2
Moving Average-Methode

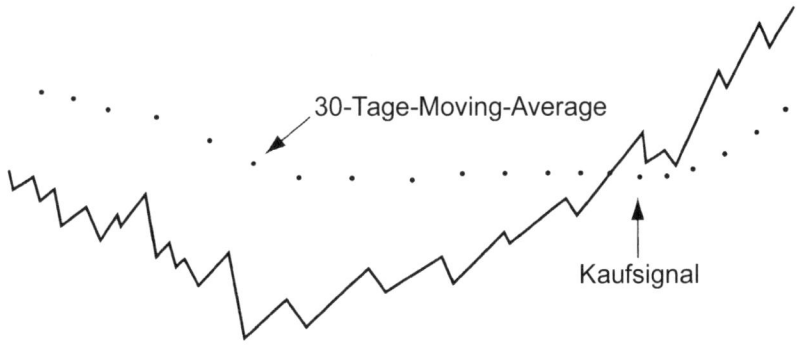

In Abbildung 1-2 ist ein 30-Tage-Gleitender-Durchschnitt auf dem entsprechenden Kursverlauf dargestellt. Der Trader geht long, wenn die Kurse über den Average ansteigen und nimmt eine Short-Position ein, wenn die Kurse unter den Average fallen. Manche Trader setzen sich auch einen Mindestwert, um den die Averages von den aktuellen Kursen durchstoßen werden müssen. So geht ein Trader vielleicht erst dann long, wenn die Kurse für Sojabohnen um fünf Cents über den gleitenden Durchschnitt steigen.

In starken, lang anhaltenden Trends ist diese Methode wohl eine der besten, um mit dem Trend zu gehen. Beim Day-Trading bauen sich starke Trends manchmal allmählich vom Anfang zum Ende des Tages hin auf. Meist halten sie jedoch nicht den ganzen Tag lang an, sondern sind eher kurzlebig. Die große Gefahr beim Einsatz von Moving Averages sind Schaukelbörsen: Dann geht man long, die Kurse fallen und es wird ein Short-Signal ausgelöst. Man geht wieder long, wenn sich die Kurse erholt haben, und prompt wird wieder ein Signal ausgelöst, und so geht es weiter. Moving Averages nutzen zwar die gelegentlich auftretenden Big Moves, doch für die vielen kleinen Kursbewegungen von geringer Dauer, wie sie fürs Day-Trading typisch sind, sind sie generell nicht geeignet.

2. Ausbruchsmethode. Die Ausbruchsmethode – vielleicht noch beliebter als Moving Averages – ist ebenfalls darauf ausgerichtet, maßgebliche Trends zu erkennen und zu nutzen.

Die Ausbruchsmethode in ihrer einfachsten Form ist leicht zu berechnen und in der Graphik gut zu erkennen. Abbildung 1-3 (a) zeigt die Grundformel. Wenn sich die Kurse in einem Abwärtstrend oder einer Seitwärtsspanne befinden, signalisiert ein Anstieg um eine bestimmte Anzahl von Punkten oder ein Kurs, der um einen bestimmten Prozentsatz über dem Hoch der Spanne oder dem tiefsten Punkt des Abwärtstrends liegt, einen Bruch des aktuellen Trends oder der Spanne. Es ist, als entdecke man in einer Fabrik auf dem Fließband mehrere fehlerhafte Neuteile, die auf einen maßgeblichen Produktionsfehler hindeuten. So kündigt sich eine neue Situation, eine Trendwende an. Der Trader geht long, wenn ein Kursanstieg von X Punkten oder mehr über die Handelsspanne oder den Boden des Abwärtstrends zu verzeichnen ist.

Die beiden anderen Beispiele sind ähnlich, doch etwas komplexer. Abbildung 1-3 (b) zeigt dieselbe Situation, eine Handelsspanne, doch der Trader legt hier einen Zeitraum fest, indem sich die Kurse außerhalb des aktuellen Trends oder der aktuellen Gegebenheiten bewegen müssen, damit man von einer signifikanten Trendwende ausgehen kann. Dabei ist ihm weniger wichtig, um wie viele Punkte sich der Kurs vom Trend entfernt, sondern es zählt vielmehr die Anzahl von Notierungen, die (vermutlich) nicht dem aktuellen Trend entsprechen. Wird hier eine bestimmte Anzahl erreicht, spricht das für die Herausbildung eines neuen Trends. In dieser Situation kauft der Trader, wenn sich die Kurse mindestens Y Tage lang außerhalb der aktuellen Seitwärtsbewegung halten.

Bei einer dritten Art der Ausbruchsmethode wird die Art und Weise bewertet, in der die Kurse vom aktuellen Trend abweichen. Abbildung 1-3 (c) zeigt ein Beispiel. Es gibt verschiedene Muster der Abweichung, die hier zu Grunde gelegt werden können: ein stetiger Kursanstieg, Flagge, Kopf-Schulter- und andere Chartformationen und auch ein Trendkanal (wie hier dargestellt). Sobald sich eine ungewöhnliche Formation außerhalb der aktuellen Handelsspanne oder des Trends gebildet hat, nimmt der Trader eine Position in die von der Chartformation vorgegebene Richtung ein. Wie die Moving Averages eignet sich auch die Ausbruchsmethode hervorragend zum Ausnutzen starker Trends (und hier ist sie wohl die schnellste Methode). Das gilt insbesondere für ihre beliebteste Spielart, den Einzelausbruch, wie er in Abbildung 1-3 (a)

Abbildung 1-3

Die Ausbruchs-Methoden (3)

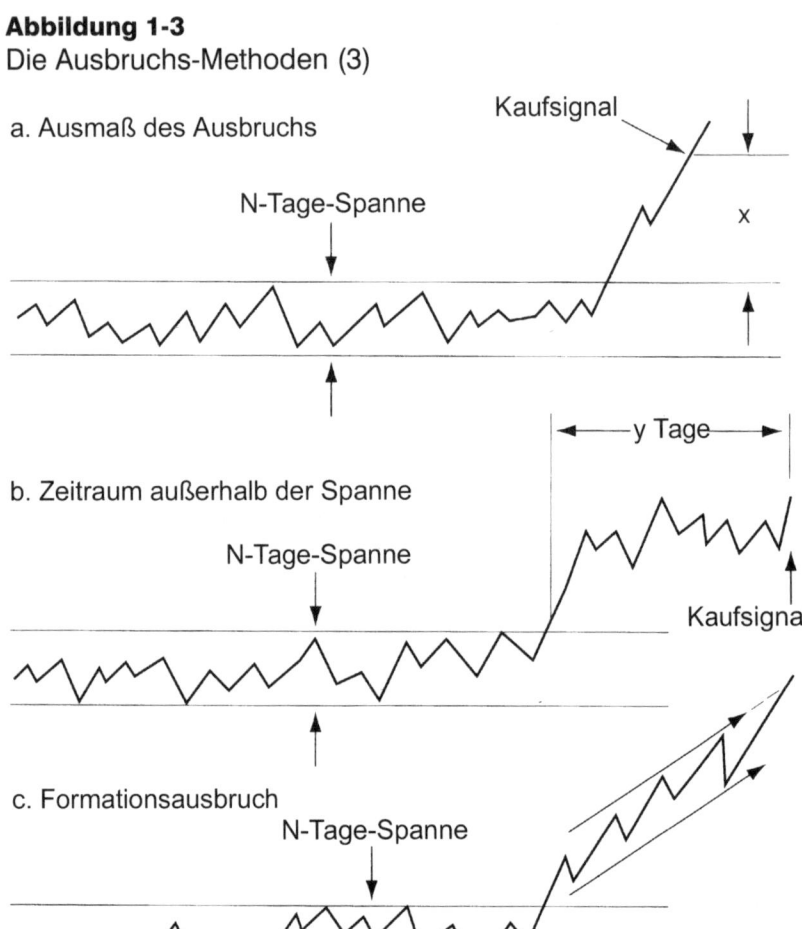

a. Ausmaß des Ausbruchs

b. Zeitraum außerhalb der Spanne

c. Formationsausbruch

zu sehen ist. Doch wie beim Einsatz von gleitenden Durchschnitten sind auch bei der Ausbruchsmethode Schaukelbörsen recht gefährlich. Wählt der Trader den Ausbruchswert zu niedrig, könnte er in ein ewiges Hin und Her von Long- und Short-Signalen geraten. Wählt er den Wert zu hoch, kommt es zu wenigen – doch sehr einträglichen – Trades, doch auch in diesem Fall könnte sich der gesamte Gewinn durch ein oder zwei Verluste in Luft auflösen, da die Zahl der Trades so niedrig ist.

Das größte Problem dabei ist dasselbe wie beim Moving Average-Ansatz: Ein einzelnes Ereignis – eine Bewegung von einem ganz bestimmten Ausmaß – legt hier den Übergang von einem Trend zum nächsten fest. Der Markt ist jedoch viel komplizierter. So könnte zum Beispiel ein Trader oder eine Gruppe von Tradern in großem Stil kaufen und plötzlich von weiteren Käufen absehen, ohne dass dadurch andere Käufer auf den Plan gelockt werden. Es ist die Ausdauer eines statistisch ermittelbaren und zuverlässigen Kaufverhaltens, die letztendlich eine Trendwende bewirkt, wenn die Kurse sich weiterhin in die neu vorgegebene Richtung entwickeln.

Bei den anderen beiden Varianten wird versucht, die Elemente Ausdauer und Zuverlässigkeit mit einzubauen – in Form von Tagen, die eine mögliche neue Trendsituation andauert, oder in Form ungewöhnlicher Formationen. Wie wir später im Kapitel über die Theorie sehen werden, ist dies in der Tat die Ausgangsbasis für die Entwicklung einer plausiblen, praktikablen Methode, mit der nicht nur die durchschnittliche Trefferquote, also der Prozentsatz an erfolgreichen Trades, gesteigert werden kann, sondern auch der durchschnittliche Gewinn pro Trade.

3. Die Oszillator-Methode. Die Oszillator-Methode ist ein Ableger der Moving Averages und versucht, die Bildung von Tops oder Böden vorwegzunehmen und das Ende des jeweiligen Tops oder Bottoms zu prognostizieren. Der Trader, der in Kürze mit dem Einsetzen eines neuen Trends rechnet, kann so bereits vorher in Position gehen.

Im Grunde achtet der Trader hier auf einen Punkt, an dem die Kursveränderungsrate sich in Richtung des neuen Trends dreht. Erreichen die Differenzen zwischen aufeinander folgenden gleitenden Durchschnitten einen Boden (also ihren negativsten Wert) und erholen sich (entfernen sich von dem Boden) um eine bestimmte Anzahl von Punkten, nimmt der Trader eine Long-Position ein. Umgekehrt geht er in Short-Position, wenn diese Differenzen bei einem bestimmten positiven Wert einen Gipfel bilden und um eine festgelegte Anzahl von Punkten fallen.

Abbildung 1-4 zeigt ein Beispiel für die Einnahme einer Long-Position. In einem Abwärtstrend fallen die Kurse zunächst, bilden einen Boden, dann ziehen sie an und zeigen einen neuen Aufwärtstrend. Der Oszillator in der unteren Graphik erreicht seinen Boden vor dem der Kurse und auch die Aufwärtsbewegung setzt beim Oszillator eher ein. Wenden wir die Kriterien, die wir von der Ausbruchs-Methode her kennen, statt auf die Kurse auf den Oszillator an, können wir den neuen Aufwärtstrend beim Oszillator zeitlich näher bestimmen. Und, was noch wichtiger ist: Wir können das bevorstehende Einsetzen eines Aufwärtstrends bei den Kursen vorherbestimmen.

Mit Hilfe von Oszillatoren kann man sich maßgebliche Trends zu Nutze machen, sobald und manchmal sogar bevor sie einsetzen. Dadurch wird der Anteil lukrativer Trades in der Day-Trading-Situation gesteigert.

Diese Methode hat aber auch zahlreiche Nachteile. Um die Oszillator-Methode perfekt oder zumindest möglichst gut auf den jeweiligen Markt zuzuschneiden, braucht man mindestens drei Variable: die Anzahl der Tage für den gleitenden Durchschnitt, die Zeitspanne oder die Anzahl von Tagen, die zwischen der Entdeckung von Gipfel- und Bodenbildung durch verschiedene Moving Averages verstreicht, und den Idealwert für das auslösende Signal (wie weit der Oszillator nach einem Boden ansteigen oder nach einem Top zurückfallen muss).

Abbildung 1-4
Oszillator-Methode

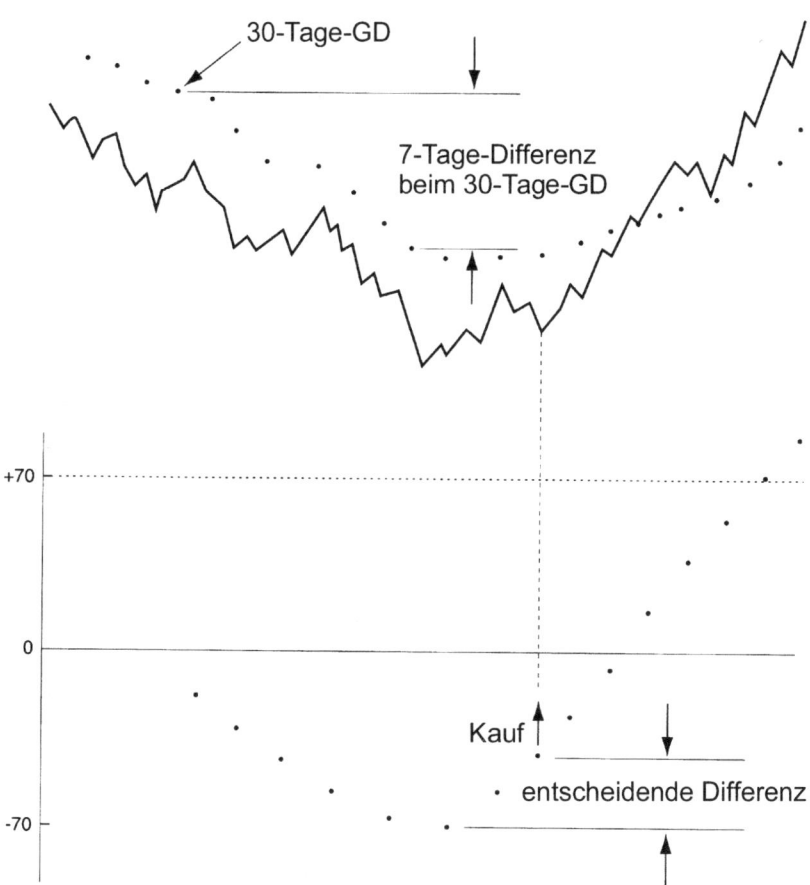

Das Hauptproblem bei der Oszillator-Methode ist jedoch ihre Sensibilität. Wie bei einem Moving Average können auch hier kleine oder große falsche Wenden des Oszillators nach oben oder unten irrtümlich Long- oder Short-Positionen auslösen. Besonders empfindlich reagiert der Oszillator deshalb, weil der Index-Auslöser eine sekundäre Differenz ist und bereits durch geringfügige Kursänderungen konterkariert werden kann. Wenn der Trader nun versucht, diese Sensibilität zu mildern oder auszuschalten, indem er den Wert des Index-Positions-Auslösers heraufsetzt, hätte das die unliebsame Folge, dass die Kauf-/Verkaufstransaktionen erst später erfolgen können, nämlich ungefähr zu dem Zeitpunkt, an dem auch die gleitenden Durchschnitte reagieren.

4. Die RSI-Methode. Der Relative Strength Index (RSI) ist ein Indikator, der gern eingesetzt wird, um Überkauft-/Überverkauft-Situationen zu bestimmen. Er kann aber auch wie ein herkömmlicher Trendfolge-Mechanismus verwendet werden.

Der RSI misst die Stärke einer Aufwärtsbewegung im Verhältnis zur Gesamtheit aller Kursbewegungen nach oben oder unten innerhalb des Betrachtungszeitraums. Im Grunde versteht man darunter den Durchschnitt des Ausmaßes der positiven Kursveränderungen, dividiert durch den Durchschnitt des Ausmaßes positiver und negativer Kursveränderungen, multipliziert mit 100. Nähert sich der RSI dem Wert von 100, gilt der Markt als überkauft (zu viele positive Veränderungen erhöhen die Wahrscheinlichkeit einer Abwärtsbewegung bzw. negativer Kursveränderungen). Der Trader sollte verkaufen. Geht der RSI gegen Null (ausschließlich negative Kursveränderungen), gilt der Markt als überverkauft. Der Trader sollte kaufen.

Abbildung 1-5 zeigt ein detailliertes Beispiel für diese Methode. Der Kurs rutscht zunächst ab, erreicht einen Boden und dreht dann steil nach oben, wo (gegen Schluss) der RSI äußerst positive Werte (um 100) zeigt und überkauft signalisiert. Beim Hoch des RSI geht der Trader short.

Diese Methode ist in unruhigen, zyklischen Märkten besonders vorteilhaft, eignet sich aber nicht für Märkte mit ausgeprägten Trends. Beim Day-Trading kommt es leider häufig zu unruhigen Szenarien, was dieser Methode entgegenkommt. Der Gewinn pro Trade ist unter diesen Umständen aber nur gering. Nach Abzug der Kosten bleibt da nicht viel. Da die Trefferquote unbedingt hoch sein muss, ist jeder auch noch so geringe Verlust schwer zu verkraften. Kommt es ein-, zweimal zu stärkeren Trends, kostet das möglicherweise den gesamten Nettogewinn, wenn der vom RSI initiierte Trade gegen den Trend geht. Durch den Einsatz von Stopps könnte dieser Verlust begrenzt werden, doch der Trader müsste nichtsdestoweniger eine hohe Durchschnittsleistung zeigen, damit der durchschnittliche Gewinn pro Trade nach allen Abzügen deutlich über null läge.

Abbildung 1-5
RSI-Methode

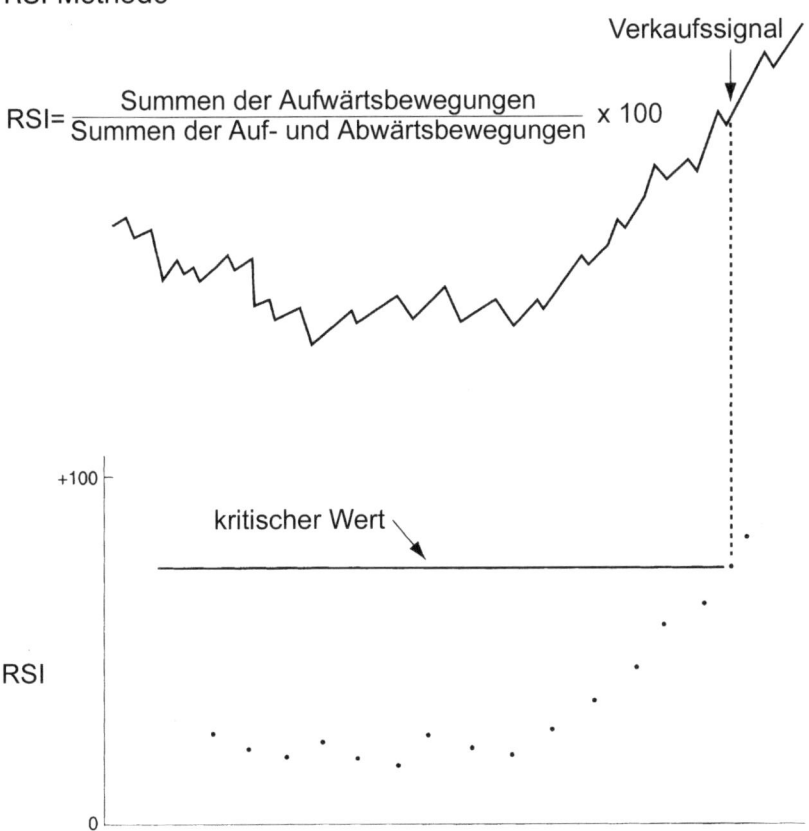

$$RSI = \frac{\text{Summen der Aufwärtsbewegungen}}{\text{Summen der Auf- und Abwärtsbewegungen}} \times 100$$

5. „%R"-Methode. Eine weitere beliebte Methode zur Eröffnung von Positionen konträr zum Trend oder zum vorteilhaften Einsteigen/Mitnehmen von Gewinnen in einem laufenden Trend ist die „%R"-Methode. Sie steht stellvertretend für einen weiteren Ansatz-Typus, die Stochastik. Ähnlich wie beim RSI werden auch bei der „%R"-Methode Überkauft-/Überverkauft-Bereiche definiert/festgelegt statt der Netto-Kursveränderungen.

Der Tages-„%R" entspricht dem Hoch des Betrachtungszeitraumes minus dem Tages-Schlusskurs, geteilt durch die Differenz zwischen Hoch und Tief des Betrachtungszeitraums, multipliziert mit 100. Damit ist er zwischen 0 und 100 angesiedelt. Fällt der Index, etwa auf 10, sollte der Trader verkaufen, denn im Grunde genommen gilt dann, dass die Kurse den oberen Bereich des Betrachtungszeitraums erreichen und nicht davon auszugehen ist, dass sie diesen überschreiten. In Long-Position geht man, wenn der Index Top-Werte erreicht, etwa 90. Dann gilt, dass die Kurse wohl kaum unter den unteren Bereich des Betrachtungszeitraums fallen, sondern vielmehr in Kürze anziehen werden.

Abbildung 1-6 verdeutlicht dieses Konzept. Die Kurse haben sich im oberen Bereich bewegt und schließen am letzten Tag des Charts auf dem Hoch der Spanne. Damit geht der „%R" gegen null und gibt dem Trader ein Verkaufssignal (entweder für einen Leerverkauf zur Begründung einer neuen Position oder zur Glattstellung einer aktuellen Long-Position).

Wie der RSI eignet sich auch die %R-Methode besonders für angespannte, unruhige Märkte mit lebhaften Kursausschlägen nach oben und unten. Es kommt zwar beim Day-Trading relativ oft zu Phasen, in denen die Kurse in knappen oder mäßigen Spannen schwanken (die vorherrschenden Kursbewegungen), doch müssen diese und alle anderen Theorien der „gegensätzlichen Meinung" exakt die Gipfel und Täler dieser

Spannen ermitteln, um gute Durchschnittswerte und akzeptable Gewinne pro Trade zu erzielen. Leider arbeiten sie aber nicht so exakt: Es gibt zu viele mehr oder weniger stark ausgeprägte Trends, die die Erfolgsquote beeinträchtigen, und damit auch das durchschnittliche Plus pro Trade (vor allem, weil die Spannen so knapp bemessen sind und nur geringe Gewinne in Gegenrichtung zulassen).

6. Die Congestion Phase-Methode. Die Congestion Phase-Methode wie auch die nächste Methode – die Taylor Overnight-Methode – sind im Grunde für Kursentwicklungen über mehrere Tage ausgelegt. Sie geben Hinweise darauf, wie sich ein Kurs über einen Tag hinweg verhalten wird und haben so Aussagekraft hinsichtlich der Seite des Marktes, auf der man sich am entsprechenden Tag engagieren sollte oder hinsichtlich des möglichen Kursanstiegs/-einbruchs an diesem Tag. Übertrüge man diese Phänomene auf Intraday-Intervalle, ergäbe dies extrem knapp gesteckte Ziele oder Kursmuster und böte kaum interessante Gewinnperspektiven für den Trader.

Die Congestion Phase-Methode lebt davon, dass oft eine gegenteilige Entwicklung einsetzt, wenn eine Fortsetzung des aktuellen Kursverlaufs unwahrscheinlich ist. So führen insbesondere ähnliche Kursveränderungen von Börsenschluss zu Börsenschluss in Folge zu deutlichen Sprüngen in die entgegengesetzte Richtung. Kommt es an zwei aufeinanderfolgenden Tagen zu deutlichen Kursveränderungen in dieselbe Richtung, ist die Wahrscheinlichkeit groß, dass die Kurse bis zum nächsten Schluss beträchtlich in die Gegenrichtung tendieren. Der Trader kann also Gewinn erzielen, wenn er in Gegenposition zu der Richtung geht, in der nacheinander zwei Schlussnotierungen zu verzeichnen waren.

Abbildung 1-7 verdeutlicht diesen Ansatz. An den Tagen zwei und drei kam es zu höheren Schlusskursen. Dabei müssen natürlich bestimmte Mindestwerte pro Tag erreicht werden, sonst würde jede Bewegung über zwei Tage zählen, womit die Chancen für eine Bewegung in die Gegenrichtung bei 50 zu 50 lägen – reine Glückssache! Hier kommt es am vierten Tag zu einer Bewegung in die Gegenrichtung und einem deutlich niedrigeren Schluss. Der Trader hätte also, in Erwartung eines Kursrückgangs am Folgetag am Schluss des dritten Tages short gehen sollen.

Abbildung 1-6
%R-Methode

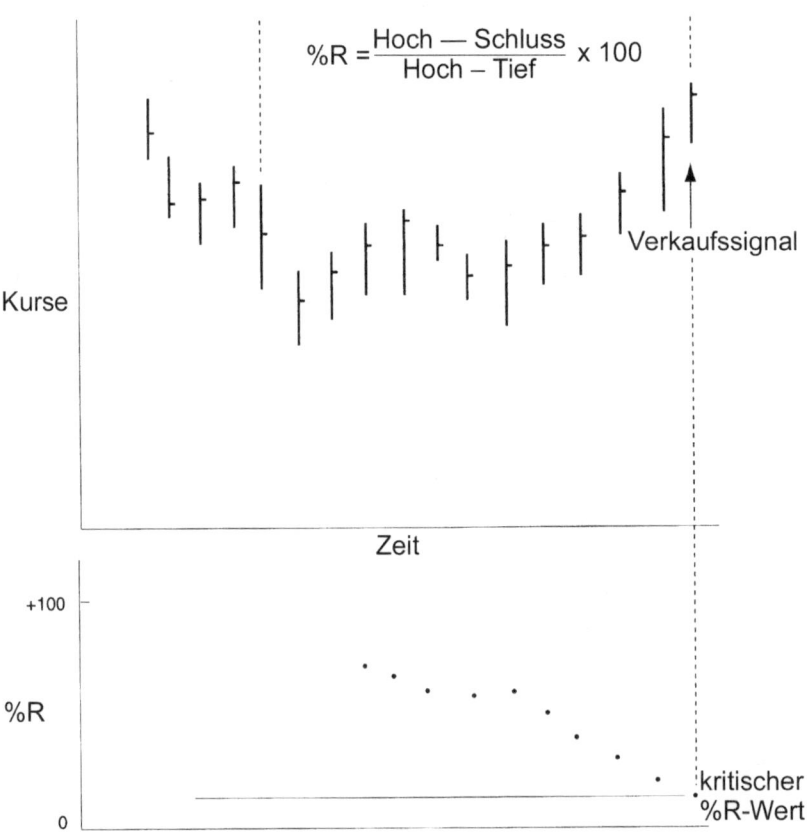

$$\%R = \frac{\text{Hoch} - \text{Schluss}}{\text{Hoch} - \text{Tief}} \times 100$$

Aus der Perspektive des Day-Traders könnte es vorteilhaft sein, bei Eröffnung am vierten Tag short zu gehen in Erwartung eines weiteren Kursverfalls im Tagesverlauf. Oft werden die Kurse jedoch bereits bei Eröffnung stark abgerutscht sein, und unserem frisch gebackenen Short-Trader bleibt dann nicht viel Spielraum für Gewinn. Im besten Falle kann er in 50% der Fälle bei der Eröffnung zu gleichen oder höheren Kursen short gehen als bei Vortagesschluss.

Es gibt sie zwar, die seltenen, besonderen Gelegenheiten, bei denen man einen Gewinn bringenden Day-Trade aus einer bestimmten Richtung vorplanen kann, doch im wirklichen Leben sind sie gezählt. Und dabei muss man natürlich auch mögliche Verluste einkalkulieren, die zahlreich oder groß oder schlimmstenfalls beides zugleich sein können.

7. Die Taylor Overnight-Methode. Wie beim Congestion Phase-Ansatz wird auch bei der Taylor Overnight-Methode auf zwei oder drei Tage andauernde Phänomene geachtet, die für einen bestimmten Tag (Day-Trading) Möglichkeiten eröffnen, an dem höchstwahrscheinlich mit einem spezifischen Kursverhalten zu rechnen ist.

Im Grunde wird bei diesem Ansatz ein zyklischer oder wellenförmiger Kursverlauf prognostiziert, anhand dessen der Trader sich zunächst günstig eindecken und später einen hübschen Gewinn erzielen kann, um schließlich eine Position in Gegenrichtung einzunehmen. Damit wäre der Zyklus komplett.

Abbildung 1-8 zeigt den Ausschnitt aus einem Aufwärtstrend. Nach einer Eröffnung (siehe Tag 2), die schwächer ist als der Vortagesschluss (Tag 1), kauft der Trader, wenn die Kurse weiter fallen und während dieses Tages ein (ultimatives) Tief erreichen, um dann wieder zu klettern. Die Kurse werden über die folgenden beiden Tage weiter anziehen und einen Trend bestätigen, indem sie an jedem der nächsten beiden Tage neue Höhen erklimmen. Der Trader nimmt nun seinen Gewinn mit. An einem der nächsten beiden Tage werden die Kurse dann stärker eröffnen, doch keine neuen Hochs mehr erreichen. Das ist dann das Signal für den Trader, eine Short-Position zu eröffnen.

Abbildung 1-7
Congestion Phase Timing

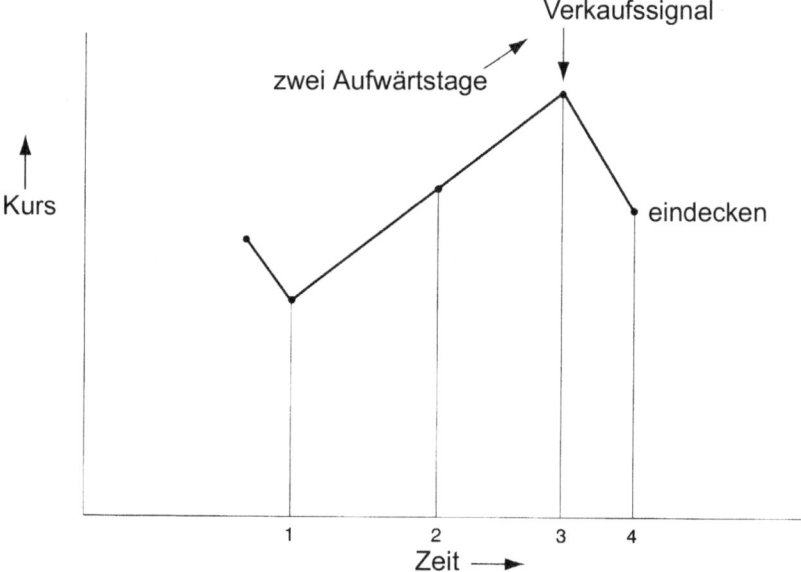

Fürs Day-Trading ergeben sich hier Gelegenheiten am Tag des ersten Kaufs (in unserem Beispiel Tag 2): Der Trader muss nur am Ende des Tages seine Long-Position auflösen. Er hat gute Chancen, dass es von Eröffnung bis Schluss zu einer positiven Veränderung in Aufwärtsrichtung kommt. Ansonsten kann er dieselbe Strategie am folgenden Tag (Tag 3 in unserem Beispiel) noch einmal einsetzen. Auch hier stehen die Chancen gut, dass unterm Strich ein Kursanstieg zu verzeichnen ist, weil sich die Erholung – und damit der Aufwärtstrend – fortsetzt.

Das ist aber nicht immer ganz unproblematisch. So wissen wir nicht, ob die Kurse am Tag 2 nicht vielleicht doch weiter nachgeben werden, nachdem wir bereits in Long-Position sind. Wer garantiert uns, dass sich die Reaktion auf den Aufwärtstrend nicht fortsetzt? Die Kurse könnten bei Schluss niedriger liegen als bei der Eröffnung, oder sich nur zögernd erholen. Es wäre nicht das erste Mal, dass es während eines Aufwärtstrends zu drei Tagen mit niedrigeren Schlusskursen kommt. Geht der Day-Trader an einem der zwei Folgetage in Long-Position, könnte das schlimm ausgehen.

Abbildung 1-8
Taylor Overnight-Methode

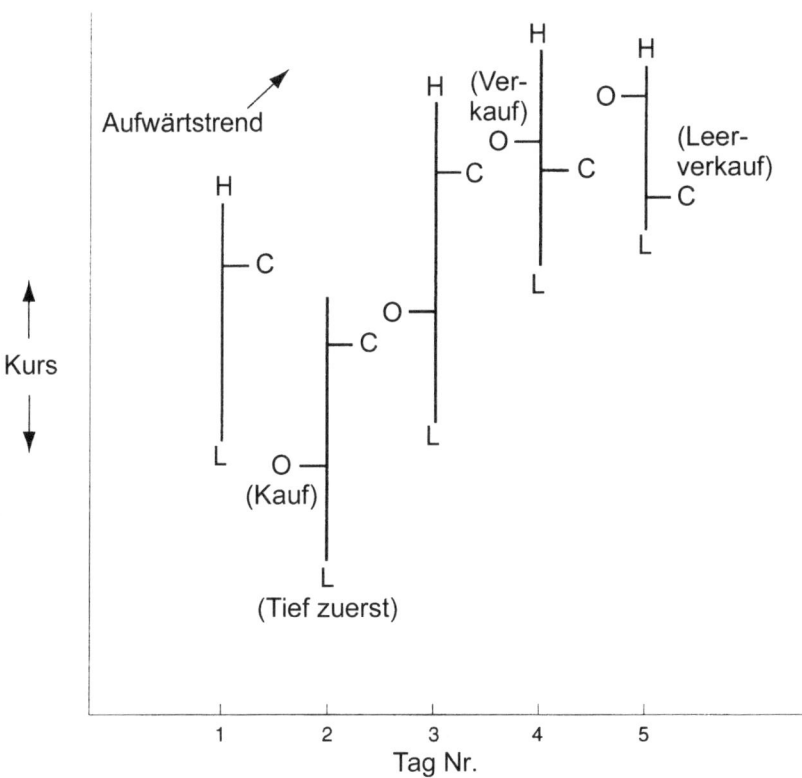

Da die Märkte unglücklicherweise zu unvollständigen Zyklen neigen, steht weder die Dauer noch das Ausmaß dieser „Reaktionen" auf den Trend (der Mini-Zyklen) hundertprozentig fest. Daher ist die Gewinn- und Erfolgsquote dieser sogenannten sicheren Trades nicht sehr zuverlässig. Das fördert nicht gerade das Vertrauen oder die Hoffnungen auf große Gewinne.

ERFORDERNISSE DES DAY-TRADINGS

Haben wir uns einmal fürs Day-Trading als Methode zur Sicherung interessanter Gewinne bei geringen Risiken entschieden, brauchen wir zur Sicherheit eine zuverlässige Timing-Methode, um eine gute Trefferquote, satte Gewinne und nur geringe Verluste zu erzielen.

Leider erfüllt kaum eine der eben beschriebenen Methoden diese Voraussetzungen.

Mit Moving Averages kann man zwar den einen oder anderen guten Trend nutzen, doch es besteht die Gefahr von Schaukelbewegungen und, dadurch bedingt, häufigen Verlusten. Unterm Strich kommt dabei wenig oder gar kein Nettogewinn heraus, und die Erfolgsquote ist indiskutabel (30 Prozent, wie beim Halten von Positionen über Nacht).

Oszillatoren kommen der Sache schon näher. Mit ihnen kann man Trends frühzeitig nutzen und den maximalen Gewinn herausholen, doch sie reagieren auch auf falsche Trends, was die Erfolgsquote erheblich aufweicht und den durchschnittlichen Gewinn auf null oder sogar darunter drücken kann. Die Ausbruchs-Methoden zeigen ähnliche Ergebnisse wie die Moving Averages. Der Einzelausbruch ist auf den „Big Move" ausgelegt, reagiert spät, wenn der Trend sich wunschgemäß entwickelt, bringt empfindliche Verluste, wenn er es nicht tut, und hat ansonsten nur eine durchschnittliche Erfolgsquote und insgesamt gesehen mäßige Gewinne pro Trade zu bieten. Die beiden anderen Varianten, bei denen entweder auf die Bestätigung eines signifikanten Trends durch die Zeit oder durch eine Formation gewartet wird, sind subtiler und können Gewinn bringend sein, doch sie verlangen viel Vorarbeit und Testläufe.

Methoden auf Grundlage der Theorie der „gegensätzlichen Meinung" wie RSI und %R sind gut geeignet für unruhige und enge Märkte, wie sie häufig vorkommen, doch an den wenigen Trend-Tagen liefern sie schlechte Ergebnisse. Angesichts des Gewinns pro Trade, der in unruhigen Märkten aufgrund geringer Spannen und hoher Kosten (Slippage und Provisionen) nur bescheiden ausfällt, ist fraglich, ob unterm Strich Gewinn bleibt und/oder der Anteil der erfolgreichen Trades überwiegt.

Ansätze, die auf ganz bestimmte Situationen zugeschnitten sind, wie die Congestion Phase-Methode und die Taylor Overnight-Methode können in bestimmten Day-Trading-Szenarien durchaus der Schlüssel zum Erfolg sein, doch diese sind selten und liegen zeitlich oft weit auseinander. Als regelmäßige, zuverlässige Werkzeuge fürs Day-Trading sind sie durch beträchtliche Verlustrisiken und geringe Trefferquoten fragwürdig. (Die Chancen, dass es zur gewünschten Konstellation kommt, stehen 50 zu 50.)

Was wir brauchen, ist eine zuverlässige Methode zur genauen Bestimmung von interessanten Gewinnchancen im Day-Trading. Wir brauchen eine Methode, die eine hohe Erfolgsquote und reizvolle Gewinne pro Trade bietet. Es ist also eine Technik gefragt, die Gelegenheiten für attraktive Gewinne erkennt und dabei ausgesprochen zuverlässig reagiert – eine, die die Rosinen herauspickt und bedeutungslose Bewegungen ignoriert.

Um die nötige Genauigkeit zu gewährleisten, müssen wir noch einmal überdenken, wie signifikante Trends entstehen, und wir benötigen eine möglichst exakte Definition für den Begriff Trend.

KAPITEL II

DIE BERG-UND-TAL-TRENDTHEORIE

KAPITEL II

Im vorherigen Kapitel haben wir festgestellt, dass die beste Strategie fürs Day-Trading darin besteht, signifikante Trends zu erkennen, sie richtig auszuwählen und Transaktionen genau zu timen. Wir müssen also sicherstellen, dass wir es wirklich mit einem Trend zu tun haben (um eine hohe Erfolgsquote zu erzielen), dass es sich um einen ausgeprägten Trend handelt und dass wir unseren Trade möglichst frühzeitig eröffnen (um einen möglichst hohen Gewinn pro Trade zu erzielen). Das ist deshalb so wichtig, weil Tagesschwankungen zuweilen relativ eng verlaufen und auch diese Trends – verglichen mit längerfristigen Trends über mehr als einen Tag. Die Kosten (Slippage und Provision) dagegen sind im Verhältnis zu den Gewinnchancen relativ hoch.

Aus diesem Grund brauchen wir eine möglichst genaue und praxisnahe Definition des Begriffs Trend.

Bei den meisten Trading-Strategien werden Trends hypothetisch definiert. Beim Einsatz von Moving Averages etwa geht man davon aus, dass der Trend von diesen selbst repräsentiert werden kann. Der große Nachteil dabei ist, dass sie stets der aktuellen Kurs- und Trendentwicklung hinterherhinken und eine Analyse erst erfolgen kann, wenn wir schon vor vollendeten Tatsachen stehen.

Der Ausbruchs-Ansatz ist insofern überlegen, als er – zumindest in seiner einfachsten Form – aktuell ist: Er reagiert gleichzeitig mit den Trendbewegungen. Eine einfache deutliche Bewegung kann signalisieren, dass sich der aktuelle Trend dreht und exakt an diesem Punkt ein neuer signifikanter Trend einsetzt. Der Trader stützt sich dabei auf eine einzige Kursbewegung, eine simple Veränderung an einem Tag. Vielleicht hat er Glück, und die Kurse werden tatsächlich nachhaltig in die andere Richtung gedrückt. Doch eine Tagesbewegung macht leider noch keinen Trend.

Bei den Oszillatoren wird der Trend genauso definiert wie bei den Moving Averages, doch werden hier auch Gipfel und Talsohlen berücksichtigt, die möglicherweise auf das Ende des einen und das Einsetzen eines neuen Trends hinweisen. Solche Tops erweisen sich oft als abschließende Hochs eines Aufwärtstrends, doch beinah genauso häufig sind sie schlicht Zwischenhochs, und der Trend setzt sich danach wieder fort. Durch die Ermittlung falscher Trendtops und -böden wird die Erfolgsquote dieses Ansatzes gedrückt, und somit auch der Gewinn pro Trade.

Das andere Ende des Analyse-Instrumentariums stellen Methoden auf Grundlage der Theorie der „gegensätzlichen Meinung" dar, die von einer völlig anderen Definition des Begriffs Trend ausgehen. Die Annahme, die RSI, %R und anderen zu Grunde liegt, ist, dass Kurssprünge und drastische Kursbewegungen zwar Indizien sind für das Ende des aktuellen Trends, doch nicht für den Beginn eines neuen in die entgegengesetzte Richtung. Was mit diesen Methoden versucht wird, ist eine Vorwegnahme der tatsächlichen Trendentwicklung. Dabei kommt es mehr oder weniger oft zu falschen Trendsignalen und infolgedessen zu entsprechend großen Verlusten, wenn man nicht durch knapp platzierte Stopps vorsorgt. Durch derartige Stopps kommt es jedoch zu einer Häufung von falschen Reaktionen auf vermutete Trends, da jedes falsche Trendsignal abgewürgt und kurz danach, wenn sich der aktuelle Trend fortsetzt, wieder eingesetzt wird.

WAS IST EIN TREND?

Bevor wir eine treffende Definition versuchen, wollen wir zunächst einige Kriterien festlegen, die ein Trend erfüllen sollte.

Beständigkeit

Die Definition muss Gültigkeit haben für alle Zeitintervalle (Jahr, Woche, Tag, Stunde), alle Zeitrahmen (sie muss genauso gut auf Trends von 1984 anwendbar sein, die sich von denen von 1994 kaum unterscheiden), und für alle Commodities. (Trends sollten also immer gleich aussehen: Entfernt man die einschlägigen Bezeichnungen, sollte man nicht mehr erkennen können, ob das zu Grunde liegende Basisobjekt eines auf dem Chart dargestellten Trends nun Gold ist oder Mais.)

Verlässlichkeit

Wir würden gerne wissen, ob eine Definition, die schon einmal zur Anwendung gekommen war, einen minimalen Kursausschlag aus dem aktuellen Trend vorsieht. Der Trader könnte also in der Zukunft mit diesem minimalen Kursausschlag rechnen. Außerdem sollte ein Trend mit großer Sicherheit identifiziert werden können. Die Definition darf also nur eine geringe Fehlerquote bei der Identifizierung von neuen Trends oder Trendwenden aufweisen.

Flexibilität

Trends sind nicht immer gleich. Manche verlaufen zügig nach oben, manche weisen mäßige Schwankungen auf, manche schlagen wild nach oben und unten aus und lösen so häufig falsche Trendumkehrsignale aus. Unsere Definition sollte erkennen können, ob ein Trend noch dynamisch fortschreitet, ob er träge auf und ab pendelt oder ob er hektisch in beide Richtungen ausschlägt.

BEISPIELE FÜR ECHTE TRENDS

Bevor wir uns endgültig auf eine Definition festlegen, wollen wir ein paar Beispiele betrachten, um zu sehen, ob wir aus der bildlichen Darstellung noch weitere Merkmale oder Informationen erkennen können.

Chart 2-1

S&P kontinuierliche Tageskurse:
Aufwärtstrend mit mäßiger Volatilität

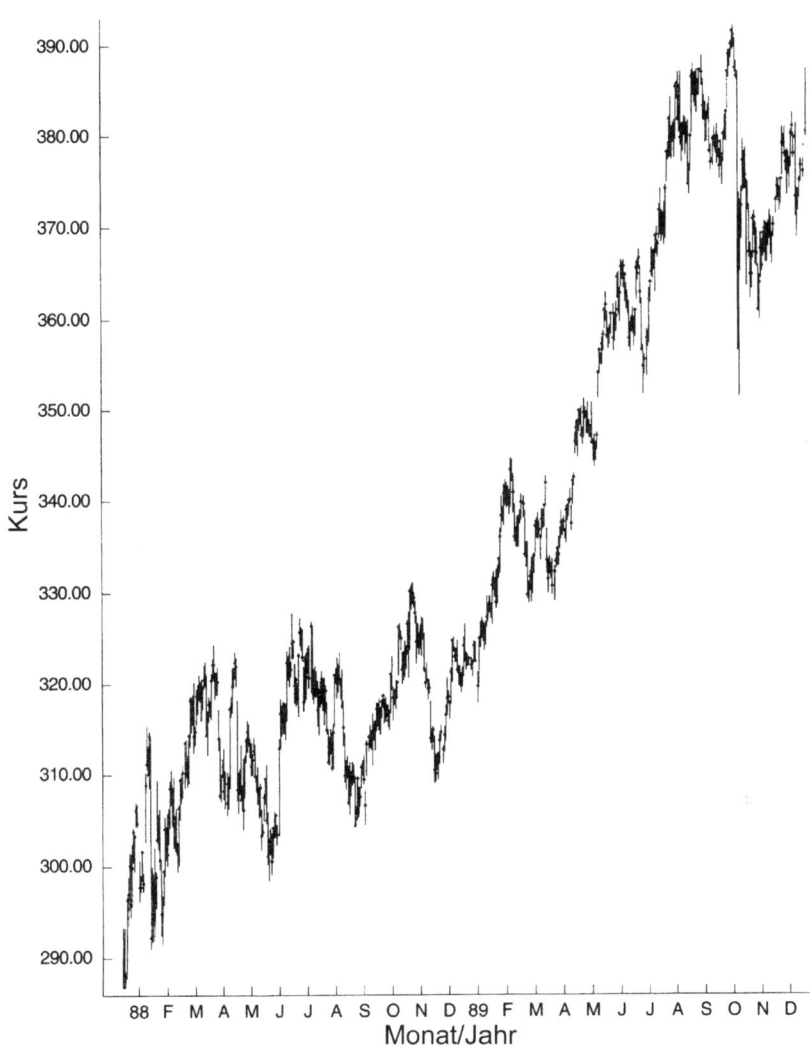

Auf Chart 2-1 zeigt der S&P auf Tagesbasis die meiste Zeit über einen leichten, doch stetigen Aufwärtstrend. Dabei lassen sich auch Phasen mit beinah kontinuierlichen neuen Hochs erkennen, doch es dominieren Intervalle mit wechselnden Auf- und Abwärtsbewegungen, in denen der Trend erst deutlich anzieht, dann etwas verliert, um wieder aufzuholen und noch Boden gutzumachen.

Chart 2-2 zeigt ebenfalls einen Aufwärtstrend, hier allerdings von eher ungebärdigem Charakter. Dieser Trend ist insgesamt gesehen recht stabil, doch die Reaktionen im Trendverlauf und die kräftigen Gegenbewegungen sind beträchtlich und unberechenbar. Achten Sie auf die Gemeinsamkeiten von ruhigen und wilden Phasen in Chart 2-1 und Chart 2-2: Die beiden (unterschiedlichen) Trends ergeben sich im Endeffekt aus höheren Schlusskursen.

Chart 2-3 zeigt einen leichten Abwärtstrend bei Silber. Dieses Beispiel ist fast identisch mit dem von Chart 2-1 – nur dass die Kurse dort steigen, und hier fallen sie. Ansonsten haben sie die gleichen Eigenschaften: stetige (Abwärts-) Trendphasen, durchsetzt von geringfügigen Schwankungen und Ausschlägen (Reaktionen) gegen den (Abwärts-) Trend.

Auf Chart 2-4 zeigt sich Silber von seiner wilden Seite. Die Kurse landen schließlich auf einem echten Tiefpunkt, doch der Weg dorthin ist alles andere als friedlich: Sturzflug-Phasen wechseln sich ab mit Zickzack-Perioden, kräftigen Erholungen und trügerischen Gegenbewegungen. Doch auch hier bestimmen die neuen Tiefs das Bild und drücken den Trend weiter nach unten.

Doch wie sieht es aus mit Trends und Kursbewegungen innerhalb eines Tages? Zunächst stellen sich Trends in den verschiedenen Zeitrahmen innerhalb eines Tages leicht unterschiedlich dar, obwohl in allen Zeitrahmen dieselbe Grundtendenz vorliegt. Die Charts 2-5, 2-6 und 2-7 zeigen für Zucker dieselbe Com-

Chart 2-2
S&P kontinuierliche Tageskurse: Aufwärtstrend mit ausgeprägter Volatilität

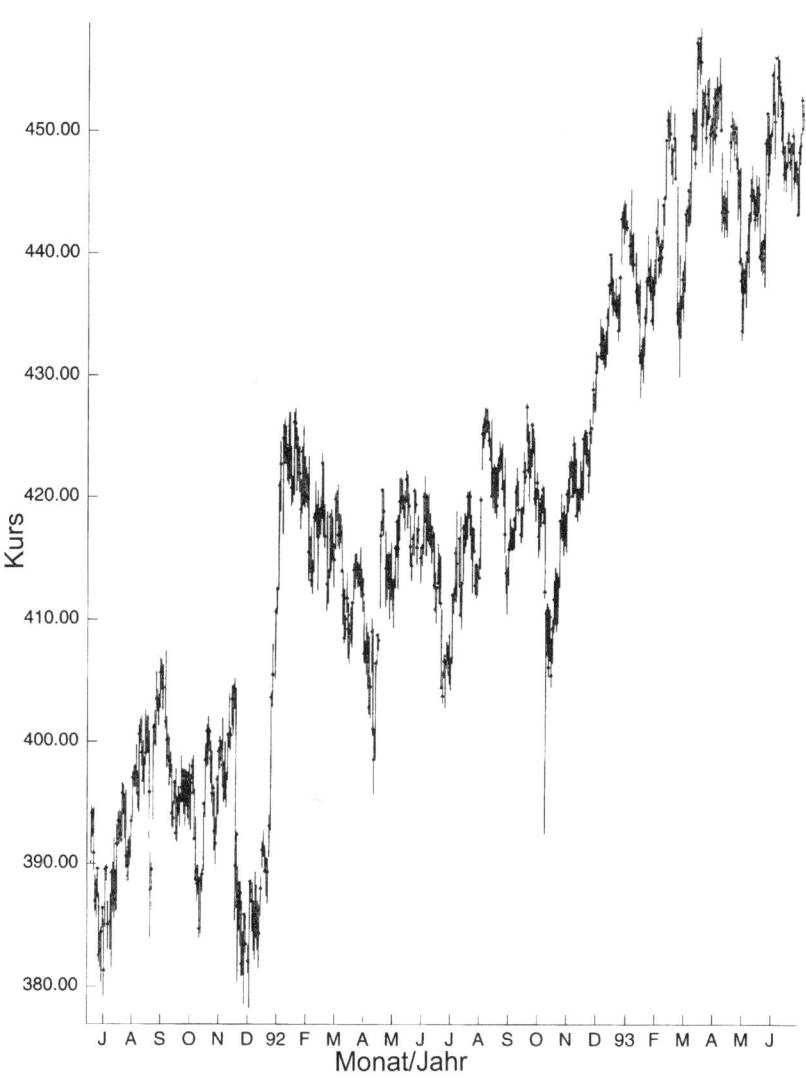

Monat/Jahr

Chart 2-3
Comex kontinuierliche Tageskurse für Silber

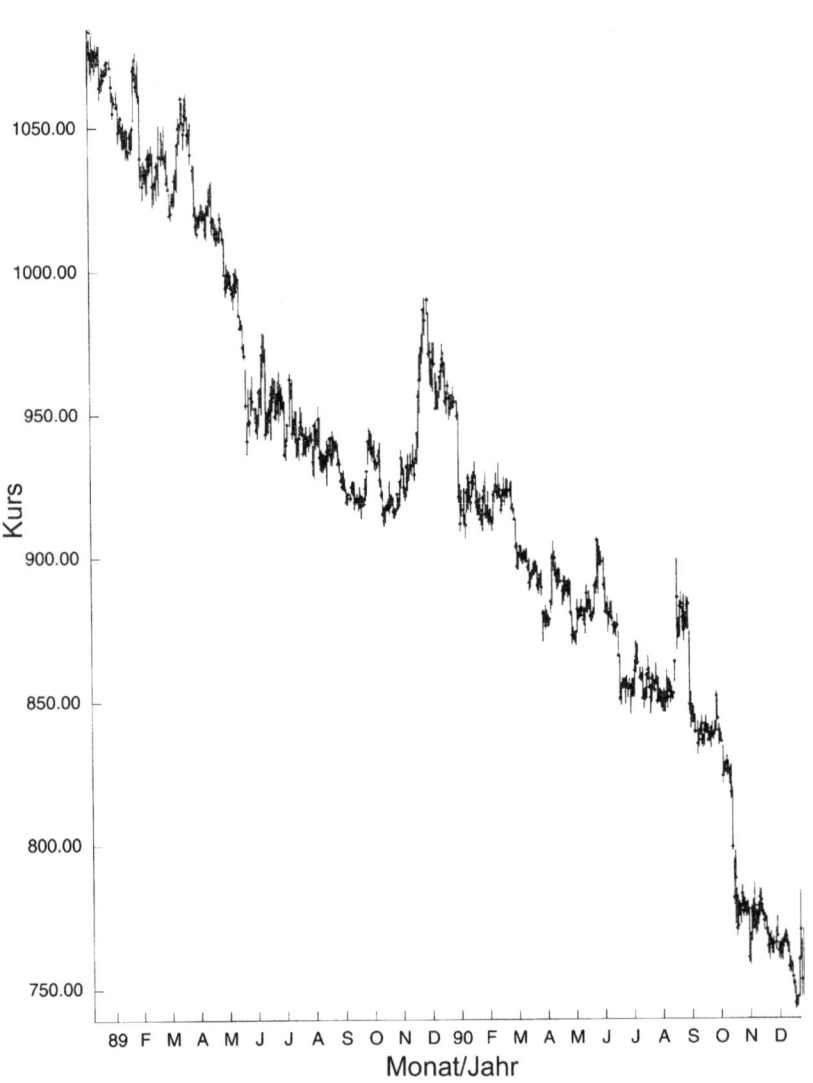

DIE BERG-UND-TAL-TRENDTHEORIE

Chart 2-4
Comex kontinuierliche Tageskurse für Silber

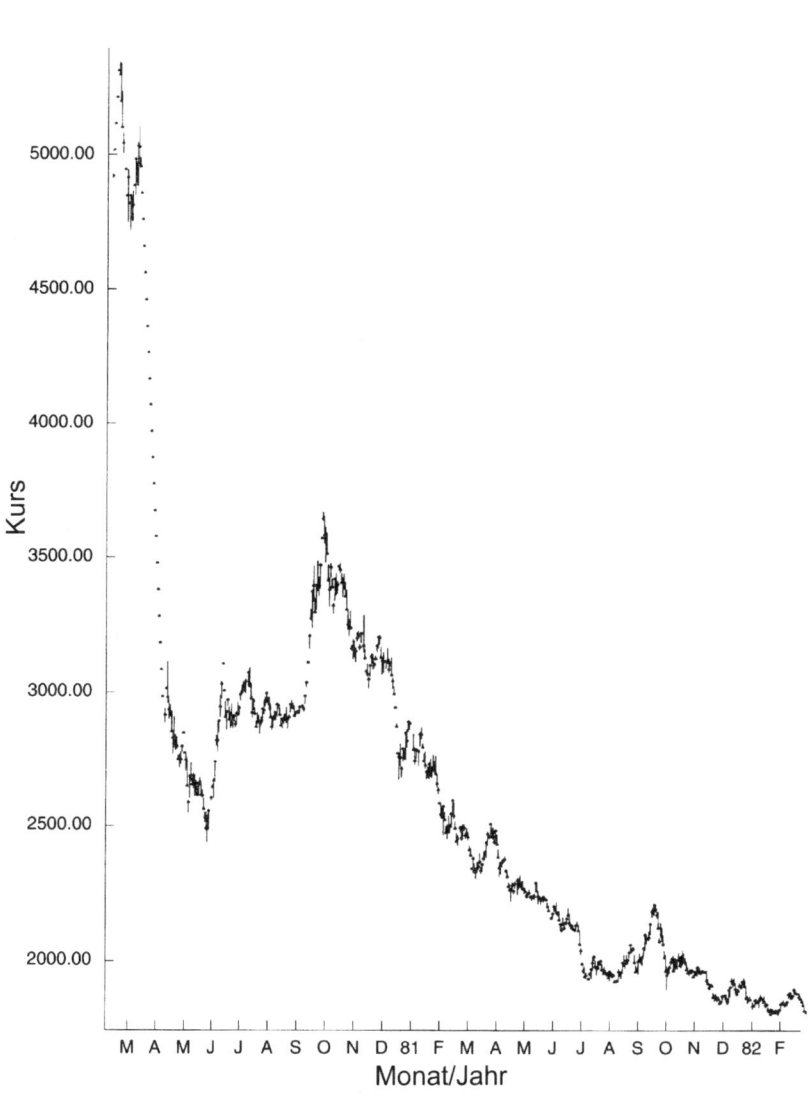

modity am selben Tag, doch jeweils auf der 1-Minuten-, 5-Minuten- und 15-Minuten-Basis. Der Unterschied, der sich hier feststellen lässt, liegt in der *Körnung*. Die drei Zeitrahmen zeigen ein und denselben Trend, doch während der 1-Minuten-Chart jede kleine Ausbuchtung, jede Delle und jeden Kursausschlag nach oben oder unten enthält, die innerhalb des Trends vorkommen, liefert der 15-Minuten-Chart nur einen groben Überblick (mit nur 24 eingezeichneten Kursen) über den Trend. Es zeigt auf, wo der Trend eingesetzt, wo er ausschlaggebende Kursbewegun-

Chart 2-5
1-Minuten-Kurse für Zucker # 11 am 17. April 1995

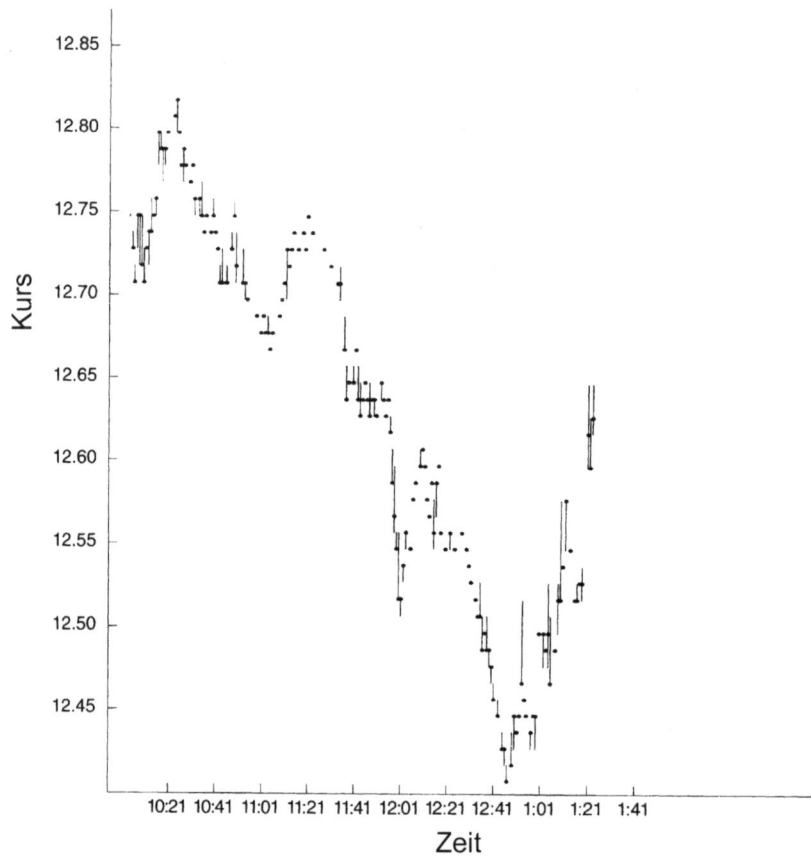

gen gezeigt und wo er aufgehört hat. Einerseits geht der 1-Minuten-Chart viel zu sehr ins Detail. Dadurch kann auch die beste Trend-Definition ihren Wert verlieren. Die 15-Minuten-Darstellung dagegen geht zu rasch über Entwicklungen hinweg, um zuverlässige Trendsignale zu erzeugen. Doch der Erfolg des Tradings hängt ja nun einmal davon ab, wie gut unsere Definition des Trends ist, und wie viele und welche Arten von Daten dafür erforderlich sind.

Wir müssen uns also für einen Zeitrahmen – 1 Minute, 5 Minuten, 15 Minuten oder einen anderen – entscheiden, auf den die Trend-Definition am besten anwendbar ist und somit gute Aussichten auf erfolgreiches Trading bestehen.

Lassen Sie uns einen abschließenden Blick auf die Arten von Trends werfen, wie sie innerhalb eines Tages auftreten. Wir verwenden dazu einen 5-Minuten-Chart, den Mittelweg zwischen den Extremen bei 1 Minute und 15 Minuten. Chart 2-8 zeigt den S&P-Future, wie er nach mäßigen Schwankungen beim Tageshoch schließt. Beachten Sie, dass für schwächere Tagestrends dasselbe gilt wie für schwächere Aufwärtstrends auf Tagesbasis (Chart 2-1): Es kommt zu Phasen mit dynamischem Anstieg, doch dazwischen immer wieder zu leichten Schwankungen nach oben und unten, mit und gegen den Trend.

Doch ein maßgeblicher Unterschied besteht: das Ausmaß des Trends selbst (bei Intraday-Bewegungen geringer) von Anfang bis Ende und innerhalb von Kursbewegungen (auch hier weniger Volatilität als bei Kursen auf Tagesbasis).

Chart 2-9 zeigt Kurse des S&P-Futures auf 5-Minuten-Basis in einem relativ starken Aufwärtstrend innerhalb des Tages mit verhältnismäßig drastischen Reaktionen in die Gegenrichtung. Wieder gleicht diese Situation der auf Chart 2-2 mit Kursen auf Tagesbasis, doch die Intraday-Kurse verhalten sich weit weniger dramatisch.

Chart 2-6

5-Minuten-Kurse für Zucker # 11 am 17. April 1995

Chart 2-10 zeigt die Kurse für Silber auf 15-Minuten-Basis mit einem relativ starken Abwärtstrend bei geringer Volatilität, insbesondere im Vergleich zu Chart 2-3, dem Gegenstück auf Tagesbasis. Auch hier sind die Kursschwankungen auf dem Intraday

Chart 2-7
15-Minuten-Kurse für Zucker # 11 am 17. April 1995

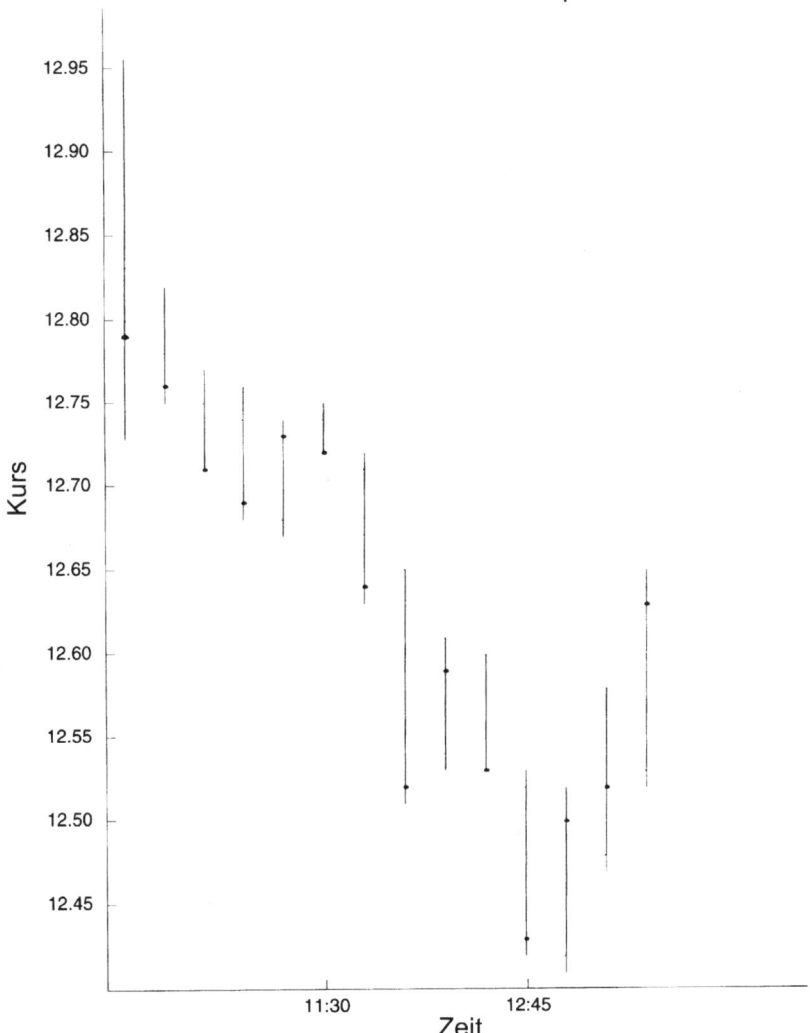

Chart weniger schwankungsintensiv. Dabei ist auch hier – wie bei den Daten auf Tagesbasis (Chart 2-3) zu einem sich fortsetzenden Trend – das Ausbilden von jeweils neuen Tiefs im Verlauf des Trends das hervorstechendste Merkmal.

Chart 2-11 zeigt Silber von seiner wilden Seite und ist das Intraday-Äquivalent zu Chart 2-4. Im Vergleich dazu fällt auf Chart 2-11 alles eine Nummer kleiner aus – das Ausmaß des Trends von Anfang bis Ende, die Kursschwankungen von einem zum nächsten 15-Minuten-Intervall. Es kommt zwar zu hektischen Ausschlägen in beide Richtungen, doch der Trend erreicht bis Ende des Tages immer neue Tiefs.

Chart 2-8
5-Minuten-Kurse für den S&P am 19. Juni 1995

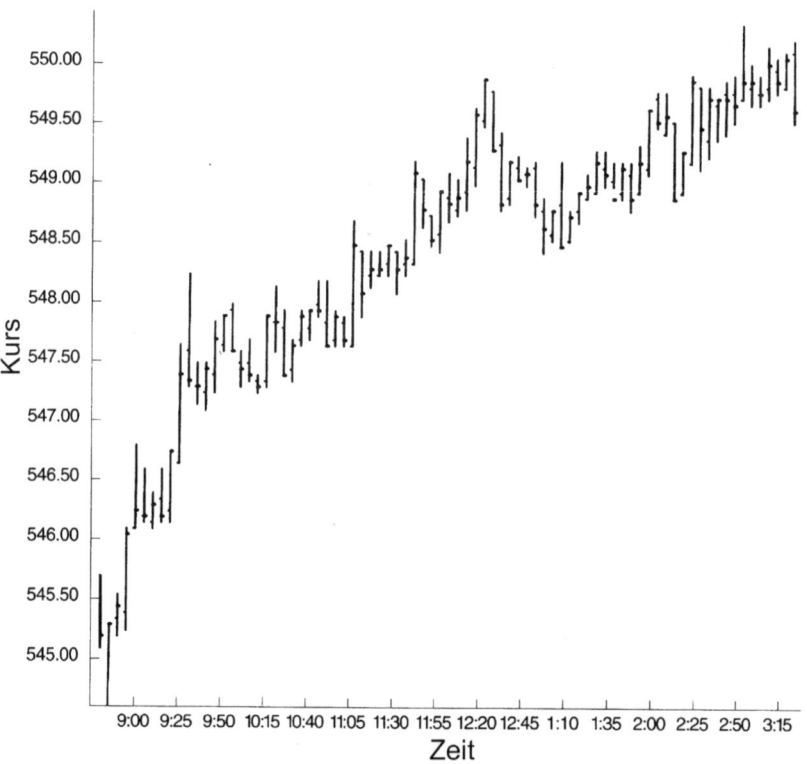

NICHT ALLE TRENDS SIND GLEICH

Nun haben wir uns denselben Trend bei ein- und derselben Ware in verschiedenen Zeitabschnitten angesehen und viele Ähnlichkeiten gefunden (Ausmaß des Trends, das auch in unterschiedlichen Zeitintervallen immer gleiche Kursverhalten), doch auch den einen oder anderen Unterschied (je kürzer der Zeitrahmen, desto mehr Details und Reaktionen enthält das Chartbild).

Zwischen den einzelnen Commodities sollten wir durchaus mit Unterschieden in der Entwicklung von Trends rechnen. So zeigen etwa T-bills ausgiebige, lang gezogene Trends, während Aufwärtstrends bei Orangensaft kontinuierlich ansteigen, um dann von einem Tag auf den anderen umzuschwingen. Doch auch bei ein und derselben Ware kann es unter verschiedenen Bedingungen zu unterschiedlichem Trendverhalten kommen. So ist ein mangel- (angebots-) induzierter Aufwärtstrend normalerweise lang gezogener und volatiler als ein nachfrageinduzierter. Folglich kam es bei den ersten Weizenkäufen durch Russland zu einem stetigen sachten Anstieg der Kurse mit geringer Volatilität. Vergleichen Sie dazu Chart 2-1 mit 2-2, Chart 2-3 mit 2-4 und, für Intraday-Konstellationen, Chart 2-8 mit 2-9 und Chart 2-10 mit 2-11.

Abbildung 2.1 zeigt zwei Extreme und dazwischen das Mittelfeld, wo die meisten Trends angesiedelt sind. Fallbeispiel (a) zeigt den Chart eines unausgewogenen, rein nachfrageinduzierten Szenarios, wie es bei einem Erntestopp bei Orangen oder einer Ölkrise vorkommt. In so einem Fall steigen die Preise im Grunde fast jeden Tag vom Einsetzen des Trends bei A bis zum Ende bei B (um sich im Anschluss zu stabilisieren und seitwärts zu bewegen).

Fallbeispiel (c) beschreibt das andere Extrem. Auch hier ist vom Anfangspunkt E bis zum Endpunkt F ein deutlicher Kursanstieg zu beobachten, doch die Kurse zeigen dazwischen immer wie-

Chart 2-9
5-Minuten-Kurse für den S&P am 5. Juni 1995

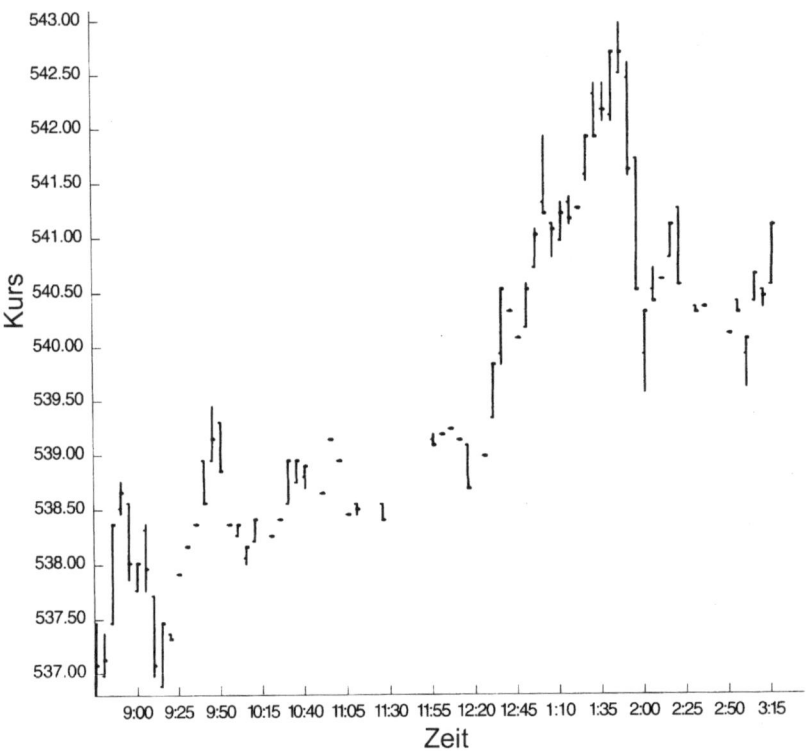

der Schwankungen und Reaktionen. In diesem Fall würden Trendmesser wie etwa Moving Averages oder Ausbruchsindikatoren versagen und irrtümlich einen Trendwechsel signalisieren. Auch Umkehrdefinitionen würden hier nicht unbedingt funktionieren, da sich abwechselnd kleinere und größere Kursbewegungen, in die eine oder andere Richtung, gegensätzliche Trendumkehrsignale auslösen würden. Der Trader müsste dann mit zahlreichen Stopps arbeiten, um aus Positionen zu entkommen, die gegen den Haupttrend stehen.

Fallbeispiel (b) zeigt den Mittelweg zwischen den beiden Extremen: einen anhaltenden Trend von größerem Ausmaß mit gemäßigten Reaktionen im Verlauf.

Chart 2-10
Comex Silber 15-Minuten-Kurse: ruhiger Abwärtstrend, mäßige Schwankungen

10. April 1995

Diese Form kommt sowohl bei Tages- als auch bei Intraday-Trends am häufigsten vor.

DEFINITION EINES TRENDS

Was ist ein Trend? Vielleicht sollten wir noch einmal von vorne beginnen und die Angelegenheit aus einer anderen Perspektive betrachten, einer „natürlichen" Sichtweise. Woran denken Sie, wenn Sie das Wort „Trend" hören? Bei einem Aufwärtstrend denken wir dabei auf jeden Fall an „höher", nicht nur insgesamt, von Anfang bis Ende, sondern auch bei vielen Testpunkten dazwischen.

Stellen Sie sich einmal einen Berg vor. Beim Bergsteigen folgen Sie einem Pfad oder Sie klettern über Felsen, die Sie zu Kuppen oder Zwischenplateaus führen, oder auf vorgelagerte Gipfel, wobei jeder Punkt höher liegt als der vorherige. Wüsste man im Voraus, wie viele es insgesamt sind, könnte man ausrechnen, wie viel von dem Berg man bereits erklommen hat. Von Anfang an aber weiß man, dass man auf einen Berg steigt – bereits nach den ersten erwähnenswerten Abschnitten bis zum ersten, zweiten oder dritten Zwischengipfel.

Natürlich muss man dabei beurteilen können oder bereits wissen, dass es sich um einen Berg und nicht bloß um einen Hügel handelt. Ganz ähnlich verhält es sich mit signifikanten Auf- oder Abwärtstrends an der Börse: Eine Mindesthöhe eines Zwischenhochs und/oder eine Mindestanzahl von Zwischenhochs muss bestätigen, dass sich hier wirklich ein signifikanter Trend herausbildet. Man kann (oder wird) sich kaum auf das erste Zwischenhoch verlassen, denn es könnte sich ja auch um einen etwas größeren Hügel handeln (falscher Trend). Doch man kann auch unmöglich erst einmal 50 neue Hochs abwarten, da der Trend dann vielleicht bereits ausläuft.

Chart 2-11

Comex Silber 15-Minuten-Kurse: ausgeprägter Abwärtstrend, starke Schwankungen

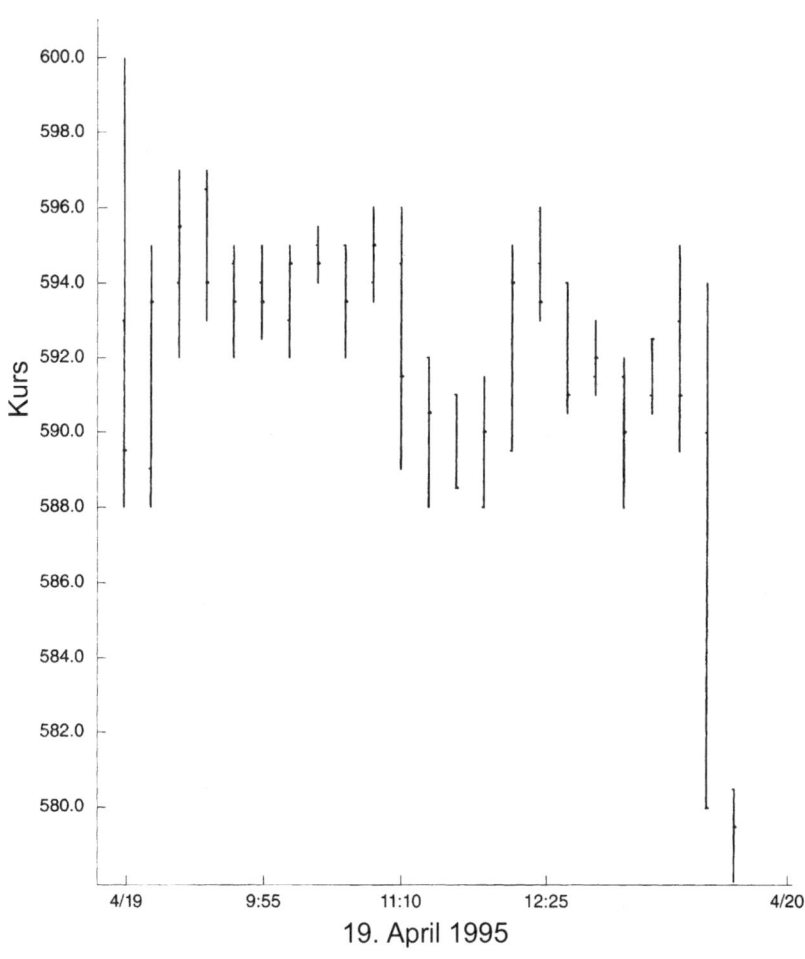

19. April 1995

Abbildung 2-1
Verschiedene Trend-Typen

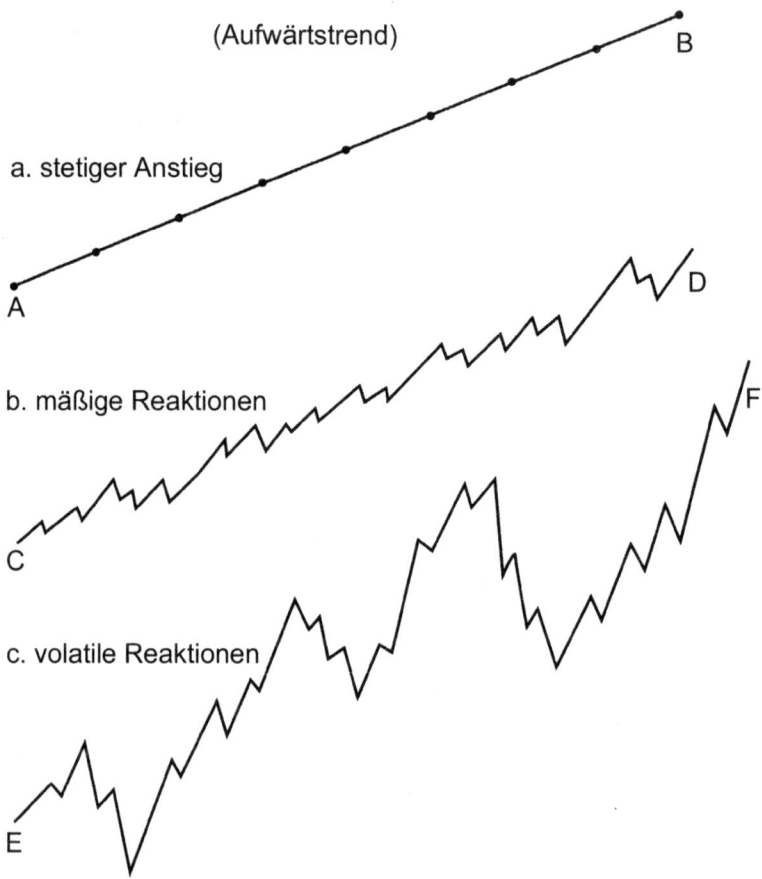

(Aufwärtstrend)

a. stetiger Anstieg

b. mäßige Reaktionen

c. volatile Reaktionen

Hier gibt es einen goldenen und entscheidenden Mittelweg. Wir brauchen bestimmt nicht 50, doch ganz sicher mehr als nur ein Zwischenhoch.

Man kann natürlich über Experimente und Tests anhand realer Fallbeispiele diesen goldenen Mittelweg für jede Ware und jedes Szenario ermitteln (ausschließlich für das Day-Trading). Und genau das werden wir in Kapitel 4 auch tun.

Doch es gibt noch einen zweiten Aspekt, der uns hier weiterhelfen kann. Mit den Methoden der Statistik können wir hieb- und stichfest die Wahrscheinlichkeit bestimmter Ereignisse berechnen. Hier legen wir fest, dass die Kurse bei gleicher Wahrscheinlichkeit willkürlich (ohne eigentlichen Antrieb oder Grund für deutliche Auf- oder Abwärtsbewegungen) auf und ab schwanken. Wenn wir die Wahrscheinlichkeit berechnen wollen, nach der sich als nächstes ein Hoch oder Tief ausbilden wird, beträgt diese lediglich 50 Prozent. Gehen wir aber von zwei Tops in Folge aus, ohne die entsprechenden Tiefs, stehen die Chancen lediglich bei 50 Prozent mal 50 Prozent (da es sich hier unserer Annahme nach um unabhängige Ereignisse handelt), also bei 25 Prozent (1/2 x 1/2 = 1/4, also stehen die Chancen für zwei Tops in Folge bei 25 Prozent).

Nach diesem Prinzip stehen die Chancen für vier Hochs in Folge (ohne dazwischen liegende Böden) lediglich bei 1/2 x 1/2 x 1/2 x 1/2 = 1/16, oder 6 1/4 Prozent. Nun folgern wir weiter, dass ein so unwahrscheinliches Ereignis (was um so mehr für 5 oder 6 oder noch mehr Tops in Folge gilt) kein Zufall sein kann: Eine solche Häufung aufeinander folgender Tops muss folglich ein Zeichen für etwas nicht Alltägliches sein – einen signifikanten (anhaltenden) Aufwärtstrend.

Abbildung 2-2 zeigt die Definition des Trends als Berg (Aufwärtstrend) bzw. Tal (Abwärtstrend).

Diese Definition ist sowohl aus naturwissenschaftlicher als auch aus mathematischer Sicht einleuchtend.

Darüber hinaus ist sie praxisnah und stößt nicht an die Grenzen vieler anderer Definitionen wie Moving Averages oder Ausbruchsindikatoren, die sich im Grunde auf das Auftreten und das Aus-

Abbildung 2-2
Trend-Definition: Berg/Tal

a. Aufwärtstrend – aufeinander folgende
   Zwischenhochs in beträchtlichem Abstand (a - i)
   (Berg)

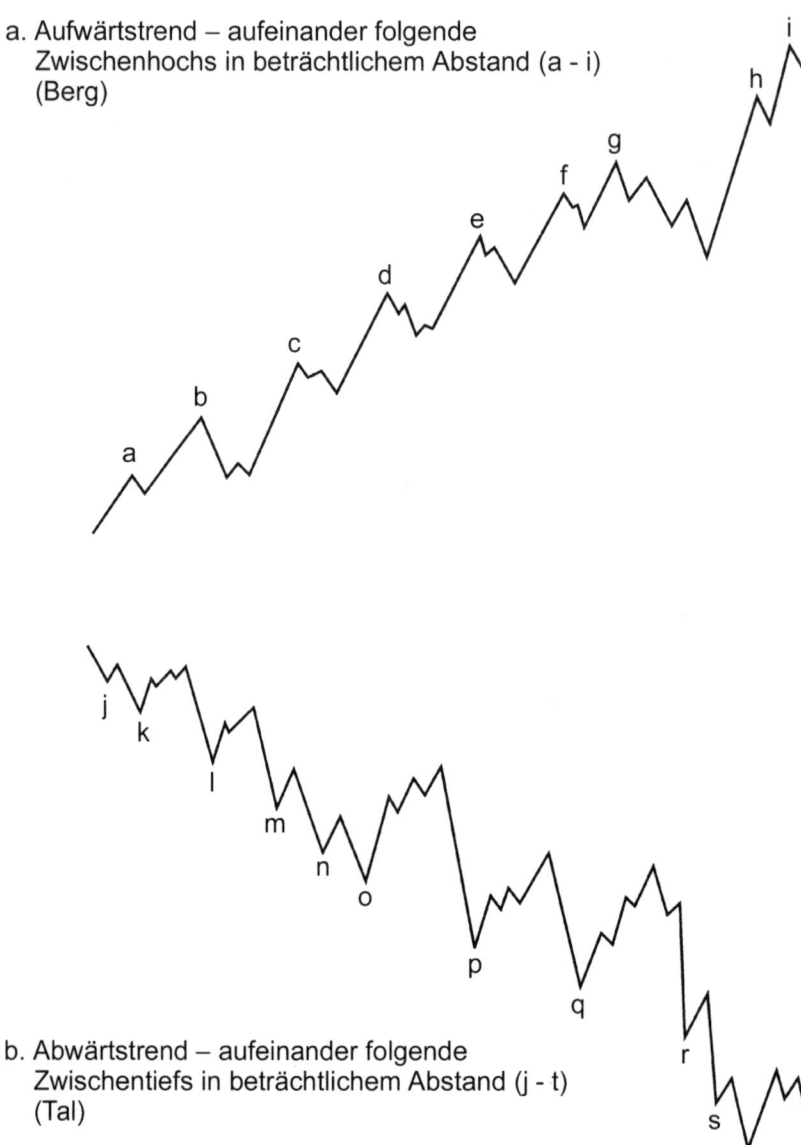

b. Abwärtstrend – aufeinander folgende
   Zwischentiefs in beträchtlichem Abstand (j - t)
   (Tal)

maß des ersten Anstiegs konzentrieren, oder wie die „Anti-Zykli-ker", die davon ausgehen, dass der erste Anstieg *nur* ein Hügel ist, und nicht Teil eines Bergs.

Diese Definition filtert einzelne bedeutungslose Kursbewegun-gen heraus und berücksichtigt ausschließlich echte Berge (im Trend). Dadurch wird die Erfolgsquote erhöht, und zugleich wer-den die aussichtsreichsten und gewinnträchtigsten Trades her-ausgefiltert.

Im nächsten Kapitel wenden wir uns Strategien für die prakti-sche Umsetzung der Berg-und-Tal-Trenddefinition fürs Day-Trading zu.

Kapitel III

Nützliche Strategien
und
einfache Berechnungen

Nun haben wir eine brauchbare Definition für den Begriff Trend und müssen diese an die besonderen Erfordernisse des Day-Tradings anpassen und darauf aufbauend zuverlässige Strategien entwickeln.

GRUNDLEGENDE BERECHNUNGEN

Zunächst müssen wir mit spitzem Bleistift ein paar grundlegende Berechnungen durchführen.

Wie bereits festgestellt, berechnet man einen Trend im Grunde einfach durch die Ermittlung von höheren Hochpunkten zur Definition eines Aufwärtstrends und von tieferen Tiefpunkten zur Definition eines Abwärtstrends. (Mit Hoch- oder Tiefpunkt oder Punkten allgemein sind hier immer die Schlusskurse eines Intraday-Intervalls gemeint.) So einfach ist das im Grunde genommen. Dazu müssen wir aber wissen, wo wir einsetzen sollen, wie ein signifikantes neues Hoch oder Tief aussieht und aus wie vielen neuen Hochs sich ein echter, maßgeblicher Aufwärtstrend zusammensetzt (was Research erfordert – siehe Kapitel 4). Und schließlich müssen wir natürlich noch festlegen, nach welchen Trading-Regeln wir uns richten. (In der Zusammenfassung am Ende dieses Kapitels finden Sie eine umfassende Aufstellung von Trading-Regeln.)

Abbildung 3-1 zeigt die grundlegenden Berechnungen. Bei Fallbeispiel (a) haben wir es mit einem Abwärtstrend zu tun. Wir achten also darauf, wo die Kurse wieder nach oben tendieren und sich ein neuer Aufwärtstrend herausbildet. Wir suchen folglich nach dem ersten bzw. dem nächsten Hochpunkt, von denen mehrere schließlich einen Aufwärtstrend signalisieren. (Beachten Sie, dass wir uns stets entweder im Auf- oder im Abwärtstrend befinden. Abbildung 3-5 und die Erläuterungen dazu bringen uns zum ersten Trend – doch vorher sind noch ein paar Dinge zu klären.)

Wir überprüfen, wie sich der Kurs vom letzten Hoch (oder vom letzten Tief, wenn der Abwärtstrend noch in Fahrt ist und wir den absoluten Tiefpunkt vor uns haben, doch darüber später noch mehr, in Abbildung 3-2) zum potenziellen neuen Hoch verändert hat. Dabei sollte der neue potenzielle Gipfel dem letzten entsprechen oder ihn um eine bestimmte Anzahl von M Punkten übersteigen. Der Wert von M wird vom Trader als Kriterium für ein neues Hoch festgelegt. Als ersten Test ziehen wir vom potenziellen ersten Hoch das tiefste Tief ab (siehe Abbildung 3-2).

Befinden sich die Kurse im Aufwärtstrend, achten wir auf den nächsten (signifikanten) Abwärtstrend. Wir warten also auf neue Tiefpunkte. Haben sich nach dem letzten Hoch im Aufwärtstrend bereits Tiefpunkte gezeigt, beachten wir den nächsten Tiefpunkt. Wir vergleichen einen potenziellen neuen Tiefpunkt (siehe Fallbeispiel (b) in Abbildung 3-1) mit dem letzten Tiefpunkt und ermitteln die Differenz. Ist die Differenz gleich oder größer M, erkennen wir den fraglichen Punkt als neuen oder letzten Tiefpunkt an.

Befinden wir uns im Aufwärtstrend auf einem neuen Höhepunkt und sind auf der Suche nach einem ersten potenziellen Tiefpunkt, machen wir auch hier die Probe aufs Exempel: Wir subtrahieren den potenziellen neuen Tiefpunkt vom letzten Gipfel. Ist die Differenz größer oder gleich M, schließen wir daraus, dass der entsprechende Kurs der erste Tiefpunkt in einem möglichen neuen Abwärtstrend ist. Ein Hinweis zur Vorsicht: Immer wenn der aktuelle Trend sich ein neues Wahrzeichen setzt (ein neues Hoch in einem Aufwärtstrend oder ein neues Tief in einem Abwärtstrend) müssen wir mit dem Zählen von Tiefpunkten im Aufwärtstrend und Höhepunkten im Abwärtstrend neu beginnen. Es gilt also, neue Tiefpunkte zu ermitteln. Der Grund dafür ist, dass der Trend ja noch immer intakt ist und per Definition noch kein Abwärtstrend eingesetzt hat, der bereits am höchsten Gipfel eines Aufwärtstrends beginnt. Umgekehrt gehen Aufwärtstrends per Definition erst vom tiefsten Tief eines Abwärtstrends aus.

Abbildung 3-1
Grundlegende Berechnungen

a. aktueller Abwärtstrend   neuer Höhepunkt

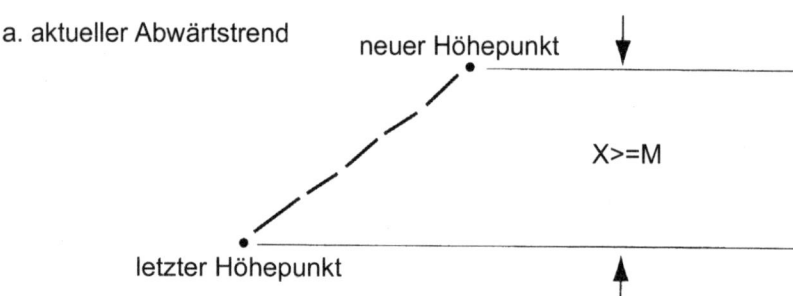

b. aktueller Aufwärtstrend

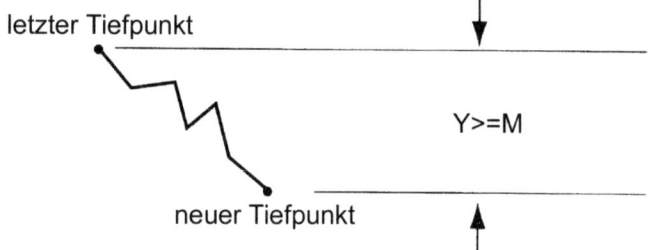

c. aktueller Aufwärtstrend; neue Höhepunkte, neue Zählung von Tiefs

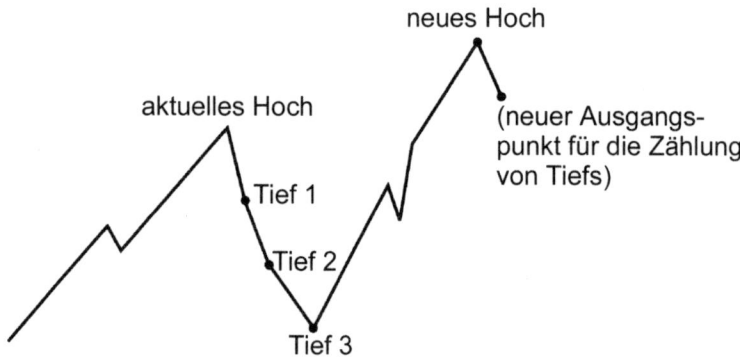

Abbildung 3-2
Probe aufs Exempel

(in einem aktuellen Trend)
M = erforderlicher Mindestabstand zwischen
neuen Hochs oder neuen Tiefs

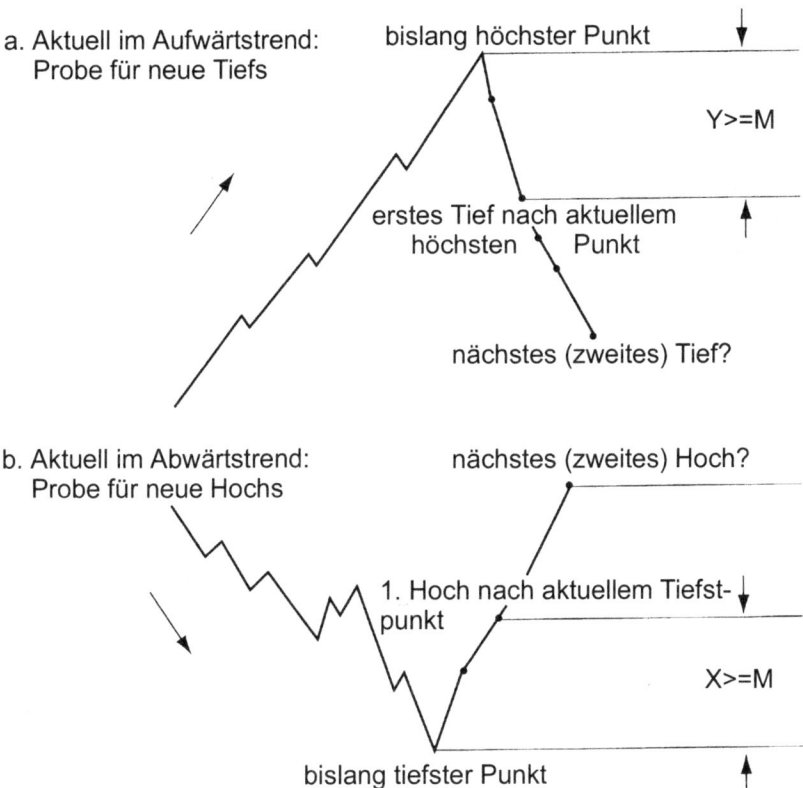

a. Aktuell im Aufwärtstrend: bislang höchster Punkt
   Probe für neue Tiefs

Y>=M

erstes Tief nach aktuellem
      höchsten   Punkt

nächstes (zweites) Tief?

b. Aktuell im Abwärtstrend: nächstes (zweites) Hoch?
   Probe für neue Hochs

1. Hoch nach aktuellem Tiefst-
punkt

X>=M

bislang tiefster Punkt

Auf Abbildung 3-1, Fallbeispiel (c), sehen Sie, wie nach einem neuen Hoch im Aufwärtstrend mit der Zählung der Tiefpunkte neu begonnen werden muss.

Fallbeispiel (a) zeigt einen Aufwärtstrend, den wir auf neue Tiefs hin untersuchen, um einen Abwärtstrend ausfindig zu machen. Vom bislang höchsten Punkt halten wir erneut (wie schon bei tieferen Höhepunkten) Ausschau nach tieferen Punkten, die möglicherweise einen Abwärtstrend andeuten. Der erste tiefere Kurs wird getestet. Besteht er die Differenz-Probe nach obigem Muster, betrachten wir ihn als erstes Tief. Fällt er durch, warten wir entweder auf ein weiteres Tief, das wir auf die Probe stellen wollen (Höhepunkt minus Tief größer oder gleich M) oder auf einen neuen Hochpunkt im Aufwärtstrend, der automatisch alle vorangegangenen Tiefpunkte löscht. Nun müssen wir auf neue Tiefpunkte warten.

Entdecken wir ein erstes Tief, achten wir auf ein neues Tief, das wir dann näher betrachten und definieren, wenn das erste/letzte Tief minus das neue potenzielle Tief größer oder gleich M ist. Trifft dies zu, betrachten wir das neue Tief als zweites Tief. In unserem Fallbeispiel (a) ist das so.

Bei der Suche nach einsetzenden Aufwärtstrends in abwärts tendierenden Märkten gehen wir bei unseren Berechnungen und Überlegungen umgekehrt vor, handeln jedoch nach demselben Prinzip.

In Fallbeispiel (b) in Abbildung 3-2 gehen wir vom bislang tiefsten Punkt des Abwärtstrends aus (bislang kann bedeuten, von Anfang an, unmittelbar oder an irgendeinem Punkt im Verlauf des Abwärtstrends) und achten auf deutlich höhere Punkte als Hinweis auf einen möglichen Aufwärtstrend. Wir testen den ersten Hochpunkt und nachfolgende, um festzustellen, ob sie mindestens M Punkte höher liegen als der bislang tiefste Punkt. Erst dann können wir das erste Hoch als ersten echten signifikanten Höhepunkt bezeichnen. Analog vergleichen wir den ersten Hochpunkt, den wir ermittelt haben (hier den ersten) mit dem nächsten potenziellen Hochpunkt; daraufhin bezeichnen wir den neuen als nächsten Hochpunkt (hier den zweiten).

STRATEGIEN UND BERECHNUNGEN

Charts 3-1 und 3-2 erläutern diese grundlegenden Berechnungen anhand von Beispielen. Eines, bei dem nur eine Kursdifferenz benötigt wird, um einen neuen Tiefpunkt in einem Aufwärtstrend zu ermitteln, gibt in 3-1 die erste Konstellation: Nach dem Schlusskurs (A) kommt es durch einen Abfall um mehr als 10 Punkte (0,0010) zu einem neuen tiefen Schluss, der auf den letzten hohen Schluss (A) folgt. (10 Punkte sind der entscheidende Wert, den wir vorher festgelegt haben.)

Das zweite Fallbeispiel zeigt denselben Aufwärtstrend (am gleichen Tag), doch hier sind zwei Kursveränderungen erforderlich, um einen neuen Tiefpunkt im Aufwärtstrend zu ermitteln. Nach dem Schluss beim neuen Höhepunkt (C) kurz vor 10 Uhr kommen die Kurse im folgenden 5-Minuten-Intervall leicht ins Rutschen und sind bis zum Ende der anschließenden 5-Minuten-Spanne deutlich gefallen – der Schlusskurs (D) liegt um mehr als 10 Punkte tiefer als (C).

Chart 3-2 zeigt ähnliche Konstellationen, jedoch in einem aktuellen Abwärtstrend. Beim ersten Beispiel benötigen wir nur eine Differenz, um den nächsten neuen Höhepunkt (B) nach dem neuen Tief beim Schluss (A) etwa um 11.20 Uhr zu ermitteln. (Wir haben willkürlich einen Wert von 5 Punkten, 0,0005, als entscheidende Differenz M für Abbildung 3-1 festgelegt, um ein neues Ausgangshoch zu definieren.)

Das nächste Fallbeispiel erfordert jedoch zwei deutliche Kursänderungen zur Identifizierung eines neuen Höhepunkts im Abwärtstrend: Die Kurse schließen auf einem neuen Tief (C) gegen 10.30 Uhr am selben Tag und benötigen daraufhin zwei 5-Minuten-Intervalle, um die 5 Punkte gutzumachen, die für ein neues Hoch erforderlich sind.

KAPITEL III

GRUNDLEGENDE STRATEGIEN:
DREHEN VON POSITIONEN

Die Berechnungen zu Abbildung 3-3 führen noch ein Stück weiter. Hier werden Strategien entwickelt, um auf neue Aufwärtstrends hin Long-Positionen einzugehen, bzw. auf neue Abwärtstrends hin eine Short-Position aufzubauen.

Im Fallbeispiel (a) sind die Kurse im Abwärtstrend und erreichen neue Tiefs (letzter Tiefpunkt). Von hier aus erholen sich die Kurse und erreichen ein signifikantes erstes Hoch an Punkt 1, bei dem die Kursdifferenz zum letzten Tiefpunkt (X) größer oder gleich M ist, unserem entscheidenden Mindestabstand zwischen aufeinander folgenden Hochs oder vom bisherigen Tief zum ersten Hoch. Nun zeigen sich kontinuierlich neue Hochs an den Punkten 2, 3, 4, 5 und 6. Beachten Sie dabei, dass manchmal nur ein neuer Kurs erforderlich ist, um neue Hochs zu ermitteln (Punkte 2, 3 und 6), während manchmal mehrere Kursveränderungen nötig sind, damit sich neue Hochs ergeben (Punkte 4 und 5).

Auf jeden Fall haben wir es hier mit sechs neuen signifikanten Hochs innerhalb eines Abwärtstrends zu tun. Bedeutet das nun, dass es sich um einen neuen Aufwärtstrend handelt? Das ist nun zugleich die zweite Frage, die es für den Trader zu klären gilt: Wie viele neue Tops sind nötig, damit man mit hoher Wahrscheinlichkeit vom Beginn eines neuen Aufwärtstrends ausgehen kann?

Es sind zwei Variable zu bestimmen: die minimale Kursdifferenz zwischen neuen Hochs/Tiefs und die Anzahl von neuen Hochs/Tiefs, die erforderlich ist, damit man von einem neuen Trend ausgehen kann.

Fallbeispiel (b) zeigt die umgekehrte Situation: Wir befinden uns in einem Aufwärtstrend und halten Ausschau nach einem neuen

Chart 3-1

Grundlegende Berechnung von neuen Tiefs im Aufwärtstrend:
(B) ein Kursrückgang erforderlich
(D) zwei Kursrückgänge erforderlich

25. Mai 1995

Chart 3-2

Einfache Berechnung eines neuen Hochs im Abwärtstrend:
(B) ein Kursrückgang erforderlich
(D) zwei Kursrückgänge erforderlich

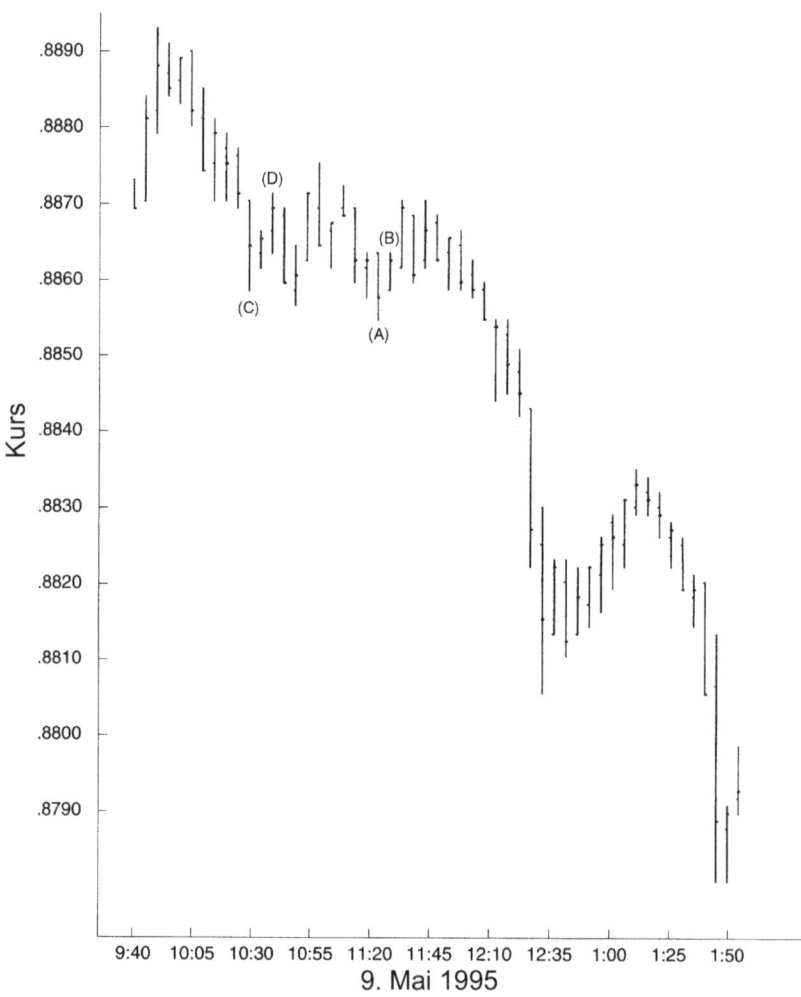

9. Mai 1995

Abwärtstrend. Sobald ein neuer Höhepunkt erreicht wird, suchen wir jedesmal gemäß dem gleichen Schema nach signifikanten neuen Tiefs und warten, bis eine entscheidende Mindestanzahl neuer Tiefs als eindeutiger Hinweis auf einen neuen Abwärtstrend aufgetreten ist. In vorliegenden Fall ist Punkt 1 das erste signifikante Tief, bei dem der Kurs um mindestens M Punkte gefallen ist. Bei Punkt 2 ist der Kurs um B Punkte gefallen, also um

Abbildung 3-3
Grundlegende Strategien: Drehen von Positionen

M = Mindestabstand zwischen neuen Hochs bzw. neuen Tiefs

a. aktueller Abwärtstrend

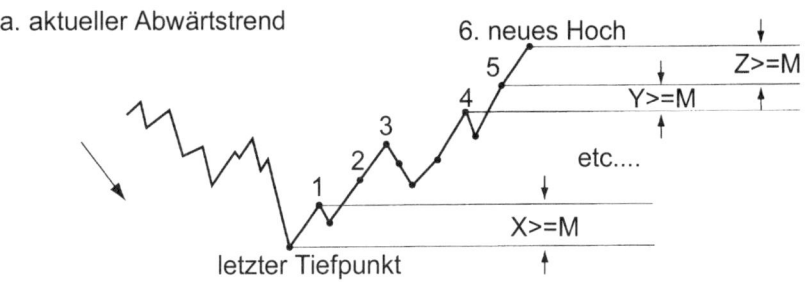

b. aktueller Aufwärtstrend

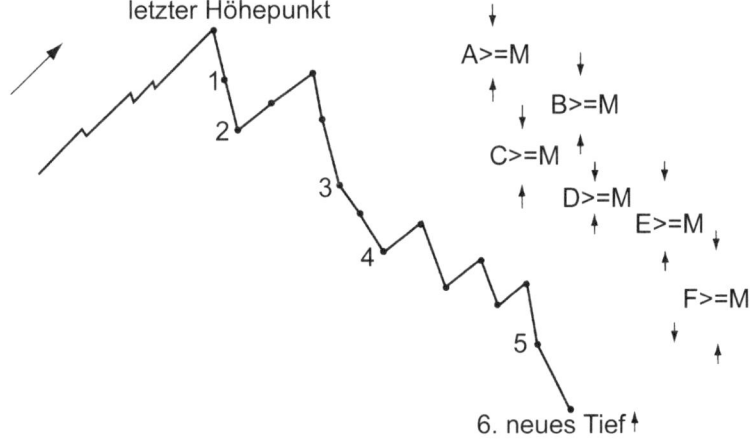

M oder mehr. Folglich ist dies unser zweites Tief (nach nur einem Tag). Punkt 3 wird nach weiteren vier Kurssprüngen erreicht, und so weiter. Bis zum Ende des Charts haben wir so insgesamt sechs maßgebliche tiefere Punkte ermittelt. Wäre sechs die festgelegte Mindestanzahl von neuen Tiefs, hätten wir die Einbruchsserie bei Punkt 6 zum neuen Abwärtstrend erklären können.

Die Charts 3-3 bis 3-5 zeigen drei Beispiele für die Einnahme von Long-Positionen, entweder von Anfang an, oder nach eindeutiger Ermittlung eines Abwärtstrends.

Auf Chart 3-3 sehen wir eine einschneidende Kursbewegung bei Zucker zum Tagesende (28. April 1995). Auf den Boden, der gegen 12.00 Uhr ausgebildet wird, folgen sechs sukzessive ansteigende höhere Schlusskurse von 5-Minuten-Intervallen bei Punkt (A), (B), (C), (D), (E) und (F). Der Trader steigt folglich bei (F) zu 12,87 ein und am Schluss bei 13-30 aus und hat damit 43 Punkte gewonnen. (Wir gehen dabei von einer Mindestkursdifferenz von 1 Punkt aus.)

Chart 3-4 stellt T-Bond-Futures am 28. Februar 1995 dar. Der tiefste Punkt wird gegen 12.30 Uhr erreicht. Danach folgen sechs höhere Schlusskurse in Folge bei den Punkten (A), (B), (C), (D), (E) und (F). Wer hier in Long-Position geht und diese bis zum Schluss hält, ist um rund 22 Ticks oder $ 688 im Plus – vor Provisionen und Slippage. (Dabei wurde ein Mindestkursabstand zwischen den aufeinander folgenden höheren Schlusskursen von 1 Tick zu Grunde gelegt.)

Chart 3-5 zeigt Weizen am 12. Mai 1995. Hier wird kurz vor 11.00 Uhr ein Boden erreicht, auf den bei den Punkten (A), (B), (C), (D), (E) und (F) höhere 5-Minuten-Schlusskurse in Folge auftreten. Etwa bei 361 wird eine Long-Position eingenommen und bis zum Tagesschluss bei 367-1/2 gehalten. Der erzielte Gewinn beträgt fünf Cents, ausgehend von einem Mindestkursabstand von 1/8 Cent.

Chart 3-3

Sechs höhere Schlusskurse vor Einnahme einer Long-Position
(5-Minuten-Chart für Zucker #11)

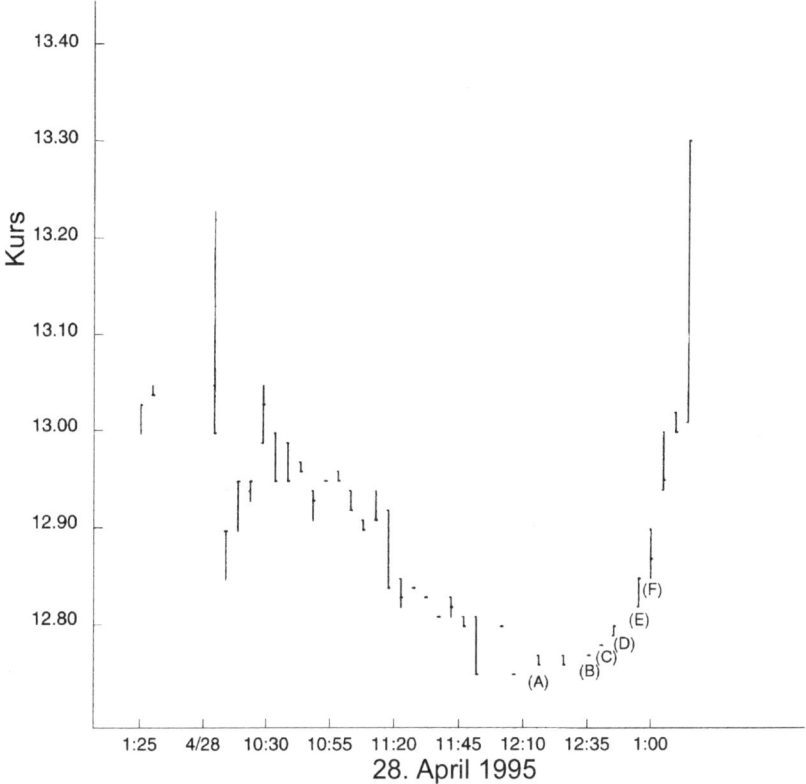

28. April 1995

Und umgekehrt zeigen die Charts 3-6 bis 3-8 das Eingehen von
Short-Positionen in Aufwärtsbewegungen bzw. „Short-Gehen"
vom Tageshoch ausgehend.

93

Als Gegenstück zu Chart 3-3 zeigt Chart 3-6 einen allmählichen Rückgang bei Zucker, bis gegen 12.30 Uhr starke Verkäufe einsetzen. Bei einem Mindestabstand von einem Tick bei aufeinander folgenden niedrigeren Schlusskursen auf 5-Minutenbasis

Chart 3-4
Sechs höhere Schlusskurse vor Einnahme einer Long-Position
(1-Minuten-Chart für T-Bonds)

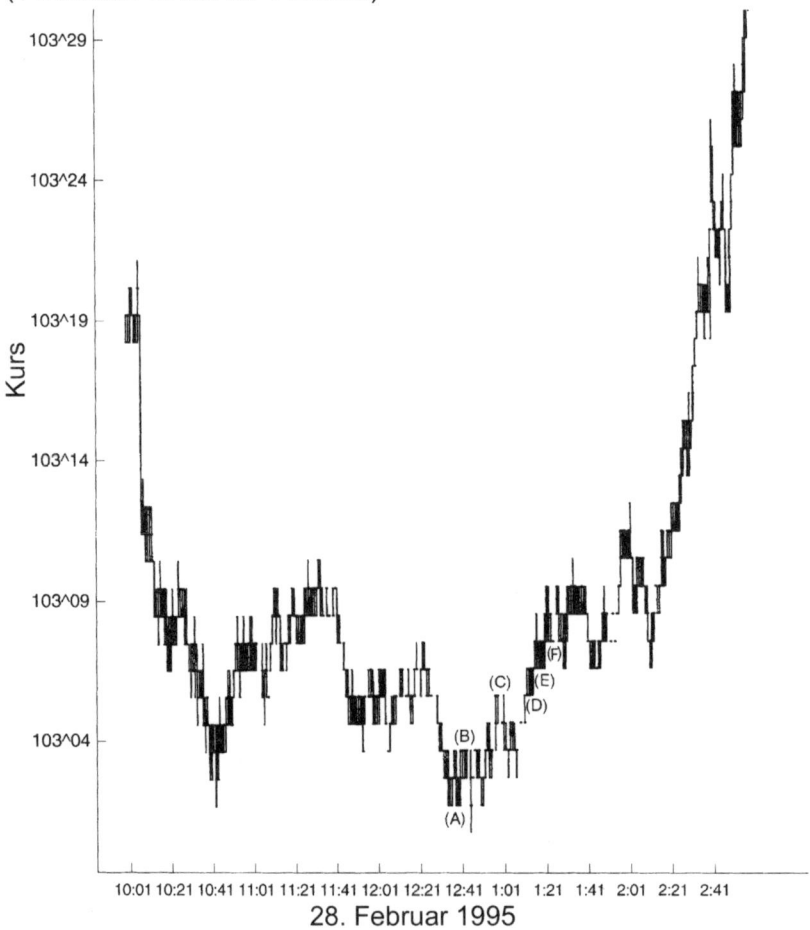

28. Februar 1995

würde unser wagemutiger Trader beim sechsten Punkt (F) gegen 11.20 Uhr bei 13-90 eine Short-Position einnehmen, und diese bis zum Schluss halten – mit 20 Ticks Gewinn.

Chart 3-5
Sechs höhere Schlusskurse vor Einnahme einer Long-Position
(5-Minunten-Chart für Weizen)

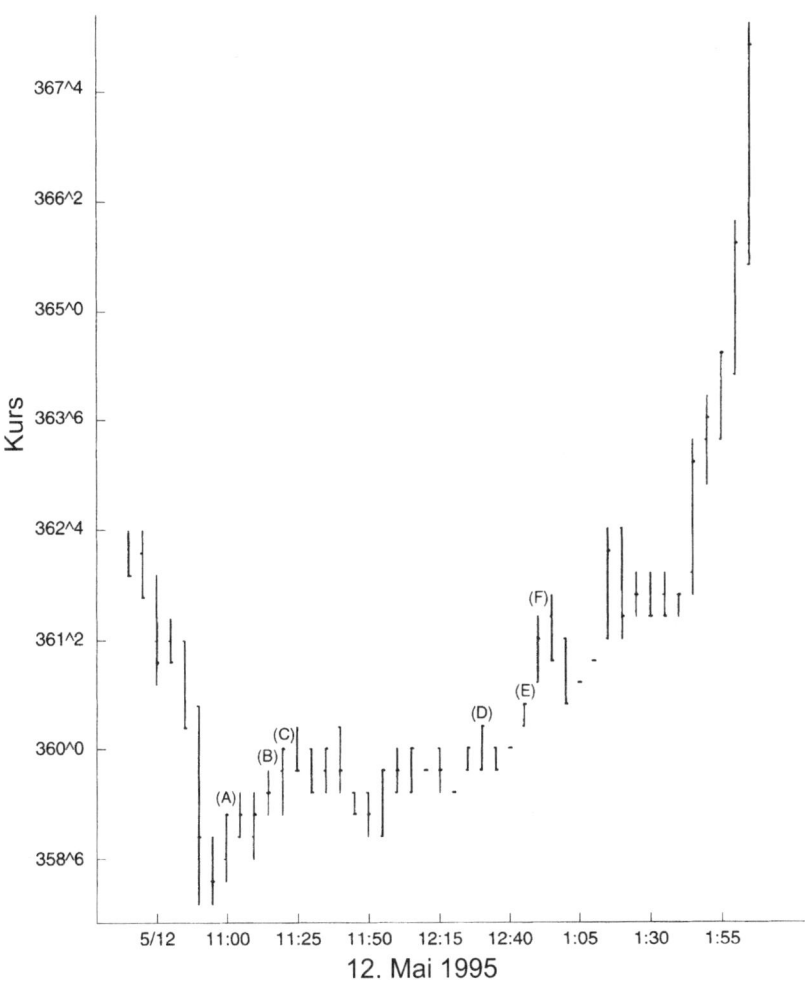

12. Mai 1995

Chart 3-7 zeigt den nächstfälligen T-Bond Future am 23. Februar 1995. Der Kurs steigt fast bis auf 104 und bricht dann kurz vor Mittag ein. Es folgen sechs tiefere 1-Minuten-Schlussnotierungen. Bei einer Mindestdifferenz der aufeinander folgenden Schlusskurse von 1 Punkt weiß der Trader, dass er bei (F) bei etwa 103-16 short gehen sollte. Der Schlusskurs für diesen Tag liegt bei 102-26.

Chart 3-8 schließlich zeigt den nächstfälligen Sojabohnen-Kontrakt, der sich am 2. Juni 1995 zunächst seitwärts bewegt und dann nach 12.40 Uhr deutlich abrutscht. Tiefere Schlusskurse in Folge in einem Mindestabstand von 1/8 Cent geben dem Trader die Gelegenheit, bei Punkt (F) gegen 13 Uhr bei 588 short zu gehen und seine Position bis zum Tagesschluss bei 584 zu halten.

GRUNDLEGENDE STRATEGIEN: WIEDEREINSTIEG

Was kann der Trader tun, wenn er ausgestoppt wird? Ein Stopp ist ein Hilfsmittel zum Geldmanagement, das der Verlustbegrenzung dient, doch dabei nicht unbedingt eine neue Position oder gar eine Trendwende signalisiert (obwohl Stopps von manchen Tradern so eingesetzt werden; sie würden ansonsten ihre Position beibehalten und die unruhigen Zeiten aussitzen, bis ihr Trend wieder einsetzte). Der Trader verfügt zwar über einen Mechanismus zur Einnahme einer Position in Gegenrichtung (wie im Abschnitt über die Umkehr von Positionen beschrieben), doch einen Automatismus zum Wiedereinstieg in den aktuellen Trend nach Auflösung einer Position hat er nicht. Ist der Trend zu Ende gewesen, als der Trader ausgestoppt wurde? Nein, doch es gibt ebenso wenig Indizien dafür, dass er sich fortsetzen wird – es sei denn, man wertet das Ausbleiben neuer Trendpunkte als Zeichen für ein zumindest vorübergehendes Aussetzen des Trends.

Chart 3-6

Sechs niedrigere Schlusskurse vor Einnahme
einer Short-Position
(5-Minuten-Chart für Zucker #11)

10. April 1995

Chart 3-7
Sechs niedrigere Schlusskurse vor Einnahme
einer Short-Position
(1-Minuten-Chart für T-Bonds)

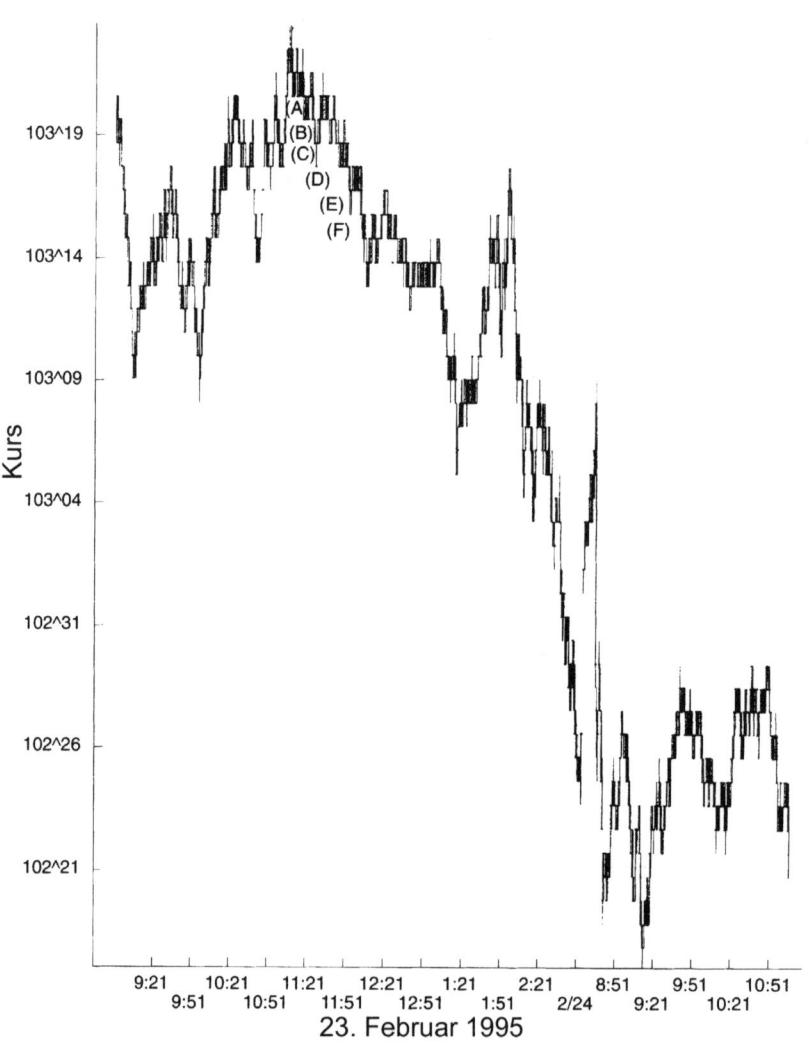

23. Februar 1995

Und hier liegt der Schlüssel für unseren Wiedereinstieg in den alten Trend, wenn wir aus unseren alten Positionen ausgestoppt wurden. Ein Fortsetzungssignal, eine Rückbestätigung, wird uns darauf hinweisen, dass der alte Trend wieder eingesetzt hat und wir unsere Positionen in diesem Trend wieder einnehmen können. Genau genommen bedeutet das: Im Aufwärtstrend muss mindestens ein neues Hoch, im Abwärtstrend mindestens ein neues Tief auftreten. Nach dem gleichen Schema haben wir bei unserem Long-Signal ein Hoch mehr als ursprünglich festgelegt abgewartet – als eine Art Rückversicherung, dass das ursprüngliche Signal auch wirklich korrekt war!

Abbildung 3-4 zeigt den Wiedereinstieg in Long- und Short-Positionen nach der Auslösung von Stopps.

Im Fallbeispiel (a), wo im Aufwärtstrend in Long-Position ein Stopp erreicht wird, zeigt sich ein neues Hoch (oberhalb des letzten Trendhochs und nach dem Auslösen des Stopps), das dem Trader signalisiert, dass er umgehend wieder long gehen soll. Fallbeispiel (b) zeigt umgekehrt die Auslösung eines Stopps für eine Short-Position, gefolgt von einem neuen Tief im Abwärtstrend, bei dem der Trader seine Short-Position wieder einnimmt.

Die Charts 3-9 und 3-10 zeigen Beispiele für die Einnahme neuer Long-Positionen nach Auslösung eines Stopps.

In Chart 3-9 ziehen die Kurse auf dem Markt für Kaffee unmittelbar an und geben damit ein Long-Signal (bei einer Mindestdifferenz von, sagen wir, 0,01 Punkten) nach einem festgelegten Signal durch vier aufeinander folgende neue Hochs der Schlussnotierungen auf 5-Minuten-Basis, beim Schlusskurs (D). Hätte der Trader einen Stop bei 0,50 Punkten platziert, wäre er kurz vor 10.00 Uhr bei Punkt (E) ausgestoppt worden. Doch ein fünfter höherer Schlusskurs in Folge (und damit Neuland für den Aufwärtstrend) bei Schluss (F) veranlasst ihn zur Einnahme einer neuen Long-Position, um den Aufwärtstrend mitzunehmen

Chart 3-8
Sechs niedrigere Schlusskurse vor Einnahme
einer Short-Position
(5-Minuten-Chart für Sojabohnen)

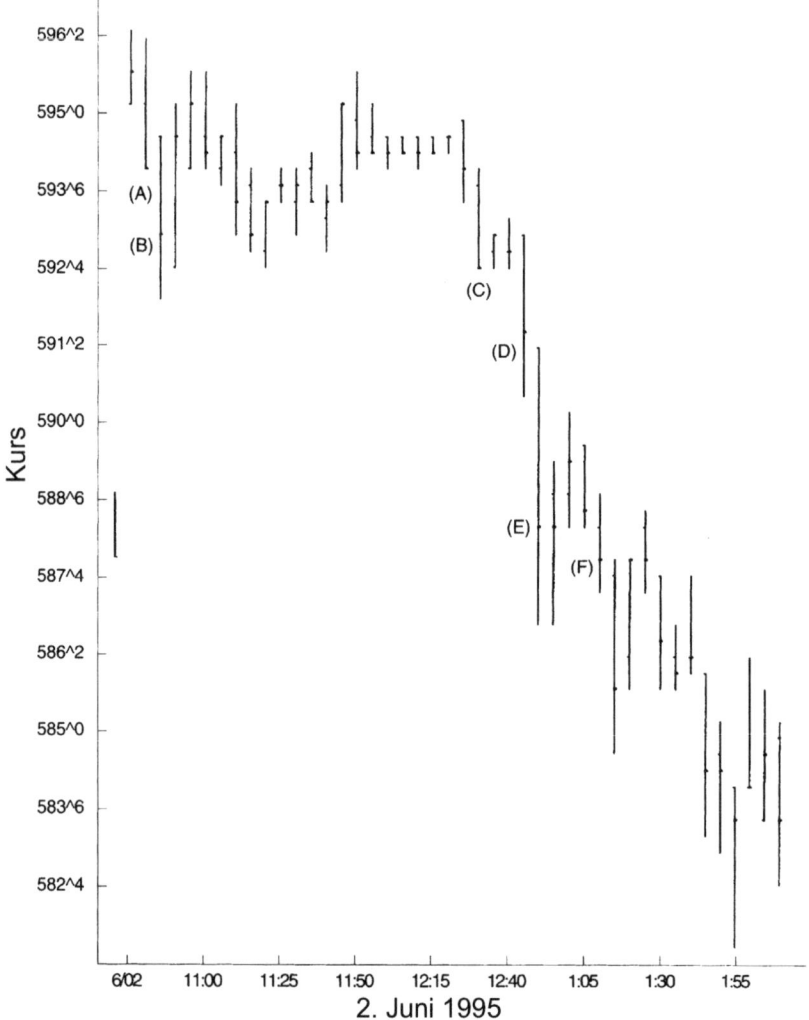

2. Juni 1995

und einen satten Gewinn von 5 Punkten einzustreichen – also
an die $ 2 000 Dollar für den Tag!

Abbildung 3-4

Grundlegende Strategien: Wiedereinstieg

a. aktueller Aufwärtstrend

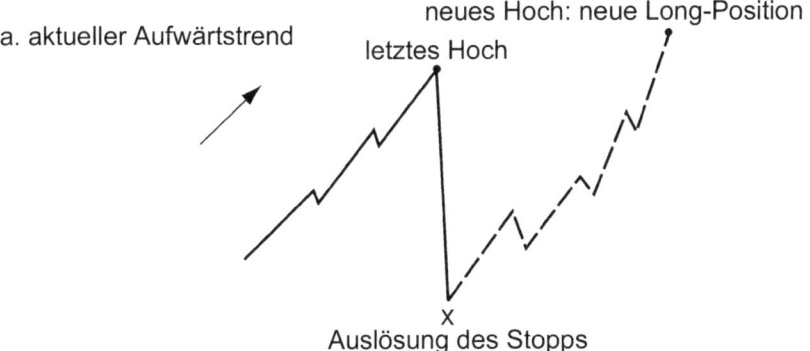

b. aktueller Abwärtstrend

Chart 3-10 zeigt einen ruhigen Markt für Eurodollar Futures und gibt dem wagemutigen Trader ein Long-Signal beim Schlusskurs (C), wenn er eine Mindestdifferenz von 0,01 Punkten und drei aufeinander folgende Upticks als Kriterium für Long-Engagement zu Grunde gelegt hat. Bei einem eng gesetzten Stopp von 0,02 Punkten wäre seine Long-Position beim Schlusskurs (D) vorzeitig aufgelöst worden. Ein neues Schlusshoch bei (E) hätte ihn wieder in Long-Position dirigiert, wodurch er bei Tagesschluss letztendlich 0.13 Punkte Gewinn erzielt hätte.

Die Charts 3-11 und 3-12 zeigen dagegen die Auslösung von Stopps in Short-Positionen und deren Wiedereinnahme nach Erreichen neuer Tiefs.

Chart 3-9
Stoppauslösung in Long-Position: Gewinn durch Wiedereinstieg (5-Minuten-Chart für Kaffee)

15. Juni 1995

Auf Chart 3-11 ist ein drastischer Einbruch der Kaffeekurse kurz nach Eröffnung zu beobachten. Nach drei aufeinander folgenden tieferen Schlusskursen (im Mindestabstand von 0,01 Punkten) auf Basis von 5-Minuten-Intervallen könnte das Erreichen von Punkt (C) als Short-Signal gewertet werden, doch selbst ein 1-Punkt-Stopp würde spätestens bei Schlusskurs (D) ausgelöst. Ein gewiefter Trader wäre bei einem neuen (vierten) Schluss in Folge bei Punkt (E) erneut short gegangen und hätte damit bei Tagesschluss über 3 Punkte gutgemacht.

Der Japanische Yen in Chart 3-12 schließlich legt zunächst kräftig zu, gibt aber kein Long-Signal (wenn der Trader vier aufeinander folgende neue höhere oder tiefere Schlusskurse als Long- bzw. Short-Kriterium und eine Mindestkursdifferenz von 0,0001 Punkten auf 5-Minuten-Basis festgelegt hat). Stattdessen wird bei Schlusskurs (D) ein Short-Signal generiert. Doch die Kurse steigen rapide, und unser Trader würde mit einem Stopp-Parameter von 0,0025 bei Schluss (E) ausgestoppt. Ein neues Schlusstief bei (F) veranlasst ihn jedoch zur Einnahme einer neuen Short-Position, so dass er bei Tagesschluss mit einem Gewinn von 0,0015 abschließt.

GRUNDLEGENDE STRATEGIEN: EINGEHEN VON POSITIONEN

Normalerweise wird das Eingehen von Positionen an erster Stelle abgehandelt, damit der Trader weiß, wie er anfangen soll. Wir haben uns zunächst mit der Umkehrung von Positionen befasst, denn das Grundkonzept von aufeinander folgenden höheren oder tieferen Schlusskursen ist am verständlichsten und am einfachsten zu erklären, solange nur ein Trend vorliegt und die Bezugspunkte und die Berechnungen klar sind.

Zu Beginn des Börsentages muss der Trader nicht nur die Verfahren zur Ermittlung aufeinander folgender höherer bzw. tiefe-

Chart 3-10

Stoppauslösung in Long-Position: Gewinn durch Wiedereinstieg
(5-Minuten-Chart für Eurodollar)

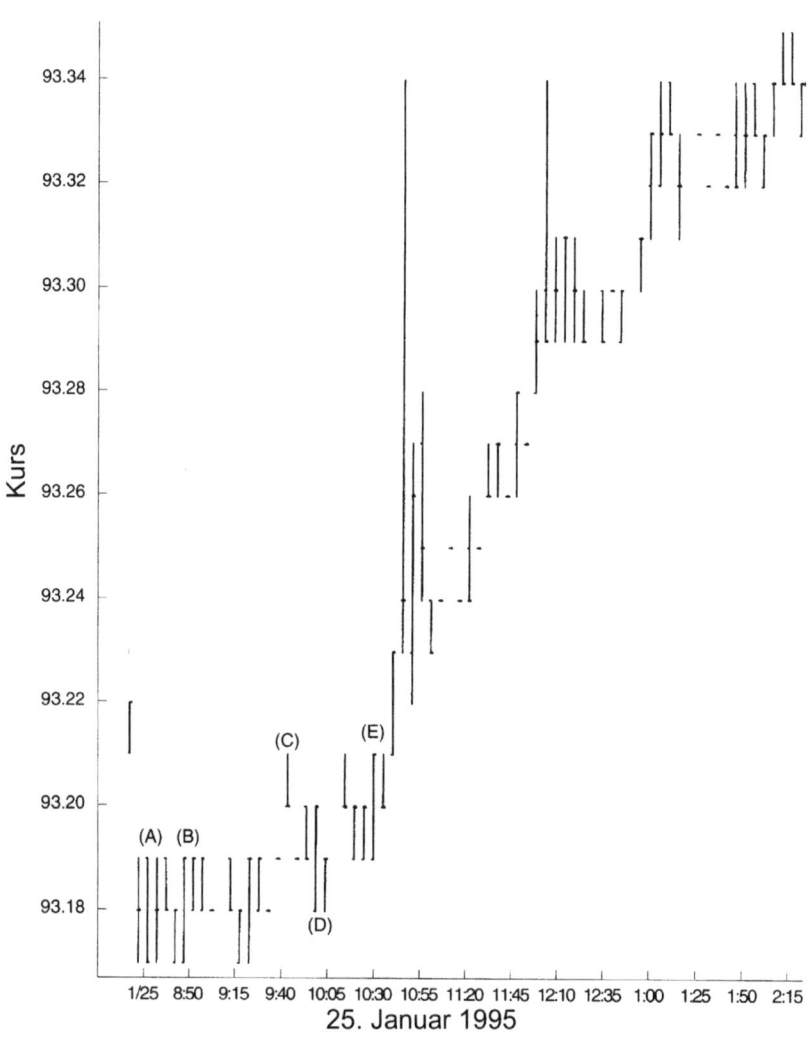

25. Januar 1995

STRATEGIEN UND BERECHNUNGEN

Chart 3-11
Stoppauslösung in Short-Position: Gewinn durch Wiedereinstieg
(5-Minuten-Chart für Kaffee)

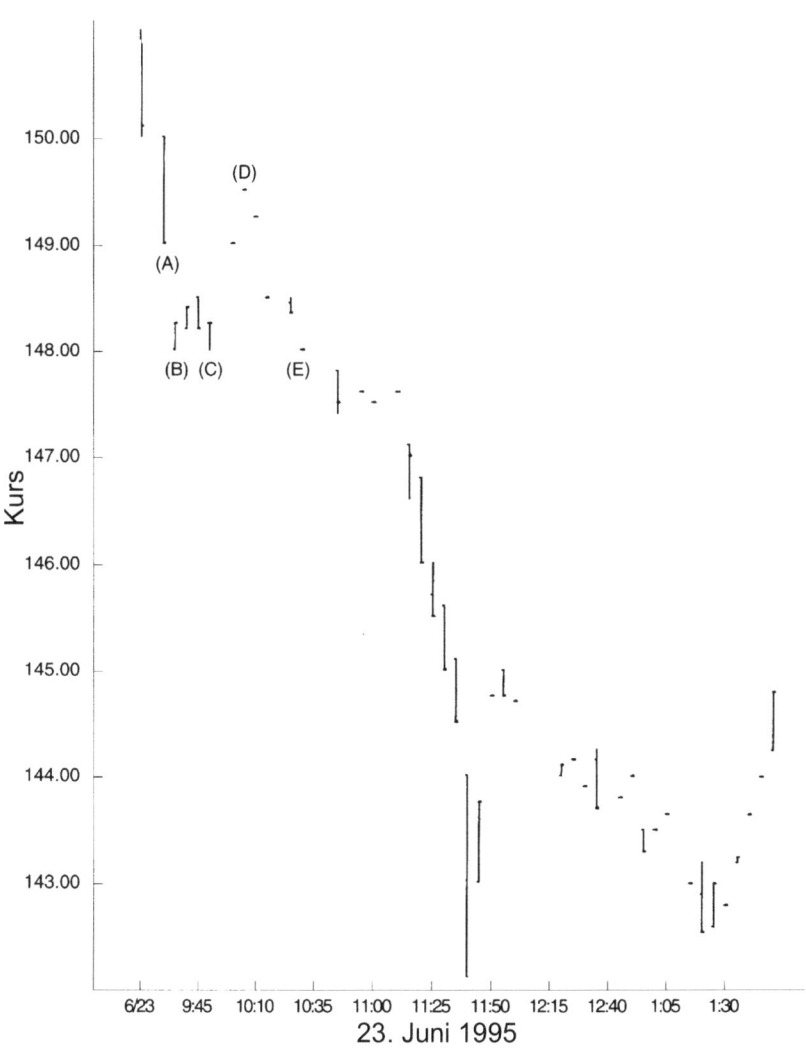

23. Juni 1995

Chart 3-12

Stoppauslösung in Short-Position: Gewinn durch Wiedereinstieg
(5-Minuten-Chart für Japanische Yen)

28. April 1995

rer Schlusskurse anwenden, sondern gleichzeitig nach Long- oder Short-Positionen Ausschau halten – nicht nach nur einer, wie es der Fall ist, wenn er sich bereits im Trend befindet und den anderen Trend (in die entgegengesetzte Richtung) sucht. Außerdem muss er auch die Kriterien für mögliche Ausgangspunkte von Trends für Long- und Short-Engagement entsprechend anpassen, wie wir gleich sehen werden. Der Trader muss also von der ersten Notierung an zwei Arten von Werten und Bezugspunkten verfolgen: solche für potenzielle Short-Positionen und solche für potenzielle Long-Positionen.

Der theoretische Hintergrund und die praktischen Vorteile anpassungsfähiger Ausgangspunkte für Longs und Shorts liegen darin begründet, dass die Anfänge eines Trends vom tiefsten Punkt vor Einsetzen eines Aufwärtstrends und vom höchsten Punkt vor Einsetzen eines Abwärtstrends aus aufgespürt werden, denn der Trader will ja den Haupttrend des Tages möglichst in seiner ganzen Länge erkennen. Ein Aufwärtstrend kann erst nach Eröffnung einsetzen, an einem Punkt, der weit unter dem Ausgangskurs liegt, und sich bis zum Schluss hin ausdehnen (selbst wenn das, vom Eröffnungskurs des Tages aus gemessen, nicht sehr weit ist).

Abbildung 3-5 zeigt die vier Möglichkeiten zum Eingehen der ersten Long- bzw. Short-Position des Tages.

Fallbeispiel (a) zeigt eine der beiden Möglichkeiten zum Einstieg in Long-Position. Hier setzt gleich zum Ausgangs-(Eröffnungs-)kurs ein Aufwärtstrend ein, und die Kurse steigen kontinuierlich weiter. Der Trader zählt aufeinander folgende höhere Schlusskurse (wie im Abschnitt über das „Drehen von Positionen" bereits beschrieben) und geht in Long-Position, wenn die Anzahl der neuen hohen Schlusskurse M entspricht, der (M)agischen, entscheidenden Zahl zum Eingehen einer Position.

Abbildung 3-5
Grundlegende Strategien: Eingehen von Positionen

a. 1. Long-Position
letztes Tief = Tageseröffnung

b. 1. Long-Position
letztes Tief < Tageseröffnung

c. 1. Short-Position
letztes Hoch = Tageseröffnung

d. 1. Short-Position
letztes Hoch > Tageseröffnung

Dabei achtet er jedoch gleichzeitig auch auf Möglichkeiten für Short-Engagement, indem er niedrigere Schlusskurse in Folge und eine (M)agische Anzahl davon berücksichtigt. Diese tieferen Schlusskurse müssen jeweils vom bislang höchsten Punkt ausgehen (wie bereits im Abschnitt „Drehen von Positionen" beschrieben), der sich immer weiter nach oben verschiebt, wenn die Kurse neue Gipfel erklimmen. Die Anzahl niedrigerer Schlusskurse wird dementsprechend auf null zurückgesetzt. Im Grunde halten wir also gleichzeitig nach Longs und nach Shorts Ausschau, wobei die Anzahl aufeinander folgender Schlusskurse für Longs sich auf null reduziert, während die für Shorts steigt, und umgekehrt.

In Fallbeispiel (b) wird die Geschichte gleichzeitig komplizierter und klarer. Von der Eröffnung an fallen die Kurse, erreichen tiefere Schlusskurse und treiben so die Anzahl aufeinander folgender Schlusskurstiefs nach oben, doch wir achten gleichzeitig auf höhere Schlusskurse und passen den tiefsten Punkt des Tages nach unten an, wenn die Kurse neue Tiefs erreichen. Der (endgültige) Boden wird schließlich am als „letztes Tief" bezeichneten Punkt erreicht, an dem die Anzahl höherer Schlusskurse ein letztes Mal auf null zurückgeht. Nach diesem Punkt sind bei den Schlusskursen erste signifikante neue Hochs in Folge zu verbuchen, bis die entscheidende (M)agische Anzahl höherer Schlusskurse erreicht wird (bei diesem Beispiel sechs) und die Zeichen auf Long stehen. (Parallel dazu haben wir die Anzahl tieferer Schlusskurse in Abwärtsrichtung angepasst, wenn bei Tagesschluss neue Hochs zu verzeichnen waren, und in Aufwärtsrichtung, wenn signifikante neue Tiefs erreicht wurden.)

Fallbeispiel (c) ist die spiegelbildliche Version von (a), wobei hier eine Short-Position eingegangen wird. Von der Tageseröffnung an fallen die Kurse, es werden bei Schluss maßgebliche neue Tiefs erreicht und so baut sich die Anzahl aufeinander folgender signifikanter neuer Tiefs bei Schluss auf, bis bei Punkt 6 die magische Anzahl neuer Tiefs erreicht ist und eine Short-Position eingegangen wird. Da wir aber bis zu Punkt 6 nicht wissen, ob der Trader beim ersten Trade long oder short gehen wird, verfolgen wir nicht nur die Anzahl niedrigerer Schlusskurse und passen sie (nach oben) an, sondern auch die Anzahl höherer Schlusskurse, die wir auf null reduzieren, wenn signifikante neue tiefere Schlusskurse erreicht werden. Die Folge tieferer Schlusskurse könnte ja jederzeit unterbrochen werden, es könnten mehrere höhere Schlusskurse in Folge registriert werden, und bei Erreichen der entscheidenden Anzahl könnte ein Long-Signal erfolgen, wie es in (b) der Fall war. (Deshalb muss der Trader laufend beides verfolgen und anpassen, die Anzahl höherer und tieferer Schlusskurse; welche Seite letztendlich ein Signal generieren wird, weiß der Trader erst, wenn das Signal erfolgt.)

Fallbeispiel (d) zeigt Short-Engagement analog zu (b). Die Kurse erreichen neue höhere Schlussnotierungen, deren Anzahl steigt (wobei bisher noch kein Long-Signal generiert wurde), bis der letzte höhere Schluss des Tages erreicht wird. Von diesem Punkt an geraten die Kurse ins Rutschen, es werden (vom letzten höheren Schluss aus) signifikante tiefere Schlusskurse registriert, bis die (M)agische Anzahl zum Auslösen eines Short-Signals (hier sechs) erreicht ist und bei Punkt 6 eine Short-Position eingegangen wird.

Chart 3-13 (5-Minuten-Schlusskurse für das lebende Rind vom 26. Mai 1995) zeigt Beispiele für das Eingehen der ersten Long-Position eines Tages. (1) Wir berücksichtigen, dass die Kurse gleich bei Eröffnung anziehen, wobei der tiefste Schluss des Tages dem Eröffnungskurs entspricht. (2) Wir stellen den Trend durch niedrigere Schlusskurse auf die Probe. Als Kriterium für ein Long-Engagement setzen wir drei aufeinander folgende höhere Schlusskurse in beliebigem Abstand fest.

Im ersten Fallbeispiel würde der Trader ausschließlich die Anzahl der neuen höheren Schlusskurse vom Eröffnungskurs aus zählen, wobei (A) gleich bei Eröffnung der erste Wert wäre, Punkt (B) gegen 12.30 Uhr der zweite, Punkt (C) gegen 13.00 Uhr, also schon gegen Ende des Tages, der dritte und abschließende Wert, der dann das Kaufsignal auslöst.

Wenn wir jedoch von neuen Schlusstiefs ausgehen (wie beim letzten Schlusskurs kurz vor (a) erreicht), registrieren wir aufeinander folgende höhere Schlusskurse an den Punkten (a), (b)

Chart 3-13

Austesten einer Long-Möglichkeit nur vom ersten Schlusskurs und vom tiefsten Schlusstief aus
(5-Minuten-Chart für lebendes Rind)

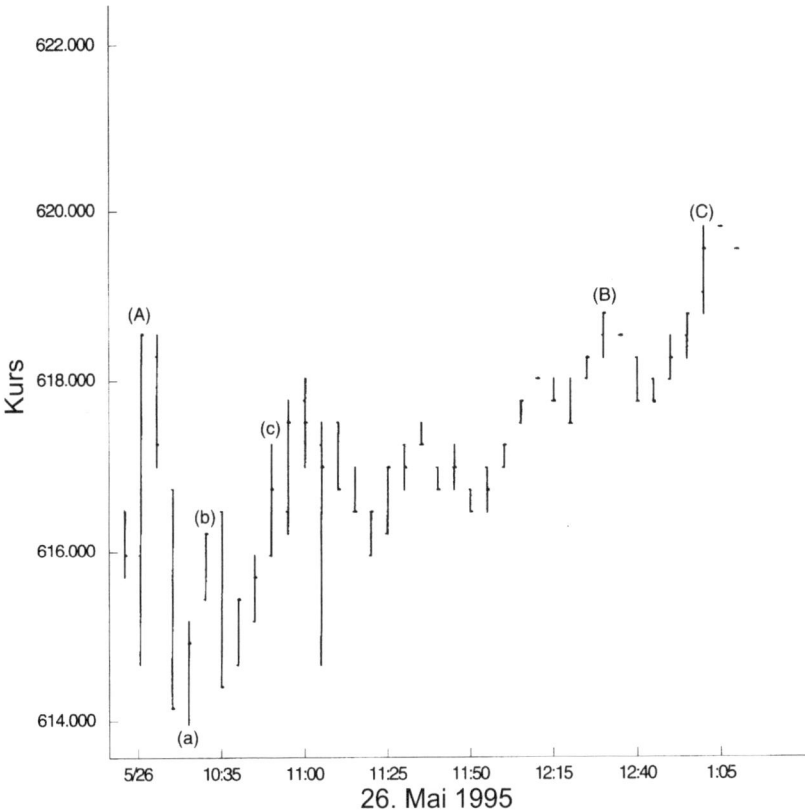

26. Mai 1995

und (c) vor 11.00 Uhr und einen Einstiegskurs von 61,75 (tut mir leid, der Chart liegt um eine Dezimalstelle daneben – Fehler in der Grafik!), so dass am Tagesende insgesamt 0,20 Punkte Gewinn hängen bleiben. Ein wesentlich besserer Wert, als wir ihn erhalten hätten, wenn wir den Eröffnungskurs als Ausgangspunkt zur Ermittlung neuer Longs oder Shorts zu Grunde gelegt hätten!

Chart 3-14 zeigt eine ähnliche Situation beim Japanischen Yen – erst legt er leicht zu, dann gibt er nach, um darauf wieder kräftig anzuziehen – eine ideale Gelegenheit für eine lukrative Long-Position.

Chart 3-14
Austesten einer Long-Möglichkeit nur vom ersten Schlusskurs und vom tiefsten Schlusstief aus
(5-Minuten-Chart für Japanische Yen)

18. April 1995

Hätten wir den ersten Schluss als einzig möglichen Ausgangspunkt für die Ermittlung von Longs und Shorts hergenommen und vier höhere Schlusskurse in Folge ohne bestimmte Abstandsvorgaben als Kriterium für die Einnahme einer Long-Position festgelegt, wäre diese Position bei Punkt (D) nach vier aufeinander folgenden höheren Schlusskursen bei (A), (B), (C) und schließlich (D) ausgelöst worden. Dabei wären dann 0,0030 Punkte Gewinn zum Tagesende drin gewesen – nicht schlecht, doch keineswegs spektakulär. Einen großen Teil der Bewegung hätten wir mit dieser Long-Position verpasst.

Hätte unser engagierter Trader dagegen auf niedrigere Schlusskurse gewartet und von dort aus nach vier aufeinander folgenden höheren Schlusskursen Ausschau gehalten, wäre er bei Punkt (d) in Long-Position gegangen, gegen 13.00 Uhr zu 1,2410 und damit zu einem wesentlich günstigeren Kurs als vom ersten Schlusskurs aus. Er hätte damit 0,0080 Punkte Gewinn gemacht, mehr als doppelt (fast dreimal) soviel wie im anderen Falle, beim reinen Eröffnungsansatz.

Die Charts 3-15 und 3-16 zeigen an Beispielen, wie, ausgehend vom ersten Schlusskurs des Tages und vom letzten Schlusshoch, Short-Positionen eingegangen werden.

In Chart 3-15 für lebendes Rind auf 5-Minuten-Basis vom 30. Mai 1995 geht es los bei 62,20 (sorry, Dezimalstellen wieder falsch!), erst nach oben, dann drastisch und zugleich unvorhersehbar nach unten bis zum Schlusskurs bei 61,65, der auch Tagestiefstand bedeutet. Verlässt sich der Trader hier auf den reinen Eröffnungsansatz als einzigen Richtwert für ein Short-Engagement, müsste er an Punkt (C) short gehen, nach drei tieferen Schlussnotierungen in Folge, ausgehend vom ersten Schlusskurs (wobei drei als magische Anzahl aufeinander folgender tieferer Schlusskurse für das Short-Signal zu Grunde gelegt wurde). Der Trader steigt etwa bei 61,85 ein und löst seine Position bei 61,65 auf – mit einem eher bescheidenen Gewinn von 0,20 Punkten, oder $80.

Chart 3-15

Austesten einer Short-Möglichkeit nur vom ersten Schlusskurs
und vom höchsten Schluss aus
(5-Minuten-Chart für lebendes Rind)

30. Mai 1995

Chart 3-16

Austesten einer Short-Möglichkeit nur vom ersten Schlusskurs
und vom höchsten Schluss aus
(5-Minuten-Chart für lebendes Rind)

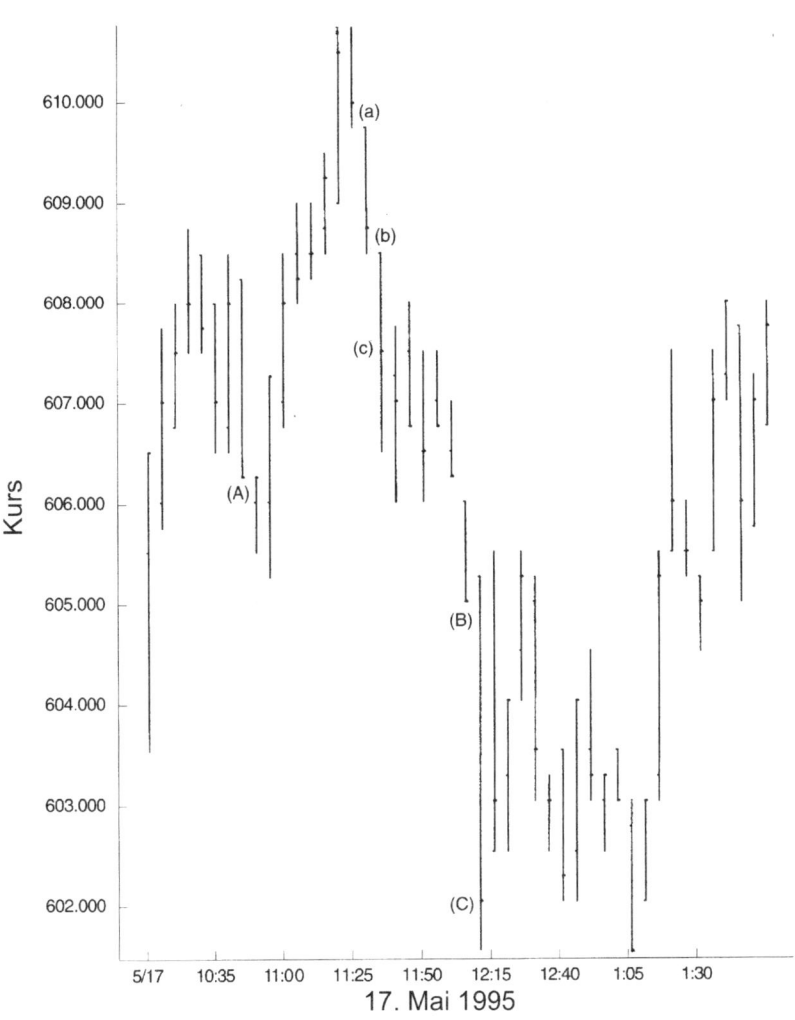

17. Mai 1995

Hätte er auf den höchsten Schlusskurs gewartet, der kurz vor Punkt (a) um 10.15 Uhr zu verzeichnen war, wäre er beim Schlusskurs (c) short gegangen zu einem Kurs von 62,25. So hätte er mit einem Gewinn von 0,60 Punkten aussteigen können, $ 240 – also dreimal so viel wie beim reinen Eröffnungsansatz!

Eine ähnliche Situation für den gleichen Future, nämlich den für lebendes Rind, wird in Chart 3-16 dargestellt. Hier ist das Ergebnis noch deutlicher.

Hätte unser Trader hier ausschließlich den Eröffnungskurs als Ausgangspunkt fürs Short-Engagement herangezogen und wieder drei tiefere Schlusskurse in Folge mit Bezug auf den ersten Schlusskurs als Kriterium für das Short-Signal festgesetzt, wäre er nach (A) und (B) schließlich bei (C) in Short-Position eingestiegen, also fast auf den Tagestief von 60,20. Bei Tagesschluss hätte diese Short-Position ihm einen Verlust von knapp 0,60 Punkten eingebracht: $ 240. Hätte er stattdessen vom höchsten Schlusskurs aus neue tiefere Schlussnotierungen gesucht, wäre das Short-Signal bei 60,77 ausgelöst worden beim Schlusskurs (C). Ausgestiegen wäre er bei Tagesschluss zum gleichen Kurs, zwar ohne dabei einen Gewinn zu erzielen (doch jedenfalls ohne den Verlust von 0,60 Punkten bzw. $ 240!).

DAS PLATZIEREN VON STOPPS FÜR TRADES

Im folgenden Abschnitt soll geklärt werden, wie man einen Trade am Ende des Tages erfolgreich beendet. Entwickelt sich der Trade ungünstig, muss der Trader seine Position unter Umständen auflösen, um sich vor größeren Verlusten zu schützen.

Abbildung 3-6 zeigt zwei verschiedene Methoden zur Begrenzung von Einbußen bei Verlust bringenden Trades. Im Fallbeispiel (a) wird in Long-Position ein Punkt-Stopp gesetzt, eine bestimmte Anzahl von Punkten unter dem Einstiegskurs, für Shorts eine festgesetzte Anzahl von Punkten über dem Einstiegskurs. Beide Stopps werden ausschließlich auf der zu Grunde liegenden Zeitbasis verfolgt und aktiviert (jeweils zum Schluss des Intervalls) – auf 1-, 5- oder 15-Minuten-Basis oder eben der Basis, die der Trader zur Analyse, Ermittlung und Einnahme seiner Position verwendet hat. (Test und Auswahl der richtigen Zeitbasis sind Thema des nächsten Kapitels.)

In Fallbeispiel (b) werden stattdessen Zeit-Stopps eingesetzt. Nach Einstieg in Long-Position lässt der Trader dabei einen bestimmten Zeitraum verstreichen (um dem Trade Spielraum zu verschaffen, insbesondere für anfängliche Reaktionen und Turbulenzen). Ist der Trade nach Ablauf dieser Frist bzw. bei allen folgenden Zeitintervallen analog zu dem für den Einstieg zu Grunde gelegten noch nicht erfolgversprechend (d. h., die Kurse sind zum aktuellen Zeitpunkt niedriger als beim Einstieg in die Long-Position), löst der Trader seine Position auf.

Für Short-Positionen gilt das ebenso. Ist nach einer bestimmten Zeit bzw. bei einem der späteren Zeitpunkte das Kursniveau höher als der ursprüngliche Einstiegskurs, stellt der Trader seine Position glatt.

GLATTSTELLEN EINER POSITION

Bei diesem Trading-Ansatz geht es um die Maximierung des Gewinns pro Trade. Grundsätzlich gilt, dass der Trader, um einen Trend optimal zu nutzen, möglichst frühzeitig einsteigen muss und dann seine Position bis zum Ende des Trends (am Ende des Tages) beibehalten sollte. Er muss also kaufen oder verkaufen und dann am Ball bleiben. Statt auf eine feste Summe hinzuarbeiten, die manchmal, doch eher selten, das ganze Ausmaß des Trends erreichen kann, zielt der Trader auf einen möglichst hohen Durchschnittsgewinn ab, gemessen daran, wieviel

Abbildung 3-6

Punkt- und Zeit-Stopps für jeden Day-Trade

a. Punkt-Stopp

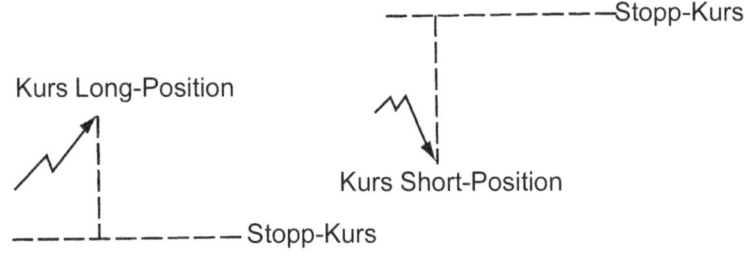

b. Zeit-Stopp

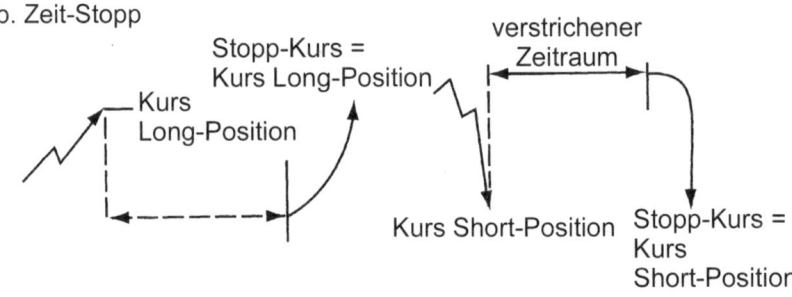

bei Gewinnmitnahmen, Seitwärtsbewegungen oder ausgelösten Stopps drin gewesen wäre: im Grunde also auf den Durchschnitt des Trends.

Deshalb raten wir dringend dazu, den Trade bis zum Ende des Tages laufen zu lassen, wenn es nicht vorher zur Trendumkehr oder zur Auslösung eines Stopps kommt.

ZUSAMMENFASSUNG DER TRADING-REGELN

Das folgende Regelwerk fasst die genauen Anweisungen fürs Day-Trading mit Hilfe der Berg-und-Tal-Methode noch einmal zusammen – für die Arbeit mit Charts ebenso wie für das computerunterstützte Arbeiten.

Wir verwenden dabei die arithmetischen Funktionszeichen +, -, x, / für addieren, subtrahieren, multiplizieren und dividieren.

1. Zu Anfang
   a. Legen Sie die Trading-Einheit (UNIT) fest = (spezifische Werte für die einzelnen Produkte finden Sie im nächsten Kapitel. Beispiel: 0,5 Cents für Silber)
   b. Setzen Sie die entscheidende Anzahl höherer/niedrigerer Schlusskurse fest (A3) = (spezifische Werte für die einzelnen Produkte finden Sie im nächsten Kapitel. Beispiel: 4 für Schweizer Franken)
   c. Bestimmen Sie das neue Schlusstief (NL) = Schluss des ersten Intervalls des Tages (auf 1-Minuten-Basis am Ende der ersten Minute, auf 5-Minuten-Basis am Ende des ersten 5-Minuten-Intervalls).
   d. Bestimmen Sie das neue Schlusshoch (NH) = ebenfalls Schluss des ersten Intervalls. Setzen Sie den Ausgangszählwert für neue Tiefs fest (NLCTR) = 0
   f. Setzen Sie den Ausgangszählwert für neue Hochs fest (NHCTR)= 0
   g. Bestimmen Sie das lokale neue Hoch (LNH) = Schlusskurs des ersten Intervalls
   h. Bestimmen Sie das lokale neue Tief (LNL) = Schlusskurs des ersten Intervalls
   i. Setzen Sie den Ausgangszählwert für lokale neue Tiefs fest (LNLCTR) = 0
   j. Setzen Sie den Ausgangszählwert für lokale neue Hochs fest (LNHCTR) = 0
   k. Setzen Sie den Ausgangswert des Trends fest = 0

2. Ermittlung des ersten Trends (1. Trade (Trend oder TR = 0))
   Ermitteln Sie die Schlusskurse jedes neuen Intervalls C (I)
   und führen Sie alle notwendigen der folgenden Schritte durch:

   a. Wenn C (I) - UNIT >= NH [ein signifikantes neues Schluss-
      hoch wird markiert] dann
      definieren Sie neu
      NH   = C (I) [neuer hoher Schluss]
      LNL   = C (I) [neuer lokaler tiefer Schluss auf C (I)
              gesetzt]
      LNLCTR = 0 [Zählwert für neue lokale Tiefs auf null
              gesetzt]

   b. Wenn C (I) - UNIT >= LNH [neues lokales Schlusshoch
      wird markiert] dann
      definieren Sie neu
      LNH   = C (I), [neues lokales Schlusshoch wird
              markiert]
      LNHCTR = LNHCTR + 1 [Anzahl lokaler Hochs steigt um 1]
      ebenso, wenn
      LNHCTR >= A3 [Anzahl lokaler neuer Hochs
              gleich/größer A3]
      dann Long-Position initiieren, Stopps setzen und Trend auf
      Long setzen (TR = 1).
      Wenn jedoch LNHCTR < A3, dann zurück zum Anfang
      von Schritt 2 beim neuen (nächsten) Zeitintervall.

   c. Wenn C (I) + UNIT <= NL [neuer tiefer Schluss wird mar-
      kiert] dann
      definieren Sie neu
      NL   = C (I) [neues Tief wird markiert]
      LNH   = C (I) [lokales neues Schlusshoch wird auf C (I)
              gesetzt]
      LNHCTR = 0 [Anzahl lokaler neuer Schlusshochs gleich
              null]

   d. Wenn C (I) + UNIT <= LNL [lokales neues Tief wird mar-
      kiert] dann
      definieren Sie neu
      LNL   = C (I) [lokales neues Schlusstief wird markiert]

LNLCTR = LNLCTR + 1 [Anzahl neuer Tiefs steigt um 1]
ebenso, wenn LNLCTR >= A3 [Anzahl lokaler neuer Tiefs
gleich/größer A3], dann Short-Position eröffnen, Stopps
setzen und Trend auf Short setzen (TR = -1);
wenn jedoch LNLCTR < A3, dann zurück zum Anfang von
Schritt 2 beim neuen (nächsten) Zeitintervall.

3. Im Aufwärtstrend (TR = 1)
   Ermitteln Sie den Schlusskurs des neuen Intervalls C (I) und

   a. Wenn C (I) - UNIT >= NH [neues Schlusshoch wird mar-
      kiert] dann
      definieren Sie neu
      NH   = C (I) [neues Schlusshoch wird auf C (I) gesetzt]
      NHCTR = NHCTR +1 [Anzahl neuer Hochs steigt um 1]
      NL   = C (I) [Neustart mit neuem Tief, auf C (I) gesetzt]
      NLCTR = 0 [Anzahl neuer Tiefs wird auf null zurück-
                 gesetzt]
      und prüfen Sie,
      ob NHCTR >= A3 [Anzahl neuer Hochs gleich/größer A3];
      wenn ja, Long-Position eröffnen, Stopps setzen, Trend set-
      zen TR =1, wenn Sie nicht bereits in Long-Position sind;
      ansonsten (wenn NHCTR < A3) zurück zum Anfang von
      Schritt 3 beim neuen (nächsten) Zeitintervall.

   b. Wenn C (I) + UNIT <= NL [neues Schlusstief im Aufwärts-
      trend wird markiert]
      dann
      definieren Sie neu
      NL   = C (I) [neues Schlusstief auf C (I) setzen]
      NLCTR = NLCTR + 1 [Anzahl neuer Tiefs steigt um 1]
      und wenn NLCTR >= A3 [Anzahl neuer Tiefs gleich/größer
      A3], dann Short-Position eröffnen (umgekehrt bei einer Long-
      Position), Stopps setzen, Trend setzen (TR = -1);
      ansonsten (wenn NLCTR < A3) zurück zum Anfang von
      Schritt 3 beim neuen (nächsten) Zeitintervall.

   c. Falls weder a. noch b. zutrifft, überprüfen Sie Stopps in
      Long-Position und beginnen Sie bei einem neuen Zeit-

intervall wieder mit Schritt 3 von vorne – selbst, wenn Sie ausgestoppt werden.

4. Im Abwärtstrend (TR = -1)
Ermitteln Sie den Schlusskurs des nächsten Zeitintervalls C (I) und

a. wenn C (I) + UNIT < NL [neues Schlusstief wird markiert] dann
definieren Sie neu
NL = C (I) [neues Schlusstief auf C (I) setzen]
NLCTR = NLCTR + 1 [Anzahl neuer Tiefs steigt um 1]
NH = C (I) [Neustart, neues Hoch auf C (I) setzen]
NHCTR = 0 [Anzahl neuer Hochs auf null zurücksetzen]
und wenn NCLTR >= A3 [Anzahl neuer Tiefs gleich/grö-ßer A3], dann Short-Position eröffnen, Stopps setzen, und Trend setzen (TR = -1), wenn Sie nicht bereits eine Short-Position eingegangen sind;
ansonsten (wenn NLCTR < A3), zurück zum
Anfang von Schritt 4 beim neuen (nächsten) Zeitintervall.

b. Wenn C (I) - UNIT >= NH [neues Schlusshoch im Ab-wärtstrend wird markiert]
dann
definieren Sie neu
NH = C (I) [neues Schlusshoch auf C (I) setzen]
NHCTR = NHCTR + 1 [Anzahl neuer Hochs steigt um 1]
und wenn NHCTR >= A3 [Anzahl neuer Hochs gleich/größer A3] dann Long gehen (umkehren bei einer Short-Position), Stopps setzen und Trend setzen (TR = 1);
ansonsten, wenn NHCTR < A3 [Anzahl neuer Hochs klei-ner als A3], zurück zum Anfang von Schritt 4 beim näch-sten Zeitintervall.

c. Falls weder a. noch b. zutrifft, Short-Position (falls einge-nommen) auf Stopps überprüfen und beim neuen Zeit-intervall wieder mit Schritt 4 von vorne beginnen – selbst, wenn Sie ausgestoppt wurden.

Kapitel IV

Geeignete Einstellungen für die Trading-Praxis

Der letzte Schritt ist das Ermitteln von geeigneten Parameter-Einstellungen für die wichtigsten Commodities. In diesem Kapitel geht es um günstige Einsatzbedingungen für konservative und spekulative Einstellungen der Trading-Parameter für verschiedene Zeitrahmen (1-, 5-, 15-, 30- und 60-Minuten-Intervalle innerhalb eines Börsentages) und um spezifische Merkmale der einzelnen Commodities. Wir befassen uns mit zwei Getreidesorten, zwei Fleischsorten, drei Nahrungsmitteln, drei Metallen, zwei Rohstoffen, zwei Zinsfutures, vier Devisen und den wichtigsten Aktienindizes.

Jede Commodity wird dabei separat behandelt. Es wird mindestens ein typischer Tageschart (manchmal auch mehr) dargestellt und das Kursverhalten erläutert, um den Trading-Ansatz und seine Analyse für die jeweilige Commodity zu verdeutlichen. Im Anschluss daran werden die Berg-und-Tal-Methode anhand historischer Daten auf Basis der 1-, 5-, 15-, 30- und 60-Minuten-Charts für einen Monat getestet, die Testergebnisse erläutert und geeignete Einstellungen der Parameter ermittelt und analysiert. Manche der durchgeführten Trades finden Sie graphisch dargestellt. Außerdem zeigen wir Ihnen in den beigefügten Tabellen detaillierte Tageswerte besonders gelungenen Tradings.

All diese verschiedenen Parameter-Einstellungen fürs Trading sollten Sie aus Ihrer persönlichen Trading-Perspektive beleuchten: Sind Sie eher konservativ oder aggressiv? Welcher Zeitrahmen kommt für Sie in Frage? (Manche Trader arbeiten ausschließlich mit Charts und neigen daher eher zu den 5-, 15-, 30- oder sogar 60-minütigen Zeitrahmen, während andere ihre Strategien computertechnisch aufbereiten und sogar auf 1-Minuten-Basis handeln.)

Hier nun ein paar Warnungen und Hinweise zu den Ergebnissen:

1. Wie immer stellen Computerdaten nur den entsprechenden Betrachtungszeitraum zuverlässig dar und nicht unbedingt

das, was den Trader in Zukunft tatsächlich erwartet. Die Auswahl günstiger Rahmenbedingungen für die Zukunft treffen wir auf Grundlage solcher Testläufe, und auf Grundlage der Beurteilung durch den Autor im Hinblick auf zukünftige Handelsbedingungen.

2. Ein paar technische Details:
   - Die Kurs- und Zeitangaben in den Charts stimmen nicht immer exakt mit denen in den Tabellen überein, da die Chart-Programme (herstellungsbedingt) andere Datenverarbeitungsverfahren anwenden als das DOS-Programm, das der Autor entwickelt und verwendet hat. Weder die kumulierten noch die Einzelresultate zu den getesteten Commodities werden davon wesentlich beeinträchtigt.
   - Bei den Einzel- und Gesamtgewinnen sind Kosten (Slippage und Provisionen) nicht berücksichtigt, die von Trader zu Trader und Broker zu Broker sehr unterschiedlich ausfallen können. Manche kommen beim Day-Trading mit $ 10 an Provisionen aus, während andere $ 50 oder mehr bezahlen. Manche Trader reagieren prompt auf Signale und wenden sich direkt ans Parkett, so dass ihre Aufträge zu günstigen Bedingungen ausgeführt werden, also fast zu dem Kurs, bei dem das Signal ausgelöst wurde (vielleicht sogar noch günstiger, da wir mit einer Trendfolge-Technik arbeiten und Kaufsignale oft am Ende eines längeren Kursanstiegs auftreten. Gelegenheiten zur Gewinnmitnahme oder zum Short-Engagement sind dann nicht weit, so dass sich unser Trader möglicherweise noch unter dem Signalkurs eindecken kann). Ein anderer Trader trinkt vielleicht erst mal eine Tasse Kaffee, macht ein Nickerchen und steigt dann gemächlich gegen Ende des Tages ein, im besten Falle vielleicht um die Mittagszeit – ein sicherer Weg in die Verlustzone.
   - Die Zeitangaben sind „krumm", geben also das Trading vom ersten zu Stande gekommenen Umsatz an wieder. So würde man, wenn um 10.33 Uhr EDT [Zeitzonenan-

gabe, wohl Eastern Standard Time – A.d.Ü.] ein erster Umsatz zu verzeichnen ist, bei 15-Minuten-Intervallen für das nächste Intervall 15 Minuten hinzu addieren und erhält so 10.48 Uhr. Doch auch hier gilt: Wenn Sie Ihre Charts auf Grundlage exakter Viertelstunden-Intervalle erstellen, sollten sich bei den Kursformationen keine größeren Unterschiede ergeben.

– Trades werden am Ende des letzten Intervalls des Betrachtungszeitraums glattgestellt. (So kann beispielsweise bei der Arbeit mit 15-Minuten-Intervallen das letzte Intervall bereits vor dem tatsächlichen, offiziellen Tagesschluss enden. Eine Verkürzung von Intervallen ist hierbei nicht zulässig.)

– $Max. Loss und $Max.Gain stehen für den größten Verlust bzw. den größten Gewinn mit der jeweiligen Position am jeweiligen Tag bis zum Zeitpunkt der Glattstellung.

Meistenteils werden nur zwei Parameter getestet: die Größe der Trading-Einheit (oder deren Vielfaches), die der Trader zu Grunde legt als Kriterium dafür, wann ein hoher Schlusskurs signifikant höher ist als der vorige hohe Schlusskurs, und die erforderliche Anzahl höherer Schlusskurse in Folge für die Eröffnung einer Long-Position. In manchen Fällen lassen sich durch Einsatz von Stopps noch bessere Ergebnisse erzielen, wie auch durch den Verzicht auf Trades gegen Ende des Tages oder die Beschränkung auf einen Trade pro Tag. (Diese Möglichkeiten werden in Kapitel 5 noch ausführlich erläutert.)

Welche Parameter-Einstellungen sind nun für Sie am günstigsten? Das kommt ganz auf Ihre persönliche Haltung an. Sind Sie in erster Linie um die Sicherheit Ihres Kapitals besorgt (konservative Haltung) oder möchten Sie möglichst viel Kapital bilden, auch auf Kosten der Sicherheit (spekulative Einstellung)? Sind Sie in der Lage, diese Methode mit Hilfe Ihres Tabellenkalkulationsprogramms oder einer DOS-Anwendung unter Windows computertechnisch umzusetzen, können Sie sich jeweils die Intervalle herauspicken, die entweder den meisten Gewinn (spekulative Einstellung) oder die größte Sicherheit pro Dollar Gewinn versprechen (konservative Haltung). Arbeiten Sie ausschließlich mit Daten eines Börsendienstes und verfolgen die höheren und tieferen Schlusskurse manuell auf einem Chart, entscheiden Sie sich vermutlich für Intervalle von um die 15 Minuten.

DEVISEN

Britisches Pfund

Die vielleicht gelegenheitsträchtigste und sicher volatilste Währung ist das Britische Pfund. Über Jahre hinweg waren hier auf Long- und Short-Seite viele Trades auf Grundlage ausgeprägter Trends möglich, die sich meist zwischen $ 1,30 und $ 2,50 pro Pfund bewegten. Da war auch für den anspruchsvollen Trader genügend Move drin. Doch die Bewegungen sind hier so schnell, dass mancher Händler Probleme bekommt, weil er entweder zu spät einsteigt oder – in Erwartung eines neuen Trends – zu früh.

Typische Bewegungen innerhalb eines Tages

Die Kurse fürs Britische Pfund bewegen sich innerhalb eines Tages nach drei verschiedenen Mustern: in einem starken Trend mit geringer bis mäßiger Volatilität der Kurse (genau das, was wir suchen!), in einem gemäßigten Trend mit spürbarer Volatilität oder ohne Trend mit gefährlichen Kursausschlägen (Vorsicht!). In unserem Betrachtungszeitraum, dem März 1995, kamen alle drei Varianten vor, weshalb dieser Monat für einen Testlauf hervorragend geeignet ist.

Chart BP 1 zeigt deutlich die oben angesprochenen Handelsgelegenheiten erster Klasse. Die Notierungen beginnen bei $ 1,6000 pro Pfund, geben dann kontinuierlich nach bei geringfügigen Reaktionen (maximal 50 Punkte). Bei Tagesende war

C H A R T BP-1

Typischer Kursverlauf eines Tagescharts für das Britische Pfund

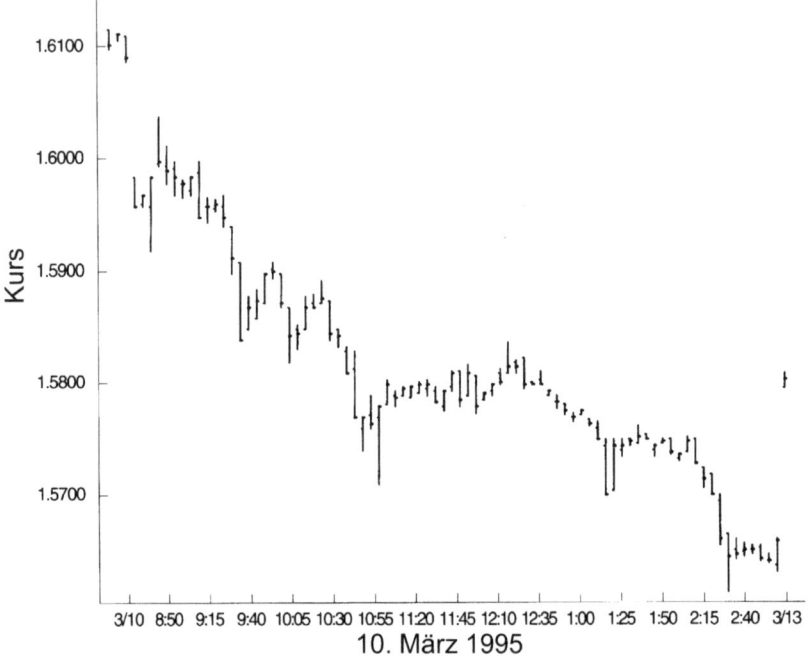

10. März 1995

ein Boden bei 1,5700 zu verzeichnen, unterm Strich eine Bewegung um 300 Punkte. Klasse! Mit etwas Glück gibt es jeden Monat bis zu einem halben Dutzend solcher Tage.

Chart BP-2 zeigt jedoch eine noch häufigere Variante. Die Notierungen setzen ein bei 1,6200 und zeigen kaum Bewegung bis in den späten Vormittag. Dann legen sie plötzlich massiv zu auf über 1,6400, fallen ebenso schnell wieder zurück und steigen erneut auf 1,6500, stürzen noch dramatischer und liegen zum Schluss etwa bei 1,6400. Auch hier ist unterm Strich noch Gewinn zu machen (bis zu 200 Punkte), doch später Einstieg, Schaukelreaktionen und die Möglichkeit falscher Trendsignale

C H A R T BP-2
Typischer Kursverlauf eines Tagescharts für das Britische Pfund

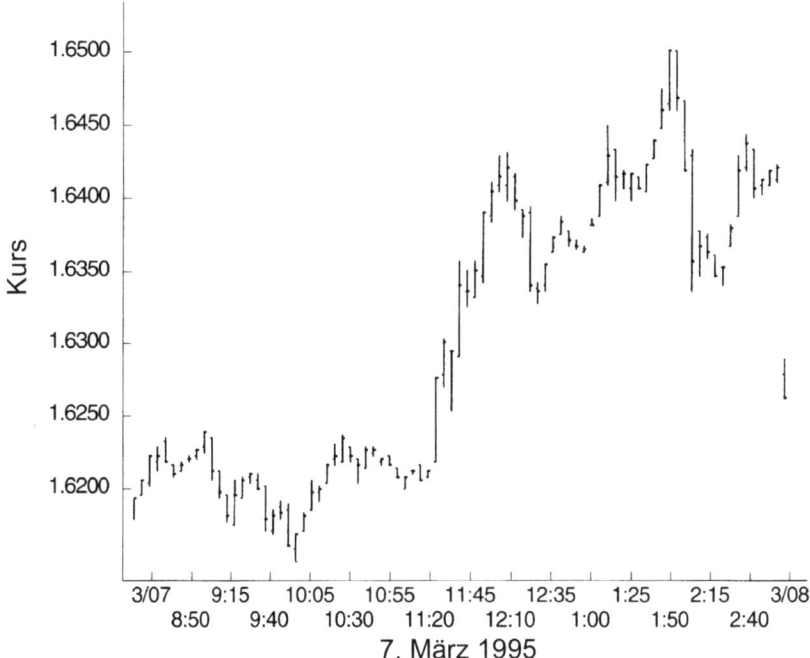

7. März 1995

können diesen Gewinn ganz oder teilweise auffressen oder sogar in einen Verlust verwandeln. Trend Trader, sei also auf der Hut!

Chart BP-3 schließlich zeigt den schlimmsten Alptraum des methodisch arbeitenden Trend Traders: die Kurse bewegen sich unter dem Strich nicht von der Stelle, springen aber zwischen Eröffnung und Schluss wild hin und her. Am 14. März liegen die ersten Notierungen bei 1,5830, die Kurse steigen auf 1,5880, fallen zurück auf 1,5810, klettern wieder auf 1,5880 und das einzige, was der Trader von dem vielen Hin und Her bekommt, sind Kopfschmerzen.

Geeignete Einstellungen für das Britische Pfund

Trotz der oben erwähnten Unwägbarkeiten kann Day-Trading beim Britischen Pfund durchaus lukrativ sein. Wir haben unsere Methode anhand von Kursdaten zum März 1995 auf 1-, 5-, 15-, 30- und 60-Minuten-Basis getestet und vier ausgezeichnete Parameter-Einstellungen für konservatives wie spekulatives Trading-Verhalten ermittelt.

Tabelle 4.BP.C1 zeigt 17 Trades mit 13 höheren Schlusskursen in Folge auf 1-Minuten-Basis bei zwei Ticks (4 Punkte) Mindestdifferenz für das Auslösen eines Kaufsignals. Die Erfolgsquote

C H A R T   BP-3
Typischer Kursverlauf eines Tagescharts für das Britische Pfund

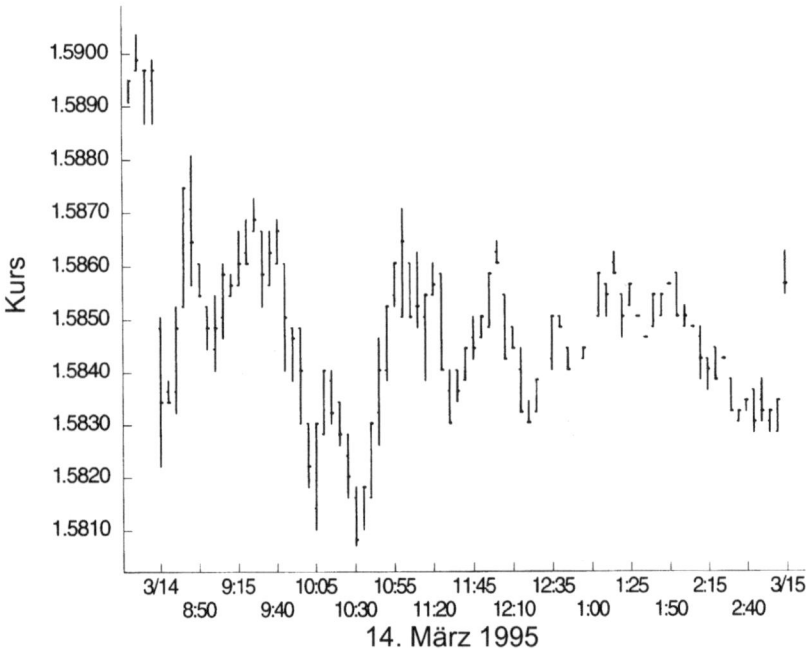

14. März 1995

kann sich sehen lassen (mit nur sieben Verlust-Trades), der Gesamtgewinn betrug netto $4 300, also $253 pro Trade, ein erstklassiges Monatsergebnis. Chart BP-4 zeigt den erfolgreichen Trade eines hektischen Traders auf Grundlage von 1-Minuten-Daten. Versuchen Sie ruhig einmal, den nummerierten höheren Schlusskursen zu folgen: Sie sehen, dass der 13. höhere Schluss von einem Boden um ca. 10.40 EDT aus um 11.35 Uhr CDT [Zeitzonenangabe, wohl Central Standard Time – A.d.Ü.] (12.35 EDT) auftrat. Der Trader geht am Ende des Tages erschöpft, aber zufrieden aus dem Rennen, – mit einem Gewinn von $625.

Eine etwas weniger konservative Einstellung kommt in Tabelle 4.BP.C5 zur Anwendung, wo neun aufeinander folgende, um mindestens 2 Ticks höhere Schlusskurse für eine Long-Position zu Grunde gelegt werden, auf Basis von 5-Minuten-Intervallen. Ironischerweise ergeben sich hier nur zwei Trades mit (geringfügigen) Verlusten. Der Netto-Gewinn ist fast ebenso hoch ($3 562), der Gewinn pro Trade beträchtlich ($324). Einen typischen Trade zeigt Chart BP-5: Hier ist der erste tiefere Schlusskurs (1) nach dem hohen Gipfel bei 1,6460 zu verzeichnen, rasch gefolgt von (2) bis (6). Nach kurzem Innehalten (es kommt hier zu einer Reaktion in Aufwärtsrichtung) setzen die Verkäufe wieder ein bis zu Punkt (9) um 10.34 EDT (9.34 CDT). Hier wurde bei 1.6384 eine Short-Position eröffnet und bis zum Schluss bei 1,6226 gehalten, mit einem Gewinn von $988 vor Abzug der Kosten.

Eine spekulative Einstellung der Trading-Parameter wird am besten anhand von 15-Minuten-Daten-Intervallen verdeutlicht, bei Eröffnen von Long-Positionen auf lediglich zwei aufeinander folgenden höheren Hochs im Mindestabstand von 12 Ticks (24 Punkten) hin. Die Ergebnisse auf 15-Minuten-Basis finden Sie in Tabelle 4.BP.S15. Bei dieser Parameter-Einstellung ist die Bilanz insgesamt ausgesprochen positiv (ein Netto-Gewinn von $6 062 im Monat), der größte Verlust beträgt $333. Nur fünf der insgesamt 21 Trades bringen Verluste. Die Erfolgsquote liegt also bei über 75 Prozent.

Chart BP-6 zeigt ein Fallbeispiel, bei dem zwei Trades pro Tag gemacht werden, erst mit einer Short-Position und dann später am Tag noch mit einer Long-Position. Die Short-Position wird bei Punkt (B) eröffnet, nachdem die für das Short-Signal erforderlichen 24 Punkte in Abwärtsrichtung einmal bei (A) und zum zweiten Mal bei (B) erreicht werden. Die Position wird gehalten bis 13.50 Uhr EDT (12.50 Uhr CDT) nach zwei aufeinander folgenden höheren Kursen bei (a) und (b), ausgehend von einem Boden kurz vor 13.30 Uhr bei 1,5975. Dieser Tag bringt zwei Gewinne von $ 1 000 bzw $ 125.

T A B E L L E 4.BP.C1
Trade-Ergebnisse: Berg-und-Tal-Day-Trading-Methode*
Britisches Pfund: Konservative Einstellung, 1-Minuten-Daten

Datum	Position	Einstiegs-zeit	Einstiegs-kurs	Ausstiegs-zeit	Ausstiegs-kurs	$G/V	$ Max. Verlust	Zeit	$ Max. Gewinn	Zeit
2/3/95	Long	11:35	1.603	14:00	1.613	625	-312	11:40	1188	12:16
3/3/95	Long	12:30	1.6248	14:00	1.6274	162	-75	12:34	300	12:40
6/3/95	Short	9:11	1.638	14:06	1.6234	912	-238	10:13	1500	11:31
7/3/95	Long	10:19	1.6246	14:04	1.42	1088	0	10:19	1625	12:49
8/3/95	Short	11:21	1.6132	13:50	1.6064	425	-100	11:59	1200	12:17
8/3/95	Long	13:50	1.6064	14:03	1.6062	-12	-50	13:59	38	13:59
10/3/95	Short	8:28	1.586	14:04	1.5648	1325	-312	8:49	1562	13:26
13/3/95	Long	8:55	1.5898	13:38	1.5892	-38	-112	9:01	488	10:46
13/3/95	Short	13:38	1.5892	14:03	1.5896	-25	-75	13:47	38	13:52
15/3/95	Long	9:07	1.5914	14:03	1.596	288	-25	9:08	775	11:01
17/3/95	Long	9:12	1.5822	14:03	1.5834	75	-162	10:52	162	10:01
20/3/95	Short	11:16	1.5766	14:03	1.5732	212	-100	11:57	538	12:32
21/3/95	Short	9:35	1.5798	14:05	1.5858	-375	-400	11:17	138	9:56
24/3/95	Short	9:49	1.5872	14:00	1.5918	-288	-425	10:00	88	10:59
28/3/95	Long	10:18	1.6088	14:03	1.6134	288	-50	10:50	412	11:18
31/3/95	Long	9:29	1.629	10:30	1.6216	-462	-462	10:30	162	9:35
31/3/95	Short	10:30	1.6216	14:07	1.62	100	-100	13:29	538	10:32
$ Total						4300				
Durchschnittsgewinn/Trade in $						253				

*Einstellungen: Minimaldifferenz aufeinander folgender hoher/tiefer Schlusskurse = 0,0004 Dollar
Anzahl aufeinander folgender hoher/tiefer Schlusskurse = 13

Das spekulativste Trading-Beispiel schließlich basiert auf 60-Minuten-Intervallen, Kriterium für das Auslösen von Long- bzw. Short-Signalen ist eine Veränderung um 32 Punkte oder mehr. Daraus ergeben sich 28 Trades, davon sind 16 Gewinn bringend. Die Ergebnisse des spekulativen Tradings auf 60-Minuten-Basis finden Sie in Tabelle 4.BP.S60. Es sind $ 5 475 Netto-Gewinn zu verbuchen, also $ 196 pro Trade. Ein typischer Trade ist in Chart BP-7 dargestellt, wo nach zwei Stunden an Punkt (A) bei 1,5804 eine Short-Position eingegangen und bis zum Schluss beibehalten wird – mit $ 425 Gewinn.

C H A R T   BP-4
Konservative Einstellung: 1-Minuten-Kurse
Britisches Pfund

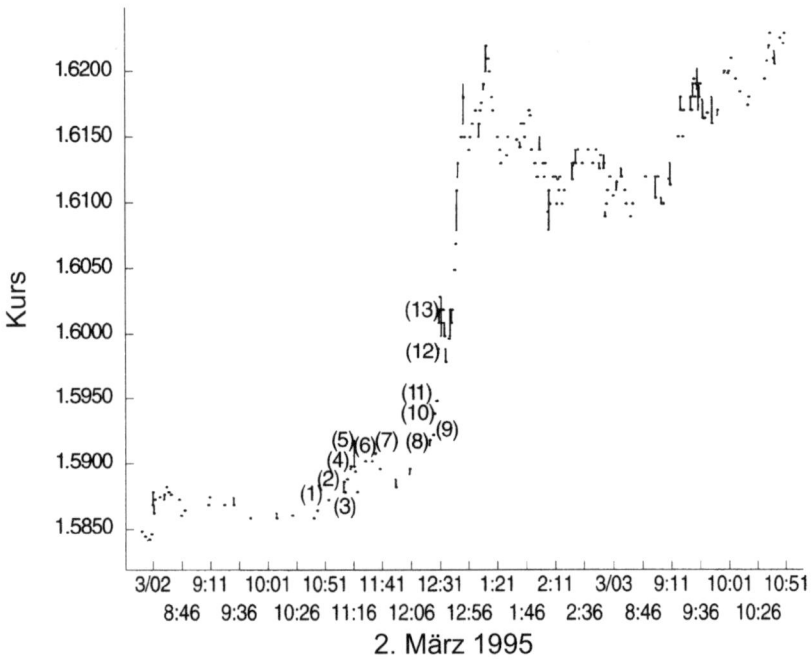

2. März 1995

TABELLE 4.BP.C5

Trade-Ergebnisse: Berg-und-Tal-Day-Trading-Methode*
Britisches Pfund: Konservative Einstellung, 5-Minuten-Daten

Datum	Position	Einstiegs-zeit	Einstiegs-kurs	Ausstiegs-zeit	Ausstiegs-kurs	$G/V	$ Max. Verlust	Zeit	$ Max. Gewinn	Zeit
6/3/95	Short	9:34	16,384	13:59	16,226	998	-200	10:10	1400	11:30
7/3/95	Long	10:34	16,348	13:59	16,424	475	-62	11:24	988	12:49
8/3/95	Short	11:24	16,134	13:59	16,056	488	-88	11:59	1212	12:19
10/3/95	Short	9:04	15,834	13:59	1,565	1150	-288	9:09	1212	13:55
13/3/95	Long	9:29	15,914	13:52	15,886	-175	-175	13:52	362	11:14
13/03/95	Short	13:52	15,886	13:59	15,894	-50	-50	13:59	0	13:52
15/03/95	Long	9:14	1,595	13:58	1,596	62	-138	9:24	475	10:45
17/03/95	Long	9:19	15,834	13:58	15,836	12	-200	10:54	12	11:20
10/03/95	Long	11:10	15,782	13:59	15,736	288	0	11:10	512	12:35
28/03/95	Long	10:34	16,104	13:59	16,134	188	-138	10:49	275	11:19
31/03/95	Short	10:20	16,226	13:59	16,204	138	-38	10:23	362	11:16
$ Total						3562				
Durchschnittsgewinn/Trade in $						324				

*Einstellungen: Minimaldifferenz aufeinander folgender hoher/tiefer Schlusskurse = 0,0004 Dollar
Anzahl aufeinander folgender hoher/tiefer Schlusskurse = 9

CHART BP-5

Konservative Einstellung: 5-Minuten-Kurse
Britisches Pfund

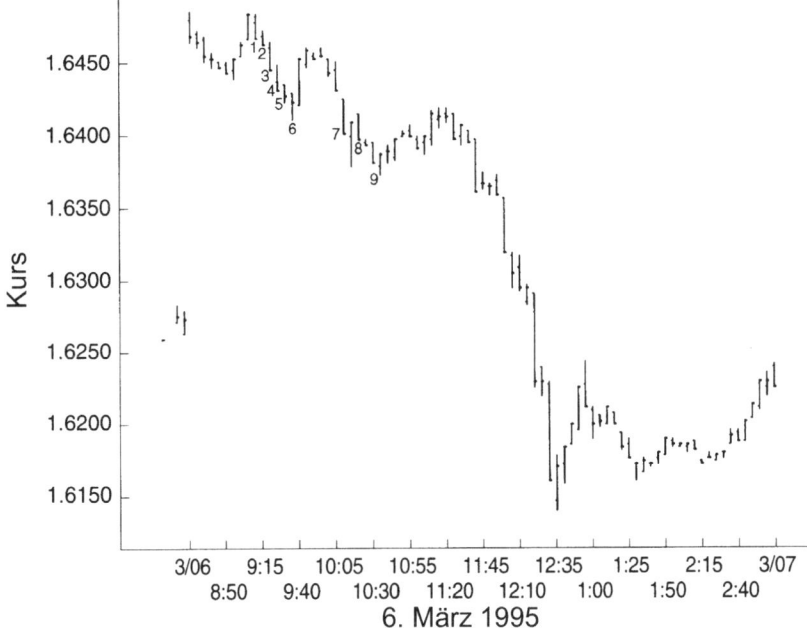

6. März 1995

C H A R T BP-6
Spekulative Einstellung: 15-Minuten-Kurse
Britisches Pfund

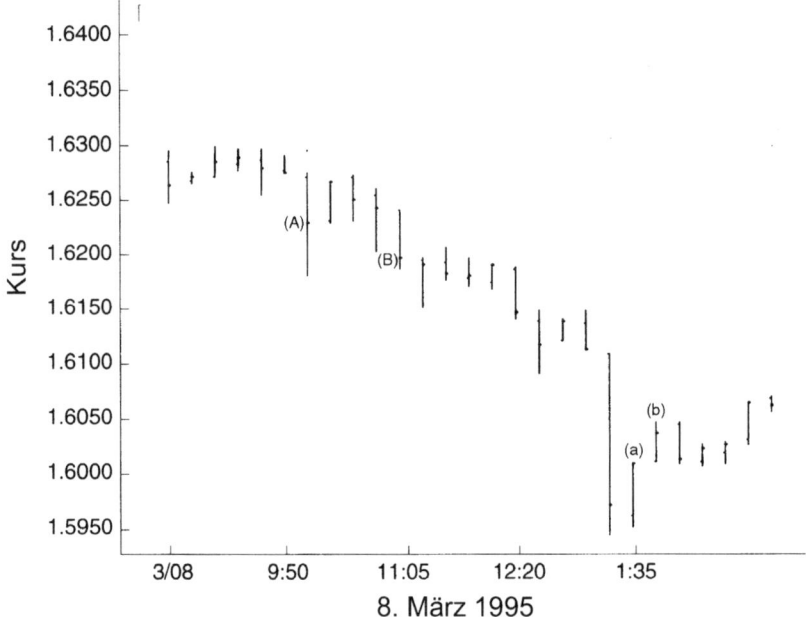

8. März 1995

C H A R T BP-7
Spekulative Einstellung: 60-Minuten-Kurse
Britisches Pfund

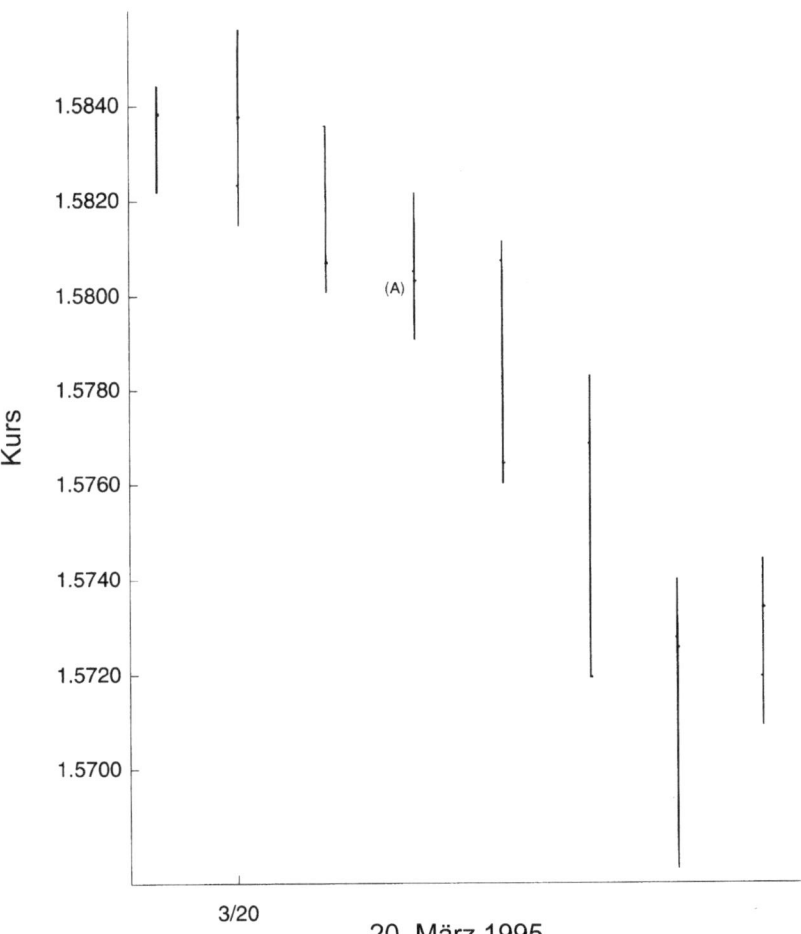

3/20

20. März 1995

TABELLE 4.BP.S15

Trade-Ergebnisse: Berg-und-Tal-Day-Trading-Methode*
Britisches Pfund: Spekulative Einstellung, 15-Minuten-Daten

Datum	Position	Einstiegs-zeit	Einstiegs-kurs	Ausstiegs-zeit	Ausstiegs-kurs	$G/V	$ Max. Verlust	Zeit	$ Max. Gewinn	Zeit
2/3/95	Long	11:40	1.598	13:57	1.6136	975	0	11:40	1188	12:22
3/3/95	Long	8:40	1.618	13:59	1.6264	525	-125	8:55	625	13:33
6/3/95	Short	8:34	1.643	13:59	1.6226	1275	-150	8:49	1688	11:36
7/3/95	Long	10:34	1.6348	13:59	1.6424	475	0	10:34	988	12:49
8/3/95	Short	10:05	1.6196	12:50	1.6036	1000	0	10:05	1412	12:20
8/3/95	Long	12:50	1.6036	13:59	1.6056	125	-150	13:05	175	13:50
9/3/95	Long	9:04	1.619	9:49	1.6136	-338	-338	9:49	12	9:19
9/3/95	Short	9:49	1.6136	13:59	1.609	288	-125	10:20	288	13:59
10/3/95	Short	9:34	1.5816	13:59	1.565	1038	0	9:34	1062	13:49
13/3/95	Long	8:34	1.5876	12:04	1.5896	125	-100	8:49	550	11:19
13/3/95	Short	12:04	1.5896	13:59	1.5894	12	-250	12:33	12	13:59
15/3/95	Long	9:19	1.5934	13:58	1.596	162	0	9:19	538	11:04
16/3/95	Short	9:04	1.589	13:59	1.5866	150	-250	9:19	262	11:05
17/3/95	Long	9:03	1.58	13:58	1.5836	225	0	9:03	275	10:05
20/3/95	Short	10:49	1.5776	13:59	1.5756	250	-62	11:04	500	12:34
21/3/95	Short	9:19	1.5814	13:59	1.5856	-262	-300	11:19	188	10:04
24/3/95	Short	11:06	1.5864	13:59	1.5912	-300	-362	11:36	0	11:06
28/3/95	Long	10:20	1.609	13:59	1.1634	275	-62	10:50	362	12:35
30/3/95	Long	10:19	1.5992	13:59	1.599	-12	-100	10:44	62	11:47
31/3/95	Long	9:04	1.6256	10:19	1.6236	-125	-125	10:19	312	9:34
31/3/95	Short	10:19	1.6236	13:59	1.6204	200	0	10:19	438	11:17
$ Total						6062				
Durchschnittsgewinn/Trade in $						289				

*Einstellungen: Minimaldifferenz aufeinander folgender hoher/tiefer Schlusskurse = 0,0024 Dollar
Anzahl aufeinander folgender hoher/tiefer Schlusskurse = 2

T A B E L L E 4.BP.S60

Trade-Ergebnisse: Berg-und-Tal-Day-Trading-Methode*

Britisches Pfund: Spekulative Einstellung, 60-Minuten-Daten

Datum	Position	Einstiegs-zeit	Einstiegs-kurs	Ausstiegs-zeit	Ausstiegs-kurs	$G/V	$ Max. Verlust	Zeit	$ Max. Gewinn	Zeit
1/3/95	Long	11:16	1.5824	13:58	1.5844	125	0	11:16	125	13:58
2/3/95	Long	11:26	1.592	13:57	1.6136	1350	0	11:26	1375	12:28
3/3/95	Long	9:20	1.6184	11:12	1.618	-25	-25	11:12	225	10:26
3/3/95	Short	11:12	1.618	12:46	1.6254	-462	-462	12:46	0	11:12
3/3/95	Long	12:46	1.6254	13:59	1.6264	62	0	12:46	62	13:59
6/3/95	Short	9:20	1.6398	13:59	1.6226	1075	-100	10:20	1400	13:21
7/3/95	Long	10:20	1.6282	13:20	1.635	425	0	10:20	850	12:20
7/3/95	Short	13:20	1.635	13:59	1.6424	-462	-462	13:59	0	13:20
8/3/95	Short	10:20	1.619	13:20	1.6022	1050	0	10:20	1375	12:20
8/3/95	Long	13:20	1.6022	13:59	1.6056	212	0	13:20	212	13:59
9/3/95	Long	9:20	1.6194	10:20	1.6158	-225	-225	10:20	0	9:20
9/3/95	Short	10:20	1.658	13:59	1.609	425	0	10:20	425	13:59
10/3/95	Short	9:20	1.5878	13:59	1.565	1425	0	9:20	1425	13:59
13/3/95	Long	9:21	1.5896	12:18	1.591	88	0	9:21	412	11:22
13/3/95	Short	12:18	1.591	13:59	1.5894	100	0	12:18	100	13:59
15/3/95	Long	9:20	1.5932	13:58	1.596	175	0	9:20	488	10:20
16/3/95	Short	10:20	1.589	13:59	1.5866	150	0	10:20	162	11:20
17/3/95	Long	9:20	1.5828	13:58	1.5836	50	-50	12:14	75	11:20
20/3/95	Short	9:21	1.5804	13:59	1.5765	624	0	9:21	525	13:22
21/3/95	Long	11:20	1.5806	13:59	1.5856	-25	-100	13:19	0	11:20
22/3/95	Long	13:25	1.5888	13:59	1.587	-112	-112	13:59	0	13:25
23/3/95	Long	9:20	1.5954	13:59	1.5932	-138	-175	11:18	0	9:20
24/3/95	Short	9:20	1.591	13:59	1.5912	-12	-38	13:13	150	11:20
28/3/95	Long	10:21	1.6092	13:59	1.6134	262	0	10:21	300	13:21
29/3/95	Long	13:24	1.6128	13:59	1.6122	-38	-38	13:59	0	13:24
31/3/95	Long	9:20	1.626	10:20	1.6226	-212	-212	10:20	0	9:20
31/3/95	Short	10:20	1.6226	13:29	1.6232	-38	-38	13:29	312	11:20
31/3/95	Long	13:29	1.6232	13:59	1.6204	-157	-175	13:59	0	13:29
$ Total						5475				
Durchschnittsgewinn/Trade in $						196				

*Einstellungen: Minimaldifferenz aufeinander folgender hoher/tiefer Schlusskurse = 0,0032 Dollar
Anzahl aufeinander folgender hoher/tiefer Schlusskurse = 1

Deutsche Mark

Die D-Mark gilt gemeinhin als graue Maus im Vergleich zu den anderen europäischen Währungen, dem Britischen Pfund und dem Schweizer Franken – vielleicht aufgrund der restriktiveren (Geld-)Politik in Deutschland. Die langfristigen Trends sind bei der D-Mark weniger ausgeprägt als bei ihren Schwesterwährungen, doch sie sind durchaus ausreichend und haben über die Jahre immerhin einige ausgeprägte Bewegungen gezeigt, insbesondere im Verhältnis zum US-$.

Typische Kursbewegungen innerhalb eines Tages

Bei der D-Mark kommt es im Wesentlichen zu drei Arten von Tages-Bewegungen, die ungefähr gleich oft vorkommen: ein mäßiger bis starker Trend von Eröffnung bis Schluss, ein ausgesprochen unruhiger Markt mit kaum nennenswerten Veränderungen unterm Strich und eine gemischte Variante, bei der sich ein, zwei Trends ergeben können, wobei jedoch die Volatilität der Kurse relativ groß ist.

Chart DM-1 zeigt einen schönen, typischen (Aufwärts-) Trend von 0,7070 auf 0,7140, also einen Kursgewinn von 70 Punkten. Dabei ist jedoch zu berücksichtigen, dass der anfängliche Rückgang von 0,7100 auf 0,7070 bei manchen Trendfolge-Techniken ein Short-Signal auslösen könnte. Der betroffene Trader müsste seine Short-Position umkehren und würde dabei verlieren. Den Rest des Tages (vom Boden aus gesehen) ist die Volatilität verhältnismäßig gering.

Ein anderes, für den Trendfolger ungünstiges Szenario zeigt Chart DM-2. Hier bewegen sich die Kurse scherenförmig zwischen 0,7150 und 0,7170, in einer Spanne von 20 Punkten. Das genügt schon, um dem Trend Trader zu schaden, der an der Obergrenze der Spanne long und an der unteren Grenze short geht – kein Gewinn bringender Ansatz!

C H A R T DM-1
Typischer Kursverlauf eines Tagescharts für die D-Mark

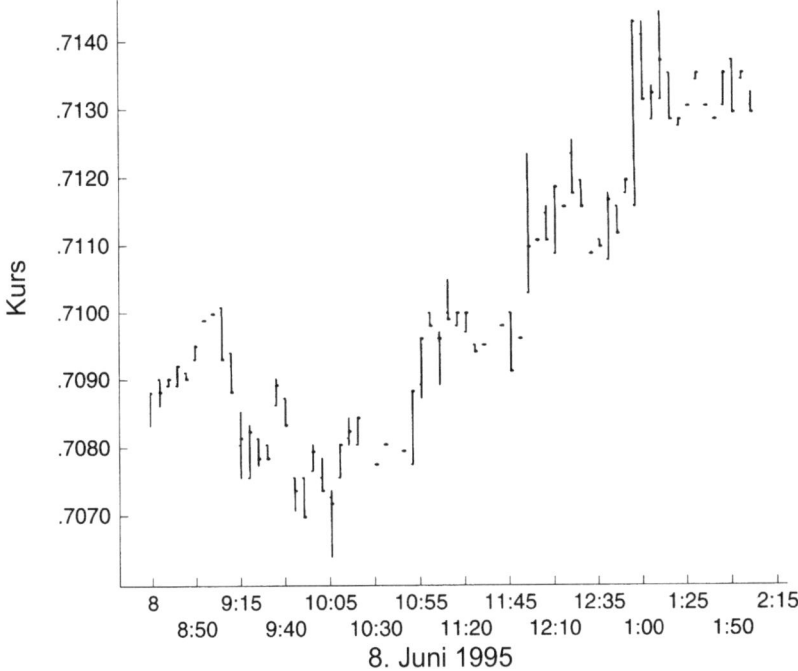

8. Juni 1995

Chart DM-3 zeigt schließlich eine Kombination verschiedener Trends und beträchtliche Volatilität. Die Kurse weisen hier zwei spezifische Trends auf, einen abwärts gerichteten von 0,7140 auf 0,7100 und einen in Aufwärtsrichtung auf 0,7130. Im Verlauf schwanken sie in die eine oder andere Richtung. Auf diesem Markt fährt man am besten mit einer Kombination aus Trendfolge und Handeln gegen die Marktbewegung oder aber auch mit schnellen Gewinnmitnahmen.

Geeignete Einstellungen für die D-Mark

Wir haben die Berg-und-Tal-Methode anhand von Kursdaten für die D-Mark vom Juni 1995 getestet. Zu den getesteten Kurs-

C H A R T DM-2
Typischer Kursverlauf eines Tagescharts für D-Mark

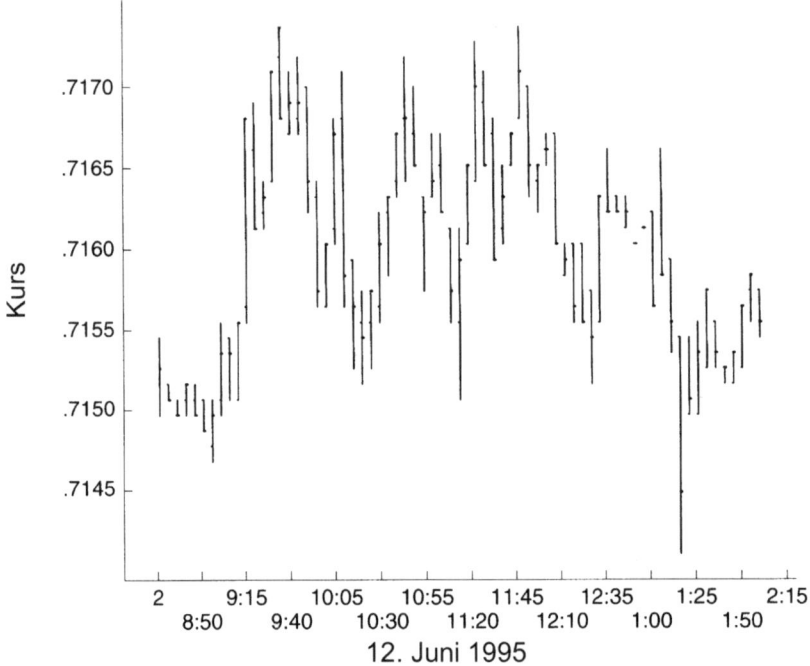

12. Juni 1995

intervallen gehören 1-, 5-, 15-, 30- und 60-Minuten-Daten. Vier Parameter-Einstellungen, zwei konservative und zwei spekulative, werden hier vorgestellt.

Die erste, auf Tabelle 4.DM.C5-1 dargestellte ist eine der beiden konservativen Varianten, die beide auf Basis des gleichen Kursintervalls durchgeführt wurden, nämlich anhand von 5-Minuten-Kursdaten. Sie sind in verschiedener Hinsicht konservativ: Bei der einen wurde eine kleinere Differenz zwischen den aufeinander folgenden höheren Schlusskursen als Auslöser für eine Long-Position zu Grunde gelegt. Tabelle 4.DM.C5-1 verlangt mehr höhere Schlusskurse in Folge. Interessant ist dabei, dass hier mehr Trades – etwa doppelt so viele – generiert werden als bei der

Methode, die eine geringere Anzahl von Schlusskursen, doch eine größere Differenz zu Grunde legt. Tabelle 4.DM.C5-1, die mit der größeren Anzahl von Differenzen, zeigt insgesamt attraktive Gewinne von $ 2 600 bei rund 30 Trades, also $90 pro Trade. Mit einer Ausnahme ($ 462) liegen die Verluste in der Größenordnung von $ 200 oder darunter.

Chart DM-4 zeigt einen erfolgreichen Trade. Am 22. Juni 1995 setzt gleich zu Beginn ein leichter Kursrückgang ein, der sich mit einer Serie von tieferen Schlusskursen von Punkt (A) bis Punkt (F) zügig fortsetzt. Um 9.04 Uhr wird bei 0,7238 eine Short-Position eröffnet und bis Tagesschluss bei 0,7176 gehalten – mit einem Gewinn von $ 775.

C H A R T   DM-3
Typischer Kursverlauf eines Tagescharts für D-Mark

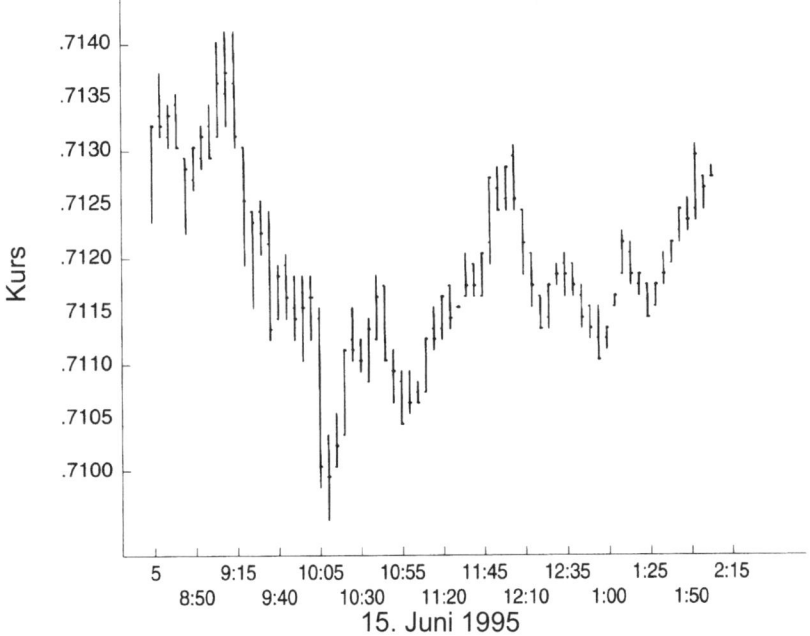

15. Juni 1995

Mit einem Abstand der aufeinander folgenden Schlusskurse von 7 Ticks, der mindestens viermal erreicht werden muss, um eine Position einzunehmen, liegen die Messlatten beim Beispiel von Tabelle 4.DM.C5-2 schon höher. Hier werden weniger Trades generiert, doch der Gewinn von $ 1 300 – also $ 100 pro Trade – kann sich sehen lassen. Der größte Verlust beträgt hier $ 262, hat sich reduziert und somit optimiert. Chart DM-5 zeigt ein klassisches Beispiel für einen Long Trade am 23. Juni 1995. Nach kurzem Nachgeben steigen die Kurse stetig von Punkt (A) bis zu Punkt (D), wo um 9.24 Uhr bei 0,7210 ein Long-Signal erfolgt. Die Long-Position wird erst bei Tagesschluss zu 0,7241 glattgestellt, was 31 Punkte bzw. $ 388 Gewinn einbringt.

Gute Nerven braucht der spekulativ orientierte Trader, der auf Grundlage der 30-Minuten-Intervalle aus Tabelle 4.DM.S30 arbeitet. Mit lediglich zwei höheren Schlusskursen im Abstand von 5 Ticks zum Auslösen eines Long-Signals hat der Trader alle Hände voll zu tun – doch es lohnt sich! Von den insgesamt rund 30 Trades bringen 18 Gewinn, wobei der größte Verlust $ 162 Dollar ausmacht. Alles in allem sind das $ 4 362, $ 145 pro Trade. Nicht schlecht, oder? Chart DM-6 zeigt einen erfolgreichen Long Trade am 26. Juni 1995. Die Kurse bewegen sich relativ beständig aufwärts und bei Punkt (B) wird um 9.49 Uhr zu 0,7209 eine Long-Position ausgelöst. Das Glattstellen bei Tagesschluss zu 0,7270 bringt einen Gewinn von 61 Punkten bzw. $ 762.

Schließlich illustriert Tabelle 4.DM.S60 noch einen spekulativen Ansatz auf Stundenbasis. Kriterium für Long- bzw. Short-Engagement ist ein einzelner um 16 Punkte höherer bzw. niedrigerer Schlusskurs. (Dies ist die Ausbruchs-Variante in Reinkultur!) Es werden etwa 20 Trades generiert, die einen Gewinn von $ 70 pro Trade und $ 1 400 insgesamt bringen. Chart DM-7 zeigt eine Short-Position, die um 9.17 Uhr an Punkt (A) am 2. Juni 1995 eröffnet wird – auf einen deutlichen Einbruch auf 0,7148 nach Eröffnung hin. Zwar kommt es zu einer gewissen Erholung, doch die Position wird bis zum Schluss beibehalten und bringt einen satten Gewinn von 48 Punkten bzw. $ 600.

T A B E L L E 4.DM.C5-1
Trade-Ergebnisse: Berg-und-Tal-Day-Trading-Methode*
Deutsche Mark: Konservative Einstellung, 5-Minuten-Daten

Datum	Position	Einstiegs-zeit	Einstiegs-kurs	Ausstiegs-zeit	Ausstiegs-kurs	$G/V	$ Max. Verlust	Zeit	$ Max. Gewinn	Zeit
1/6/95	Long	8:55	0.704	11:23	0.714	1250	-125	9:25	1250	11:23
2/6/95	Short	10:27	0.708	11:58	0.7064	200	-75	10:31	312	10:38
5/6/95	Long	9:11	0.7124	13:58	0.7122	-25	-25	13:58	325	12:00
7/6/95	Long	9:47	0.7142	13:59	0.713	-150	-200	11:28	0	9:47
8/6/95	Long	11:53	0.7115	13:57	0.7132	212	-62	11:55	362	12:58
9/6/95	Short	8:14	0.7139	13:59	0.7156	-212	-612	9:59	12	8:34
12/6/95	Long	9:00	0.7153	13:59	0.7158	62	-12	13:27	225	9:30
13/6/95	Short	9:29	0.7153	13:59	0.7131	275	-50	9:34	288	12:14
14/6/95	Long	8:59	0.7166	10:54	0.7169	37	0	8:59	225	9:49
14/6/95	Short	10:54	0.7169	12:49	0.7184	-188	-188	12:49	100	11:14
14/6/95	Long	12:49	0.7184	13:59	0.7164	-250	-250	13:59	0	12:49
15/6/95	Long	8:24	0.7132	9:44	0.7114	-225	-225	9:44	100	9:04
15/6/95	Short	9:44	0.7114	11:49	0.7121	-88	-88	11:49	188	10:04
15/6/95	Long	11:49	0.7121	13:59	0.7125	50	-112	12:54	88	13:54
16/6/95	Short	10:54	0.7159	13:59	0.717	-138	-275	11:34	0	10:54
19/6/95	Short	8:19	0.7166	10:09	0.7177	-138	-138	10:09	100	9:04
19/6/95	Long	10:09	0.7177	13:59	0.7171	-75	-300	11:04	25	13:35
20/6/95	Long	11:44	0.7212	13:59	0.7217	62	-112	12:24	100	13:39
21/6/95	Long	13:35	0.7226	13:59	0.7239	162	0	13:35	325	13:45
22/6/95	Short	9:04	0.7238	13:59	0.7176	775	-138	10:04	938	11:04
23/6/95	Long	8:24	0.7194	13:00	0.7234	500	-50	8:44	725	11:49
23/6/95	Short	13:00	0.7234	13:59	0.7241	-88	-112	13:45	0	13:00
26/6/95	Short	8:44	0.722	11:56	0.7211	112	0	8:44	350	9:54
26/6/95	Long	11:56	0.7211	13:59	0.7223	150	0	11:56	162	13:51
27/6/95	Long	11:45	0.7263	13:59	0.7242	-262	-262	13:59	0	11:45
28/6/95	Long	8:54	0.723	10:09	0.7193	-462	-462	13:59	0	11:45
28/6/95	Short	10:09	0.7193	13:59	0.7177	200	0	10:09	538	10:24
29/6/95	Long	8:56	0.7202	13:59	0.727	850	-150	9:26	1038	12:26
30/6/95	Long	10:04	0.7255	13:59	0.7255	0	-150	10:19	100	12:20
$ Total						2600				
Durchschnittsgewinn/Trade in $						90				

*Einstellungen: Minimaldifferenz aufeinander folgender hoher/tiefer Schlusskurse = 0,0001 Dollar
Anzahl aufeinander folgender hoher/tiefer Schlusskurse = 6

C H A R T DM-4
Konservative Einstellung: 5-Minuten-Kurse
D-Mark

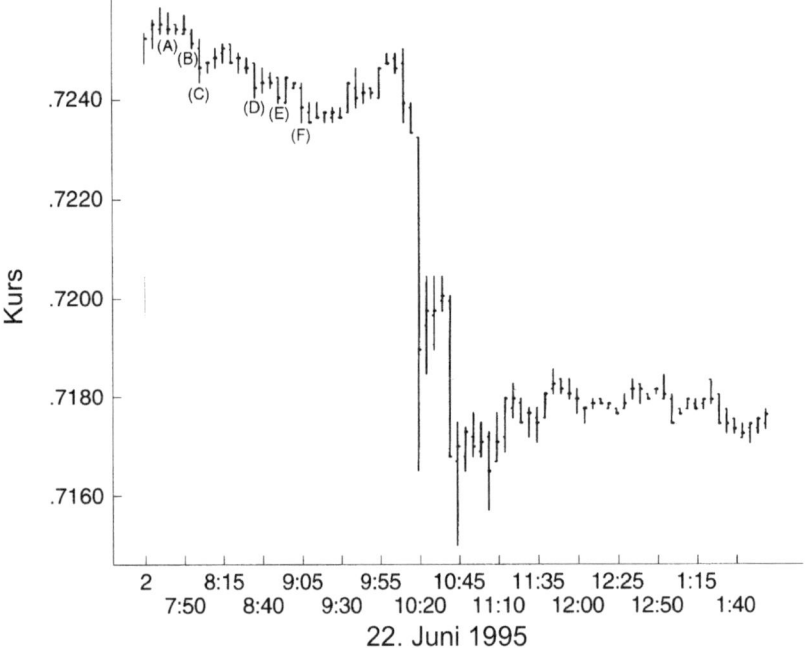

22. Juni 1995

TABELLE 4.DM.C5-2
Trade-Ergebnisse: Berg-und-Tal-Day-Trading-Methode*
Deutsche Mark: Konservative Einstellung, 5-Minuten-Daten

Datum	Position	Einstiegs-zeit	Einstiegs-kurs	Ausstiegs-zeit	Ausstiegs-kurs	$G/V	$ Max. Verlust	Zeit	$ Max. Gewinn	Zeit
1/6/95	Long	9:51	0.7067	11:23	0.714	912	-88	9:56	912	11:23
2/6/95	Short	10:18	0.7088	11:58	0.7064	300	-25	10:22	412	10:38
5/6/95	Long	9:35	0.7139	13:58	0.7122	-212	-212	13:58	138	12:00
8/6/95	Long	11:53	0.7115	13:57	0.7132	212	-62	11:55	362	12:58
13/6/95	Short	9:49	0.7143	13:59	0.7131	300	-112	9:54	162	12:14
19/6/95	Short	11:04	0.7153	13:59	0.7171	-225	-325	13:35	0	11:04
21/6/95	Long	13:45	0.7252	13:59	0.7239	-162	-162	13:59	0	13:45
23/6/95	Long	9:24	0.721	13:59	0.7241	388	-50	9:38	525	11:49
26/6/95	Long	9:34	0.7204	13:59	0.7233	-238	-250	13:51	150	9:54
27/6/95	Long	11:45	0.7263	13:59	0.7242	-262	-262	13:59	0	11:45
28/6/95	Short	10:19	0.7172	13:59	0.7177	-62	-225	11:30	275	10:24
29/6/95	Long	10:01	0.7222	13:59	0.727	600	-50	10:06	788	12:26
30/6/95	Long	12:20	0.7263	13:59	0.7255	-100	-138	13:55	0	12:20
$ Total						1300				
Durchschnittsgewinn/Trade in $						100				

*Einstellungen: Minimaldifferenz aufeinander folgender hoher/tiefer Schlusskurse = 0,0007 Dollar
                        Anzahl aufeinander folgender hoher/tiefer Schlusskurse = 4

CHART DM-5
Konservative Einstellung: 5-Minuten-Kurse
D-Mark

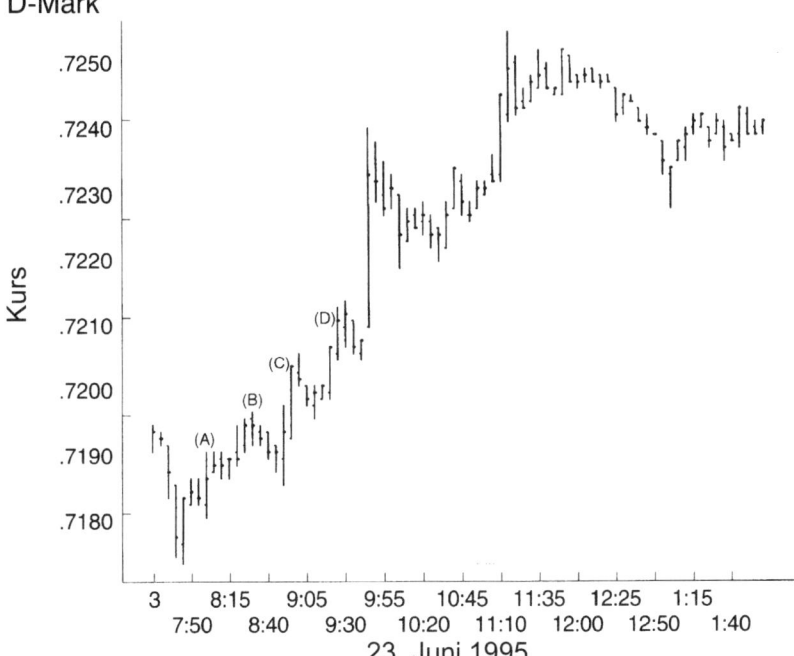

23. Juni 1995

148

C H A R T DM-6
Spekulative Einstellung: 30-Minuten-Kurse
D-Mark

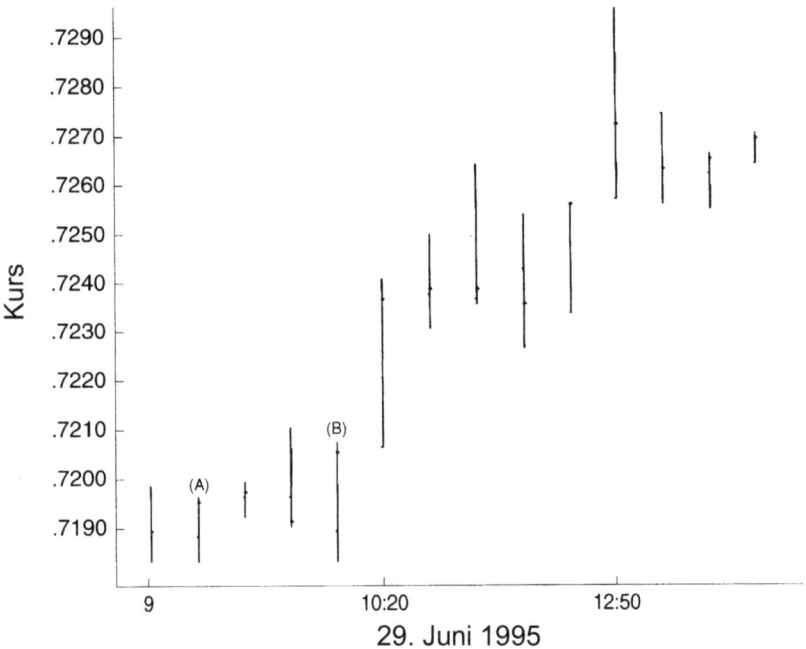

29. Juni 1995

KAPITEL IV

TABELLE 4.DM.S30

Handelsergebnisse: Berg-und-Tal-Day-Trading-Methode*
Deutsche Mark: Spekulative Einstellung, 30-Minuten-Daten

Datum	Position	Einstiegs-zeit	Einstiegs-kurs	Ausstiegs-zeit	Ausstiegs-kurs	$G/V	$ Max. Verlust	Zeit	$ Max. Gewinn	Zeit
1/6/95	Long	9:52	0.7063	13:59	0.7116	662	0	9:52	662	11:36
2/6/95	Short	9:17	0.7148	13:01	0.7089	738	0	9:17	1025	12:00
2/6/95	Long	13:01	0.7089	13:50	0.711	262	0	13:01	262	13:50
5/6/95	Long	9:21	0.7128	13:58	0.7122	-75	-75	13:58	300	12:04
6/6/95	Short	9:22	0.7089	10:56	0.709	-12	-12	10:56	138	9:54
6/6/95	Long	10:56	0.709	12:06	0.7106	200	0	10:56	412	11:48
7/6/95	Long	9:47	0.7142	11:15	0.713	-150	-150	11:15	0	9:47
7/6/95	Short	11:15	0.713	13:59	0.713	0	-75	11:45	125	12:56
8/6/95	Long	11:17	0.71	13:59	0.7131	388	0	11:17	388	13:59
9/6/95	Long	9:52	0.7168	13:59	0.7156	-150	-188	13:40	38	10:53
12/6/95	Long	11:48	0.717	13:59	0.7158	-150	-225	13:19	0	11:48
13/6/95	Short	9:19	0.7158	13:59	0.7131	338	0	9:19	338	12:19
14/6/95	Long	8:49	0.716	11:20	0.7166	75	0	8:49	300	9:49
14/6/95	Short	11:20	0.7166	13:59	0.7164	25	-212	12:50	25	13:59
15/6/95	Short	10:49	0.7108	11:49	0.7121	-162	-162	11:49	0	10:49
15/6/95	Long	11:49	0.7121	13:59	0.7125	50	-88	12:19	50	13:59
19/6/95	Short	11:19	0.7159	13:25	0.717	-138	-138	13:25	62	11:49
19/6/95	Long	13:25	0.717	13:59	0.7171	12	0	13:25	25	13:55
20/6/95	Long	10:19	0.722	13:59	0.7217	-37	-312	11:19	0	10:19
21/6/95	Long	9:49	0.7218	13:59	0.7239	262	-138	11:19	400	13:50
22/6/95	Short	9:19	0.7237	13:59	0.7176	762	-62	9:49	800	10:50
23/6/95	Long	9:19	0.7202	12:45	0.724	475	0	9:19	625	11:49
23/6/95	Short	12:45	0.724	13:59	0.7241	-12	-25	13:19	0	12:45
26/6/95	Short	9:19	0.7208	11:49	0.7207	12	0	9:19	138	9:49
26/6/95	Long	11:49	0.7207	13:59	0.7223	200	0	11:49	200	13:50
27/6/95	Long	9:49	0.7244	13:59	0.7242	-25	-25	11:19	138	13:19
28/6/95	Short	10:19	0.7172	12:49	0.7171	12	0	10:19	238	11:19
28/6/95	Long	12:49	0.7171	13:59	0.7177	75	0	12:49	112	13:49
29/6/95	Long	9:49	0.7209	13:59	0.727	762	0	17:13	850	12:49
30/6/95	Long	12:25	0.7258	13:59	0.7255	-37	-75	13:55	12	12:55
$ Total						4362				
Durchschnittsgewinn/Trade in $						145				

*Einstellungen: Minimaldifferenz aufeinander folgender hoher/tiefer Schlusskurse = 0,0005 Dollar
Anzahl aufeinander folgender hoher/tiefer Schlusskurse = 2

T A B E L L E   4.DM.S60
Handelsergebnisse: Berg-und-Tal-Day-Trading-Methode*
Deutsche Mark: Spekulative Einstellung, 60-Minuten-Daten

Datum	Position	Einstiegs-zeit	Einstiegs-kurs	Ausstiegs-zeit	Ausstiegs-kurs	$G/V	$ Max. Verlust	Zeit	$ Max. Gewinn	Zeit
1/6/95	Long	10:19	0.7063	13:59	0.7116	662	0	10:19	662	11:36
2/6/95	Short	9:17	0.7148	13:33	0.71	600	0	09:17	938	12:15
2/6/95	Long	13:33	0.71	13:50	0.711	125	0	13:33	125	13:50
5/6/95	Long	9:23	0.713	13:58	0.7122	-100	-125	13:38	162	11:22
8/6/95	Long	12:38	0.7116	13:59	0.7131	188	0	12:38	188	13:59
9/6/95	Long	10:23	0.7166	13:59	0.7156	-125	-150	11:24	0	10:23
13/6/95	Short	9:20	0.716	13:59	0.7131	362	0	9:20	362	12:20
14/6/95	Long	9:20	0.7183	11:20	0.7166	-212	-212	11:20	0	9:20
14/6/95	Short	11:20	0.7166	13:59	0.7164	25	-100	13:18	25	13:59
20/6/95	Long	10:20	0.7214	11:19	0.7195	-238	-238	11:19	0	10:20
20/6/95	Short	11:19	0.7195	12:20	0.7218	-288	-288	12:20	0	11:19
20/6/95	Long	12:20	0.7218	13:59	0.7217	-12	-50	13:20	0	12:20
22/6/95	Short	10:20	0.7189	13:59	0.7176	175	0	10:20	175	13:59
23/6/95	Long	9:20	0.7207	13:59	0.7241	425	0	9:20	500	12:19
26/6/95	Short	9:20	0.7207	13:59	0.7223	-200	-200	13:59	25	11:18
27/6/95	Long	13:20	0.7253	13:59	0.7242	-138	-138	13:59	0	13:20
28/6/95	Short	10:20	0.7155	13:20	0.7172	-212	-212	13:20	0	10:20
28/6/95	Long	13:20	0.7172	13:59	0.7177	62	0	13:20	62	13:59
29/6/95	Long	10:20	0.7238	13:59	0.727	400	0	10:20	400	13:59
30/6/95	Long	12:20	0.7263	13:59	0.7255	-100	-100	13:59	0	12:20
$ Total						1400				
Durchschnittsgewinn/Trade in $						70				

*Einstellungen: Minimaldifferenz aufeinander folgender hoher/tiefer Schlusskurse = 0,0016 Dollar
Anzahl aufeinander folgender hoher/tiefer Schlusskurse = 1

C H A R T   DM-7
Spekulative Einstellung: 60-Minuten-Kurse
D-Mark

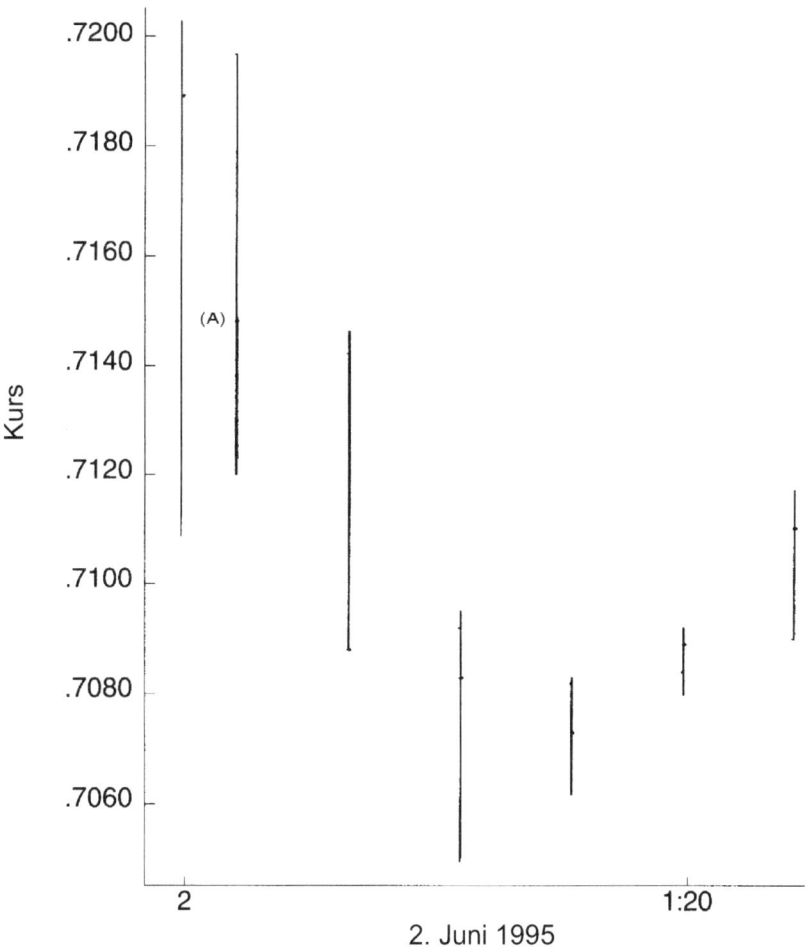

2. Juni 1995

Schweizer Franken

Als Lieblingskind des Trend Traders zeigt der Schweizer Franken kräftige, ausladende Trends über längere Zeit. Weil der US-Dollar die letzten zehn Jahre immer wieder in Bedrängnis geraten ist, haben die Kurse stark geschwankt – von 30 Cent bis hin zu fast einem Dollar pro Franken. Dem Trader boten sich hier viele Gelegenheiten zu längerfristigen Engagements. Hinzu kommt, dass ein Trend, wenn er erst einmal eingesetzt hat, meist nicht so bald umschwenkt. Wir sehen Tagestrends in Richtung der Gesamtbewegung, genauso aber auch einige wenige ausgeprägte Trends als Gegenreaktion innerhalb der großen Gesamtbewegung. Hier partizipieren die verschiedensten Marktteilnehmer – von Spekulanten, Markt machenden Banken, multinationalen Unternehmen, Exporteuren, Importeuren und Regierungen. Devisenkurse und ihre Entwicklung unterliegen stets einer ganzen Reihe von allgemeinen Faktoren: internationale Politik, Kriege, Wirtschaftskartelle, Zinsen, nationale/globale Investitionsrenditen, Zahlungsbilanzen und Inflation.

Typische Kursbewegungen innerhalb eines Tages

Beim Schweizer Franken tendieren die Kurse oft kräftig in die eine oder andere Richtung, doch bei hoher Volatilität. Chart SF-1 zeigt einen typischen Tag, den 12. Mai 1995, an dem die Kurse von Eröffnung bis Schluss keine großen Veränderungen (0,8350 bis 0,8320), doch im Tagesverlauf mehrfach Sprünge um 50 Punkte (0,0050) zeigen. Ein Trader, der sein Timing an Moving Averages orientiert hätte, wäre damit gleich mehrfach in Schieflage geraten, mit alptraumartigen Verlusten von jeweils an die 50 Punkten.

Chart SF-2 zeigt einen anderen Tagestyp mit einem attraktiven Trend (80 Punkte von Eröffnung bis Schluss) – der Traum eines jeden Trend Traders. Solche Tage gibt es leider nicht sehr oft. An einem Punkt kommt es außerdem zu deutlicher Volatilität (um

C H A R T SF-1

Typischer Kursverlauf eines Tagescharts für den Schweizer Franken

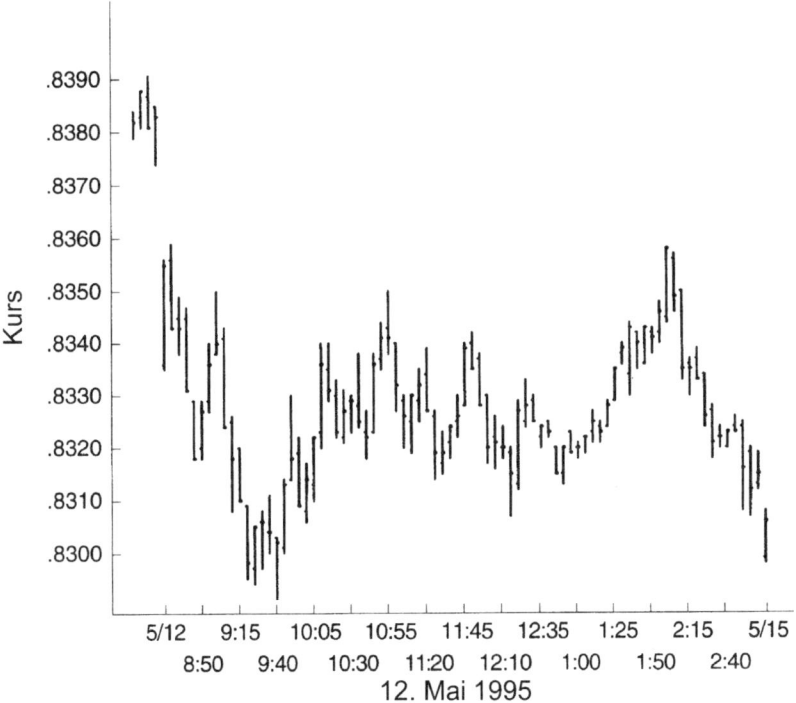

12. Mai 1995

10.40 Uhr nämlich), die einen Trader von Short- in Long-Position katapultieren könnte, was (in diesem Fall) zwei Verluste zur Folge hätte.

Dann gibt es noch die dritte, vorherrschende Art von Tagestrend, bei dem von Eröffnung bis Schluss wenig Veränderung festzustellen ist, doch dazwischen zwei oder mehr Trendbewegungen in die eine oder andere Richtung stattfinden, so dass der Trader

die (seltene) Gelegenheit bekommt, zwei oder mehr Trends mitzunehmen – vorausgesetzt, seine Methode ist flexibel genug. In Chart SF-3 tendieren die Kurse zunächst aufwärts, von 0,8860 auf 0,8910 und stürzen danach steil ab auf 0,8840 gegen Ende des Trading-Tages.

Geeignete Einstellungen für den Schweizer Franken

Die Berg-und-Tal-Methode wurde anhand von 1-, 5-, 15-, 30- und 60-Minuten-Daten für den Monat Mai 1995 getestet. Dabei haben sich vier vorzeigbare Ergebnisse mit jeweils zwei spekulativen und zwei konservativen Einstellungen ergeben, die hier präsentiert und anhand von begleitenden Charts näher erläutert werden.

Tabelle 4.SF.C1 zeigt eine konservative Parameter-Einstellung auf Grundlage von 1-Minuten-Daten, bei der als Kriterium für die Signifikanz höherer/niedrigerer Schlussnotierungen eine Differenz von 12 Ticks veranschlagt wurde, und fünf aufeinander folgende Differenzen von mindestens dieser Größe zum Auslösen eines Trades nötig sind. Acht von 13 Trades waren erfolgreich, der Gewinn beträgt auf den Monat gerechnet insgesamt $ 3 200. Der größte Verlust lag bei $ 525 und damit weit unter dem größten Gewinn von $ 2 175. In dem entsprechenden Monat gab es beim Schweizer Franken sicherlich genügend Trading-Gelegenheiten. Chart SF-4 gibt exakt den Kursverlauf wieder bis zum Boden am 18. Mai 1995 bei etwa 0,8200 um 11.10 Uhr, um dann systematisch Schritt für Schritt bis zum Auslösen einer Long-Position bei (E) zu klettern. Diese wird bis zum Schluss bei 0,8329 beibehalten und bringt dem geduldigen Trader (der schweißtreibende 1-Minuten-Daten verfolgt) einen Gewinn von $ 612.

Doch auch auf 5-Minuten-Basis ist konservatives Engagement möglich. Hier hat der Trader ein wenig mehr Luft zwischen den Kursintervallen. Die Ausgangsbedingungen sind dabei in etwa die gleichen, nur dass zur Auslösung von Longs oder Shorts ein

C H A R T   SF-2
Typischer Kursverlauf eines Tagescharts für den Schweizer Franken

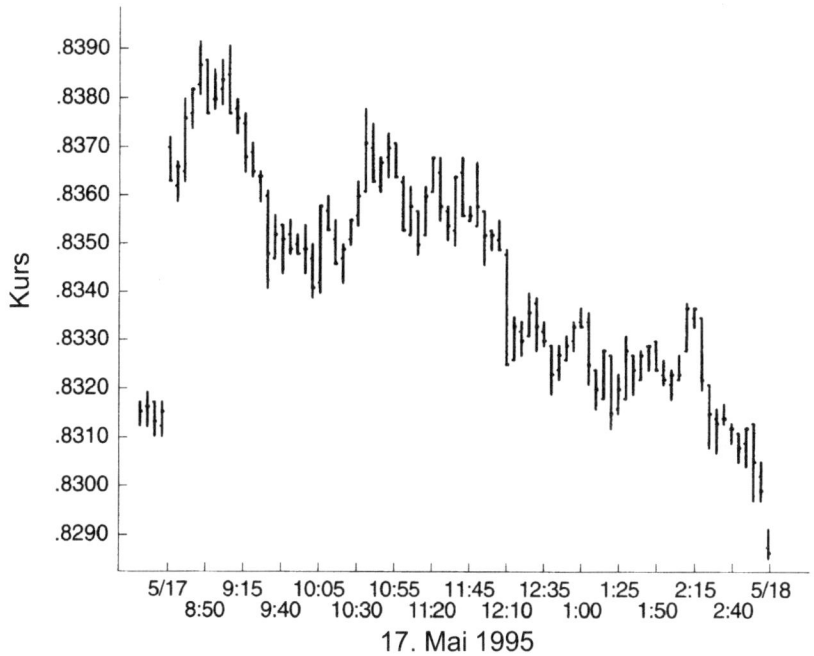

17. Mai 1995

höherer bzw. tieferer Schluss in Folge weniger erforderlich ist. Die Trades ergeben sich an verschiedenen Tagen, so dass der Trader mit Problemen wie der Diversifikation von Zeitrahmen konfrontiert wird. Tabelle 4.SF.C5 liefert ein ähnliches statistisches Bild: $3 150 Gesamtgewinn netto bei 14 Trades, davon 8 erfolgreich. Der empfindlichste der sechs Verluste beträgt $188 gegenüber $1 212 für den größten Gewinn. Chart SF-5 zeigt uns, wie der Trader in seine Long-Position gekommen ist. Kurs (A) liegt mehr als 12 Punkte über der Eröffnung, (B) liegt wieder um soviel über (A) und so geht es weiter bis zu Punkt (D), an dem

CHART SF-3
Typischer Kursverlauf eines Tagescharts für den Schweizer Franken

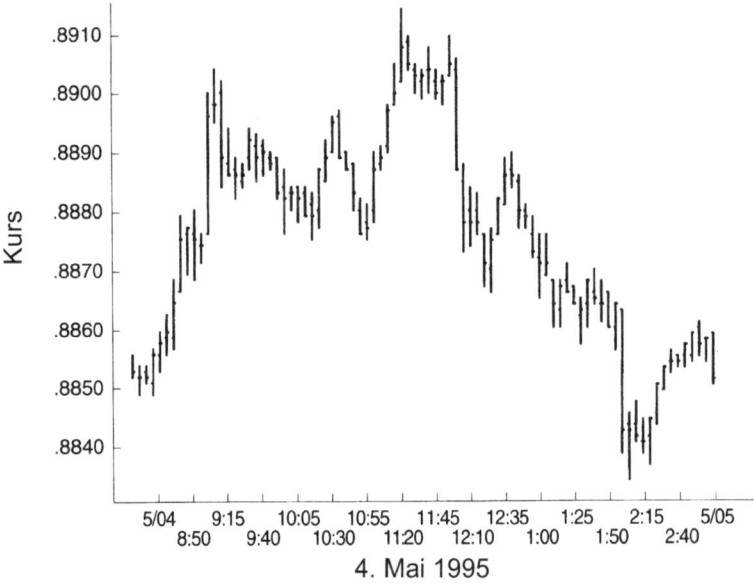

4. Mai 1995

TABELLE 4.SF.C1
Handelsergebnisse: Berg-und-Tal-Day-Trading-Methode*
Schweizer Franken: Konservative Einstellung, 1-Minuten-Daten

Datum	Position	Einstiegs- zeit	Einstiegs- kurs	Ausstiegs- zeit	Ausstiegs- kurs	$G/V	$ Max. Verlust	Zeit	$ Max. Gewinn	Zeit
5/5/95	Short	11:28	0.8838	14:05	0.8848	-125	-212	11:33	200	11:46
9/5/95	Short	11:29	0.8813	14:05	0.8798	188	-262	12:08	400	12:46
10/5/95	Short	10:41	0.868	14:04	0.8722	-525	-688	13:27	62	10:44
11/5/95	Short	10:50	0.8465	14:01	0.8383	1025	-200	10:53	1338	12:34
16/5/95	Long	10:02	0.8346	14:05	0.8315	-388	-500	13:23	362	10:52
17/5/95	Short	13:41	0.8307	14:04	0.83	88	-62	13:48	100	13:59
18/5/95	Long	11:40	0.8295	14:01	0.8334	488	0	11:40	812	12:58
19/5/95	Short	13:28	0.8292	14:04	0.83	-100	-125	13:38	62	13:31
22/5/95	Long	10:45	0.8363	14:04	0.835	-162	-250	12:39	162	12:08
23/5/95	Short	10:27	0.834	14:05	0.8331	112	0	10:27	488	11:06
25/5/95	Long	7:34	0.8498	14:04	0.8672	2175	-350	7:41	2250	13:53
26/5/95	Long	11:28	0.8834	12:04	0.885	200	-50	11:30	238	11:51
31/5/95	Short	7:45	0.8605	14:05	0.8587	225	-188	7:46	938	8:35
$ Total						3200				
Durchschnittsgewinn/Trade in $						246				

*Einstellungen: Minimaldifferenz aufeinander folgender hoher/tiefer Schlusskurse = 0,0012 Dollar
Anzahl aufeinander folgender hoher/tiefer Schlusskurse = 5

CHART SF-4
Konservative Einstellung: 1-Minuten-Kurse
Schweizer Franken

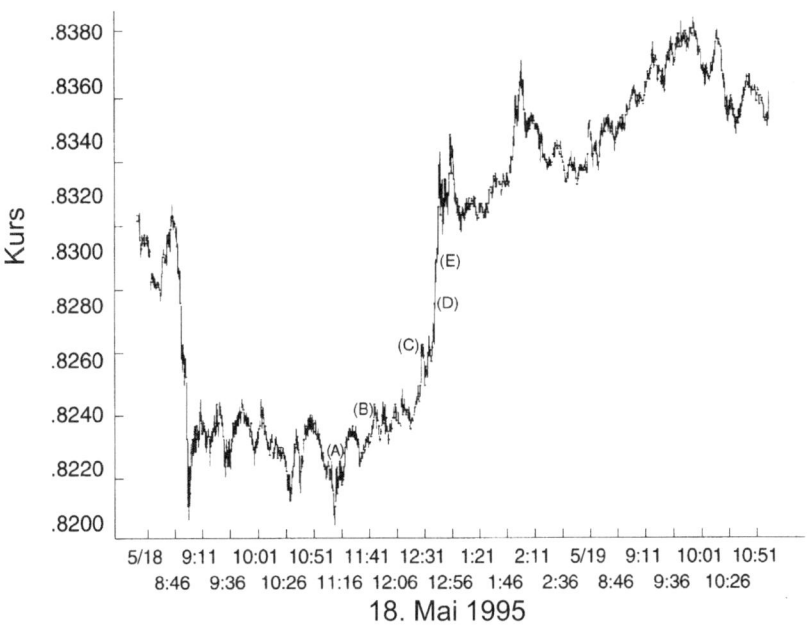

18. Mai 1995

die Kurse um 8.04 Uhr CDT (9.04 Uhr EDT) bei 0,8580 schlossen. Damit hat der Trader sein viertes Schlusshoch in Folge, das zum Auslösen eines Long-Signals erforderlich ist. Die Long-Position wird bis zum Schluss gehalten (eine Umkehr bleibt aus), der Gewinn liegt bei $ 1 162.

Die spekulativ ausgerichtete Variation dieser Methode zeigt Tabelle 4.SF.S15 für Trading auf 15-Minuten-Basis. Hier kommt es zu mehr Aktivität, da nur 5 Ticks Differenz erforderlich sind, um einen höheren/tieferen Schluss zu definieren. Vier Schlusskurse

TABELLE 4.SF.C5

Trade-Ergebnisse: Berg-und-Tal-Day-Trading-Methode*
Schweizer Franken: Konservative Einstellung, 5-Minuten-Daten

Datum	Position	Einstiegs-zeit	Einstiegs-kurs	Ausstiegs-zeit	Ausstiegs-kurs	$G/V	$ Max. Verlust	Zeit	$ Max. Gewinn	Zeit
4/5/95	Short	12:59	0.884	13:59	0.8855	-188	-225	13:49	0	12:59
5/5/95	Short	11:44	0.8838	13:59	0.8848	-125	-200	13:11	100	11:49
9/5/95	Short	11:24	0.8825	13:59	0.8796	362	-88	12:14	550	12:49
11/5/95	Short	10:49	0.8477	13:59	0.838	1212	0	10:49	1488	12:34
15/5/95	Long	13:44	0.8338	13:59	0.8334	-50	-112	13:49	0	13:44
16/5/95	Long	9:39	0.832	13:19	0.8307	-162	-162	13:19	612	10:54
16/5/95	Short	13:19	0.8307	13:59	0.8316	-135	-150	13:49	0	13:19
17/5/95	Short	11:14	0.8332	13:59	0.8299	412	-62	13:09	412	13:59
18/5/95	Long	11:39	0.829	13:59	0.8329	612	0	11:39	988	12:59
19/5/95	Short	13:05	0.8302	13:59	0.8298	50	-62	13:10	100	13:30
22/5/95	Long	10:45	0.8363	13:59	0.8354	-112	-225	12:40	138	11:09
23/5/95	Short	10:29	0.8336	13:59	0.833	75	0	10:29	425	11:09
25/5/95	Long	8:04	0.858	13:59	0.8673	1162	-325	8:24	1162	13:59
26/5/95	Long	11:39	0.8849	12:04	0.885	12	-150	11:54	12	12:04
$ Total						3150				
Durchschnittsgewinn/Trade in $						225				

*Einstellungen: Minimaldifferenz aufeinander folgender hoher/tiefer Schlusskurse = 0,0012 Dollar
Anzahl aufeinander folgender hoher/tiefer Schlusskurse = 4

in Folge lösen dabei das Positionssignal aus. Das Ergebnis – $2 837 Nettogewinn insgesamt – kann sich sehen lassen. Der Gewinn pro Trade liegt bei $177 und es gibt nur einen nennenswerten Verlust ($450), der jedoch von den weitaus größeren Gewinnen (z. B. $600, $1 212) mehr als wettgemacht wird und den Durchschnitt nicht maßgeblich drückt. Chart SF-6 zeigt einen stetigen kräftigen Rückgang am 11. Mai, der gegen 10.15 Uhr EDT einsetzt und bis zu Punkt (D) hinunter führt, wo ein Short-Signal ausgelöst wird.

CHART SF-5
Konservative Einstellung: 5-Minuten-Kurse
Schweizer Franken

25. Mai 1995

EINSTELLUNGEN FÜR DIE TRADING-PRAXIS

Schließlich haben wir dann noch die Fundgrube für den spekulativ eingestellten Trader, den Trend auf 60-Minuten-Basis. Tabelle 4.SF.S60 verlangt nur zwei aufeinander folgende höhere/tiefere Schlusskurse von 12 oder mehr Punkten Differenz, um Long- oder Short-Positionen einzugehen. Auch hier zeigt die Tabelle mehr Gewinne als Verluste, wobei die Gewinne im Durchschnitt größer sind als die Verluste, doch die größeren Gewinne sind hier nicht so riesig – nur $612, $450, $425. Der größte Verlust beträgt jedoch lediglich $300 – kein schlechter Deal also.

TABELLE 4.SF.S15

Handelsergebnisse: Berg-und-Tal-Day-Trading-Methode*
Schweizer Franken: Spekulative Einstellung, 15-Minuten-Daten

Datum	Position	Einstiegs-zeit	Einstiegs-kurs	Ausstiegs-zeit	Ausstiegs-kurs	$G/V	$ Max. Verlust	Zeit	$ Max. Gewinn	Zeit
3/5/95	Long	10:19	0.8858	13:59	0.8854	-50	-175	12:04	75	10:49
4/5/95	Short	12:49	0.8861	13:59	0.8855	75	0	12:49	262	13:04
5/5/95	Short	9:49	0.8856	13:59	0.8848	100	-300	10:19	325	11:49
9/5/95	Short	11:19	0.8844	13:59	0.8796	600	0	11:19	788	12:49
11/5/95	Short	10:49	0.8477	13:59	0.838	1212	0	10:49	1488	12:34
12/5/95	Long	13:05	0.8359	13:59	0.8313	-450	-450	13:59	0	13:05
15/5/95	Long	13:34	0.8308	13:59	0.8334	325	0	13:34	325	13:59
16/5/95	Long	9:19	0.8307	13:19	0.8307	0	-38	9:34	638	12:04
16/5/95	Short	13:19	0.8307	13:59	0.8316	-116	-150	13:49	0	13:19
17/5/95	Short	12:04	0.8324	13:59	0.8299	300	-75	12:49	300	13:59
18/5/95	Long	11:49	0.8325	13:59	0.8329	50	-162	12:04	188	13:04
19/5/95	Short	12:34	0.8318	13:59	0.8298	250	-38	12:48	250	13:34
22/5/95	Long	10:49	0.836	13:59	0.8354	-75	-175	12:49	175	11:34
24/5/95	Long	9:04	0.8348	13:59	0.8339	-112	-112	11:34	250	9:49
25/5/95	Long	13:49	0.8647	13:59	0.8673	325	0	13:49	325	13:59
26/5/95	Long	11:20	0.8819	12:04	0.855	388	0	11:20	388	11:50
$ Total						2837				
Durchschnittsgewinn/Trade in $						177				

*Einstellungen: Minimaldifferenz aufeinander folgender hoher/tiefer Schlusskurse = 0,0005 Dollar
Anzahl aufeinander folgender hoher/tiefer Schlusskurse = 4

C H A R T SF-6
Spekulative Einstellung: 15-Minuten-Kurse
Schweizer Franken

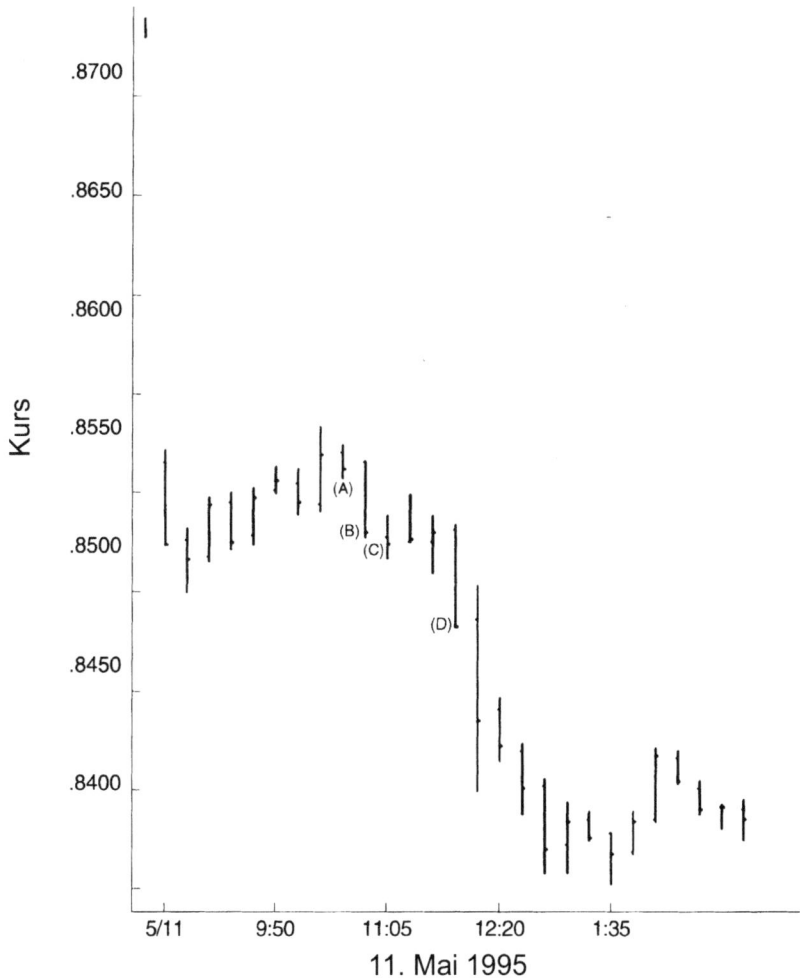

11. Mai 1995

TABELLE 4.SF.S60

Trade-Ergebnisse: Berg-und-Tal-Day-Trading-Methode*
Schweizer Franken: Spekulative Einstellung, 60-Minuten-Daten

Datum	Position	Einstiegs-zeit	Einstiegs-kurs	Ausstiegs-zeit	Ausstiegs-kurs	$G/V	$ Max. Verlust	Zeit	$ Max. Gewinn	Zeit
2/5/95	Long	10:20	0.886	13:59	0.8838	-275	-400	12:20	0	10:20
4/5/95	Short	13:20	0.8844	13:59	0.8855	-138	-138	13:59	0	13:20
5/5/95	Short	11:20	0.8853	13:59	0.8848	62	0	11:20	188	12:20
9/5/95	Short	11:20	0.8845	13:59	0.8796	612	0	11:20	612	13:59
11/5/95	Short	11:20	0.8414	13:59	0.838	425	0	11:20	488	12:19
16/5/95	Long	10:20	0.834	13:59	0.8316	-300	-362	13:20	100	11:20
17/5/95	Short	11:20	0.833	13:59	0.8299	388	0	11:20	388	13:59
18/5/95	Long	13:20	0.8333	13:59	0.8329	-50	-50	13:59	0	13:20
19/5/95	Short	12:19	0.8334	13:59	0.8298	450	0	12:19	450	13:59
22/5/95	Long	11:20	0.8368	13:59	0.8354	-175	-250	13:20	0	11:20
23/5/95	Short	11:20	0.8315	13:59	0.833	-188	-188	13:59	0	11:20
25/5/95	Long	13:20	0.8643	13:59	0.8673	375	0	13:20	375	13:59
26/5/95	Long	11:20	0.8819	12:04	0.885	388	0	11:20	388	12:04
$ Total						1575				
Durchschnittsgewinn/Trade in $						121				

*Einstellungen: Minimaldifferenz aufeinander folgender hoher/tiefer Schlusskurse = 0,0012 Dollar
Anzahl aufeinander folgender hoher/tiefer Schlusskurse = 2

C H A R T SF-7
Spekulative Einstellung: 60-Minuten-Kurse
Schweizer Franken

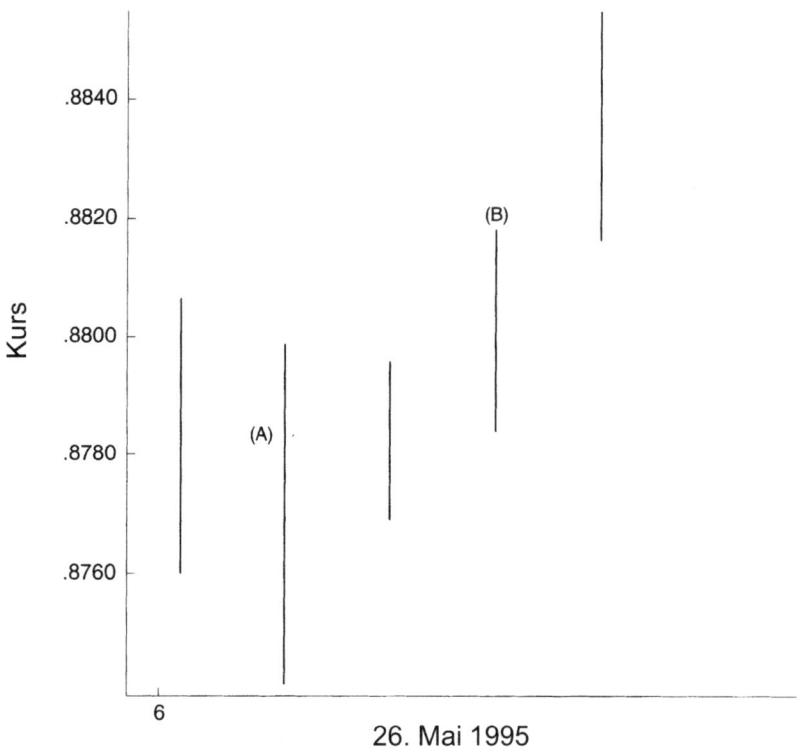

26. Mai 1995

Chart SF-7 zeigt ein überdeutliches Long-Signal bei (B) am 26. Mai 1995 bei 0,8819 um 11.20 Uhr CDT. Die Long-Position wird beibehalten bis 12.04 Uhr bei 0,8850 und bringt $ 388 Gewinn.

Japanischer Yen

Dollar und Yen sind zwei wichtige Währungen auf Konfrontationskurs, die im Dauer-Clinch liegen und stark von den Bemühungen der jeweiligen Regierungen um Stabilität und faire wechselseitige Handelsbeziehungen gezeichnet sind. Langfristige, nachhaltige Trends sind der Prolog für immer wiederkehrenden Dialog und die Geschichte, in der mal Dollar, mal Yen die Hauptrolle spielt. Sowohl auf Bullen-, als auch auf Bärenseite des Marktes gibt es hier reichlich Interessen und Einflüsse – Banken, multinationale Unternehmen, Exporteure und Importeure, Regierungen und Spekulanten –, die für einen breiten, interessanten Markt sorgen. Doch vor dem Hintergrund der großen langfristigen Trends kommt es intraday zu kleineren Bewegungen, die den dauernden Konflikt widerspiegeln. Im Tagesverlauf kann es hier sowohl zu Bewegungen größeren Ausmaßes als auch zu kleineren Schwankungen kommen.

Typische Kursbewegungen innerhalb eines Tages

Als Pendant zu nachhaltigen Bewegungen über Nacht (wenn etwa der Dollar gegenüber dem Yen stetig nachgibt) kommt es auch tagsüber zu Trends von beachtlichem Ausmaß. Bewegungen um 100 Ticks oder mehr sind keine Seltenheit, gelegentlich kommt es sogar zu Sprüngen von 300 Punkten – wenn z. B. Banken oder Regierungen eingreifen, um den Dollar zu stützen.

Doch auch bei den großen Trends des Tages kann es zu wellenförmigen Reaktionen kommen, die den signifikanten Trend verändern, unterbrechen oder sogar beenden können. Chart JY-1 zeigt eine Bewegung beim Yen von Eröffnung bis Schluss von über 200 Punkten am 10. April 1995. Um 13.00 Uhr CDT hatten sich die Kurse um 60 Punkte bewegt, doch deutliche Ausschläge in beide Richtungen verlangsamten den Trend, bis im Anschluss dann massiv abgestoßen wurde. Unsere Berg-und-Tal-Methode hatte die Bewegung in allen Zeitrahmen weit früher

erkannt (wie aus den vier folgenden Tabellen zu den Trading-Ergebnissen ersichtlich).

An vielen Tagen liegen Eröffnungs- und Schlusskurs nicht oder jedenfalls nicht sehr weit auseinander, doch dazwischen kommt es häufig zu Turbulenzen. Chart JY-2 zeigt ein klassisches Beispiel für einen solchen Tag. Von der ersten Notierung bei etwa 1,1680 aus steigen die Kurse rasch auf 1,1700 und schwanken fast den ganzen Tag über zwischen diesem Wert und 1,167. Jeder normale Trader wird dabei verrückt, Techniken, die gleitende Durchschnitte zu Grunde legen, versagen hier gänzlich (von Long-Position in Short-Position, von Short-Position wieder in Long-Position, die Verluste schaukeln sich hoch). Hier zeigen

C H A R T   JY-1
Typischer Kursverlauf eines Tagescharts für den Japanischen Yen

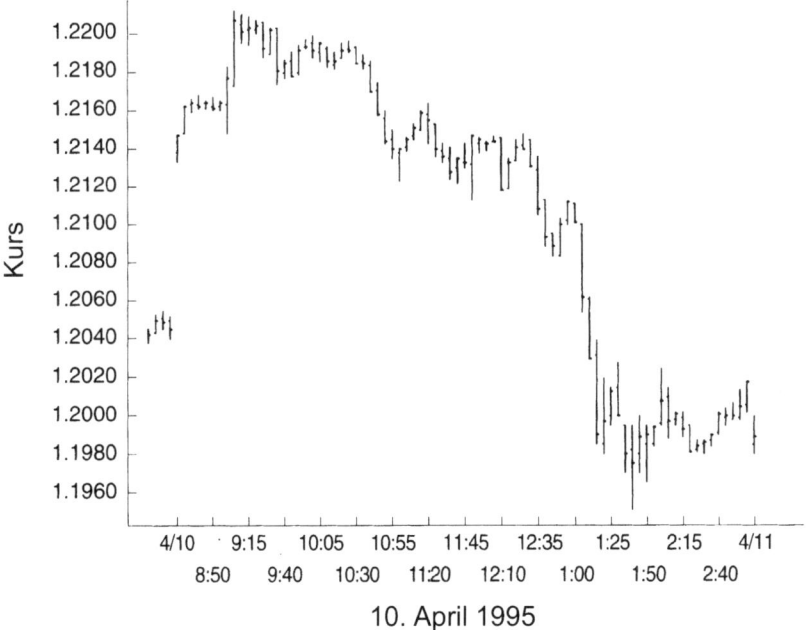

10. April 1995

sich die wahren Stärken einer stimmigen, zuverlässigen, effektiven Test-Methode, die signifikante, fortgesetzte Trendbewegungen erkennt und einmalige Ausrutscher und belanglose Zuckungen aussondert. (Beispiele dafür, die so manchen Oszillator oder Moving Average zu einem Short-Signal verleiten würden, finden Sie von 9.40 Uhr bis 11.20 Uhr und von 12.10 Uhr bis 14.20 Uhr.)

Geeignete Parameter-Einstellungen für den Japanischen Yen

Für Terminkontrakte auf den Japanischen Yen wurde die Berg-und-Tal-Methode für den Monat April 1995 auf allgemeine Leistung und möglichst ideale Einstellungen hin getestet, und zwar auf Basis von 1-, 5-, 15-, 30- und 60-Minuten-Daten.

C H A R T   JY-2
Typischer Kursverlauf eines Tagescharts für den Japanischen Yen

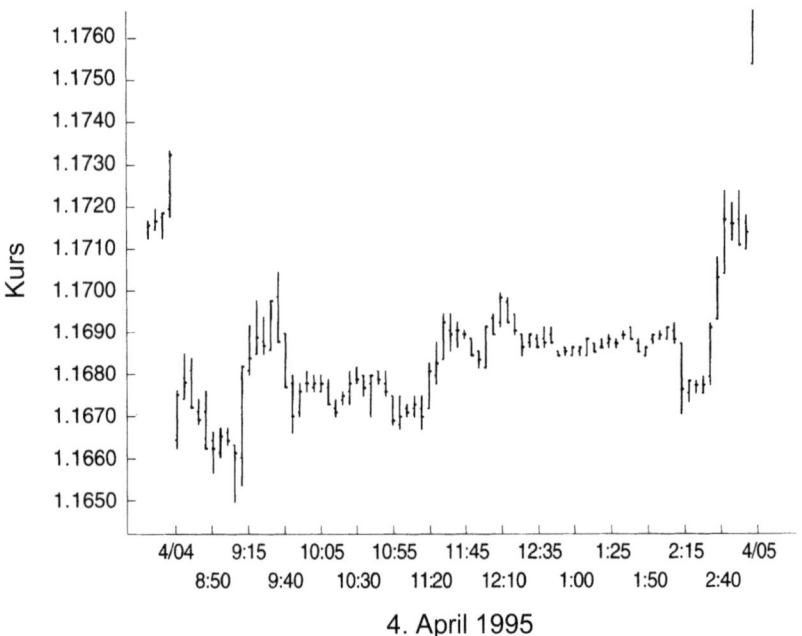

4. April 1995

Wie bei vielen anderen Commodities beeinträchtigten Unruhe und die geringe Anzahl und das geringe Ausmaß größerer Bewegungen die Gewinnbilanz des Tradings auf 1-Minuten-Basis. (Es wären ohnehin nur sehr wenige Trader bereit, Charts für Yen-Kurse auf 1-Minuten-Basis zu verfolgen.)

Die Tests auf Basis aller übrigen Zeitintervalle verliefen jedoch durchaus erfolgreich. Es wurden zwei konservative und zwei spekulative Varianten gewählt, um Gewinnchancen und verschiedene Trading-Stile zu veranschaulichen und die Stabilität und Verlässlichkeit der Methode über alle Zeitrahmen hinweg zu verdeutlichen.

Tabelle 4.JY.C5 zeigt einen detaillierten Überblick über die Trades, die bei recht konservativen Parameter-Einstellungen innerhalb des Betrachtungsmonats stattgefunden hätten. Dabei wird eine relativ große Differenz (8 Ticks) zwischen aufeinander folgenden höheren/tieferen Schlusskursen zu Grunde gelegt und eine eher hohe Anzahl solcher Differenzen (vier) als Auslöser für Trades. Abgesehen von zwei Trades in der Größenordnung von $ 500 bis $ 600 waren die Verluste klein und blieben zahlenmäßig hinter den Gewinnen zurück, während die Gewinne im Schnitt größer waren. Der kumulierte Gesamtgewinn – $ 4 188 – und der Gewinn pro Trade vor Abzug der Kosten – $ 161 – können sich sehen lassen. Gelegentlich ist auch mehr als ein Trade pro Tag drin: Chart JY-3 zeigt einen Tag (19. April 1995), an dem (um 10.14 Uhr CDT) an Punkt (D) eine Long-Position eingegangen wird, die jedoch bei Punkt (d) um 12.25 Uhr CDT in eine Short-Position umgewandelt wird. Der dadurch entstehende Verlust von 2 Ticks wird durch den Gewinn von 33 Ticks auf der Short-Seite mehr als kompensiert, der Tagesgewinn beträgt $ 362.

Etwas stärker spekulativ ist das in Tabelle 4.JY.S15 dargestellte Vorgehen ausgerichtet. Hier liegt die Größendifferenz bei 1 Tick (hier geht alles), die Anzahl der Differenzen beträgt weiterhin vier. Der kumulative Gewinn ist ungefähr so hoch wie bei der oben

EINSTELLUNGEN FÜR DIE TRADING-PRAXIS

TABELLE 4.JY.C5

Handelsergebnisse: Berg-und-Tal-Day-Trading-Methode*
Japanischer Yen: Konservative Einstellung, 5-Minuten-Daten

Datum	Position	Einstiegs-zeit	Einstiegs-kurs	Ausstiegs-zeit	Ausstiegs-kurs	$G/V	$ Max. Verlust	Zeit	$ Max. Gewinn	Zeit
3/4/95	Long	8:29	1.1725	13:59	1.1732	88	-475	10:29	88	13:59
5/4/95	Short	8:49	1.1733	11:09	1.1734	-12	-238	9:04	825	9:49
5/4/95	Long	11:09	1.1734	13:59	1.1745	138	-262	13:23	138	13:59
6/4/95	Long	9:24	1.182	13:59	1.1828	100	-325	10:49	188	13:29
7/4/95	Long	12:09	1.2018	13:59	1.2041	288	-200	12:59	400	13:49
10/4/95	Short	9:49	1.2155	13:59	1.2011	1800	-60	10:14	2188	12:34
11/4/95	Long	9:29	1.2031	13:59	1.2071	500	-12	9:34	550	13:44
12/4/95	Long	9:49	1.2015	13:59	1.204	300	-362	10:14	375	12:44
13/4/95	Short	8:49	1.2055	11:50	1.2096	-512	-512	11:50	88	8:59
13/4/95	Long	11:50	1.2096	12:00	1.2105	112	0	11:50	112	12:00
14/4/95	Long	8:29	1.725	13:59	1.1732	88	-475	10:29	88	13:59
17/4/95	Long	9:49	1.2291	13:59	1.2288	-37	-212	10:44	75	11:59
18/4/95	Long	11:49	1.2409	13:59	1.2491	1025	0	11:49	1088	13:39
19/4/95	Long	10:14	1.2443	12:25	1.2441	-50	-200	10:44	575	11:50
19/4/95	Short	12:25	1.2441	13:59	1.2408	412	0	12:25	950	13:25
20/4/95	Long	8:29	1.2188	10:54	1.2134	-675	-675	10:54	125	9:09
20/4/95	Short	10:54	1.2134	13:59	1.21	425	-238	11:04	725	12:22
21/4/95	Long	8:19	1.2122	13:59	1.2172	625	-238	9:34	625	13:59
24/5/95	Short	9:54	1.2092	13:59	1.211	-225	-325	10:19	150	10:04
25/4/95	Long	9:04	1.2301	10:34	1.2278	-288	-288	10:34	525	9:24
25/4/95	Short	10:34	1.2278	10:59	1.2306	-350	-350	10:59	250	10:39
25/4/95	Long	10:59	1.2306	13:59	1.2318	150	-250	11:09	362	13:34
26/4/95	Short	9:04	1.2022	14:09	1.2011	138	0	9:04	900	9:19
26/4/95	Long	11:09	1.2011	13:59	1.2038	338	-225	12:24	612	13:04
27/4/95	Short	10:15	1.2028	13:59	1.204	-150	-275	12:30	0	10:15
28/4/95	Short	12:40	1.1951	13:59	1.1957	-75	-125	13:05	138	13:35
$ Total						4188				
Durchschnittsgewinn/Trade in $						161				

*Einstellungen: Minimaldifferenz aufeinander folgender hoher/tiefer Schlusskurse = 0,0008 Cent
Anzahl aufeinander folgender hoher/tiefer Schlusskurse = 4

169

C H A R T   JY-3
Konservative Einstellung: 5-Minuten-Kurse
Japanischer Yen

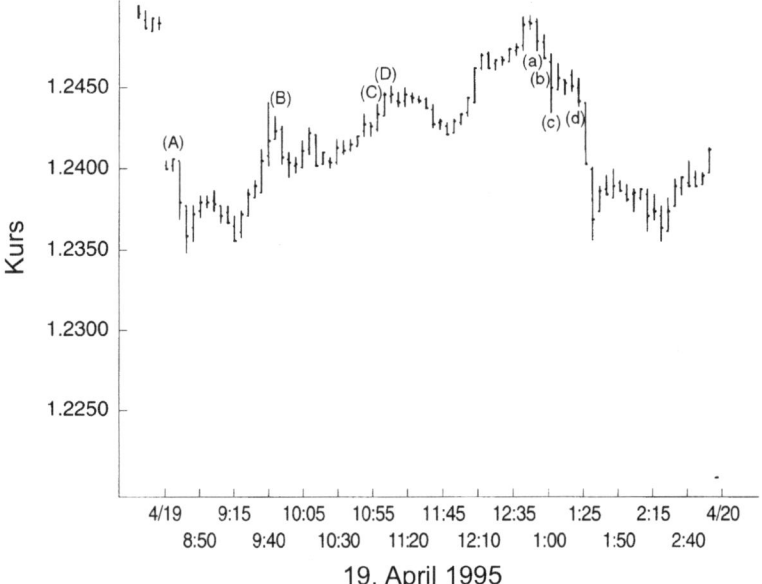

19. April 1995

beschriebenen konservativen Einstellung auf 5-Minuten-Basis, und auch der Gewinn pro Trade ist in etwa gleich, doch die Anzahl der Trades und die Verluste differieren leicht: Insgesamt gibt es weniger Verluste, doch der größte Verlust wiegt dafür mit $ 900 etwas schwerer. Der geringere Chartaufbau (alle 15 Minuten statt alle 5 Minuten) ist für den Trader vielleicht von Vorteil. Chart JY-4 zeigt einen typischen Trade, bei dem an Punkt (D) gegen 10.00 Uhr EDT rasch eine Long-Position eingegangen wird. Diese wird trotz großer Schwankungen hindurch beibehalten bis Tagesschluss und bringt zu 1,2172 einen Gewinn von 33 Punkten bzw. $ 412.

Tabelle 4.JY.C15 zeigt eine konservative Einstellung (hohe Differenz zwischen den Schlusskursen und entsprechend Erfolg versprechende Anzahl aufeinander folgender höherer/tieferer Schlusskurse). Es kommt nur zu wenigen Trades, doch der Gewinn je Geschäft ist beachtlich ($ 219).

Schließlich kommt noch die Variante für den Trader, der auf seine ausgiebige Mittagspause nicht verzichten will: spekulatives Trading auf 60-Minuten-Basis. Die Ergebnisse dazu finden Sie in Tabelle 4.JY.S60. Dieser Trader will nur zwei höhere Schlusskurse in Folge im Abstand von mindestens 5 Punkten sehen, um sich long zu engagieren. Ein satter Gesamtgewinn ($ 2 975) und auch der Gewinn pro Trade ($ 157) vor Abzug der Kosten kann sich sehen lassen.

Chart JY-5 illustriert eine Short-Position, die um 11.20 Uhr CDT am 20. April 1995 eingegangen wird und am Ende $ 600 Gewinn einbringt. (Die erste Schlussnotierung müssen Sie ignorieren, da bei diesem Chartservice die Eröffnung als Schluss gewertet wird, nicht der erste Schluss nach einer Stunde Trading, wie es sein sollte.) Zwar gibt es bessere Gewinne (siehe 10. April) und schlimmere Verluste als bei dieser Trading-Einstellung, doch diese zeigt sehr schön das typische Kursverhalten und deutlich die Gelegenheite, die der Yen bietet.

TABELLE 4.JY.S15

Handelsergebnisse: Berg-und-Tal-Day-Trading-Methode*
Japanischer Yen: Spekulative Einstellung, 15-Minuten-Daten

Datum	Position	Einstiegs-zeit	Einstiegs-kurs	Ausstiegs-zeit	Ausstiegs-kurs	$G/V	$ Max. Verlust	Zeit	$ Max. Gewinn	Zeit
3/4/95	Short	11:34	1.1698	13:04	1.1709	-138	-138	13:04	0	11:34
3/4/95	Long	13:04	1.1709	13:59	1.1732	288	0	13:04	288	13:59
5/4/95	Short	8:34	1.1748	12:04	1.1738	125	-50	9:04	1012	9:49
5/4/95	Long	12:04	1.738	13:59	1.1745	84	-288	13:19	84	13:59
6/4/95	Long	9:49	1.182	13:59	1.1828	100	-325	10:49	188	13:34
7/4/95	Long	12:04	1.2008	13:59	1.2041	412	0	12:04	525	13:49
10/4/95	Short	9:34	1.2184	13:59	1.2011	2162	0	9:34	2550	12:34
11/4/95	Long	9:34	1.203	13:59	1.2071	512	0	9:34	550	13:49
12/4/95	Long	11:19	1.2021	13:59	1.204	238	-50	11:34	262	13:34
14/4/95	Short	11:34	1.1698	13:04	1.1709	-138	-138	13:04	0	11:34
14/4/95	Long	13:04	1.1709	13:59	1.1732	288	0	13:04	288	13:59
17/4/95	Long	9:34	1.2262	13:59	1.2288	325	0	9:34	412	12:49
18/4/95	Short	9:04	1.2376	12:04	1.2448	-900	-900	12:04	125	10:01
18/4/95	Long	12:04	1.2448	13:59	1.2491	538	0	12:04	538	13:59
19/4/95	Long	9:49	1.2424	13:59	1.2408	-200	-612	13:04	788	11:49
20/4/95	Long	8:49	1.2177	11:19	1.2142	-438	-438	11:19	200	9:04
20/4/95	Short	11:19	1.2142	13:59	1.21	525	0	11:19	825	12:20
21/4/95	Long	9:04	1.2139	13:59	1.2172	412	-450	9:34	412	13:59
24/4/95	Short	9:04	1.2108	13:59	1.211	-50	-125	10:19	350	10:04
25/4/95	Long	9:04	1.2301	13:59	1.2318	212	-288	10:34	438	10:04
26/4/95	Short	9:19	1.195	11:04	1.2004	-675	-675	11:04	0	9:19
26/4/95	Long	11:04	1.2004	13:59	1.2038	425	0	11:04	700	13:04
27/4/95	Short	9:49	1.2045	12:34	1.2048	-36	-36	12:34	200	10:34
27/4/95	Long	12:34	1.2048	13:59	1.204	-100	-100	13:49	0	12:34
28/4/95	Short	12:34	1.1959	13:59	1.1957	25	-12	13:04	200	13:34
$ Total						4025				
Durchschnittsgewinn/Trade in $						161				

*Einstellungen: Minimaldifferenz aufeinander folgender hoher/tiefer Schlusskurse = 0,0001 Cent
Anzahl aufeinander folgender hoher/tiefer Schlusskurse = 4

EINSTELLUNGEN FÜR DIE TRADING-PRAXIS

C H A R T   JY-4
Spekulative Einstellung: 15-Minuten-Kurse
Japanischer Yen

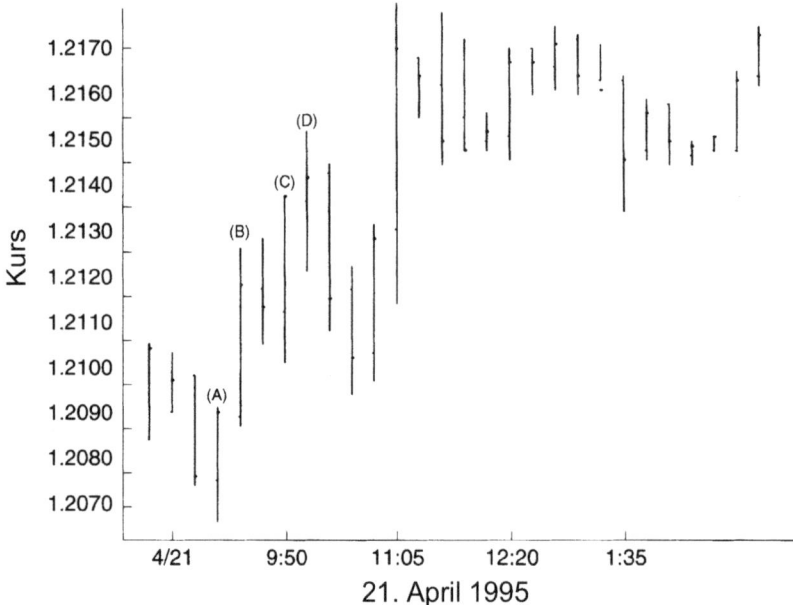

21. April 1995

T A B E L L E   4.JY.C15
Handelsergebnisse: Berg-und-Tal-Day-Trading-Methode*
Japanischer Yen: Konservative Einstellung, 15-Minuten-Daten

Datum	Position	Einstiegs-zeit	Einstiegs-kurs	Ausstiegs-zeit	Ausstiegs-kurs	$G/V	$ Max. Verlust	Zeit	$ Max. Gewinn	Zeit
7/4/95	Long	13:34	1.2035	13:59	1.2041	75	0	13:34	188	13:49
10/4/95	Short	10:34	1.2129	13:59	1.2011	1475	-225	11:04	1862	12:34
18/4/95	Long	12:49	1.2462	13:59	1.2491	362	-62	13:04	362	13:59
19/4/95	Long	10:04	1.244	13:59	1.2408	-400	-812	13:04	588	11:49
25/4/95	Long	9:49	1.2334	13:59	1.2318	-200	-700	10:34	25	10:04
26/4/95	Long	11:49	1.2038	13:59	1.2038	0	-350	12:34	275	13:04
$ Total						1312				
Durchschnittsgewinn/Trade in $						219				

*Einstellungen: Minimaldifferenz aufeinander folgender hoher/tiefer Schlusskurse = 0,0008 Cent
Anzahl aufeinander folgender hoher/tiefer Schlusskurse = 5

173

C H A R T   JY-5
Spekulative Einstellung: 60-Minuten-Kurse
Japanischer Yen

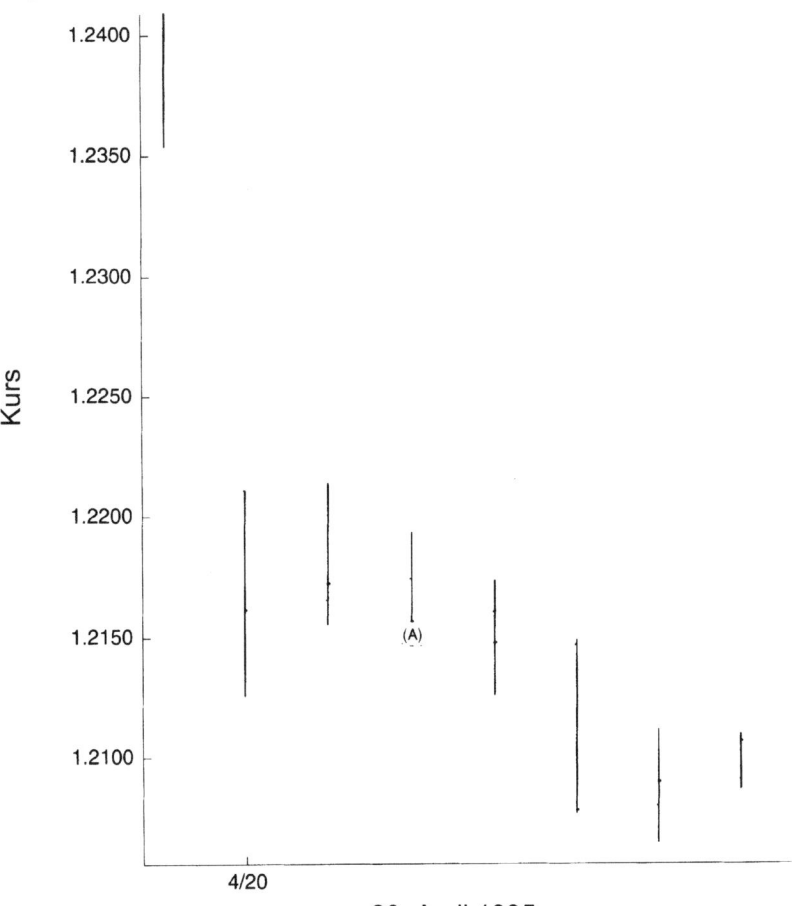

20. April 1995

EINSTELLUNGEN FÜR DIE TRADING-PRAXIS

T A B E L L E   4.JY.S60

Handelsergebnisse: Berg-und-Tal-Day-Trading-Methode*
Japanischer Yen: Spekulative Einstellung, 60-Minuten-Daten

Datum	Position	Einstiegs-zeit	Einstiegs-kurs	Ausstiegs-zeit	Ausstiegs-kurs	$G/V	$ Max. Verlust	Zeit	$ Max. Gewinn	Zeit
3/4/95	Long	11:20	1.1715	13:59	1.1732	212	-162	12:21	212	13:50
4/4/95	Long	11:19	1.1691	13:59	1.1715	300	-150	13:20	300	13:59
5/4/95	Short	10:20	1.1687	12:20	1.1736	-612	-612	12:20	0	10:20
5/4/95	Long	12:20	1.1736	13:59	1.1745	112	-288	13:20	112	13:59
6/4/95	Long	12:20	1.1817	13:59	1.1828	138	0	12:20	138	13:50
7/4/95	Long	12:20	1.201	13:59	1.2041	388	0	12:20	388	13:59
10/4/95	Short	10:20	1.2157	13:59	1.2011	1825	0	10:20	2200	13:20
11/4/95	Long	10:20	1.2048	13:59	1.2071	288	-62	12:20	288	13:59
12/4/95	Long	11:20	1.2022	13:59	1.204	225	0	11:20	225	13:59
14/4/95	Long	11:20	1.1715	13:59	1.1732	212	-162	12:21	212	13:59
18/4/95	Long	12:20	1.2453	13:59	1.2491	475	0	12:20	475	13:59
19/4/95	Long	10:20	1.2445	13:20	1.2375	-875	-875	13:20	200	11:20
19/4/95	Short	13:20	1.2375	13:59	1.2408	-412	-412	13:59	0	13:20
20/4/95	Short	11:20	1.2147	13:59	1.21	588	0	11:20	888	12:20
24/4/95	Short	11:20	1.2092	13:21	1.2105	-162	-162	13:21	0	11:20
24/4/95	Long	13:21	1.2105	13:59	1.211	62	0	13:21	62	13:59
26/4/95	Long	11:20	1.202	13:59	1.2038	225	-100	12:20	225	13:59
27/4/95	Long	13:20	1.2046	13:59	1.204	-72	-72	13:59	0	13:20
28/4/95	Short	12:20	1.1962	13:59	1.1957	60	0	12:20	188	13:20
$ Total						2975				
Durchschnittsgewinn/Trade in $						157				

*Einstellungen: Minimaldifferenz aufeinander folgender hoher/tiefer Schlusskurse = 0,0005 Cent
Anzahl aufeinander folgender hoher/tiefer Schlusskurse = 2

ROHSTOFFE (ENERGIE)

Rohöl

Jeder erinnert sich an den Golfkrieg. Die Preise für Erdölprodukte schossen im August 1990 explosionsartig in die Höhe, und die Ölgesellschaften verdienten Millionen, weil Rohöl von $20 auf über $40 Dollar pro Barrel stieg. Fast noch schneller (um $10 pro Barrel allein am 15. Januar) fielen die Preise, als die alliierten Streitkräfte Irak bombardierten und dem Krieg ein schnelles Ende bereiteten. Seither haben sich die Preise stabilisiert und bewegen sich knapp unterhalb von $20. Dabei kommt es nur zu wenig hektischen Kursausschlägen. Viele Marktteilnehmer scheinen nur auf eine neue Krise im Nahen Osten zu warten.

Typische Kursbewegungen innerhalb eines Tages

Bei Rohöl kommt es selten zu wirklich großen Trends während eines Tages. In den meisten Fällen reichen die Trends hier nur 20 bis 30 Punkte weit, selten mehr. Dem Trader kommt jedoch entgegen, dass die Volatilität gering ist. Drei Beispiele für typisches Kursverhalten geben die Charts CL-1 bis CL-3.

Ein moderater Aufwärtstrend ist auf Chart CL-1 zu sehen. Die Notierungen beginnen bei Werten knapp über 17,50 und klettern stetig bis Tagesende auf Werte um 17,70, was netto einen Sprung von 20 Punkten ausmacht. Die Kursvolatilität ist dabei gering, meist in der Größenordnung von 5 bis 8 Punkten, wobei die stärkste Reaktion innerhalb des Trends nur 10 Punkte ausmacht. Natürlich ist ein Gewinnpotenzial von 20 bis 30 Punkten nicht gerade der Wunschtraum eines Traders, doch für Rohöl ist das typisch – mehr ist eben nicht drin. Es gilt hierbei also, die Kosten (Provisionen und Slippage) möglichst gering zu halten.

CHART CL-1

Typischer Kursverlauf eines Tagescharts für Rohöl

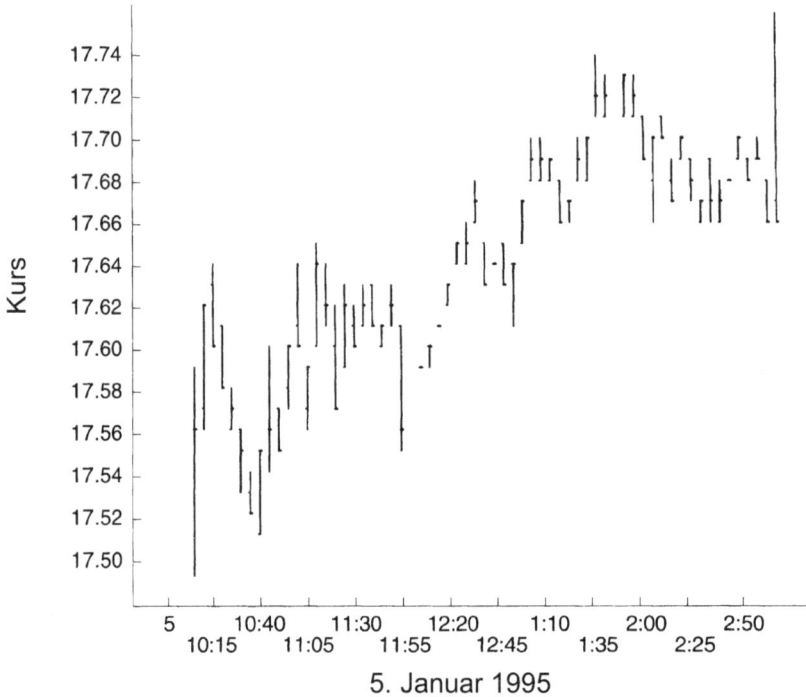

5. Januar 1995

Ein weiterer Trendtypus ist auf Chart CL-2 dargestellt. Hier kann man jeweils ein Stück weit zwei Trends nutzen. Die Kurse steigen in den Bereich von 18,35 und fallen dann auf 18,20, ein 15-Punkte-Trend. Danach steigen sie bis Tagesende um 30 Punkte auf 18,50. Mit etwas Geschick kann der Trader beide Trends mitnehmen. Ist er zu spät dran, könnte er mit ein oder zwei Trades in eine Schaukelbewegung geraten.

Die dritte Situation ist ausgesprochen häufig: eine volatile Seitwärtsbewegung der Kurse, die trügerisch sein kann, insbesondere, wenn man traditionelle Trend-Techniken wie Moving

C H A R T CL-2
Typischer Kursverlauf eines Tagescharts für Rohöl

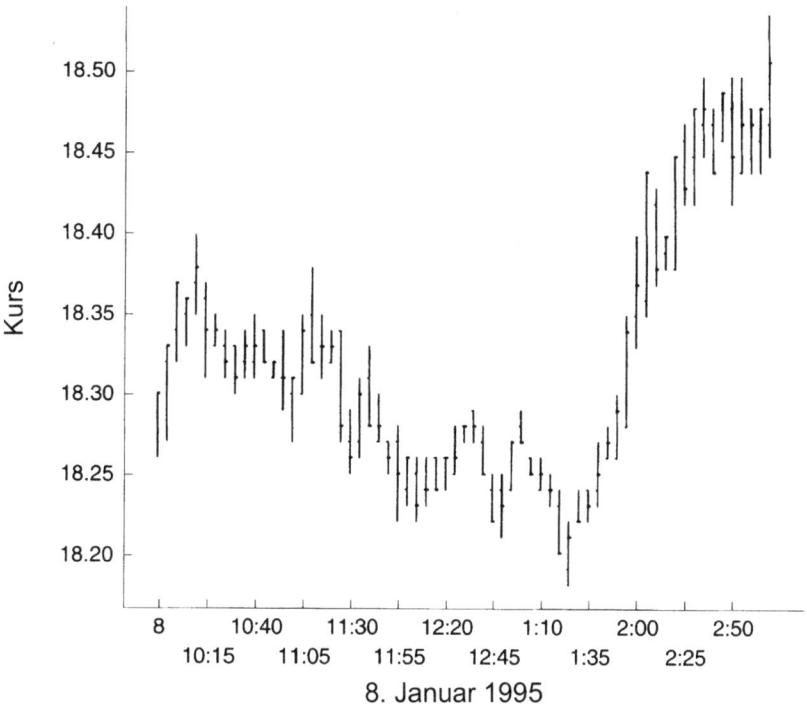

8. Januar 1995

Averages einsetzt. Chart CL-3 zeigt ein vernichtendes Bild: Die Kurse schwanken zwischen Werten knapp oberhalb von 17,40 bis knapp unterhalb von 17,30 in einer Spanne von 20 Punkten. Diese Spanne richtig zu erwischen, ist quasi unmöglich, da die Kurse in raschem Wechsel Extrembereiche erreichen und wieder verlassen.

Geeignete Einstellungen für Rohöl

Die Berg-und-Tal-Methode wurde anhand von Kursdaten für 1-, 5-, 15-, 30- und 60-Minuten-Intervalle vom Januar 1995 getestet.

C H A R T CL-3

Typischer Kursverlauf eines Tagescharts für Rohöl

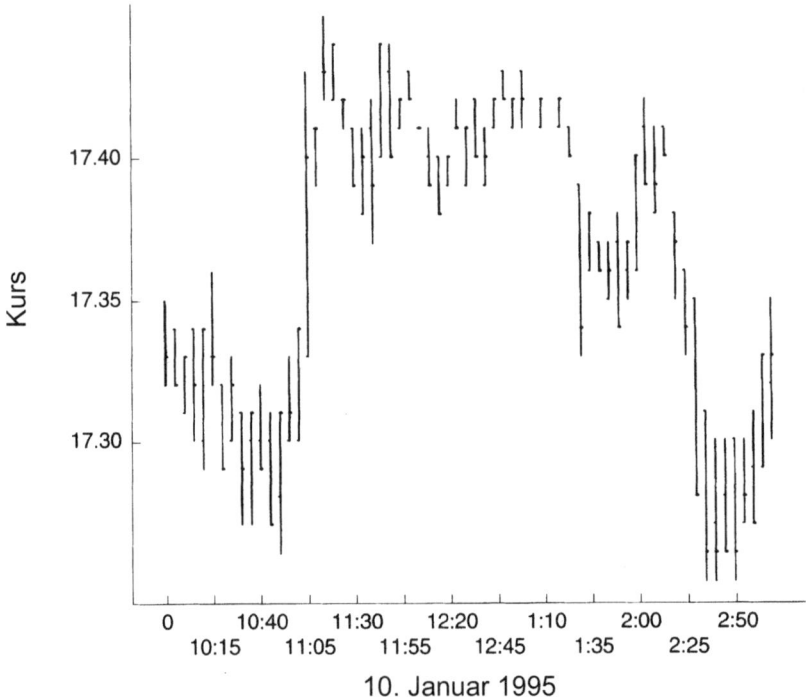

10. Januar 1995

Wie bereits in den vorangegangenen Abschnitten erwähnt, gab es im Betrachtungszeitraum ein paar wirklich interessante Gewinnchancen (was meiner Ansicht nach typisch ist), doch mit dieser Methode wurden sie voll ausgeschöpft. Aber Vorsicht: Achten Sie auf die Höhe der Kosten, da die Gewinne hier durchschnittlich nicht mehr als $50 bzw. 5 Ticks betragen.

Tabelle 4.CL.C15 zeigt eine konservative Einstellung auf Basis von 15-Minuten-Intervallen, bei der für die Auslösung einer Long-Position mindestens drei aufeinander folgende höhere Schlusskurse mit einem Abstand von mindestens 4 Ticks erforderlich

179

sind. Netto ergeben sich hier 14 Trades, davon 9 mit Gewinn, bei geringen Verlusten (maximal $ 140). Der Gesamtgewinn beträgt $ 650, der Gewinn pro Trade $ 46. Bei besseren Gelegenheiten hätten sich mit dieser Einstellung sicherlich ausgesprochen gute Ergebnisse erzielen lassen. Ein typisches Trade-Beispiel dafür zeigt Chart CL-4. Die Kurse fallen nach Eröffnung kontinuierlich, von Punkt (A) bis (C) kommt es zu tieferen Schlusskursen im Abstand von drei Ticks oder mehr. Bei (C) wird eine Short-Position eröffnet bei 17,75 um 14.04 Uhr EDT und bis zum Schluss bei 17,62 beibehalten – mit einem Gewinn von 13 Punkten bzw. $ 130.

Eine spekulativere Variante der Methode auf Basis von 15-Minuten-Intervallen wird in Tabelle 4.CL. S15 dargestellt. Die Ironie ist

T A B E L L E 4.CL.C15

Handelsergebnisse: Berg-und-Tal-Day-Trading-Methode*
Rohöl: Konservative Einstellung, 15-Minuten-Daten

Datum	Position	Einstiegs-zeit	Einstiegs-kurs	Ausstiegs-zeit	Ausstiegs-kurs	$G/V	$ Max. Verlust	Zeit	$ Max. Gewinn	Zeit
3/1/95	Short	15:03	17.43	15:09	17.4	30	0	15:03	30	15:09
4/1/95	Long	11:01	17.61	15:09	17.47	-140	-140	15:09	0	11:01
6/1/95	Short	14:04	17.75	15:05	17.62	130	0	14:04	130	15:05
9/1/95	Short	14:18	17.41	15:09	17.35	60	0	14:18	60	15:09
11/1/95	Long	13:46	17.59	15:09	17.63	40	-10	14:01	40	15:09
16/1/95	Long	11:49	17.62	15:09	17.76	140	0	11:49	160	15:03
17/1/95	Long	12:48	18.03	15:09	18.2	17	-20	14:03	170	15:09
18/1/95	Long	14:32	18.46	15:09	18.49	30	0	14:32	30	15:09
20/1/95	Long	11:00	18.45	15:09	18.42	-30	-70	12:00	30	13:17
23/1/95	Short	11:59	18.29	15:08	18.09	200	-10	12:15	200	15:08
24/1/95	Long	12:01	18.43	15:02	18.38	-50	-50	12:46	90	14:17
24/1/95	Short	15:02	18.38	15:07	18.38	0	0	15:02	0	15:02
25/1/95	Short	10:45	18.46	15:07	18.39	70	0	10:45	300	14:15
27/1/95	Short	12:01	17.92	15:09	17.92	0	-100	15:04	60	14:19
$ Total						650				
Durchschnittsgewinn/Trade in $						46				

*Einstellungen: Minimaldifferenz aufeinander folgender hoher/tiefer Schlusskurse = 0,04 Dollar
                 Anzahl aufeinander folgender hoher/tiefer Schlusskurse = 3

dabei, dass man hier, um annehmbare Ergebnisse zu erzielen, den Abstand der aufeinander folgenden Schlusskurse deutlich höher ansetzen muss (bei 16 Ticks), um mit einer geringeren Anzahl von höheren/tieferen Schlusskursen in Folge auszukommen (in diesem Fall nur einer). Das Resultat ist ähnlich: Der Gesamtgewinn liegt bei $ 520, der Gewinn pro Trade im Schnitt bei $ 47, von 11 Trades waren nur drei Verlust bringend. Diese Einstellung der Trading-Parameter verlangt deutliche, ausgeprägte Ausbrüche im Gegensatz zu den kontinuierlichen, kleineren Trades von eher kumulativem Charakter bei der konservativen Variante auf 15-Minuten-Basis. Chart CL-5 zeigt einen stetigen Kursanstieg, bei dem es jedoch erst um 11.33 Uhr bei 17,58 zum ersten Nettoanstieg von 16 Punkten nach der Eröffnung

C H A R T   CL-4
Konservative Einstellung: 15-Minuten-Kurse
Rohöl

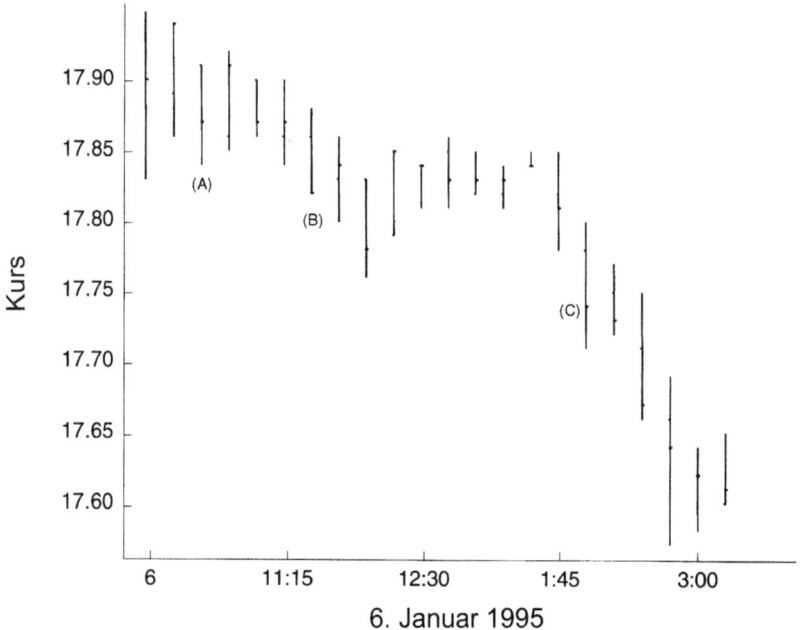

6. Januar 1995

TABELLE 4.CL.S15

Handelsergebnisse: Berg-und-Tal-Day-Trading-Methode*
Rohöl: Spekulative Einstellung, 15-Minuten-Daten

Datum	Position	Einstiegs-zeit	Einstiegs-kurs	Ausstiegs-zeit	Ausstiegs-kurs	$G/V	$ Max. Verlust	Zeit	$ Max. Gewinn	Zeit
3/1/95	Short	14:57	17.46	15:09	17.4	60	0	14:57	60	15:09
4/1/95	Long	11:01	17.61	15:09	17.47	-140	-140	15:09	0	11:01
6/1/95	Short	14:19	17.73	15:05	17.62	110	0	14:19	11	15:05
11/1/95	Long	13:46	17.59	15:09	17.63	40	-10	14:01	40	15:09
16/1/95	Long	11:33	17.58	15:09	17.76	180	0	11:33	200	15:03
17/1/95	Long	12:33	18.02	15:09	18.2	180	-10	14:03	180	15:09
20/1/95	Long	11:00	18.45	15:09	18.42	-30	-70	12:00	30	13:17
23/1/95	Short	13:45	18.14	15:08	18.09	50	-10	14:01	50	15:08
24/1/95	Long	11:00	18.35	15:07	18.38	30	0	11:00	170	14:17
25/1/95	Short	10:45	18.46	15:07	18.39	70	0	10:45	300	14:15
27/1/95	Short	12:16	17.89	15:09	17.92	-30	-130	15:04	30	14:19
$ Total						520				
Durchschnittsgewinn/Trade in $						47				

*Einstellungen: Minimaldifferenz aufeinander folgender hoher/tiefer Schlusskurse = 0,16 Dollar
                  Anzahl aufeinander folgender hoher/tiefer Schlusskurse = 1

kommt. Bei (A) wird ein Long-Signal ausgelöst. Die Long-Position wird bis zum Schluss beibehalten und bringt einen Gewinn von 18 Punkten bzw. $180.

Auf Grundlage von 30 Minuten wird eine ausgesprochen aggressive Einstellung vorgeschlagen und getestet, bei der zum Eröffnen einer Position nur zwei höhere/tiefere Schlusskurse im Abstand von mindestens zwei Punkten erforderlich sind. Die Ergebnisse des aggressiven 30-Minuten-Tradings finden Sie in Tabelle 4.CL.S30. Dabei ergeben sich viele Trades, die insgesamt einen stolzen Gewinn von $ 1 220 bringen. Der Gewinn pro Trade entspricht dabei mit $ 47 ungefähr dem von eben. Die Verluste sind klein (maximal $ 140) und selten (7 von 25, also eine Trefferquote von 72 Prozent). Chart CL-6 zeigt einen attraktiven Gewinn. Die Kurse bewegen sich vom Hoch bei 18,43 nach Eröffnung mehr oder weniger kontinuierlich nach unten, nur einmal kommt es zu einer Reaktion in Aufwärtsrichtung. Bei (B) wird

C H A R T CL-5
Spekulative Einstellung: 15-Minuten-Kurse
Rohöl

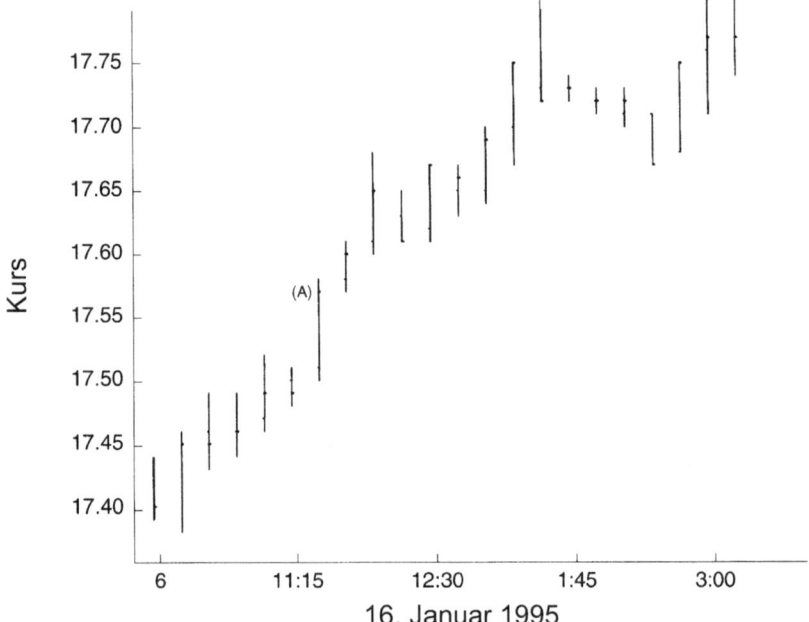

16. Januar 1995

um 12.15 Uhr bei 18,30 ein Short-Signal ausgelöst, das bis zum Schluss bei 18,09 seine Gültigkeit behält und 21 Punkte oder $ 210 Gewinn beschert.

Schließlich folgt noch eine konservative Variante für alle, die neben den Charts noch andere Interessen verfolgen und lieber mit Kursen auf 60-Minuten-Basis arbeiten. Das Gesamtbild ist hier – wie nicht anders zu erwarten – nicht so berauschend: Es kommt lediglich zu vier Trades, die zwar alle erfolgreich sind, doch keinen großen Gewinn abwerfen – was den eher bescheidenen Gewinnchancen dieses Monats entspricht. Der Trader geht hier auf

TABELLE 4.CL.S30

Handelsergebnisse: Berg-und-Tal-Day-Trading-Methode*
Rohöl: Spekulative Einstellung, 30-Minuten-Daten

Datum	Position	Einstiegs-zeit	Einstiegs-kurs	Ausstiegs-zeit	Ausstiegs-kurs	$G/V	$ Max. Verlust	Zeit	$ Max. Gewinn	Zeit
3/1/95	Short	13:24	17.51	15:09	17.4	110	0	13:24	110	15:09
4/1/95	Long	12:45	17.58	15:09	17.47	-110	-110	15:09	10	13:19
5/1/95	Long	12:28	17.68	15:09	17.69	10	-10	14:29	30	13:59
6/1/95	Short	11:15	17.87	15:06	17.61	260	0	11:15	260	15:06
9/1/95	Short	12:18	17.47	15:09	17.35	120	-50	12:48	1248	1:20
10/1/95	Short	14:17	17.35	15:09	17.33	20	0	14:17	80	14:47
11/1/95	Long	12:15	17.47	15:09	17.63	160	0	12:15	160	15:09
12/1/95	Short	11:47	17.55	13:49	17.64	-90	-90	13:49	20	12:16
12/1/95	Long	13:49	17.64	15:09	17.64	0	-60	14:20	0	13:49
13/1/95	Long	12:16	17.57	13:17	17.45	-120	-120	13:17	0	12:16
13/1/95	Short	13:17	17.45	15:09	17.44	10	0	13:17	50	14:50
16/1/95	Long	11:49	17.62	15:09	17.76	140	0	11:49	140	15:09
17/1/95	Long	12:48	18.03	15:09	18.2	170	0	12:48	170	15:09
18/1/95	Short	11:47	18.27	14:17	18.41	-140	-140	14:17	50	15:09
19/1/95	Long	12:16	18.44	13:47	18.41	-30	-30	13:47	30	12:46
19/1/95	Short	13:47	18.41	15:09	18.34	70	0	13:47	70	15:09
20/1/95	Long	11:15	18.4	15:09	18.42	20	-10	11:45	80	13:17
23/1/95	Short	12:15	18.3	15:08	18.09	210	0	12:15	210	15:08
24/1/95	Long	11:15	18.37	15:07	18.38	10	-10	11:44	150	14:17
25/1/95	Short	11:44	18.43	15:07	18.39	40	0	11:44	270	14:15
26/1/95	Short	12:14	18.26	15:09	18.24	20	-50	13:15	20	15:09
27/1/95	Short	11:15	18.04	15:09	17.92	120	0	11:15	180	14:19
30/1/95	Long	11:45	18.1	15:09	18.08	-20	-80	12:12	0	11:45
31/1/95	Short	11:45	18.15	14:46	18.18	-30	-40	12:43	40	13:46
31/1/95	Long	14:46	18.18	15:09	18.37	190	0	14:46	190	15:09
$ Total						1220				
Durchschnittsgewinn/Trade in $						47				

*Einstellungen: Minimaldifferenz aufeinander folgender hoher/tiefer Schlusskurse = 0,02 Dollar
Anzahl aufeinander folgender hoher/tiefer Schlusskurse = 2

Nummer sicher und setzt drei aufeinander folgende höhere Schlusskurse im Abstand von mindestens 3 Punkten als Long-Kriterium fest. Ein typisches Trade-Beispiel zeigt Chart CL-7. Die Kurse sinken sukzessive von Stunde zu Stunde, von Punkt (A) bis Punkt (C), wo bei 17,47 um 14.57 Uhr kurz vor Schluss ein Short-Signal ausgelöst wird. Der Tagesgewinn von 6 Punkten oder $ 60 ist klein, doch sicher.

C H A R T CL-6
Spekulative Einstellung: 30-Minuten-Kurse
Rohöl

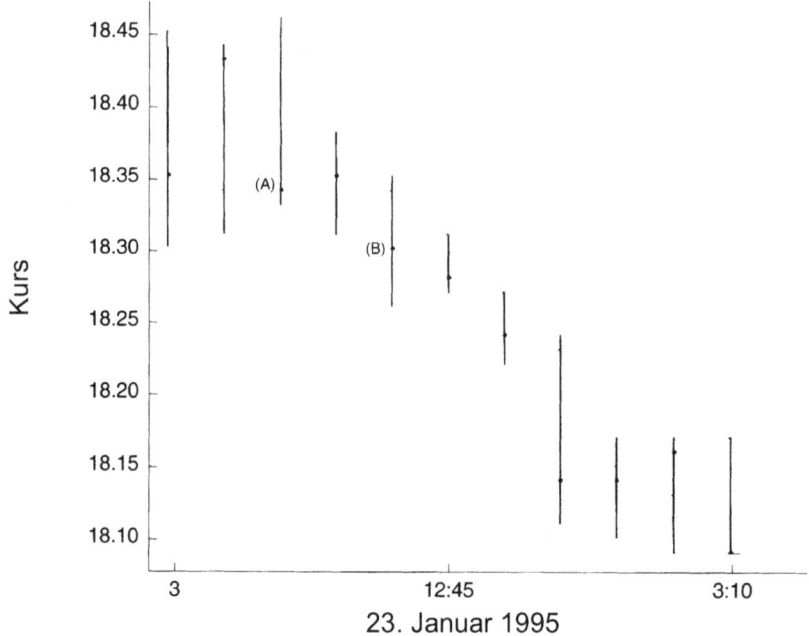

23. Januar 1995

C H A R T CL-7
Konservative Einstellung: 60-Minuten-Kurse
Rohöl

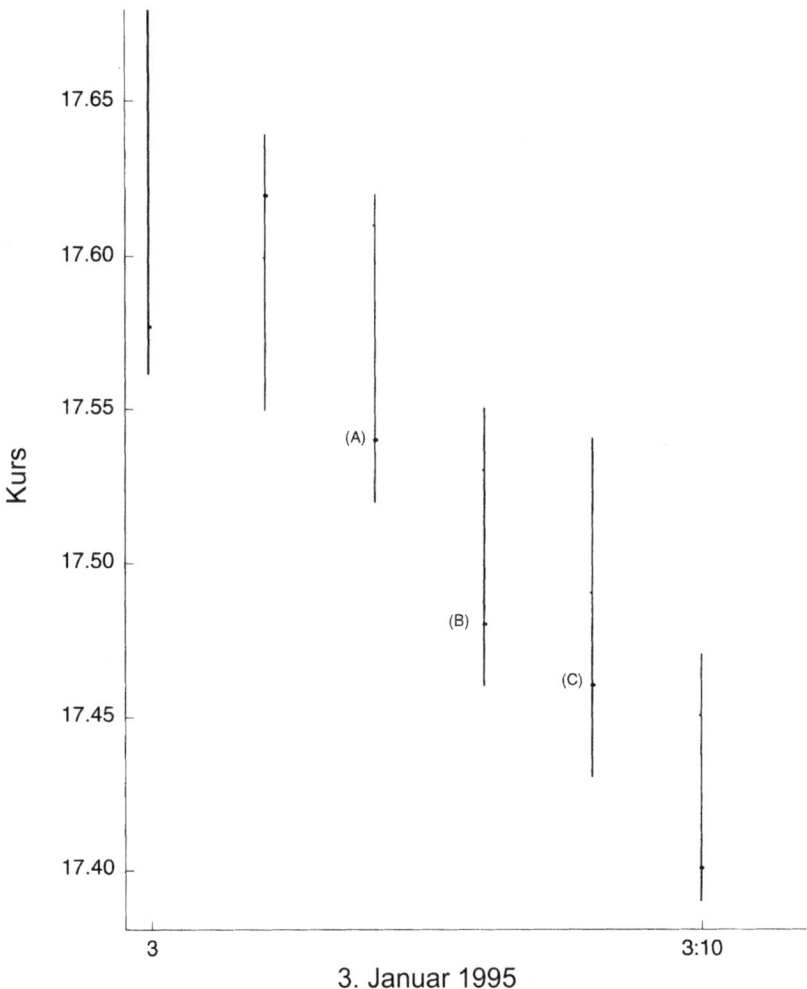

3. Januar 1995

EINSTELLUNGEN FÜR DIE TRADING-PRAXIS

TABELLE 4.CL.C60

Handelsergebnisse: Berg-und-Tal-Day-Trading-Methode*
Rohöl: Konservative Einstellung, 60-Minuten-Daten

Datum	Position	Einstiegs- zeit	Einstiegs- kurs	Ausstiegs- zeit	Ausstiegs- kurs	$G/V	$ Max. Verlust	Zeit	$ Max. Gewinn	Zeit
3/1/95	Short	14:57	17.46	15:09	17.4	60	0	14:57	60	15:09
6/1/95	Short	14:48	17.64	15:06	17.61	30	0	14:48	30	15:06
9/1/95	Short	14:48	17.41	15:09	17.35	60	0	14:48	60	15:09
23/1/95	Short	13:45	18.14	15:08	18.09	50	0	13:45	50	15:08
$ Total						200				
Durchschnittsgewinn/Trade in $						50				

*Einstellungen: Minimaldifferenz aufeinander folgender hoher/tiefer Schlusskurse = 0,03 Dollar
Anzahl aufeinander folgender hoher/tiefer Schlusskurse = 3

Bleifreies Benzin

Bleifreies Benzin gehört in den Energiesektor und folgt im Großen und Ganzen dem dort vorherrschenden Trend, wobei es auch Abweichungen und typische Eigenheiten zeigt. Manchmal reagiert es auf Konflikte oder Unruhen im Nahen Osten, manchmal auf die Politik der Energiewirtschaft, wie wir Konsumenten es in den 70er Jahren erlebt haben. Bleifreies Benzin zeigt viele Trends – in der Größenordnung von 0,20 Cent bis über $1,20 pro Gallone, manchmal zwischen 0,60 bis 0,80 Cents – doch auch in anderen, meist kleineren Bandbreiten, wobei hier die Schwankungsbreite geringer ist.

Typische Kursbewegungen innerhalb eines Tages

Wie bei Rohöl kommt es auch bei bleifreiem Benzin nur selten zu dramatischen Kursbewegungen innerhalb eines Tages. Die typischen Erscheinungen sind hier Tage mit hoher Volatilität bei wenig oder keinem Trend oder ein netter, gemäßigter Trend, der am Ende gern noch eine „Kicker"-Reaktion zeigt, oder aber ein mäßiger Trend von hoher Volatilität.

Chart HU-1 zeigt einen typischen unruhigen Börsentag, den 15. Juni 1995. Die Kurse legen los bei 0,6190, steigen auf den Tageshöchstand bei 0,6245 um 10.45 Uhr, fallen bis fast auf das Tagestief bei 0,6180 um 11.10 Uhr und pendeln dann bis Tagesschluss zwischen diesen beiden Extremen hin und her. Mit der Moving Average-Methode hätte sich vielleicht um 10.45 Uhr eine Long-Position ergeben, um 11.10 Uhr dann ein Short-Signal, und beide hätten Verlust gebracht. Im Tagesverlauf hätte der Trader vielleicht noch ein Long-Signal bekommen, gefolgt von einem weiteren Short-Signal, und wieder Geld verloren.

Ganz typisch ist auch das in Chart HU-2 vom 13. Juni 1995 dargestellte Kursverhalten. Früh am Tag zeigt sich ein mäßiger, kurzer Trend, der bei geringer Volatilität bis zur Tagesmitte hin um

70 Punkte nach unten führt, ein Geschenk für jeden Trader, gefolgt von einem weiteren Trading-Anreiz, einem möglichen Aufwärtstrend, gewiss aber eine Korrektur des aktuellen Abwärtstrends. Diese Reaktion bzw. der neue Trend klettert im Ganzen um 30 bis 40 Punkte, also um die Hälfte des ursprünglichen Abwärtstrends.

Dann gibt es noch eine weitere Formation, die dem Trader bei bleifreiem Benzin öfters begegnet: den gemäßigten Trend mit (im Verhältnis dazu) übermäßiger Volatilität der Kurse. Chart HU-3 zeigt noch einen Abwärtstrend für bleifreies Benzin am

CHART HU-1
Typischer Kursverlauf eines Tagescharts für bleifreies Benzin

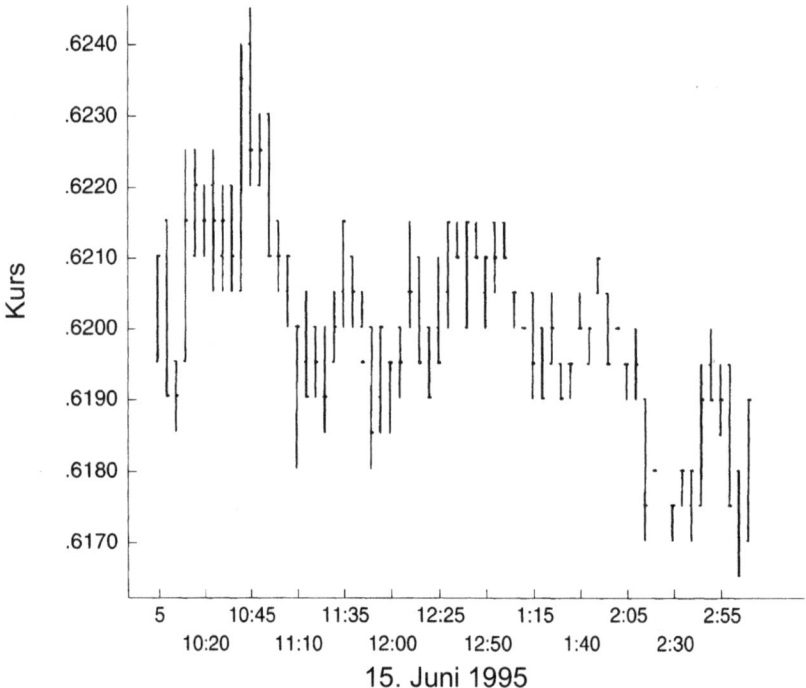

15. Juni 1995

8. Juni 1995. Auch hier beträgt der Kursrückgang insgesamt 70 Punkte, wobei es im Verlauf mehrfach zu Reaktionen/Trendwenden von 30 Punkten und mehr kommt. Hier geraten die traditionellen Trendfolger in die Gefahr von wiederholten Fehlsignalen zwischen long und short.

Geeignete Einstellungen für bleifreies Benzin

Wir haben die Berg-und-Tal-Methode anhand von 1-, 5-, 15-, 30- und 60-Minuten-Intervallen für den Juni 1995 getestet. Dabei haben sich vier erfolgreiche Einstellungen der Trading-Parame-

CHART HU-2
Typischer Kursverlauf eines Tagescharts für bleifreies Benzin

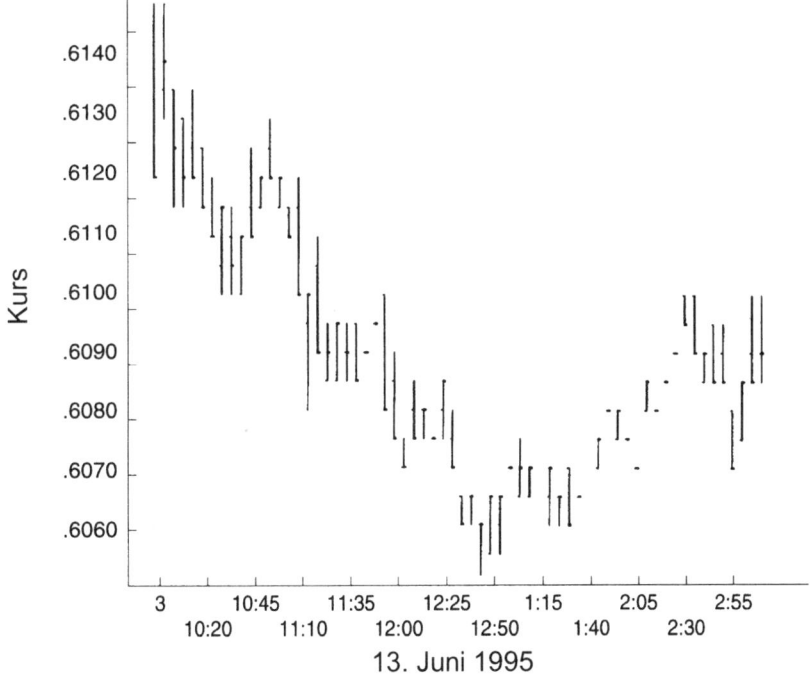

13. Juni 1995

ter ergeben, zwei konservative und zwei spekulative, die nachfolgend erläutert werden sollen. Die Trend-Gelegenheiten waren selten und bescheiden, doch die Methode funktionierte gut und brachte einen stattlichen Gewinn pro Trade.

Tabelle 4.HU.C5 zeigt die Ergebnisse einer konservativen Einstellung der Trading-Parameter auf 5-Minuten-Basis. Diese Variante erfordert acht aufeinander folgende höhere Schlusskurse im Mindestabstand von 0,10 Cent zum Eröffnen einer Long-Position. Der Gesamtgewinn ist nicht gerade üppig ($ 462), der Gewinn pro Trade liegt bei $ 92. Allerdings gibt es keine Verluste (nur zwei gewinnneutrale Trades). Wir haben es hier also mit einer äußerst sicherheitsorientierten Strategie zu tun.

CHART HU-3
Typischer Kursverlauf eines Tagescharts für bleifreies Benzin

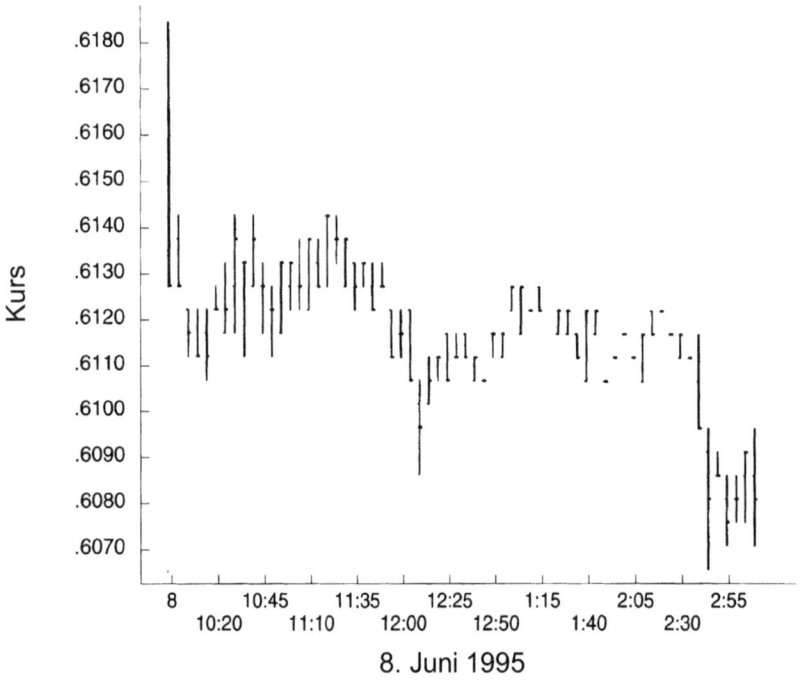

8. Juni 1995

KAPITEL IV

T A B E L L E   4.HU.C5

Handelsergebnisse: Berg-und-Tal-Day-Trading-Methode*
Bleifreies Benzin: Konservative Einstellung, 5-Minuten-Daten

Datum	Position	Einstiegs-zeit	Einstiegs-kurs	Ausstiegs-zeit	Ausstiegs-kurs	$G/V	$ Max. Verlust	Zeit	$ Max. Gewinn	Zeit
14/6/95	Long	11:20	0.6165	15:11	0.62	147	-210	12:11	147	15:01
21/6/95	Short	12:30	0.59	15:10	0.587	126	0	12:30	504	14:45
23/6/95	Short	11:30	0.5705	14:57	0.566	189	0	11:30	336	12:41
28/6/95	Long	14:39	0.596	15:09	0.596	0	-126	14:52	0	14:39
29/6/95	Short	14:07	0.59	15:11	0.59	0	-105	14:35	0	14:07
$ Total						462				
Durchschnittsgewinn/Trade in $						92				

*Einstellungen: Minimaldifferenz aufeinander folgender hoher/tiefer Schlusskurse = 0,10 Cent
Anzahl aufeinander folgender hoher/tiefer Schlusskurse = 8

Chart HU-4 zeigt detailliert eine Long-Position für den 14. Juni 1995, an dem die Kurse stetig steigen, bis bei (H) um 11.20 Uhr schließlich ein Long-Signal generiert wird. Danach rutschen die Kurse ab. Berechtigt geht die Angst um, es könnte sich um eine Schaukelbörse oder eben um einen Verlust handeln. Doch die Kurse legen wieder zu und schließen nahe dem Tageshoch, mit einem Gewinn von 35 Punkten oder $ 147.

Etwas gewagter ist da schon der Ansatz, der Tabelle 4.HU.S5 mit 5-Minuten-Daten zu Grunde liegt. Hier arbeitet der Trader mit nur zwei höheren Schlusskursen in Folge im Abstand von 0,60 Cent als Long-Kriterien. Die Ergebnisse unterscheiden sich kaum von denen der konservativen Variante auf Basis von 5-Minuten-Daten: Der Gewinn pro Trade ist etwas höher ($ 105), ein Trade brachte Verlust. Chart HU-5 zeigt einen kräftigen Abwärtstrend, der schon früh am Tag einsetzt. Unsere Trading-Methode erwischt ihn rechtzeitig – bei Punkt (B) um 11.15 Uhr bei 0,5715. Zwar kommt es kurz darauf zu stärkeren Kursschwankungen, doch die Kurse tendieren danach weiter abwärts und bringen dem Trader so 55 Punkte Gewinn – $ 231.

CHART HU-4
Konservative Einstellung: 5-Minuten-Kurse
Bleifreies Benzin

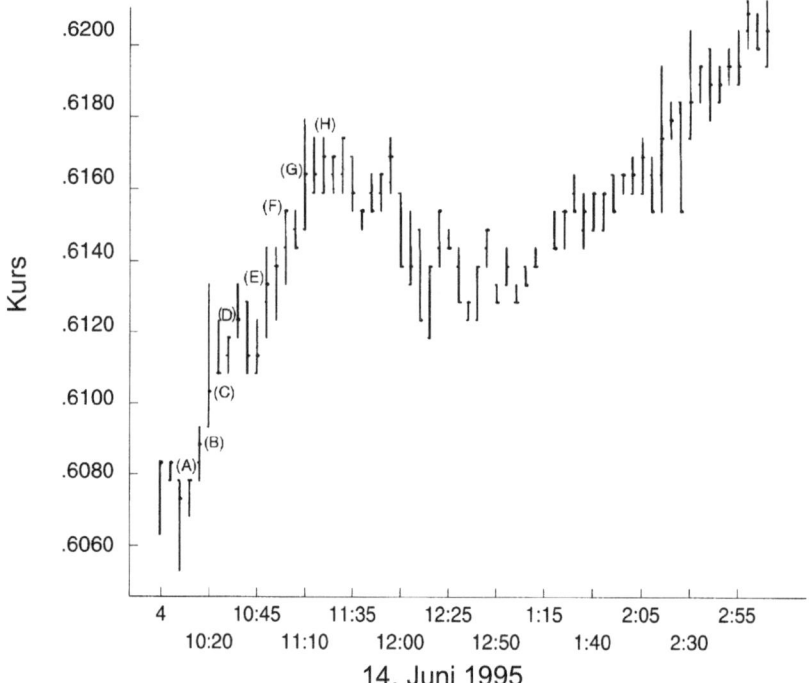

14. Juni 1995

TABELLE 4.HU.S5
Handelsergebnisse: Berg-und-Tal-Day-Trading-Methode*
Bleifreies Benzin: Spekulative Einstellung, 5-Minuten-Daten

Datum	Position	Einstiegs-zeit	Einstiegs-kurs	Ausstiegs-zeit	Ausstiegs-kurs	$G/V	$ Max. Verlust	Zeit	$ Max. Gewinn	Zeit
21/6/95	Short	12:25	0.5915	15:10	0.587	189	0	12:25	567	14:45
22/6/95	Short	12:32	0.58	15:11	0.583	-126	-252	14:41	0	12:32
23/6/95	Short	11:15	0.5715	14:57	0.566	231	-84	11:25	378	12:41
28/6/95	Long	11:59	0.593	15:09	0.596	126	-126	12:58	126	14:39
$ Total						420				
Durchschnittsgewinn/Trade in $						105				

*Einstellungen: Minimaldifferenz aufeinander folgender hoher/tiefer Schlusskurse = 0,60 Cent
                          Anzahl aufeinander folgender hoher/tiefer Schlusskurse = 2

Tabelle 4.HU.C15 zeigt eine konservative Einstellung auf 15-Minuten-Basis. Dabei sind vier aufeinander folgende höhere Schlusskurse mit einem Mindestabstand von 0,20 Cent Voraussetzung für ein Long-Signal. Erwartungsgemäß sind der Gesamtgewinn mit $462 und auch der Gewinn pro Trade mit $77 immer noch eher bescheiden, doch auch die Verluste halten sich in engen Grenzen – maximal $63. Chart HU-6 veranschaulicht einen Short-Trade am 21. Juni. Die Kurse fallen kontinuierlich und erreichen einen tieferen Schlusskurs nach dem anderen, von Punkt (A) bis (D). Hier wird um 12.06 Uhr bei 0,5940 ein Short-Signal ausgelöst. Die Short-Position wird bei Schluss zu 0,5870 glattgestellt, was 70 Punkte bzw. $294 Gewinn bringt.

CHART HU-5
Spekulative Einstellung: 5-Minuten-Kurse
Bleifreies Benzin

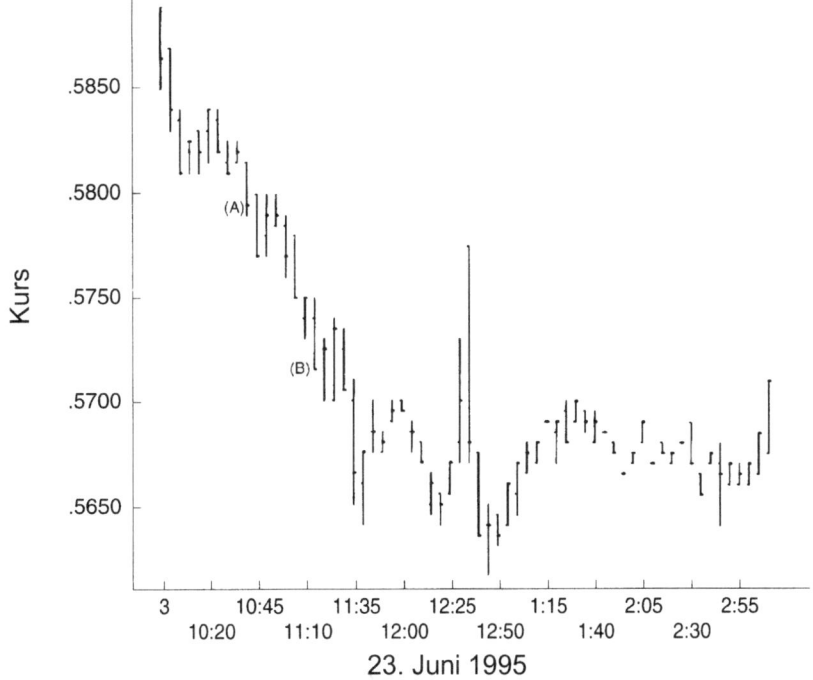

23. Juni 1995

Unser alter Freund, der gemächliche Trader, arbeitet mit 30-Mi-
nuten-Kursdaten und spekulativen Einstiegskriterien: zwei aufeinander folgende höhere Schlusskurse von mindestens 0,35
Cent als Voraussetzung für ein Long-Signal. Die Ergebnisse spekulativen Engagements auf 30-Minuten-Basis können Sie Tabelle 4.HU.S30 entnehmen. Die Methode funktioniert recht gut: Zwar
kommen nur fünf Trades zu Stande, doch der Gesamtgewinn
von $ 777 spricht für sich. Auch der Gewinn pro Trade von $ 155
ist nicht von schlechten Eltern. Der einzige Verlust dagegen lag
mit $ 21 sehr niedrig. Ein typisches Beispiel eines solchen Trades
zeigt Chart HU-7. Hier steigen die Kurse nach Eröffnung kräftig
an und zwei höhere Schlusskurse im vorgeschriebenen Abstand
sind bei (A) und (B) zu verzeichnen, wo bei 0,5900 um 11.50 Uhr
eine Long-Position ausgelöst wird. Sie wird erst bei Schluss zu
0,5755 mit einem Gewinn von 55 Punkten oder $ 231 glattge-
stellt.

T A B E L L E   4.HU.C15

Handelsergebnisse: Berg-und-Tal-Day-Trading-Methode*
Bleifreies Benzin: Konservative Einstellung, 15-Minuten-Daten

Datum	Position	Einstiegs-zeit	Einstiegs-kurs	Ausstiegs-zeit	Ausstiegs-kurs	$G/V	$ Max. Verlust	Zeit	$ Max. Gewinn	Zeit
2/6/95	Long	13:52	0.6085	15:11	0.609	21	-42	14:07	21	14:35
14/6/95	Long	11:20	0.6165	15:11	0.62	147	-168	12:35	147	15:11
21/6/95	Short	12:06	0.594	15:11	0.587	294	0	12:06	546	14:51
22/6/95	Short	12:36	0.5815	15:11	0.583	-63	-189	14:41	0	12:36
23/6/95	Short	11:20	0.5725	15:11	0.571	63	0	11:20	378	12:50
28/6/95	Long	14:28	0.5955	15:10	0.5955	0	-84	14:43	0	14:28
29/6/95	Short	14:07	0.59	15:11	0.59	0	-105	14:35	0	14:07
$ Total						462				
Durchschnittsgewinn/Trade in $						77				

*Einstellungen: Minimaldifferenz aufeinander folgender hoher/tiefer Schlusskurse = 0,20 Cent
Anzahl aufeinander folgender hoher/tiefer Schlusskurse = 4

CHART HU-6
Konservative Einstellung: 15-Minuten-Kurse
Bleifreies Benzin

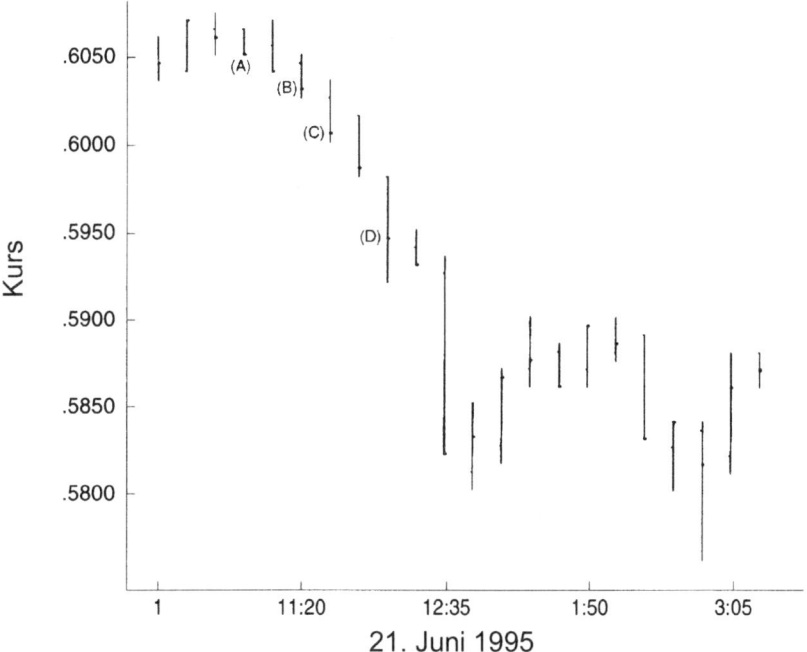

21. Juni 1995

TABELLE 4.HU.S30
Handelsergebnisse: Berg-und-Tal-Day-Trading-Methode*
Bleifreies Benzin: Spekulative Einstellung, 30-Minuten-Daten

Datum	Position	Einstiegs- zeit	Einstiegs- kurs	Ausstiegs- zeit	Ausstiegs- kurs	$G/V	$ Max. Verlust	Zeit	$ Max. Gewinn	Zeit
19/6/95	Short	14:52	0.6025	15:11	0.603	-21	-21	15:11	14:52	
21/6/95	Short	11:51	0-5975	15:11	0.587	441	0	11:51	693	14:51
23/6/95	Short	11:20	0.5725	15:11	0.571	63	0	11:20	378	12:50
28/6/95	Long	11:50	0.59	15:10	0.5955	231	0	11:50	231	15:10
29/6/95	Short	14:27	0.5915	15:11	0.59	63	0	14:27	63	15:11
$ Total						777				
Durchschnittsgewinn/Trade in $						155				

*Einstellungen: Minimaldifferenz aufeinander folgender hoher/tiefer Schlusskurse = 0,35 Cent
Anzahl aufeinander folgender hoher/tiefer Schlusskurse = 2

CHART HU-7
Spekulative Einstellung: 30-Minuten-Kurse
Bleifreies Benzin

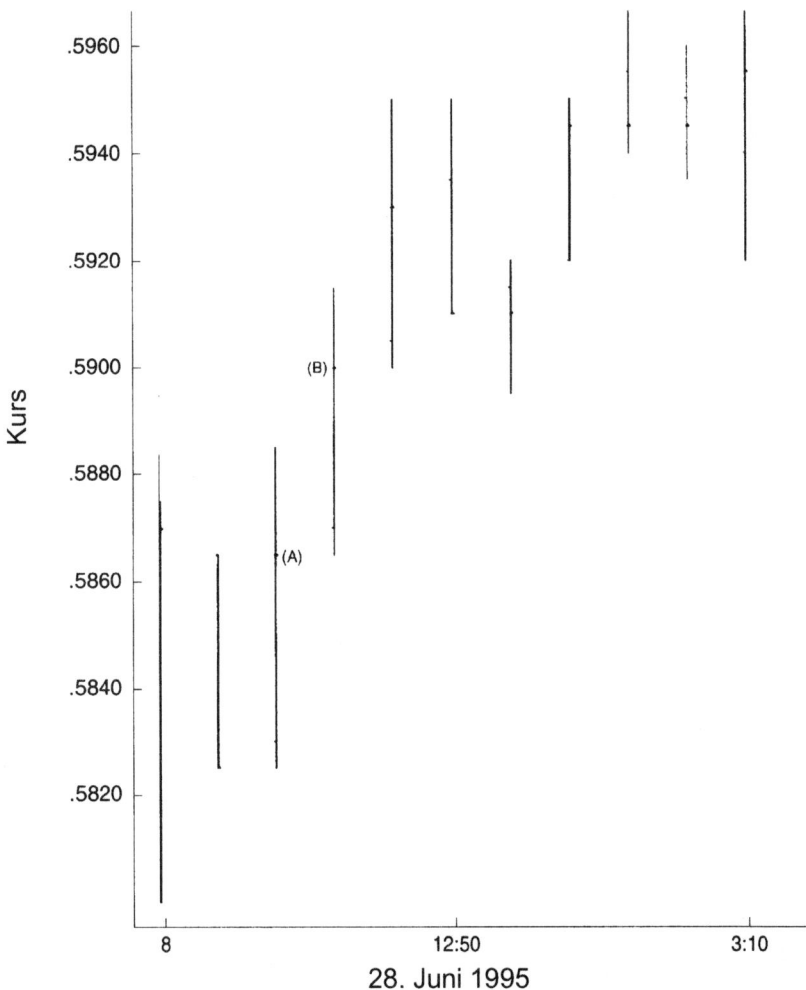

28. Juni 1995

KAPITEL IV

ROHSTOFFE (AGRARPRODUKTE)

Kaffee

Der Future-Kontrakt auf Kaffee, der den Unbilden des Wetters und der Politik der südamerikanischen Produzentenländer unterliegt, zeigt fast das ganze Jahr über rege Aktivität. Der Winter (vom späten Frühjahr bis in den Frühherbst) produziert nachhaltige Aufwärtstrends und hitziges Tagesgeschehen. Wenn der Kaffee wächst (bei uns Winter), stellt die Gefahr von zu großer Trockenheit ein erhebliches Risiko dar, weil bekanntermaßen Kaffee viel Feuchtigkeit braucht.

Für den Day-Trader bietet Kaffee somit ein interessantes Gewinnpotenzial.

Typische Kursbewegungen innerhalb eines Tages

Kaffee zeigt während eines Tages häufig größere Kursschwankungen: Selbst Kurssprünge um 0,8 oder 0,10 Cent (fast $ 4 000) sind hier möglich. Etwa jeder zweite Tag zeigt im Tagesverlauf wenigstens eine größere Bewegung.

Chart KC-1 präsentiert eine typische, ausgeprägte Kursbewegung von Eröffnung bis Schluss. Die Kurse geben während der ersten drei Stunden zunächst leicht nach – um einen Cent. Dann brechen sie innerhalb einer Stunde um weitere sechs Cents ein. Die Formation war deutlich zu erkennen und entsprach den Erwartungen, doch niemand hätte vorhersagen können, wie drastisch der Rückgang ausfallen würde. Eine Überprüfung der Trading-Ergebnisse zeigt aber, dass die Berg-und-Tal-Methode auch solche Bewegungen im Griff hat!

Doch Kaffee kann auch ausgesprochen volatil sein und sich bis zum Tagesende in die eine oder andere Richtung bewegen oder aber zum Handelsende nahezu unverändert schließen! Chart

KC-2 zeigt, wie Kaffee, ausgehend von $ 1,53/lb, auf unter $ 1,51 fällt, dann wieder steigt bis fast auf $ 1,53, erneut zurückfällt auf unter $ 1,51 und schließlich auf über $ 1,53 weiter klettert. Einen solchen Tag kann nur ein Trader überstehen, der gute Nerven hat und schnell reagiert. Wenn es so heiß hergeht, ist eine Methode gefragt, die gleichzeitig zuverlässig und flexibel ist, rechtzeitig umschwenkt und auch Geduld mitbringt.

Geeignete Einstellungen für Kaffee

Wir haben unsere Methode anhand von 1-, 5-, 15-, 30- und 60- Minuten-Kursdaten für Juni 1995 ausgetestet.

Die Ergebnisse sind durchweg beachtlich, in manchen Fällen sogar spektakulär. Sie sind in den Tabellen 4.KC-S1 bis S60 zusammengefasst – ein breites Spektrum an Daten aus verschie-

C H A R T   KC-1
Typischer Kursverlauf eines Tagescharts für Kaffee

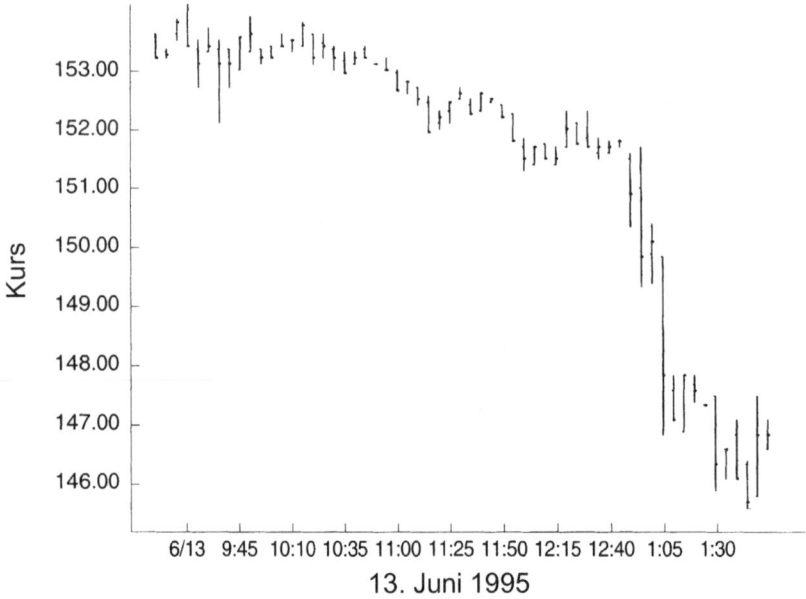

13. Juni 1995

C H A R T   KC-2
Typischer Kursverlauf eines Tagescharts für Kaffee

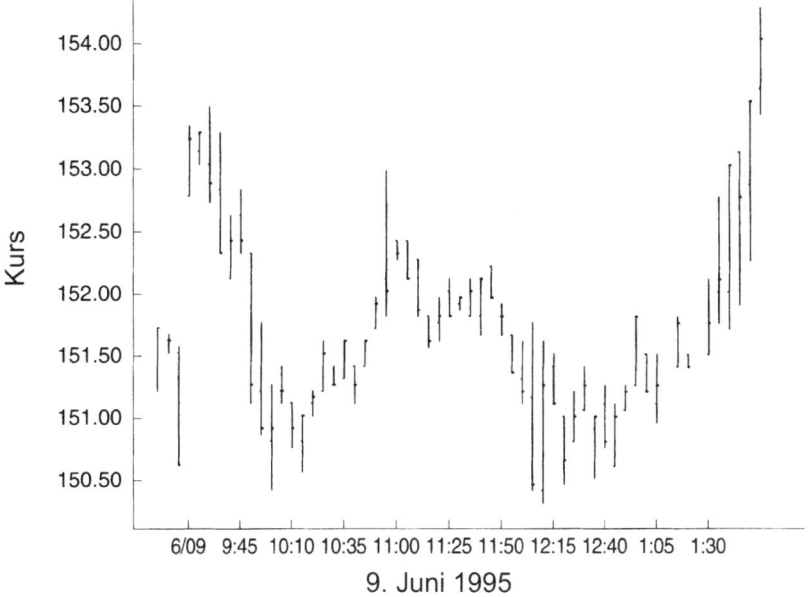

9. Juni 1995

denen Zeitrahmen und Kombinationen verschiedener Parameter-Einstellungen (Mindestabstand aufeinander folgender Schlusskurse und deren erforderliche Mindestzahl). Sie verfügen damit über eine große Palette spekulativer und konservativer Einstellungen der Trading-Parameter, von denen jede einzelne Erfolge zeigt.

Tabelle 4.KC.S1 eröffnet den Reigen mit einem Paukenschlag. Die auf den aktiven, spekulativen Trader ausgelegte Einstellung (vier aufeinander folgende höhere/tiefere Schlusskurse im Mindestabstand von 0,40 Cent) generiert für Juni 1995 rund 40 Trades, also im Schnitt fast zwei am Tag (wobei ein Tag, der 23. Juni, vier Trades zu bieten hat). Der Gesamtgewinn vor Abzug der Kosten beträgt dabei $6 400 (in nur einem Monat!). Die Gewinne sind tendenziell größer als die Verluste, die Erfolgs-

TABELLE 4.KC.S1

Handelsergebnisse: Berg-und-Tal-Day-Trading-Methode*
Kaffee: Spekulative Einstellung, 1-Minuten-Daten

Datum	Position	Einstiegs-zeit	Einstiegs-kurs	Ausstiegs-zeit	Ausstiegs-kurs	$G/V	$ Max. Verlust	Zeit	$ Max. Gewinn	Zeit
1/6/95	Long	9:51	160	14:06	161.5	562	-75	9:52	750	10:04
2/6/95	Short	11:13	161.7	13:00	161.3	150	-300	12:03	788	12:52
2/6/95	Long	13:00	161.3	14:07	162.2	338	-488	13:36	450	13:57
6/6/95	Long	9:38	159.4	10:23	158.25	-431	-431	10:23	506	9:58
6/6/95	Short	10:23	158.25	12:36	157.95	112	-619	10:31	281	12:11
7/6/95	Short	10:24	157.8	13:51	153.35	1669	-19	10:43	2494	13:30
7/6/95	Long	13:51	153.35	14:08	153.5	56	-319	13:58	244	13:53
8/6/95	Short	10:35	152.05	12:59	153.5	-544	-544	10:54	300	12:33
8/6/95	Long	12:59	153.5	14:06	154.5	375	-300	13:26	469	14:05
9/6/95	Short	9:55	153.1	13:42	154.5	-525	-712	10:51	188	12:06
9/6/95	Long	13:42	154.5	14:07	154.05	-169	-188	14:04	638	13:50
12/6/95	Long	10:17	155.9	14:07	155.8	-38	-300	10:38	225	12:27
13/6/95	Short	11:58	153.3	14:09	148.2	1912	-262	12:19	2081	13:44
14/6/95	Long	10:18	150	11:16	149.55	-169	-169	11:16	750	10:22
14/6/95	Short	11:16	149.55	14:07	148.75	300	-600	13:27	469	14:05
15/6/95	Long	11:34	151.6	13:59	155.5	1462	-131	11:39	2400	13:44
15/6/95	Short	13:59	155.5	14:09	154.5	375	-281	14:02	375	14:09
16/6/95	Short	10:43	151.75	11:47	152.4	-243	-375	10:50	619	11:06
16/6/95	Long	11:47	152.4	14:07	151.5	-338	-806	13:02	38	11:48
19/6/95	Short	13:07	146.75	14:06	149	-844	-844	14:06	19	13:10
19/6/95	Long	14:06	149	14:07	148.95	-19	-19	14:07	0	14:06
20/6/95	Long	9:35	150.35	12:24	149.8	-188	-188	9:53	600	10:37
20/6/95	Short	12:24	149.8	14:06	151.1	-488	-525	13:41	75	12:27
21/6/95	Long	9:48	153.7	10:41	153.1	-225	-225	10:41	544	9:52
21/6/95	Short	10:41	153.1	14:00	150.5	975	-319	11:14	1350	13:47
22/6/95	Short	9:58	151	14:08	149.8	450	-825	11:31	450	14:08
23/6/95	Short	10:44	147.4	11:50	144.6	1050	-225	11:04	1838	11:38
23/6/95	Long	11:50	144.6	13:18	142.7	-712	-712	13:18	56	11:53
23/6/95	Short	13:18	142.7	13:38	144.5	-675	-675	13:38	19	13:19
23/6/95	Long	13:38	144.5	14:07	144.1	-150	-188	14:05	375	14:01
26/6/95	Short	9:50	143.75	14:06	138.3	2044	-56	10:29	2438	13:30
27/6/95	Long	10:27	139.9	10:57	138.1	-675	-675	10:57	0	10:27
27/6/95	Short	10:57	138.1	12:35	137.35	281	0	10:57	1031	11:30
27/6/95	Long	12:35	137.35	13:03	134.8	-956	-956	13:03	131	12:37
27/6/95	Short	13:03	134.8	13:21	136.3	-562	-562	13:21	188	13:05
27/6/95	Long	13:21	136.3	14:07	138.25	731	-188	13:26	938	14:06
28/6/95	Long	10:02	139.8	11:44	138.15	-619	-619	11:44	206	10:03
28/6/95	Short	11:44	138.15	13:19	138.95	-300	-300	13:19	412	12:45
28/6/95	Long	13:19	138.95	13:56	138.8	-56	-356	13:41	112	13:31
29/6/95	Short	11:06	139.6	14:07	136.7	1088	0	11:06	1256	11:37
30/6/95	Short	10:13	133.7	14:06	130	1388	-412	11:29	1388	14:06
$ Total						6375				
Durchschnittsgewinn/Trade in $						155				

*Einstellungen: Minimaldifferenz aufeinander folgender hoher/tiefer Schlusskurse = 0,40 Cent
Anzahl aufeinander folgender hoher/tiefer Schlusskurse = 4

quote liegt bei knapp 50 Prozent. Gelegentlich kommt es zu größeren Verlusten, doch die Gewinne betragen bis zu $2000. Diese Variante, ausgerichtet auf spekulative Trader, sollte computertechnisch umgesetzt werden. (Das Verfolgen des Kursverhaltens auf 1-Minuten-Basis kann nämlich ausgespochen mühselig werden).

Chart KC-3 zeigt uns zwei Trades vom 21. Juni 1995. Der erste in Long-Position wird um 9.48 Uhr EDT eröffnet, als bei Punkt (D) der vierte höhere Schlusskurs in Folge erreicht wird. Die Long-Position wird gehalten bis 10.41 Uhr, als die Kurse vier aufeinander folgende tiefere Schlussnotierungen im Abstand von mindestens 0,40 Cent verbucht haben, nachdem sie gegen 10.00 Uhr Höchstwerte um $1,55 erklommen hatten. Der erste Trade bringt einen geringen Verlust, der jedoch durch den satten Gewinn des zweiten Trades (in Short-Position) mehr als kompensiert wird, weil die Kurse zum Schluss deutlich nachgeben.

Das Beispiel von Tabelle 4.KC.C1 ist eher etwas für den bedächtigeren Trader. Hier sind für das Eröffnen von Long- oder Short-Positionen viele aufeinander folgende höhere/tiefere Schlusskurse (12) in relativ geringem Abstand (0,15 Cent) erforderlich. Dabei ergeben sich viel weniger Trades (nur 14), der Gewinn pro Trade ist höher ($378), der Gesamtgewinn niedriger ($5288), die Verluste sind – mit einer Ausnahme – seltener und geringer. (Die Trefferquote liegt hier bei beachtlichen 10 von 14 Trades).

Eine weitere konservative Einstellung, dargestellt in Tabelle 4.KC.C5, ist empfehlenswert für alle, die lieber mit Kurscharts (auf 5-Minuten-Basis) arbeiten, als ihre Entscheidungen mit Hilfe des Computers zu treffen. Auch hier können sich die Ergebnisse sehen lassen: Gesamtertrag $5475, Gewinn pro Trade $322, nur sechs Verluste bei 17 Trades. Chart KC-4 zeigt einen besonders gelungenen Trade. Die Notierungen setzen ein bei $1,50 und bewegen sich langsam, aber sicher in Wellen nach oben bis zu Punkt (G), wo der Trader auf den siebten höheren

Schlusskurs in Folge im Abstand von 0,05 Cent hin (dem erforderlichen Mindestwert) bei 1,5160 gegen 11.30 Uhr long geht. Zum Handelsschluss beschert ihm das einen Gewinn von knapp $ 1 300.

Tabelle 4.KC.C15 zeigt noch eine konservative Variante auf Grundlage von 15-Minuten-Intervallen für alle, die zwischendurch mal eine Pause brauchen. Die Bilanz ist auch hier recht ansehnlich ($ 5 000) und die Verluste gering – insbesondere im Verhältnis zu den Gewinnen. Die Erfolgsquote ist immer noch hoch (etwa 50 Prozent). Im Schnitt gibt es etwa pro Handelstag eine Trading-Gelegenheit. Ein interessanter (Short-) Trade ist in Chart KC-5

C H A R T   KC-3
Spekulative Einstellung: 1-Minuten-Kurse
Kaffee

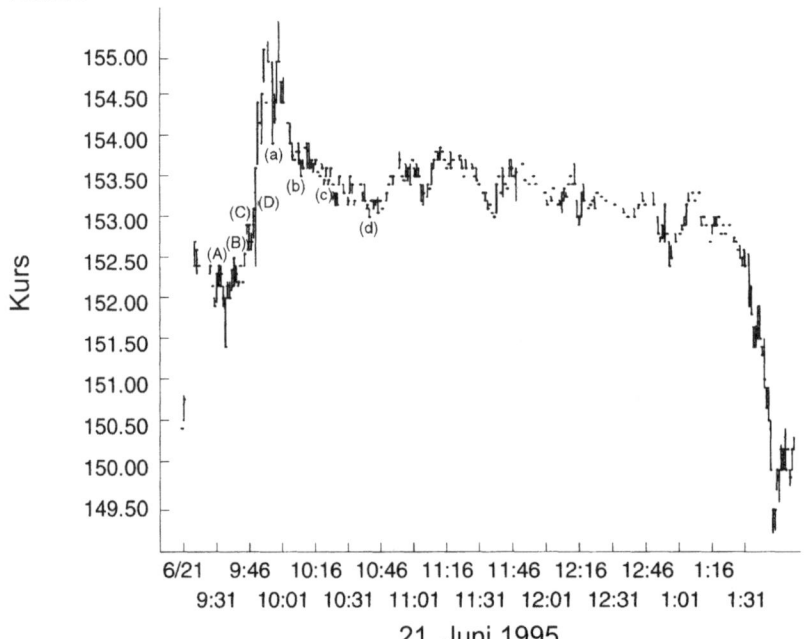

21. Juni 1995

TABELLE 4.KC.C1
Handelsergebnisse: Berg-und-Tal-Day-Trading-Methode*
Kaffee: Konservative Einstellung, 1-Minuten-Daten

Datum	Position	Einstiegs- zeit	Einstiegs- kurs	Ausstiegs- zeit	Ausstiegs- kurs	$G/V	$ Max. Verlust	Zeit	$ Max. Gewinn	Zeit
7/6/95	Short	11:05	156.25	14:08	153.5	1031	-94	11:06	1912	13:30
13/6/95	Short	13:01	151.25	14:09	148.2	1144	0	13:01	1312	13:44
14/6/95	Long	10:21	151.75	14:07	148.75	-1125	-1294	14:05	94	10:22
15/6/95	Long	11:54	152.6	14:09	154.5	712	-131	11:59	2025	13:44
16/6/95	Short	11:00	150.75	14:07	151.5	-281	-656	11:48	244	11:06
20/6/95	Long	10:36	151.75	14:06	151.1	-243	-806	12:27	75	10:37
21/6/95	Short	13:43	151.1	14:00	150.5	225	0	13:43	600	13:47
22/6/95	Short	14:05	150.05	14:08	149.8	94	-16	14:07	94	14:08
23/6/95	Short	11:12	146.75	14:07	144.1	975	-150	11:17	1575	11:38
26/6/95	Short	11:55	142.15	14:06	138.3	1444	0	11:55	1838	13:30
27/6/95	Short	11:24	135.65	13:54	137.1	-544	-769	12:37	506	13:05
27/6/95	Long	13:54	137.1	14:07	138.25	431	0	13:54	638	14:06
29/6/95	Short	11:09	138	14:07	136.7	488	-469	11:12	656	11:37
30/6/95	Short	13:31	132.5	14:06	130	938	0	13:31	938	14:06
$ Total						5288				
Durchschnittsgewinn/Trade in $						378				

*Einstellungen: Minimaldifferenz aufeinander folgender hoher/tiefer Schlusskurse = 0,15 Cent
Anzahl aufeinander folgender hoher/tiefer Schlusskurse = 12

dargestellt. Die Kurse erreichen an diesem Tag früh ein Top und bei Punkt (C) gegen 11.00 Uhr dann den dritten tieferen Schluss-kurs in Folge im Abstand von 0,25 Cent oder mehr. Von da an geht es nur noch bergab bis zum Schluss bei 153, wo der Trader fast $ 1 600 Gewinn mitnehmen kann.

Zwei spekulative Varianten auf Basis längerer Intervalle runden das Bild für Kaffee ab. Tabelle 4.KC.S30 zeigt ein deutliches Gesamtplus für ein aktives Trading-Verhalten, bei dem nur zwei tiefere Schlusskurse in Folge bei einem Mindestabstand von 0,30 Cent für Short-Engagement vorausgesetzt werden.

EINSTELLUNGEN FÜR DIE TRADING-PRAXIS

Ironischerweise erreicht der spekulativste Ansatz auf Grundlage eines ausgesprochen langen Zeitintervalls – 60 Minuten –, der im Grunde auf einem einzigen Ausbruch beruht, vergleichbare Ergebnisse wie die konservativen Varianten mit einem Gesamtgewinn von $4100 vor Abzug der Kosten, einem Gewinn pro Trade von über $300 und nur vier Verlusten bei 13 Trades. Tabelle 4.KC.S60 zeigt die Ergebnisse der spekulativen Einstellung der Trading-Parameter auf 60-Minuten-Basis. Chart KC-6 zeigt einen einfach strukturierten Trade, bei dem die Kurse nach einer Stunde so deutlich nachgeben, dass es um 11.19 Uhr zu einem Short-Signal kommt. Die dadurch eingegangene Position bringt bei Schluss einen beträchtlichen Gewinn von fast $2000.

T A B E L L E 4.KC.C5
Handelsergebnisse: Berg-und-Tal-Day-Trading-Methode*
Kaffee: Konservative Einstellung, 5-Minuten-Daten

Datum	Position	Einstiegs-zeit	Einstiegs-kurs	Ausstiegs-zeit	Ausstiegs-kurs	$G/V	$ Max. Verlust	Zeit	$ Max. Gewinn	Zeit
2/6/95	Short	12:54	160.4	14:04	162.25	-694	-788	14:00	75	13:38
6/6/95	Short	12:07	158.1	12:36	157.95	56	-75	12:17	131	12:12
7/6/95	Short	11:07	156.4	14:04	153.25	1181	0	11:07	1838	13:32
8/6/95	Short	12:30	151.4	14:04	153.4	-750	-975	13:50	0	12:30
13/6/95	Short	11:59	153.25	14:04	148.5	1781	-131	12:29	2062	13:44
14/6/95	Long	10:19	150.5	14:03	148.8	-638	-656	13:53	188	10:23
15/6/95	Long	11:34	151.6	14:04	155	1275	-131	11:39	2400	13:44
16/6/95	Short	10:59	151.1	14:04	151.1	0	-525	11:48	319	11:04
20/6/95	Long	11:04	151.7	12:26	149.75	-731	-731	12:26	0	11:04
20/6/95	Short	12:26	149.75	14:04	150.6	-319	-543	13:41	0	12:26
21/6/95	Short	12:56	152.85	14:00	150.5	881	-169	13:11	1069	13:46
23/6/95	Short	11:14	174	14:04	144.5	938	0	11:14	1631	13:20
26/6/95	Short	12:19	140.3	14:04	138.45	694	-188	12:54	694	14:04
27/6/95	Short	11:29	135.5	12:39	137.25	-644	-644	12:39	0	11:29
27/6/95	Long	12:39	137.25	14:04	138	281	-956	13:04	281	14:04
29/6/95	Short	10:59	140.3	14:04	137.25	1144	0	10:59	1500	13:39
30/6/95	Short	13:20	133.1	14:04	130.35	1031	0	13:20	1031	14:04
$ Total						5475				
Durchschnittsgewinn/Trade in $						322				

*Einstellungen: Minimaldifferenz aufeinander folgender hoher/tiefer Schlusskurse = 0,05 Cent
Anzahl aufeinander folgender hoher/tiefer Schlusskurse = 7

205

C H A R T KC-4
Konservative Einstellung: 5-Minuten-Kurse
Kaffee

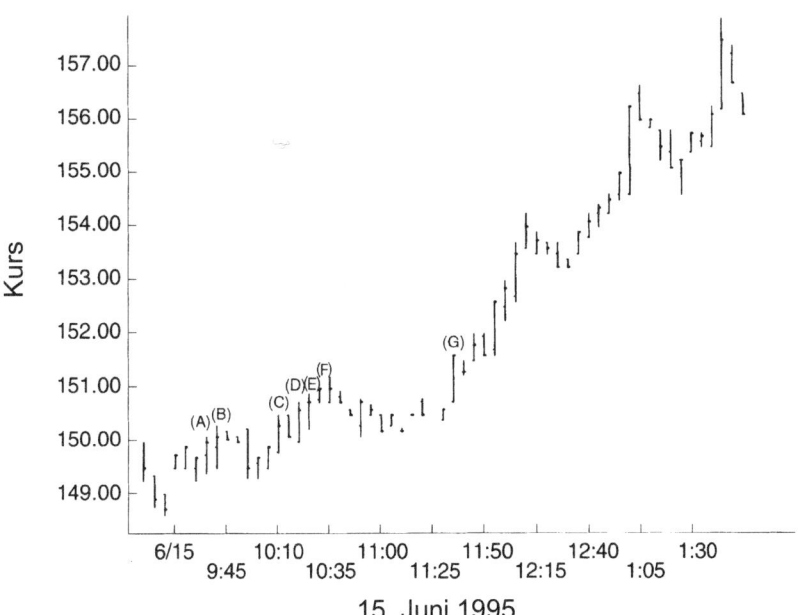

15. Juni 1995

TABELLE 4.KC.C15
Handelsergebnisse: Berg-und-Tal-Day-Trading-Methode*
Kaffee: Konservative Einstellung, 15-Minuten-Daten

Datum	Position	Einstiegs-zeit	Einstiegs-kurs	Ausstiegs-zeit	Ausstiegs-kurs	$G/V	$ Max. Verlust	Zeit	$ Max. Gewinn	Zeit
1/6/95	Long	10:15	160.9	14:03	161.5	225	-281	11:43	225	13:01
2/6/95	Short	11:19	161.5	14:04	162.25	-281	-338	12:04	712	12:52
6/6/95	Short	13:32	158	12:36	157.95	19	0	12:32	19	12:36
7/6/95	Short	11:02	157.25	14:03	153	1594	0	11:02	2156	13:32
8/6/95	Short	11:14	152.4	13:17	154	-600	-600	13:17	375	12:30
8/6/95	Long	13:17	154	14:04	153.4	-225	-412	13:28	0	13:17
9/6/95	Long	13:48	155.2	14:03	154.25	-356	-356	14:03	0	13:48
12/6/95	Long	11:14	155.8	14:01	155.8	0	-150	13:47	150	11:44
13/6/95	Short	11:18	153.8	14:03	149.1	1762	-188	11:33	2175	13:33
14/6/95	Long	10:29	150.6	14:04	148.8	-675	-675	14:01	150	12:44
14/6/95	Short	14:01	148.8	14:04	148.8	0	0	14:01	0	14:01
15/6/95	Long	11:46	151.9	14:04	155	1162	0	11:46	2006	13:46
16/6/95	Short	10:44	151.9	12:31	151.1	300	-38	11:46	525	13:14
19/6/95	Long	11:29	148.9	14:04	148.5	-150	-525	12:55	0	11:29
20/6/95	Long	10:59	151.5	13:59	150	-562	-562	12:31	0	10:59
20/6/95	Short	12:31	150	14:04	150.6	-225	-262	12:46	0	12:31
21/6/95	Short	12:43	153.1	14:04	150.7	900	0	12:43	900	13:59
23/6/95	Short	10:44	147.4	13:59	144.5	1088	-75	10:59	1612	12:59
26/6/95	Short	12:14	140.4	14:04	138.45	731	-131	12:29	900	13:59
27/6/95	Short	11:14	137	13:59	137.5	-188	-188	13:59	750	12:59
27/6/95	Long	13:59	137.5	14:04	138	188	0	13:59	188	14:04
28/6/95	Short	12:44	137.2	13:56	138.8	-600	-600	13:56	0	12:44
29/6/95	Short	11:14	139	14:04	137.25	656	0	11:14	844	12:44
20/6/95	Short	13:47	131	14:04	130.35	244	0	13:47	281	14:02
$ Total						5006				
Durchschnittsgewinn/Trade in $						208				

*Einstellungen: Minimaldifferenz aufeinander folgender hoher/tiefer Schlusskurse = 0,25 Cent
Anzahl aufeinander folgender hoher/tiefer Schlusskurse = 3

C H A R T KC-5

Konservative Einstellung: 15-Minuten-Kurse

Kaffee

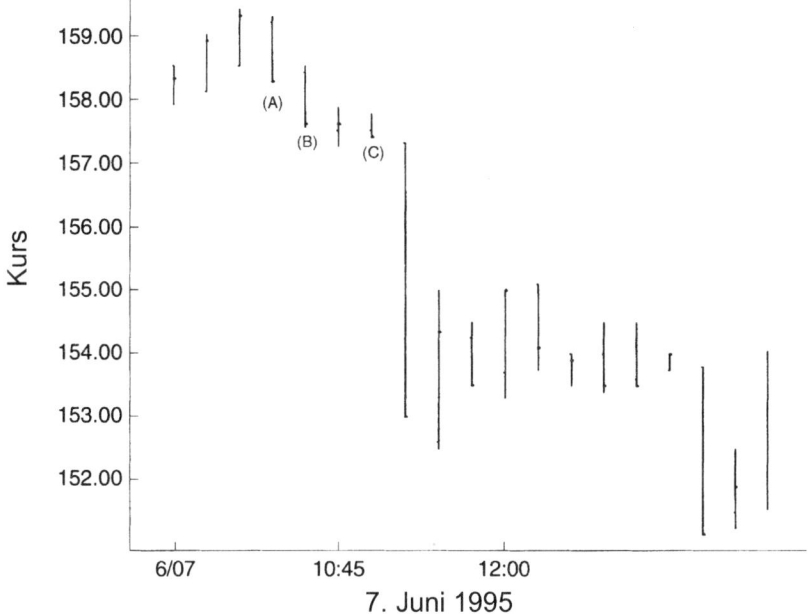

7. Juni 1995

TABELLE 4.KC.S30

Handelsergebnisse: Berg-und-Tal-Day-Trading-Methode*

Kaffee: Spekulative Einstellung, 30-Minuten-Daten

Datum	Position	Einstiegs-zeit	Einstiegs-kurs	Ausstiegs-zeit	Ausstiegs-kurs	$G/V	$ Max. Verlust	Zeit	$ Max. Gewinn	Zeit
1/6/95	Long	12:17	161.3	14:03	161.5	112	-262	12:46	112	14:03
2/6/95	Short	11:19	161.5	13:52	162	-188	-262	11:48	712	12:52
2/6/95	Long	13:52	162	14:04	162.25	94	0	13:52	94	14:04
6/6/95	Long	10:39	159.5	12:17	158.3	-450	-450	12:17	0	10:39
6/6/95	Short	12:17	158.3	12:36	157.95	131	0	12:17	131	12:36
7/6/95	Short	10:44	157.6	12:16	154	1350	0	10:44	1725	11:17
7/6/95	Long	12:16	154	14:04	153.25	-281	-788	13:44	0	12:16
8/6/95	Short	11:14	152.4	14:04	153.4	-375	-600	13:17	150	12:42
9/6/95	Long	11:39	154.3	14:04	154	-112	-450	12:16	338	13:48
12/6/95	Long	11:14	155.8	14:04	155.8	0	-150	13:47	150	11:44
13/6/95	Short	12:13	153.4	14:04	148.5	1838	0	12:13	1838	14:04
14/6/95	Long	10:43	150.7	14:03	148.8	-712	-712	14:03	112	12:44
15/6/95	Long	11:16	150.8	14:04	155	1575	0	11:16	2419	13:46
16/6/95	Short	10:44	151.9	14:04	151.1	300	-38	11:46	525	13:14
19/6/95	Long	11:43	148.7	14:04	148.5	-75	-450	13:14	0	11:43
21/6/95	Short	13:14	153	14:00	150.5	938	0	13:14	938	14:00
22/6/95	Short	12:44	152	14:04	150.25	661	0	12:44	661	14:04
23/6/95	Short	11:14	147	14:04	144.5	938	0	11:14	1462	13:14
26/6/95	Short	12:14	140.4	14:04	138.45	731	-38	13:09	731	14:04
27/6/95	Long	10:43	139.25	11:44	136.3	-1106	-1106	11:44	0	10:43
27/6/95	Short	11:44	136.3	14:04	138	-638	-638	14:04	300	13:14
28/6/95	Short	11:44	138.15	13:56	138.8	-244	-244	12:14	356	12:44
29/6/95	Short	11:14	1393	14:04	137.25	656	0	11:14	844	12:44
30/6/95	Long	11:16	134.5	13:17	133.4	-412	-412	13:17	0	11:16
30/6/95	Short	13:17	133.4	14:04	130.35	1144	0	13:17	1144	14:04
$ Total						5869				
Durchschnittsgewinn/Trade in $						235				

*Einstellungen: Minimaldifferenz aufeinander folgender hoher/tiefer Schlusskurse = 0,30 Cent
Anzahl aufeinander folgender hoher/tiefer Schlusskurse = 2

C H A R T KC-6

Spekulative Einstellung: 60-Minuten-Kurse
Kaffee

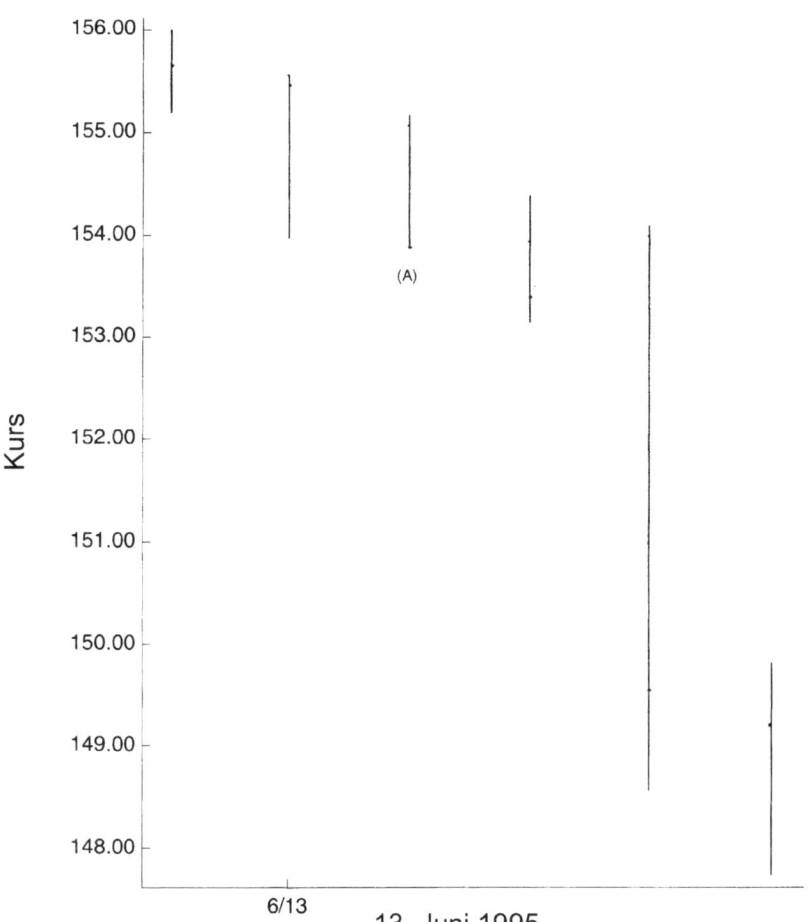

13. Juni 1995

T A B E L L E 4.KC.S60
Handelsergebnisse: Berg-und-Tal-Day-Trading-Methode*
Kaffee: Spekulative Einstellung, 60-Minuten-Daten

Datum	Position	Einstiegs-zeit	Einstiegs-kurs	Ausstiegs-zeit	Ausstiegs-kurs	$G/V	$ Max. Verlust	Zeit	$ Max. Gewinn	Zeit
1/6/95	Short	11:22	160.75	14:03	161.5	-281	-281	14:03	0	11:22
2/6/95	Short	11:26	162	14:04	162.25	-94	-94	14:04	525	13:23
7/6/95	Short	11:19	153.9	14:04	153.25	244	0	11:19	244	14:04
13/6/95	Short	11:18	153.8	14:04	148.5	1988	-75	12:19	1988	14:04
14/6/95	Short	11:20	149.4	12:19	150.5	-412	-412	12:19	0	11:20
14/6/95	Long	12:19	150.5	14:03	148.8	-638	-638	14:03	150	13:20
15/6/95	Long	12:25	153.25	14:04	155	656	0	12:25	806	13:26
16/6/95	Short	11:22	151.75	14:04	151.1	225	0	11:22	262	13:22
23/6/95	Short	11:20	145	14:04	144.5	188	0	11:20	881	13:20
26/6/95	Short	12:18	140.4	14:04	138.45	731	0	12:18	731	14:04
27/6/95	Short	11:18	137.25	14:04	138	-281	-281	14:04	619	13:18
29/6/95	Short	11:17	139.25	14:04	137.25	750	0	11:17	750	14:04
30/6/95	Short	13:20	133.1	14:04	130.25	1031	0	13:20	1031	14:04
$ Total						4106				
Durchschnittsgewinn/Trade in $						316				

*Einstellungen: Minimaldifferenz aufeinander folgender hoher/tiefer Schlusskurse = 0,80 Cent
Anzahl aufeinander folgender hoher/tiefer Schlusskurse = 1

Baumwolle

Baumwolle reagiert wie Sojabohnen sehr empfindlich auf die Anbaubedingungen. Trockenperioden oder zuviel Niederschlag können steile Kurssprünge hervorrufen, günstige Witterungsbedingungen dagegen drücken die Preise. Erst kürzlich ist Baumwolle aufgrund großer Trockenheit dramatisch gestiegen – sogar ein neues Rekordhoch wurde erreicht. Die Ironie dabei ist, dass Baumwolle im agrarischen Bereich durch Sojabohnen ersetzt wird, wenn die wirtschaftlichen Bedingungen dafür sprechen, und umgekehrt. Eine weitere Parallele zu Sojabohnen besteht darin, dass Baumwolle Anfang dieses Jahrhunderts und auch schon vorher begehrtes Spekulationsobjekt war. Das Handelsvolumen bei Baumwollkontrakten entsprach dem Gegenwert aller an den Börsen gehandelter Aktien.

Abgesehen von den jüngsten explosionsartigen Kurssprüngen lagen die Trends normalerweise in der Größenordnung von 0,10 bis 0,20 Cent – nicht gerade viel innerhalb eines Zyklus.

Typische Kursbewegungen innerhalb eines Tages

Die Kursspannen bei Baumwolle können an einem Tag 100 oder mehr Punkte betragen, manchmal sogar 300, doch ob sich von Eröffnung bis Schluss tatsächlich ein Trend in dieser Größenordnung entwickelt, steht auf einem ganz anderen Blatt.

Chart CT-1 macht dies deutlich. Am 21. April eröffnen die Kurse bei 107,00, fallen dann auf unter 104,00 (11.40 Uhr), springen anschließend hoch auf 106,00 und bewegen sich den Rest des Tages zwischen 106,00 und 105,00. Traditionelle Methoden hätten hier bei oder unterhalb von 105,00 ein Short-Signal ausgelöst. Bei 106,00 wäre die Position umgekehrt worden. Am Ende eines Tages mit einer Spanne von 300 Punkten und mehr hätte sich so ein Verlust von 100 Punkten ergeben – bei einem Kurs, der nur 100 Punkte unter dem Eröffnungskurs liegt (ein Punkt = 0,01).

CHART CT-1

Typischer Kursverlauf eines Tagescharts für Baumwolle

21. April 1995

Chart CT-2 kommt dem Trendfolger schon eher entgegen. Hier ist eine Tendenz oder ein Trend zu erkennen, der dem Trader Gewinn verspricht für den Fall, dass er ihn gut erwischt. Doch die Volatilität ist hoch, so dass die angewandte Methode zuverlässig signifikante (Aufwärts-) Bewegungen von bedeutungslosen (kleinen Reaktionen in Abwärtsrichtung) unterscheiden muss. Die Notierungen setzen ein bei 100,40 (wobei das erste Intervall bzw. der erste Balken unberücksichtigt bleibt – die Daten taugen nicht!) und die Kurse bewegen sich in Wellen nach oben bis auf 101,40. Ein Trader, der diese Bewegung für sich nutzen kann, macht dabei 50 oder 60 Punkte gut.

213

Geeignete spekulative und konservative Trading-Strategien

Die Berg-und-Tal-Methode wurde getestet für den April 1995 anhand von 1-, 5-, 15-, 30- und 60-Minuten-Daten mit dem Ziel, erfolgreiche spekulative und konservative Einstellungen der Trading-Parameter zu ermitteln und die Zuverlässigkeit der Methode zu bestätigen. (Mit Glückstreffern oder zufällig geeigneten Parameter-Einstellungen ist niemandem geholfen.)

Die Ergebnisse waren durch die Bank weg gut, wobei drei spekulative und drei konservative Einstellungen gewählt wurden.

C H A R T CT-2
Typischer Kursverlauf eines Tagescharts für Baumwolle

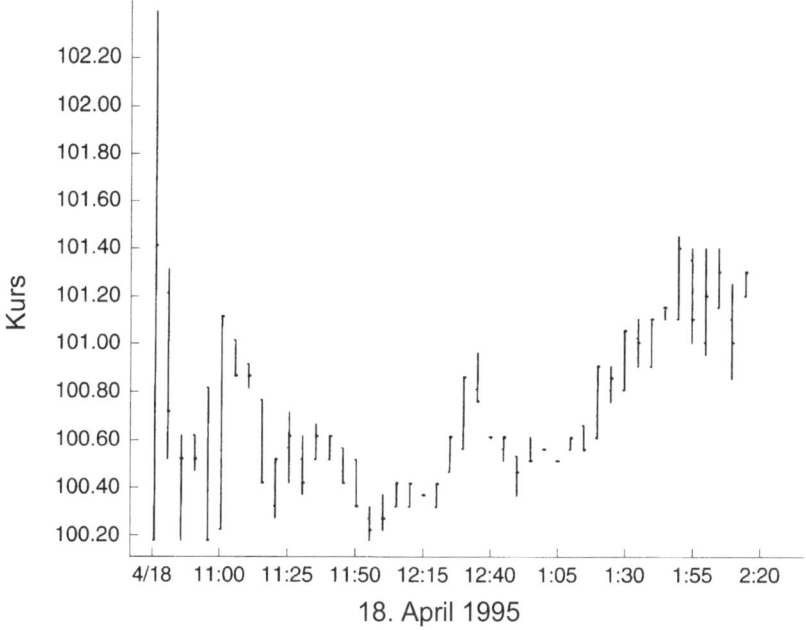

18. April 1995

Tabelle 4.CT. C1 zeigt 21 Trades, also im Schnitt mehr als einen pro Tag, die konservativ orientiert auf 1-Minuten-Basis für Baumwolle im April 1995 generiert wurden. (Einstellungen: fünf tiefere Schlusskurse in Folge im Mindestabstand von 15 Punkten zum Eröffnen einer Short-Position.) 60 Prozent davon waren erfolgreich, was ein sattes Plus von insgesamt $ 2 500 ergibt, also im Durchschnitt $ 120 pro Trade vor Abzug der Kosten. Die Verluste sind kleiner als die Gewinne, der größte Verlust lag bei $ 565,

TABELLE 4.CT.C1

Handelsergebnisse: Berg-und-Tal-Day-Trading-Methode*
Baumwolle: Konservative Einstellung, 1-Minuten-Daten

Datum	Position	Einstiegs-zeit	Einstiegs-kurs	Ausstiegs-zeit	Ausstiegs-kurs	$G/V	$ Max. Verlust	Zeit	$ Max. Gewinn	Zeit
3/4/95	Short	11:40	93	14:41	91.15	925	-200	11:48	950	14:40
4/4/95	Long	12:20	90.9	14:09	93.1	1100	-200	12:53	1100	14:09
20/4/95	Short	12:22	99	14:12	100.15	-565	-1000	12:28	0	12:22
13/4/95	Short	11:07	104.5	13:57	104.4	50	-50	12:13	600	13:35
13/4/95	Long	13:57	140.4	14:12	104.2	-100	-150	14:06	150	13:59
17/4/95	Short	12:20	12.48	12:39	102.15	165	-110	12:25	165	12:39
18/4/95	Short	10:41	100.3	13:47	101.25	-475	-475	13:47	75	10:53
18/4/95	Long	13:47	101.25	14:11	101.3	25	-175	14:09	75	13:49
19/4/95	Long	11:14	13.05	12:54	103.37	160	-75	11:41	160	12:22
21/4/95	Short	10:48	106.1	11:55	105.2	450	-150	11:17	1150	11:41
21/4/95	Long	11:55	105.2	13:51	104.8	-200	-200	13:51	350	12:06
21/4/95	Short	13:51	104.8	14:07	105.7	-450	-450	14:07	75	13:53
21/4/95	Long	14:07	105.7	14:11	105.9	100	-50	14:09	100	14:11
24/4/95	Long	13:01	105.75	14:09	107.5	875	-75	13:04	875	14:03
25/4/95	Short	11:38	105.8	14:10	106.1	-150	-450	12:16	1143	11:20
26/4/95	Short	10:50	104.8	13:05	104.05	375	-225	11:00	375	12:32
27/4/95	Long	10:40	104.1	11:57	103.8	-150	-500	11:01	550	11:23
27/4/95	Short	11:57	103.8	13:36	103.9	-95	-100	11:01	550	11:23
27/4/95	Long	13:36	103.99	14:11	105.3	655	-145	13:50	755	14:10
28/4/95	Short	11:23	104.55	12:20	105.	-225	-225	12:20	370	11:33
28/4/95	Long	12:20	105	14:12	105.1	50	-250	13:28	200	14:03
$ Total						2510				
Durchschnittsgewinn/Trade in $						120				

*Einstellungen: Minimaldifferenz aufeinander folgender hoher/tiefer Schlusskurse = 0,15 Cent
Anzahl aufeinander folgender hoher/tiefer Schlusskurse = 5

der größte Gewinn bei $ 1 100. Chart CT-3 zeigt die Short-Positi-on, die dem Trader die $ 1 100 einbrachte. Die Notierungen be-ginnen bei 106,00 und bröckeln über 5 Intervall-Stufen bzw. Ab-wärtswellen ab. Auf jeder Stufe wird ein neues Tief erreicht, bis bei Punkt (E) um 10.50 Uhr ein Short-Signal erfolgt. Die Kurse erholen sich wieder, so dass um die Mittagszeit beinah ein Long-Signal ausgelöst wird – doch das letzte Aufwärtsbein (ein fünfter höherer Schluss in Folge im Abstand von mindestens 15 Punk-ten) bleibt unvollendet.

Tabelle 4.CT.C5 zeigt eine konservative Einstellung der Trading-Parameter, ausgelegt auf 5-Minuten-Intervalle. Die Anzahl auf-einander folgender höherer bzw. tieferer Schlusskurse wird hier

C H A R T CT-3
Konservative Einstellung: 1-Minuten-Kurse
Baumwolle

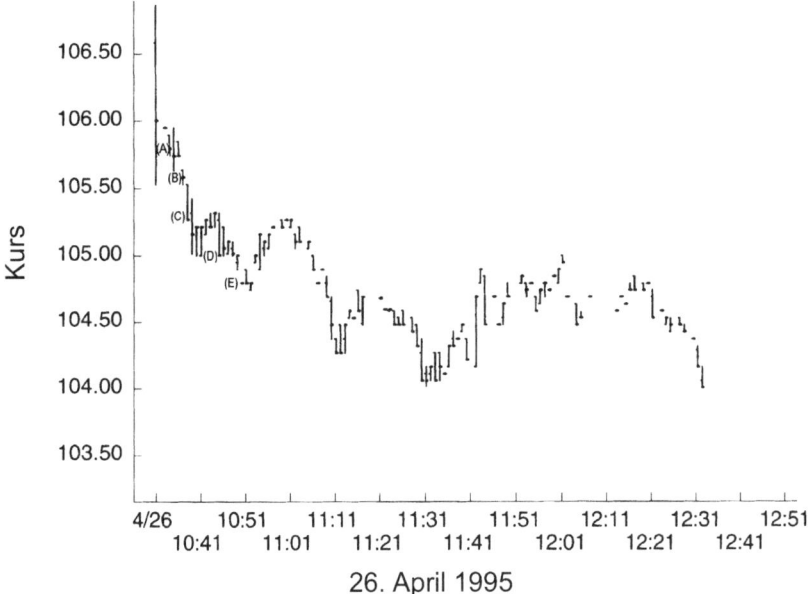

26. April 1995

sehr hoch gesteckt, so dass nur sechs Trades zu Stande kommen, von denen ganze fünf erfolgreich sind. Chart CT-4 zeigt eine Long-Position am 24. April. Die Kurse bilden gegen 11.25 Uhr einen Boden und ziehen danach von Punkt (A) bis (G) stetig an. Bei (G) wird ein Long-Signal ausgelöst, der Einstieg erfolgt zu 106,25 um 13.07 Uhr, der Ausstieg bei 107,40 zum 5-Minuten-Schluss um 14.08 Uhr.

Tabelle 4.CT.S5 repräsentiert eine konträre Philosophie: Der Trader ist einsatzfreudiger, verlangt nur zwei höhere Hochs in Folge im Abstand von 35 Punkten oder mehr als Voraussetzung für eine Long-Position. Es werden mehr Trades generiert, doch die Erfolgsquote liegt immer noch bei mehr als 50 Prozent, wobei die Gewinne generell größer sind als die Verluste. Der Gesamtgewinn liegt hier bei $ 1 885, doch der Gewinn pro Trade rutscht auf $ 100 ab. Chart CT-5 zeigt eine Long-Position, die frühzeitig eröffnet wurde und durch einerseits tief (nur zwei aufeinander folgende Hochs), andererseits hoch gesteckte Voraussetzungen (Abstand zwischen den Hochs: 35 Punkte) einen satten Gewinn brachte ($ 1 200). Die beiden höheren Schlusskurse in Folge werden bei (A) und (B) erreicht. Bei (B) geht der Trader in Long-Position und behält diese bis zum Schluss bei.

T A B E L L E 4.CT.C5

Handelsergebnisse: Berg-und-Tal-Day-Trading-Methode*
Baumwolle: Konservative Einstellung, 5-Minuten-Daten

Datum	Position	Einstiegs-zeit	Einstiegs-kurs	Ausstiegs-zeit	Ausstiegs-kurs	$G/V	$ Max. Verlust	Zeit	$ Max. Gewinn	Zeit
3/4/95	Short	12:41	92.85	13:57	92.55	150	-225	13:20	225	13:47
4/4/95	Long	13:45	91.75	14:09	93.1	675	0	13:45	675	14:09
13/4/95	Short	13:36	103.3	14:09	104.2	-450	-550	14:01	0	13:36
17/4/95	Short	12:37	102.3	12:39	102.15	75	0	12:37	75	12:39
24/4/95	Long	13:07	106.25	14:08	107.4	575	0	13:07	625	14:03
26/4/95	Short	11:34	104.2	12:32	104.05	75	-325	11:59	75	12:32
$ Total						1100				
Durchschnittsgewinn/Trade in $						183				

*Einstellungen: Minimaldifferenz aufeinander folgender hoher/tiefer Schlusskurse = 0,05 Cent
Anzahl aufeinander folgender hoher/tiefer Schlusskurse = 7

C H A R T CT-4
Konservative Einstellung: 5-Minuten-Kurse
Baumwolle

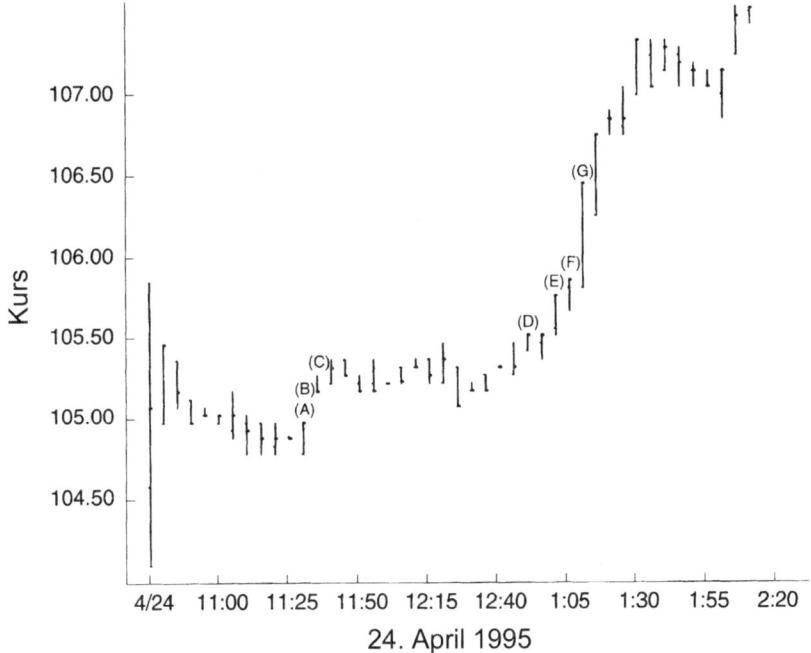

24. April 1995

Tabelle 4.CT.S15 zeigt einen ähnlich spekulativen Ansatz auf 15-Minuten-Basis. Der erforderliche Abstand zwischen den Schlusskursen ist auch hier groß, die Anzahl der Schlusskurse in Folge wird um einen erhöht, der Zeitrahmen ist länger, und es werden weniger Trades generiert. Bei dieser Konstellation ergeben sich nur Gewinn bringende Trades (drei) mit einem Gesamtplus von $ 1 050.

Ein vergleichbares Ergebnis wird erzielt durch Reduzierung des erforderlichen Mindestabstands bei gleichzeitiger Erhöhung der Anzahl aufeinander folgender höherer/tieferer Schlusskurse auf

vier: es ergeben sich mehr Trades, darunter nur ein Verlust bringender, sowie ein attraktiver Gesamtgewinn von $ 1 660 und ein ansehnlicher Gewinn pro Trade von $ 277. Die Ergebnisse finden Sie in Tabelle 4.CT.C15.

Schließlich wurde noch eine ausgesprochen spekulative Einstellung getestet, wie Tabelle CT-S30 für 30-Minuten-Intervalle zeigt. Mit einem verhältnismäßig geringen erforderlichen Mindestabstand und nur zwei aufeinander folgenden höheren/tieferen

TABELLE 4.CT.S5
Handelsergebnisse: Berg-und-Tal-Day-Trading-Methode*
Baumwolle: Spekulative Einstellung, 5-Minuten-Daten

Datum	Position	Einstiegs-zeit	Einstiegs-kurs	Ausstiegs-zeit	Ausstiegs-kurs	$G/V	$ Max. Verlust	Zeit	$ Max. Gewinn	Zeit
3/4/95	Short	12:21	93	13:57	92.55	225	-150	13:20	300	13:47
4/4/95	Long	12:19	90.7	14:09	93.1	1200	-75	12:43	1200	14:09
10/4/95	Long	13:38	100.3	14:09	100.4	50	-125	13:54	100	13:59
13/4/95	Short	11:14	103.9	14:01	104.4	-250	-325	12:16	300	13:36
13/4/95	Long	14:01	104.4	14:09	104.2	-100	-150	14:06	0	14:01
17/4/95	Short	11:47	12.65	12:39	102.15	250	-315	12:07	250	12:39
18/4/95	Short	10:54	100.15	14:09	100.9	-375	-575	14:02	0	10:54
19/4/95	Long	11:15	103.15	12:54	103.37	110	-125	12:32	110	12:22
21/4/95	Short	10:49	106.15	12:04	105.45	350	-100	11:09	1075	11:39
21/4/95	Long	12:04	105.45	12:58	105.05	-200	-200	12:58	175	12:14
21/4/95	Short	12:58	105.05	14:09	105.6	-275	-275	14:09	200	13:53
24/4/95	Long	13:02	105.7	14:08	107.4	850	0	13:02	900	14:03
25/4/95	Short	11:39	106	14:09	106	0	-325	12:15	75	11:44
26/4/95	Short	11:09	104.7	12:32	104.05	325	-75	11:59	325	12:32
27/4/95	Long	11:19	104.9	11:59	103.5	-700	-700	11:59	100	11:29
27/4/95	Short	11:59	103.5	13:29	103.7	-100	-225	12:07	300	13:19
27/4/95	Long	13:29	103.7	14:09	105.2	750	0	13:29	750	14:09
28/4/95	Short	11:25	104.45	12:25	105	-275	-275	12:25	200	11:30
28/4/95	Long	12:25	105	14:09	105.1	50	-175	13:30	170	13:55
$ Total						1885				
Durchschnittsgewinn/Trade in $						99				

*Einstellungen: Minimaldifferenz aufeinander folgender hoher/tiefer Schlusskurse = 0,35 Cent
Anzahl aufeinander folgender hoher/tiefer Schlusskurse = 2

Schlusskursen als Voraussetzung für Long- oder Short-Engagement wird immer noch ein beachtlicher Gewinn von insgesamt $ 1 350 erzielt. Der einzelne Trade schlägt hier im Schnitt mit $ 160 zu Buche.

CHART CT-5
Spekulative Einstellung: 5-Minuten-Kurse
Baumwolle

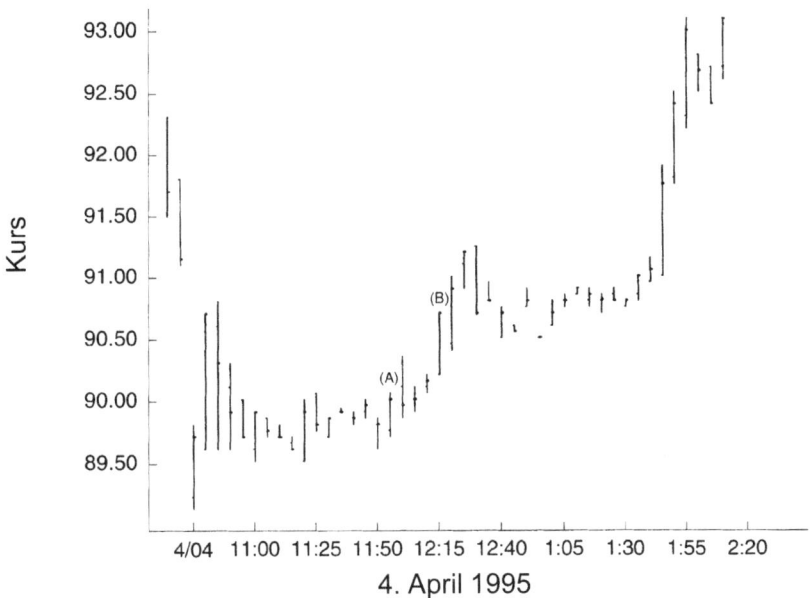

4. April 1995

TABELLE 4.CT.S15
Handelsergebnisse: Berg-und-Tal-Day-Trading-Methode*
Baumwolle: Spekulative Einstellung, 15-Minuten-Daten

Datum	Position	Einstiegs-zeit	Einstiegs-kurs	Ausstiegs-zeit	Ausstiegs-kurs	$G/V	$ Max. Verlust	Zeit	$ Max. Gewinn	Zeit
3/4/95	Short	13:45	92.75	14:08	92.7	25	0	13:45	50	14:00
4/4/95	Long	13:45	91.75	14:09	93.1	675	0	13:45	675	14:09
24/4/95	Long	13:16	106.8	14:09	107.5	350	0	13:16	350	14:09
$ Total						1050				
Durchschnittsgewinn/Trade in $						350				

*Einstellungen: Minimaldifferenz aufeinander folgender hoher/tiefer Schlusskurse = 0,30 Cent
Anzahl aufeinander folgender hoher/tiefer Schlusskurse = 3

EINSTELLUNGEN FÜR DIE TRADING-PRAXIS

TABELLE 4.CT.C15
Handelsergebnisse: Berg-und-Tal-Day-Trading-Methode*
Baumwolle: Konservative Einstellung, 15-Minuten-Daten

Datum	Position	Einstiegs- zeit	Einstiegs- kurs	Ausstiegs- zeit	Ausstiegs- kurs	$G/V	$ Max. Verlust	Zeit	$ Max. Gewinn	Zeit
3/4/95	Short	12:43	92.8	14:08	92.7	50	-175	13:28	75	14:00
4/4/95	Long	12:28	90.8	14:09	93.1	1150	-125	12:43	1150	14:09
17/4/95	Short	12:26	102.6	12:39	102.15	225	0	12:26	225	12:39
18/4/95	Long	13:43	101.15	14:09	100.9	-125	-125	14:09	25	14:00
19/4/95	Long	12:45	103.35	12:54	103.37	10	0	12:45	10	12:54
24/4/95	Long	13:16	106.8	14:09	107.5	350	0	13:16	350	14:09
$ Total						1660				
Durchschnittsgewinn/Trade in $						277				

*Einstellungen: Minimaldifferenz aufeinander folgender hoher/tiefer Schlusskurse: 0,10 Cent
Anzahl aufeinander folgender hoher/tiefer Schlusskurse: 4

TABELLE 4.CT.S30
Handelsergebnisse: Berg-und-Tal-Day-Trading Methode*
Baumwolle: Spekulative Einstellung, 30-Minuten-Daten

Datum	Position	Einstiegs- zeit	Einstiegs- kurs	Ausstiegs- zeit	Ausstiegs- kurs	$G/V	$ Max. Verlust	Zeit	$ Max. Gewinn	Zeit
3/4/95	Short	12:32	93.1	14:08	92.7	200	-35	13:33	200	14:02
4/4/95	Long	14:01	92.5	14:09	93.1	300	0	14:01	300	14:09
13/4/95	Short	13:30	103.9	14:09	104.2	-150	-350	14:00	0	13:30
17/4/95	Short	12:26	102.6	12:39	102.15	225	0	12:26	225	12:39
18/4/95	Long	13:31	101.1	14:09	100.9	-100	-100	14:09	125	14:01
24/4/95	Long	13:01	105.75	14:09	107.5	875	0	13:01	875	14:09
15/4/95	Short	11:59	106.1	14:09	106	50	-150	12:30	50	14:09
28/4/95	Long	12:30	105.2	14:09	105.1	-50	-275	13:30	0	12:30
$ Total						1350				
Durchschnittsgewinn/Trade in $						169				

*Einstellungen: Minimaldifferenz aufeinander folgender hoher/tiefer Schlusskurse = 0,15 Cent
Anzahl aufeinander folgender hoher/tiefer Schlusskurse = 2

Zucker

Castro und seinen unberechenbaren Einflüssen auf die Zucker-produktion zum Trotz kann diese Commodity dem langfristigen Trendfolger mit Geduld und Instinkt buchstäblich das Leben ver-süßen. Zweimal, einmal 1974-75 und wieder 1980-81, kam es bei Zucker zu einer explosiven Entwicklung von einem Tiefstand auf ein Vielfaches des Eröffnungskurses. Wer 1974 $ 1 000 auf long gesetzt hat, konnte beim Höchststand $ 50 000 Gewinn ver-buchen, und bei dem Gipfel von 1980-81 waren ähnliche Sum-men drin. Im Normalfall bewegen sich die Trends jedoch zwi-schen 5 und 10 Cent mit einem Gewinnpotenzial von $ 5 000 bis $ 10 000. Innerhalb dieser Bewegungen ergeben sich auch in ereignislosen Zeiten Möglichkeiten für den Day-Trader.

Typische Kursbewegungen innerhalb eines Tages

Generell liegen die Tagesspannen bei Zucker von Eröffnung bis Schluss zwischen einer Handvoll bis mehr als 20 Punkten. Ganz selten kommt es zu sehr kleinen Handelsspannen, und nur ge-legentlich kommt es zu einer Bewegung von 30 bis 50 Punkten netto an einem Tag.

Chart SB-1 zeigt einen typischen Trading-Tag für Zucker. Die Notierungen setzen ein bei 14,34 Cent pro Pfund, springen zwi-schen 14,24 und 14,35 hin und her und schließen nahe bei 14,25. Die Bewegung beträgt unter dem Strich 7 Punkte in Abwärts-richtung, nicht genug zur Einnahme einer lukrativen Position. Die Turbulenzen sind dabei allerdings groß genug, um Verlust brin-gende Positionen zu initiieren, sowohl auf Long- als auch auf Short-Seite. Hier haben wir es mit einer wirklich haarigen Situa-tion zu tun.

Manchmal ist die Bewegung von Eröffnung bis Schluss, der Tagestrend, ein wenig steiler und eröffnet dem umsichtigen Trader damit Gelegenheiten für einen kleinen bis mäßigen Ge-

C H A R T SB-1

Typischer Kursverlauf eines Tagescharts für Zucker

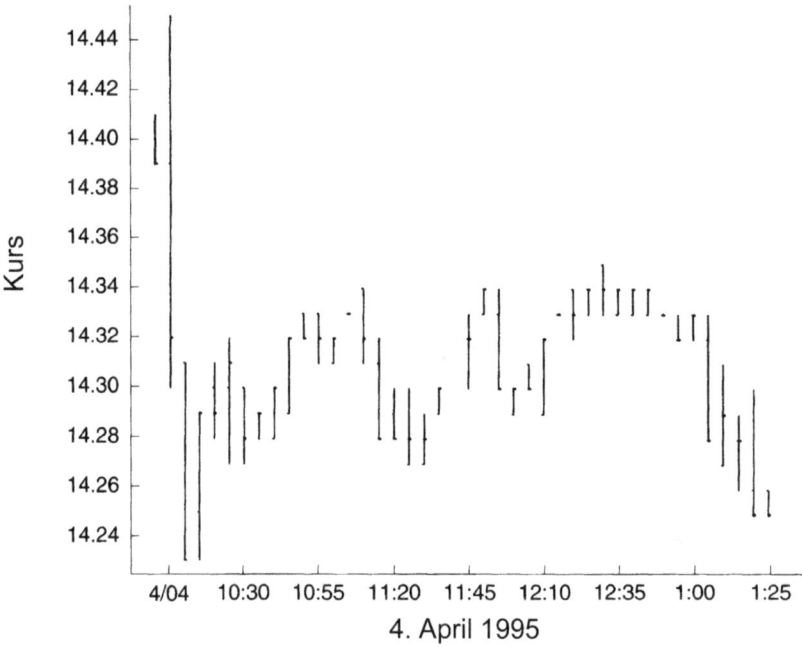

4. April 1995

winn von 2, 4 oder mehr Punkten. Chart SB-2 zeigt einen Eröffnungskurs von 14,14 und einen Schlusskurs von 14,00 – eine Spanne, die ausreicht für einen solch kurzfristigen, kleinen Gewinn. Auch die Volatilität – die Kursschwankungen in die eine oder andere Richtung – ist nur gering.

Chart SB-3 schließlich illustriert eine Gelegenheit, wie sie nur wenige Male im Monat vorkommt. Die Kurse fallen den ganzen Tag über um insgesamt 40 Punkte, ohne allzu große Volatilität.

C H A R T SB-2
Typischer Kursverlauf eines Tagescharts für Zucker

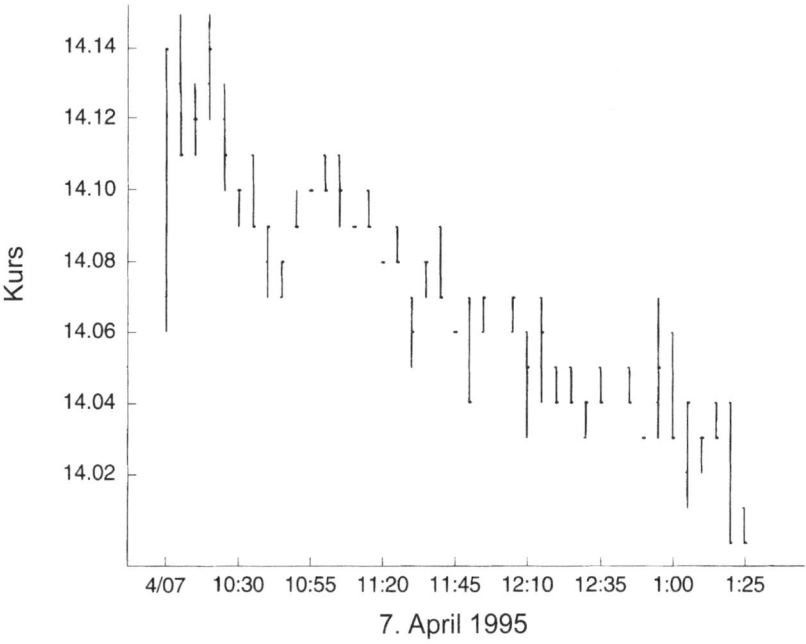

7. April 1995

Geeignete Einstellungen für Zucker

Die Berg-und-Tal-Methode wurde für Zucker anhand des Monats April 1995 getestet, und zwar für 1-, 5-, 15-, 30- und 60-Minuten-Daten. Welche Einstellungen für konservativ bzw. spekulativ ausgerichtetes Trading besonders geeignet sind, ist den Zahlen der Tabellen 4.SB.C1-S30 und den beigefügten Charts zu entnehmen.

Tabelle 4.SB.C1 zeigt die Ergebnisse eines konservativen Trading-Stils auf 1-Minuten-Basis. Die Verluste sind hier gering (unter $ 100), der Gewinn angesichts des nicht gerade üppigen Potenzials im Betrachtungsmonat insgesamt gut ($ 840). Auch der Gewinn pro Trade ist mit $ 120 recht beeindruckend. Bei dieser Methode werden drei aufeinander folgende höhere 1-Minuten-Schlusskurse in einem Abstand von mindestens 7 Punkten angesetzt. Chart SB-4 zeigt eine besonders interessante Kombination von Trades für den 28. April 1995. Drei Schlussnotierungen in rascher Folge bringen den Trader um 10.06 Uhr bei 12,90 (Punkt (C)) in Short-Position. Diese behält er bei bis zur zweiten Position, für die er an Punkt (c) bei 12,98 um 13.02 (14.02 EDT) auf long umsteigt. In Long-Position bleibt er bis zum

C H A R T   SB-3
Typischer Kursverlauf eines Tagescharts für Zucker

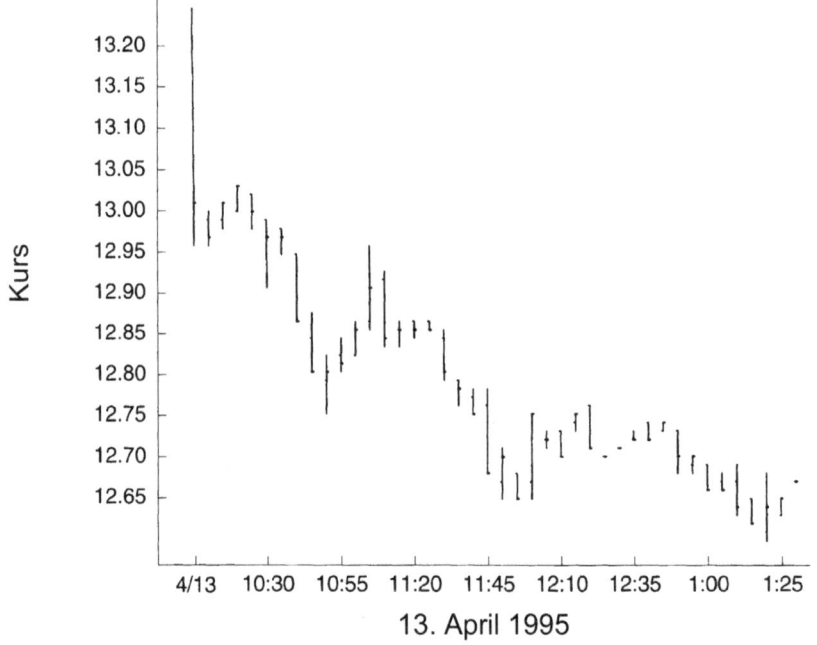

13. April 1995

T A B E L L E 4.SB.C1
Handelsergebnisse: Berg-und-Tal-Day-Trading-Methode*
Zucker #11: Konservative Einstellung, 1-Minuten-Daten

Datum	Position	Einstiegs-zeit	Einstiegs-kurs	Ausstiegs-zeit	Ausstiegs-kurs	$G/V	$ Max. Verlust	Zeit	$ Max. Gewinn	Zeit
5/4/95	Short	12:33	14.05	13:21	13.9	168	-44	12:35	280	13:14
10/4/95	Short	12:38	13.8	13:21	13.71	101	0	12:38	134	12:50
13/4/95	Short	11:33	12.76	13:27	12.67	168	-22	11:35	168	13:16
17/4/95	Short	11:56	12.59	13:21	12.63	-44	-44	13:21	202	12:46
24/4/95	Short	12:12	12.95	13:21	12.93	22	-112	13:04	90	12:58
28/4/95	Short	10:06	12.9	13:02	12.98	-90	-146	10:25	168	11:49
28/4/95	Long	13:02	12.98	13:19	13.5	582	-33	13:04	582	13:19
$ Total						840				
Durchschnittsgewinn/Trade in $						120				

*Einstellungen: Minimaldifferenz aufeinander folgender hoher/tiefer Schlusskurse = 0,07 Cent
Anzahl aufeinander folgender hoher/tiefer Schlusskurse = 3

C H A R T SB-4
Konservative Einstellung: 1-Minuten-Kurse
Zucker

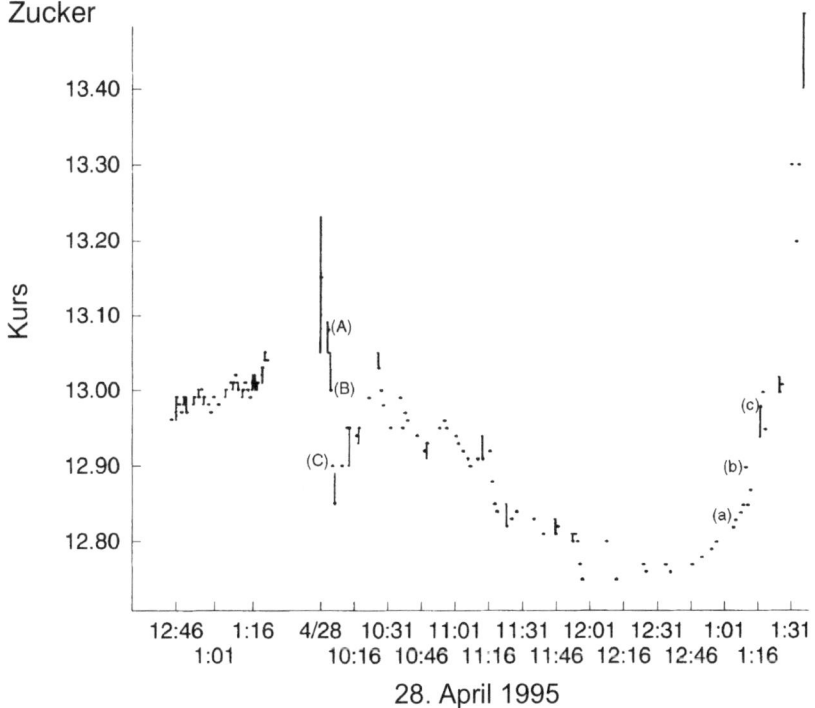

28. April 1995

Schluss. Der erste Trade, der sich bis gegen 13.00 Uhr vielversprechend anließ, bringt Verlust. Der zweite gleicht diesen Verlust nicht nur aus, sondern macht auch noch Gewinn, als viele Trader verzweifelt ihre Shorts glattstellen wollen und Kaufaktivität einsetzt. Doch Vorsicht: Dies war der letzte Trading-Tag des Kontraktes mit Laufzeit Mai, so dass mit starken Bewegungen und erhöhter Volatilität zu rechnen war. (Nichts für Trader mit schwachen Nerven!).

Tabelle 4.SB.C5 zeigt uns eine andere Ansicht auf 5-Minuten-Basis, in gemäßigterem Tempo also. Hier werden am letzten Tag des Monats, dem 28. April, keine Positionen generiert.

Die Ergebnisse sind recht gut, der Trading-Ansatz nutzt das Gewinnpotenzial bei geringen Verlusten. Der Gesamtgewinn bei sieben Trades beträgt $ 403, also $ 58 pro Trade. Ein Beispiel für eine Short-Position auf dieser Grundlage gibt Chart SB-5: an Punkt (D) wird hier um 12.34 Uhr bei 13,85 am 10. April 1995 ein Short-Signal ausgelöst, das $ 168 Gewinn vor Abzug der Kosten bringt.

TABELLE 4.SB.C5

Handelsergebnisse: Berg-und-Tal-Day-Trading-Methode*
Zucker #11: Konservative Einstellung, 5-Minuten-Daten

Datum	Position	Einstiegs-zeit	Einstiegs-kurs	Ausstiegs-zeit	Ausstiegs-kurs	$G/V	$ Max. Verlust	Zeit	$ Max. Gewinn	Zeit
5/4/95	Short	12:24	14.09	13:19	13.92	190	0	12:24	325	13:15
10/4/95	Short	12:34	13.85	13:19	13.7	168	0	12:34	190	12:50
12/4/95	Short	12:49	13.27	13:19	13.3	-33	-33	13:19	44	13:04
13/4/95	Short	10:44	12.84	13:19	12.66	202	-100	11:04	246	13:15
17/4/95	Short	11:36	12.64	13:19	12.62	22	-11	11:51	258	12:46
24/4/95	Short	12:52	12.95	13:19	13	-56	-112	13:04	67	12:59
25/4/95	Long	12:08	12.91	13:19	12.83	-90	-134	12:47	0	12:08
$ Total						403				
Durchschnittsgewinn/Trade in $						58				

*Einstellungen: Minimaldifferenz aufeinander folgender hoher/tiefer Schlusskurse = 0,03 Cent
Anzahl aufeinander folgender hoher/tiefer Schlusskurse = 4

Eine spekulative Einstellung auf 15-Minuten-Basis wird in Tabelle 4.SB.S15 erläutert. Hier kommt es, wie Sie sehen, zu zahlreichen Trades (19). Die meisten davon sind erfolgreich (10 Trades), die Gewinne sind größer als die Verluste, der Gesamtgewinn liegt bei $ 1 277, der Gewinn pro Trade bei $ 67. Auf Chart SB-6 sind zwei Trades eingezeichnet. Der Trader geht um 10.44 Uhr bei 12,71 an Punkt (A) zeitig short und dann am Spätnachmittag um 13.15 Uhr EDT in Gegenposition (long bei 12,52 an Punkt (a)). Das Tagesplus liegt bei $ 325. Wenn doch nur alle Handelstage so verliefen!

CHART SB-5
Konservative Einstellung: 5-Minuten-Kurse
Zucker

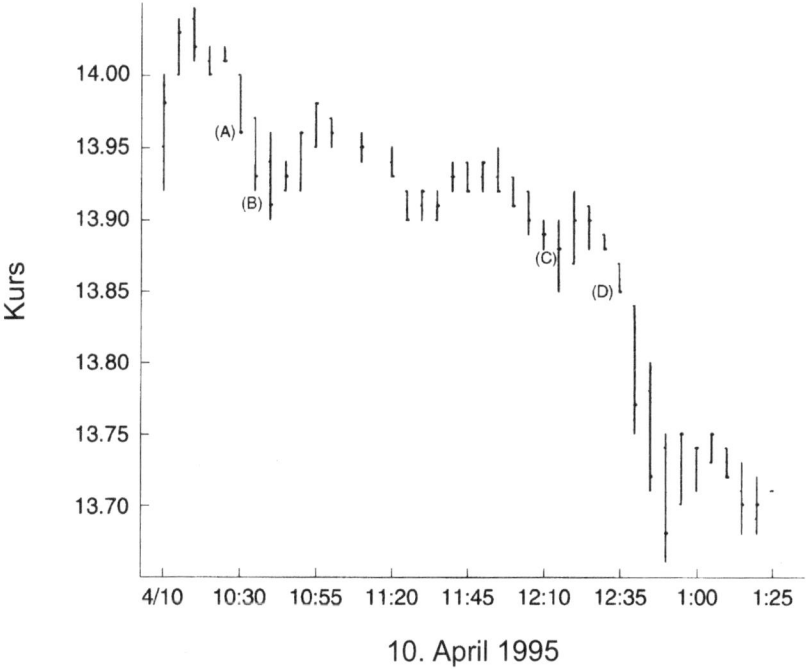

10. April 1995

TABELLE 4.SB.S15
Handelsergebnisse: Berg-und-Tal-Day-Trading-Methode*
Zucker #11: Spekulative Einstellung, 15-Minuten-Daten

Datum	Position	Einstiegs-zeit	Einstiegs-kurs	Ausstiegs-zeit	Ausstiegs-kurs	$G/V	$ Max. Verlust	Zeit	$ Max. Gewinn	Zeit
3/4/95	Long	10:29	14.42	13:12	14.41	-11	-11	13:12	55	11:15
4/4/95	Long	12:11	14.33	13:19	14.28	-55	-55	13:15	11	12:30
5/4/95	Short	11:50	14.18	13:19	13.92	291	0	11:50	291	12:50
7/4/95	Short	12:42	14.04	13:18	14.01	33	0	12:42	33	13:18
10/4/95	Short	10:43	13.93	13:19	13.7	258	-33	11:00	258	13:16
12/4/95	Short	13:00	13.24	13:19	13.3	-66	-66	13:19	0	13:00
13/4/95	Short	10:44	12.84	13:19	12.66	202	-11	10:59	235	13:14
17/4/95	Short	10:44	12.71	13:15	12.52	213	-22	11:15	336	12:45
17/4/95	Long	13:15	12.52	13:19	12.62	112	0	13:15	112	13:19
18/4/95	Short	12:14	12.63	13:12	12.8	-190	-190	13:12	0	12:14
18/4/95	Long	13:12	12.8	13:19	12.77	-33	-33	13:19	0	13:12
19/4/95	Long	13:01	12.8	13:19	12.82	22	0	13:01	33	13:16
21/4/95	Long	11:56	13.23	13:19	13.25	22	-22	12:28	22	13:19
24/4/95	Short	12:14	12.98	13:14	12.98	0	-45	12:26	100	12:59
24/4/95	Long	13:14	12.98	13:19	13	22	0	13:14	22	13:19
25/4/95	Long	10:59	12.83	13:19	12.83	0	-45	13:19	0	13:00
26/4/95	Short	13:00	12.87	13:19	12.9	-33	-33	13:19	0	13:00
28/4/95	Short	11:14	12.84	13:19	12.95	-121	-121	13:04	91	12:25
28/4/95	Long	13:04	12.95	13:19	13.5	616	0	13:04	616	13:19
$ Total						1277				
Durchschnittsgewinn/Trade in $						67				

*Einstellungen: Minimaldifferenz aufeinander folgender hoher/tiefer Schlusskurse = 0,08 Cent
Anzahl aufeinander folgender hoher/tiefer Schlusskurse = 1

Der letzte Einstieg ist spekulativ ausgerichtet, und zwar auf Grundlage von Tageskursen auf 30-Minuten-Basis. Voraussetzung für ein Long-Signal ist hier ein höherer Schlusskurs im Abstand von 16 Punkten, für ein Short-Signal entsprechend. Die Ergebnisse sind in Tabelle 4.SB.S30 ausgewiesen. Die Verluste sind hier etwas größer (maximal $ 224), doch das liegt am Zeitrahmen – zwischen den einzelnen Notierungen ist genug Raum für signifikante (häufig ungünstige) Entwicklungen. Gesamtplus und Gewinn pro Trade sind jedoch mit $ 493 respektive $ 82 noch gut.

Ein typischer Trade ist in Chart SB-7 dargestellt. Hier kommt es erst um 12.31 Uhr an Punkt (A) bei 14,06 zu einem Short-Signal. (Bereits der vorherige Kursbalken sieht so aus, als könne er den Trade generieren, doch er kann es nicht – der Einbruch beträgt nur 15 Punkte, 16 sind hier jedoch erforderlich.) Die Short-Position wird beibehalten bis zum Schluss bei 14,92 und erzielt damit 14 Punkte bzw. $ 157 Gewinn vor Abzug der Kosten.

C H A R T SB-6
Spekulative Einstellung: 15-Minuten-Kurse
Zucker

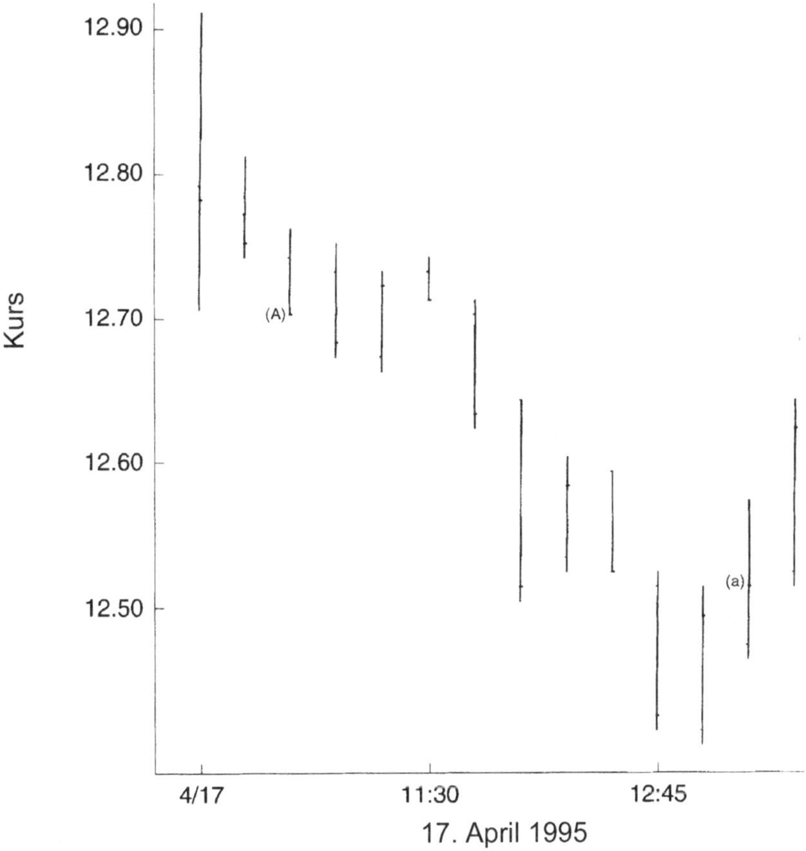

17. April 1995

TABELLE 4.SB.S30
Handelsergebnisse: Berg-und-Tal-Day-Trading-Methode*
Zucker #11: Spekulative Einstellung, 30-Minuten-Daten

Datum	Position	Einstiegs-zeit	Einstiegs-kurs	Ausstiegs-zeit	Ausstiegs-kurs	$G/V	$ Max. Verlust	Zeit	$ Max. Gewinn	Zeit
5/4/95	Short	12:31	14.06	13:19	13.92	157	0	12:31	157	13:19
10/4/95	Short	13:01	13.74	13:19	13.7	44	0	13:01	44	13:19
13/4/95	Short	11:59	12.7	13:19	12.66	44	-11	12:27	44	12:58
17/4/95	Short	12:01	12.54	13:19	12.62	-91	-91	13:19	44	13:01
28/4/95	Short	11:59	12.8	13:03	13	-224	-224	13:03	44	12:25
28/4/95	Long	13:03	13	13:19	13.5	560	0	13:03	560	13:19
$ Total						493				
Durchschnittsgewinn/Trade in $						82				

*Einstellungen: Minimaldifferenz aufeinander folgender hoher/tiefer Schlusskurse = 0,16 Cent
Anzahl aufeinander folgender hoher/tiefer Schlusskurse = 1

CHART SB-7
Spekulative Einstellung: 30-Minuten-Kurse
Zucker

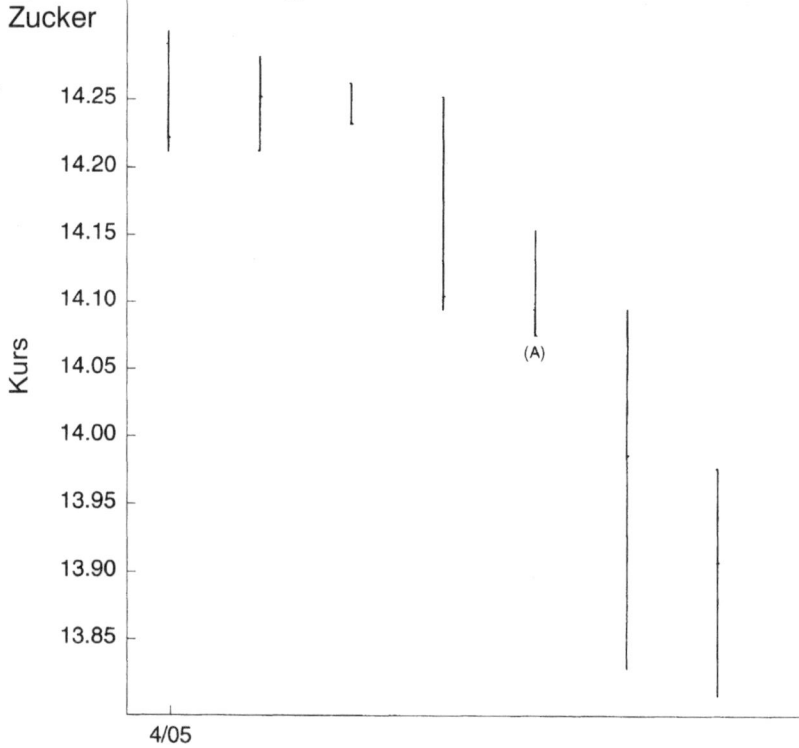

4/05

5. April 1995

GETREIDE

Sojabohnen

Sojabohnen, beliebtestes Spekulationsobjekt unter den Getreidesorten, haben in den vergangenen 30 Jahren immer wieder dramatische Kursentwicklungen gezeigt, sowohl über Nacht als auch innerhalb eines Handelstages. Zu solchen Sprüngen kommt es natürlich meist in der Anbauzeit von Frühling bis Spätsommer, und insbesondere im Mittleren Westen und im Süden der Vereinigten Staaten. Die Sojabohnenernte und die daraus resultierende Preisgestaltung hängen vor allem vom Wetter ab, wobei Trockenperioden und andere Naturkatastrophen die Hauptgründe für kräftige Kursgewinne sind, während die Kurse bei günstigen Witterungsbedingungen mit genügend Niederschlag allmählich, doch spürbar nachgeben.

Typische Bewegungen innerhalb eines Tages

Sojabohnen zeigen innerhalb eines Tages auch mal größere Kursbewegungen und deutliche Trends, doch ihr auffälligstes Merkmal ist die Volatilität. Manchmal bewegen sich die Kurse von Eröffnung oder vom Tief bis zum Schluss um 0,10 oder 0,20 Cent oder mehr.

Dabei kann jedoch die Gesamtspanne der Auf- und Abwärtsbewegungen ebenso groß oder sogar größer sein als die Nettoveränderung. Chart SY-1 zeigt ein typisches Kursverhalten bei Sojabohnen, ausgehend von einem Kurswert (im Bereich von 610), steigend (auf 613), fallend (auf 605), mit einem Schluss ganz in der Nähe des Ausgangspunktes (bei 609). Damit ist mit Trendfolge-Techniken und auch mit unserer Methode schwer Geld zu verdienen.

Chart SY-2 zeigt ein weiteres für Sojabohnen typisches Profil. Am 15. Juni 1995 wird bei 604 eröffnet und bei 612 geschlossen –

C H A R T SY-1

Typischer Kursverlauf eines Tagescharts für Sojabohnen

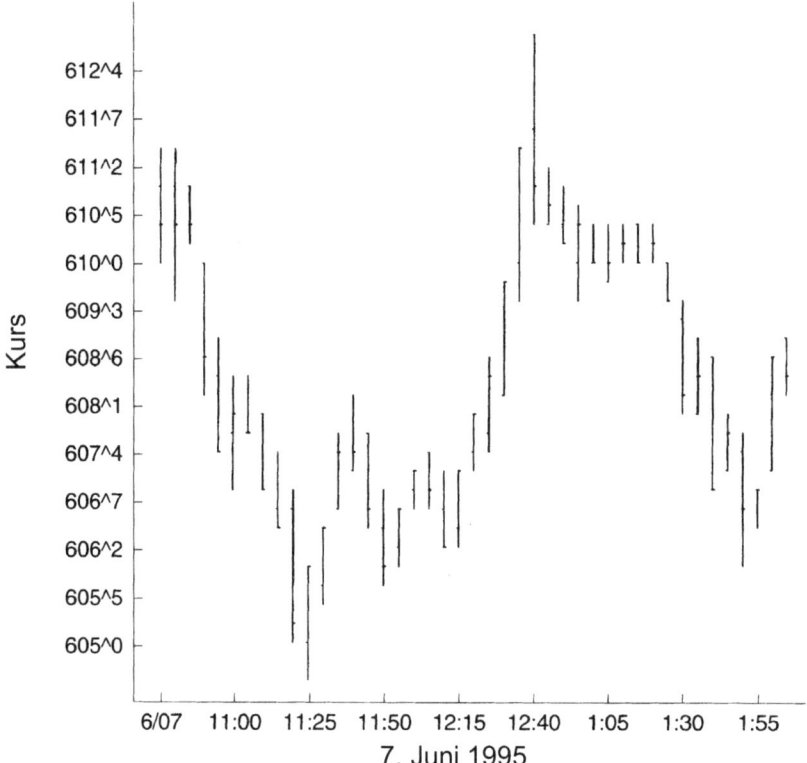

7. Juni 1995

was einen mittelprächtigen Trend ergibt. Dazwischen kommt es jedoch zu ausgeprägter Volatilität. Die Kurse schwanken immer wieder um 2 bis 3 Cent, was herkömmliche Trendfolge-Methoden (Moving Averages etwa) außer Gefecht setzt. Hier würde der Trader von long auf short und wieder auf long umsteigen, und durch diese Schaukelbörse viele Verluste einfahren. Unsere Berg-und-Tal-Methode kann diese Schaukelbewegungen jedoch weitgehend eliminieren.

Geeignete Einstellungen für Sojabohnen

Die Berg-und-Tal-Methode wurde für Sojabohnen am Monat Juni 1995 getestet, und zwar für 1-, 5-, 15-, 30- und 60-Minuten-Daten.

Die Ergebnisse für 5-, 15- und 60-Minuten-Intervalle innerhalb eines Tages waren gut. Sie werden in den Charts SY-3 bis SY-5 veranschaulicht, ergänzt durch Tabellen für je zwei konservative und zwei spekulative Einstellungen der Trading-Parameter.

C H A R T SY-2
Typischer Kursverlauf eines Tagescharts für Sojabohnen

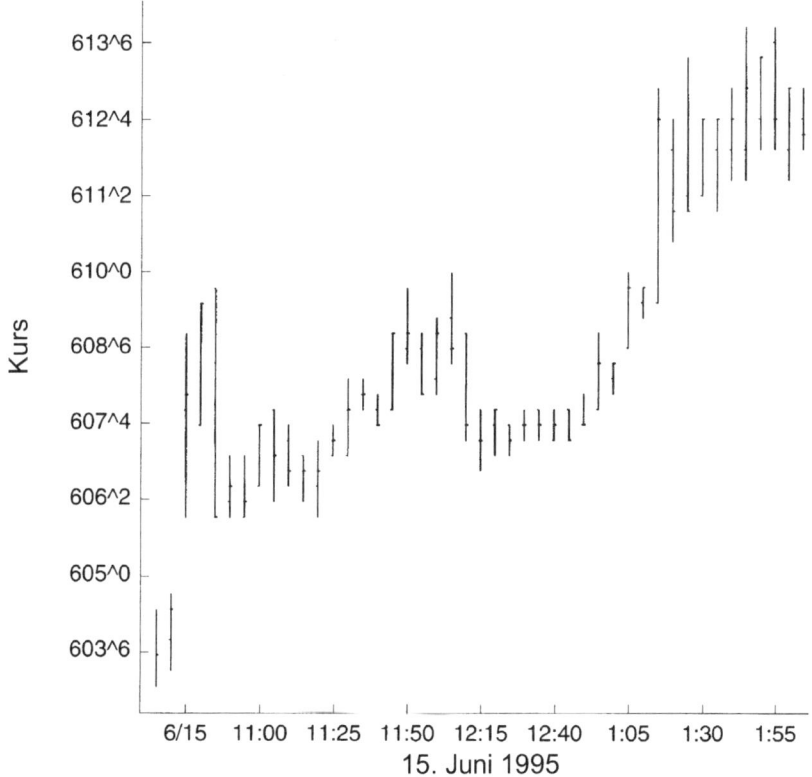

15. Juni 1995

Die Gewinne auf 1-Minuten-Basis waren mager, ungeachtet der Schlusskursabstände oder der Anzahl der Schlusskurse in Folge, die für den Einstieg angesetzt wurden. Meiner Ansicht nach liegt das zum großen Teil am Datenmaterial, das auf diesem Niveau Turbulenzen aufweist – flüchtige Ausschläge kommen hier ebenso häufig vor wie deutliche Trends. Um belanglose Bewegungen herauszufiltern, müssen wir den Abstand zwischen den höheren/tieferen Schlusskursen vergrößern oder die Anzahl der erforderlichen Schlusskurse in Folge erhöhen. Dadurch erwischen wir auch vielversprechende Trends erst spät, so dass der Gesamtgewinn unterm Strich wenig reizvoll ist.

Tabelle 4.SY.C5 zeigt einen gemäßigten/konservativen Trading-Ansatz auf 5-Minuten-Basis. Die Erfolgsquote ist hier gut (drei von fünf, oder 60 Prozent), die Verluste gering. Die Gewinne halten sich in Grenzen, eine Folge der verhältnismäßig dürftigen Tagestrends bei Sojabohnen im Juni. Für andere Monate, Juli, August oder September etwa, in der entscheidenden Phase des Anbaus also, wären Einzelgewinne und Gesamtplus deutlich höher ausgefallen. Dieser Ansatz ist ein Stück weit spekulativer, da lediglich ein Abstand von 1 Cent zwischen aufeinander folgenden höheren bzw. tieferen Schlusskursen angesetzt wird. Der Faktor, der hier für Sicherheit und Zuverlässigkeit steht, liegt in der Anzahl der Schlusskurse in Folge – nämlich fünf oder mehr –, die in eine Richtung verbucht werden müssen, damit eine Position ausgelöst wird.

Die Resultate der konservativen Parameter-Einstellung für Sojabohnen auf Basis von 15-Minuten-Daten sind Tabelle 4.SY.C15 zu entnehmen. Hier kommen nur drei Trades zu Stande, mit einem ganz anständigen Gewinn pro Trade ($92). Auch hier ist das Gesamtplus nicht überwältigend, denn größere Trends bleiben aus. Das Risiko ist hierbei jedoch gering.

Eine spekulative Strategie auf 60-Minuten-Basis ist Gegenstand von Tabelle 4.SY.S60. Hier ist das Gewinnpotenzial attraktiver.

Die mäßigen Kursbewegungen bringen dabei einen durchschnittlichen Gewinn pro Trade von $ 150, kein schlechtes Ergebnis angesichts der geringen Zahl von Gelegenheiten im Betrachtungszeitraum. Der Gesamtgewinn mit $ 462 ist für einen ruhigen Monat durchaus akzeptabel, und es ist nur ein einziger Verlust zu verbuchen.

Die Charts SY-3, SY-4 und SY-5 zeigen Kursbewegungen und Einstiegsszenarien für Sojabohnen unter Einsatz der oben beschriebenen spekulativen und konservativen Einstellungen.

Chart SY-3 zeigt einen konservativen Trading-Ansatz für Sojabohnen (siehe Tabelle 4.SY.C5) und eine Short-Position für den 12. Juni 1995. Der Trader braucht fünf um mindestens 1,0 Cent tiefere Schlusskurse in Folge. Der erste ergibt sich bei (A) gegen 11.25 Uhr EDT, der nächste gleich darauf, ein weiterer gegen Mittag, der fünfte – Auslöser für das Short-Signal – kurz vor 13.30 Uhr EDT bei (E). Am Schluss wirft dieser Trade einen Gewinn von 4 1/2 Cent oder $ 225 ab.

Chart SY-4 zeigt eine konservative Einstellung auf 15-Minuten-Basis für den 26. Juni 1995. Voraussetzung für ein Short-Signal

T A B E L L E   4.SY.C5
Handelsergebnisse: Berg-und-Tal-Day-Trading-Methode*
Sojabohnen: Konservative Einstellung, 5-Minuten-Daten

Datum	Position	Einstiegs-zeit	Einstiegs-kurs	Ausstiegs-zeit	Ausstiegs-kurs	$G/V	$ Max. Verlust	Zeit	$ Max. Gewinn	Zeit
2/6/95	Short	12:06	607.5	13:14	603.5	200	-25	12:21	225	13:11
8/6/95	Short	11:14	608.5	13:14	609.5	-50	-50	13:14	225	11:34
12/6/95	Short	12:29	596.5	13:14	592	225	0	12:29	250	12:39
19/6/95	Long	12:26	630	13:14	629	-50	-50	13:14	250	12:41
26/6/95	Short	12:29	601.5	13:14	595.5	300	0	12:29	325	12:59
$ Total						625				
Durchschnittsgewinn/Trade In $						125				

*Einstellungen: Minimaldifferenz aufeinander folgender hoher/tiefer Schlusskurse = 1,0 Cent
Anzahl aufeinander folgender hoher/tiefer Schlusskurse = 5

TABELLE 4.SY.C15
Handelsergebnisse: Berg-und-Tal-Day-Trading-Methode*
Sojabohnen: Konservative Einstellung, 15-Minuten-Daten

Datum	Position	Einstiegs-zeit	Einstiegs-kurs	Ausstiegs-zeit	Ausstiegs-kurs	$G/V	$ Max. Verlust	Zeit	$ Max. Gewinn	Zeit
12/6/95	Short	12:44	592.5	13:14	592	25	0	12:44	25	13:14
15/6/95	Long	12:44	613	13:14	612	-50	-50	12:59	0	12:44
26/6/95	Short	12:29	601.5	13:14	595.5	300	0	12:29	325	12:59
$ Total						275				
Durchschnittsgewinn/Trade in $						92				

*Einstellungen: Minimaldifferenz aufeinander folgender hoher/tiefer Schlusskurse: 0,5 Cent
Anzahl aufeinander folgender hoher/tiefer Schlusskurse: 6

TABELLE 4.SY.S60
Handelsergebnisse: Berg-und-Tal-Day-Trading Methode*
Sojabohnen: Spekulative Einstellung, 60-Minuten-Daten

Datum	Position	Einstiegs-zeit	Einstiegs-kurs	Ausstiegs-zeit	Ausstiegs-kurs	$G/V	$ Max. Verlust	Zeit	$ Max. Gewinn	Zeit
2/6/95	Short	12:34	606	13:14	603.5	125	0	12:34	125	13:14
9/6/95	Short	12:31	606.75	13:14	604	138	0	12:31	138	13:14
12/6/95	Short	12:31	596.25	13:14	592	212	0	12:31	212	13:14
20/6/95	Long	12:32	629	13:14	626	-150	-150	13:14	0	12:32
23/6/95	Long	12:32	619.5	13:14	619.75	12	0	12:32	12	13:14
26/6/95	Short	12:33	598	13:14	595.5	125	0	12:33	125	13:14
$ Total						462				
Durchschnittsgewinn/Trade in $						77				

*Einstellungen: Minimaldifferenz aufeinander folgender hoher/tiefer Schlusskurse = 0,5 Cent
Anzahl aufeinander folgender hoher/tiefer Schlusskurse = 2

sind hier sechs um 1/2 Cent tiefere Schlusskurse in Folge. Der erste (A) ergibt sich gegen 11.15 Uhr EDT, nach Ausbildung eines Tops in der Umgebung von 609 kurz nach 11.00 Uhr. Danach kommt es zu mehreren tieferen Tiefs in rascher Folge von Punkt (B) bis (F). Hier geht der Trader um 13.29 Uhr EDT (12.29 Uhr CDT) short bei 601,5 und hält die Position bis zum Schluss bei 595,5 – mit einem Gewinn von sechs Cent ($300).

Chart SY-5 schließlich zeigt spekulatives Trading auf Basis von 60-Minuten-Kursen für den 9. Juni 1995. Kriterium für ein Short-Signal sind hier zwei tiefere Schlusskurse in Folge in einem Abstand von mindestens 1/2 Cent. Der erste ergab sich bei (A) gegen 11.00 Uhr EDT etwa bei 608, der zweite bei (B) gegen 12.30 Uhr etwa bei 606,5, wo der Trader in Short-Position ging, um bei 604 kurz vor Börsenschluss auszusteigen (siehe Warnhinweise zu Schlusskursen zu Beginn dieses Kapitels). Der Gewinn lag bei 0,3 Cent oder $ 138.

C H A R T SY-3
Konservative Einstellung: 5-Minuten-Kurse
Sojabohnen

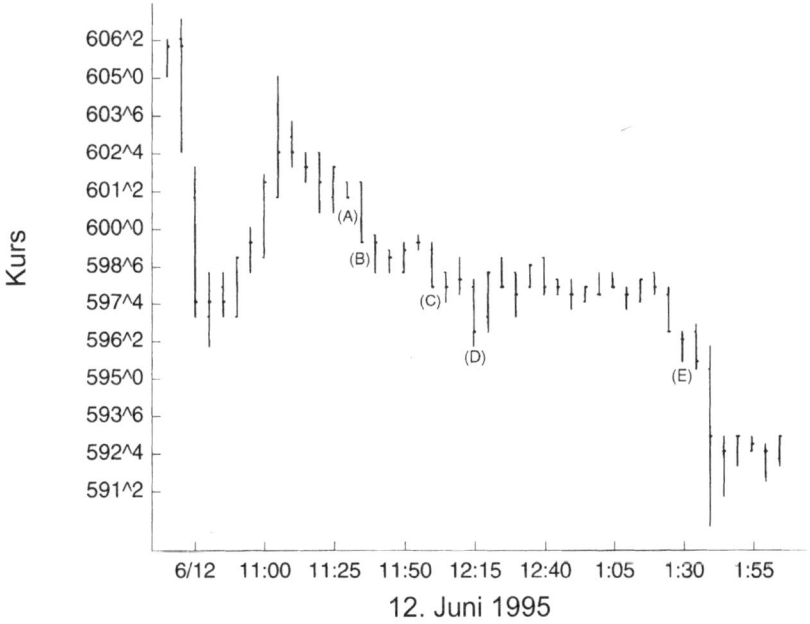

12. Juni 1995

CHART SY-4
Konservative Einstellung: 15-Minuten-Kurse
Sojabohnen

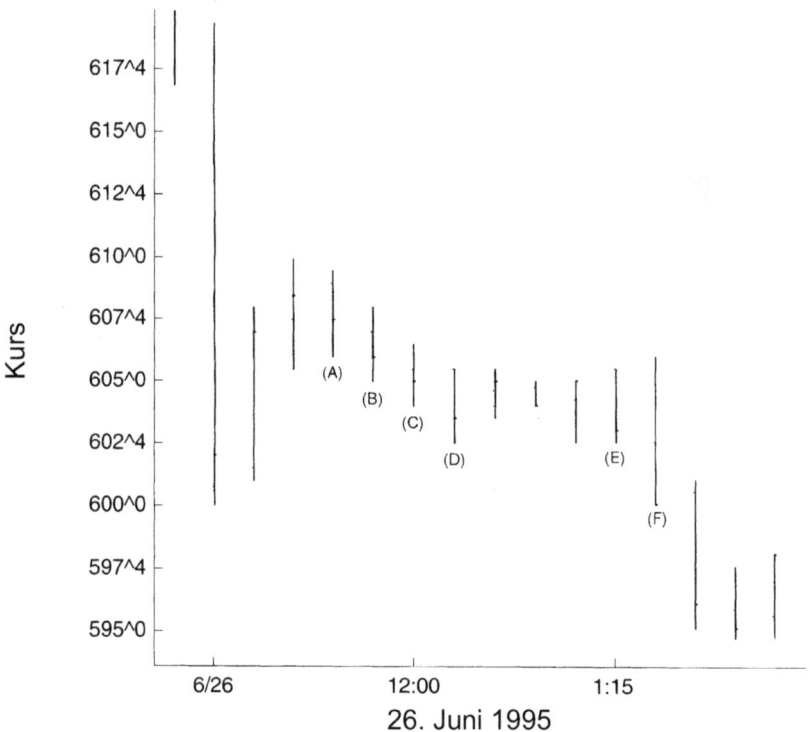

26. Juni 1995

C H A R T   SY-5
Spekulative Einstellung: 60-Minuten-Kurse
Sojabohnen

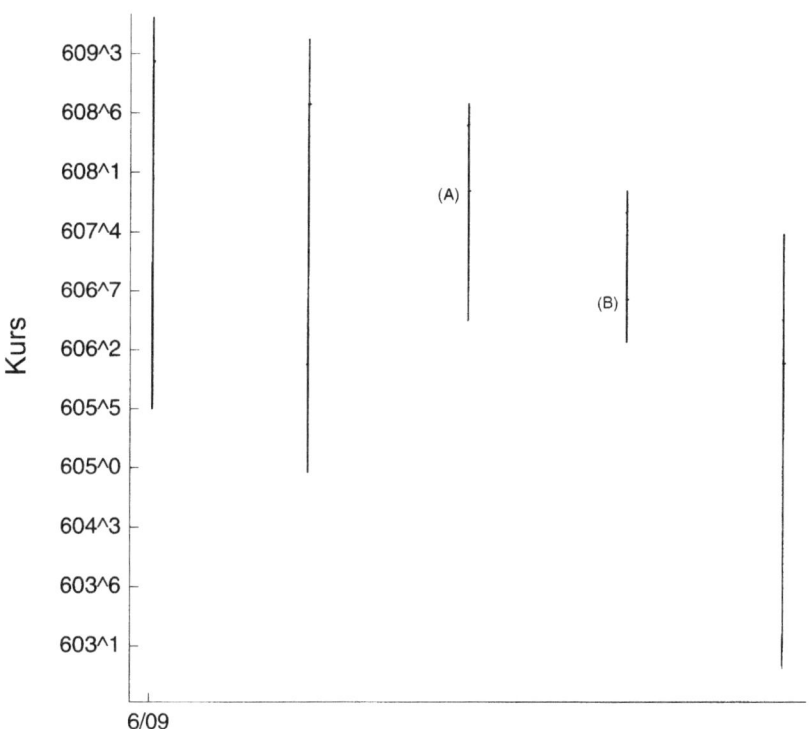

9. Juni 1995

Weizen

Als älteste Getreidesorte hat Weizen üppige, aber auch magere Jahre erlebt. Höhepunkte waren etwa die berühmten Weizenkäufe durch die Sowjetunion Mitte der 70er Jahre, als der Ostblock Getreideimporte aus dem Westen zuließ und einen Nachfrageschub erzeugte. Wie bei Sojabohnen kommt es jedoch auch hier meist während der Anbauzeit zu größeren Bewegungen, auch innerhalb eines Tages, wenn alles vom Wetter abhängt. Trockenperioden oder starke Regenfälle können die Preise in den Himmel heben oder in den Keller treiben, je nachdem, wie viele Schlechtwettertage es gibt.

C H A R T WN-1
Typischer Kursverlauf eines Tagescharts für Weizen

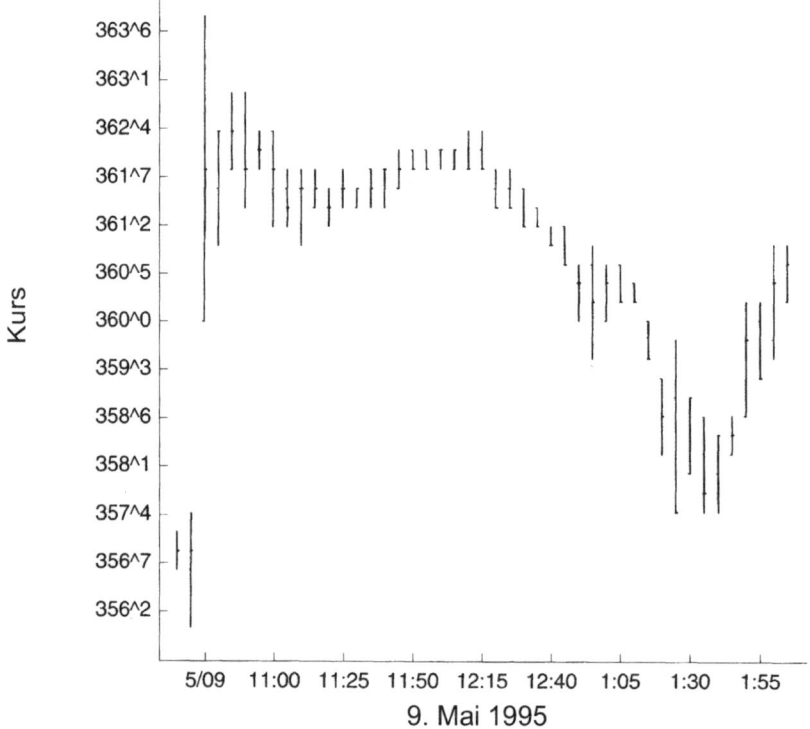

9. Mai 1995

C H A R T WN-2
Typischer Kursverlauf eines Tagescharts für Weizen

25. Mai 1995

EINSTELLUNGEN FÜR DIE TRADING-PRAXIS

Typische Kursbewegungen innerhalb eines Tages

Weizen zeigt auch mal deutliche Bewegungen innerhalb eines Tages (siehe den 12. Mai auf Tabelle WN.C30, wo ein Plus von 8 Cent möglich war), doch gewöhnlich sind die Kursveränderungen eher klein bei hoher Volatilität. Ein Trader, der hier erfolgreich sein will, muss den Zeitrahmen sorgfältig auswählen und auf günstige Ausführung seiner Order und niedrige Trading-Kosten achten.

Auf Chart WN-1 schlingern die Kurse im Abwärtstrend von 363 bis 358 und steigen dann wieder auf 360 – ein mäßiger Trend mit mäßiger Volatilität (die am Ende aber Profit kosten kann). Ein weiteres Handelsbeispiel zeigt uns „echte" und irreführende Bewegungen, sowohl in die eine, aber auch in die andere Richtung, wobei die tatsächliche Kursveränderung bei Börsenschluss relativ gering ist. Chart WN-2 erzählt die traurige Geschichte. Die Weizenkurse steigen, ausgehend von 373, auf 375, fallen dann auf 371 zurück und ziehen wieder an bis auf 376 bei Börsenschluss. Der allwissende Trader kann hier 3 Cent bzw. $ 150 Gewinn einschieben, wenn er von Eröffnung bis Schluss engagiert bleibt. Das Gleiche ist aber auch ohne übersinnliche Fähigkeiten zu erreichen – mit dem reaktionsfähigen, spekulativen Berg-und-Tal-Ansatz auf 5-Minuten-Basis.

Geeignete Einstellungen für Weizen

Unsere Methode wurde für Weizen am Monat Mai 1995 getestet, und zwar für 1-, 5-, 15-, 30- und 60-Minuten-Daten.

5- und 15-Minuten-Intervalle lieferten im Tagesgeschehen gute Ergebnisse (wobei der Gesamtgewinn pro Trade bei ungünstiger Ausführung oder hohen Trading-Kosten gerade noch tragbar ist). Die Charts WN-3 bis WN-5 zeigen interessante Trades für den konservativen und den spekulativen Anwender, die Tabellen 4.WN.C5, C30, S30 und S60 informieren über geeignete

C H A R T WN-3
Konservative Einstellung: 30-Minuten-Kurse
Weizen

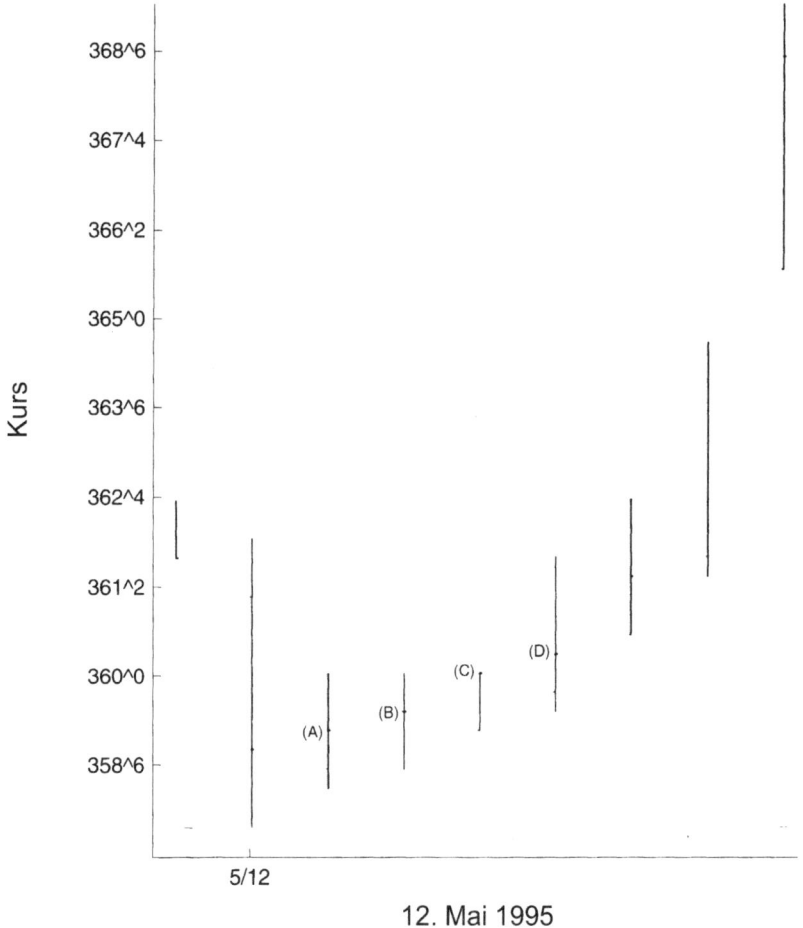

12. Mai 1995

Einstellungen und Gesamtergebnisse. Trades auf 1-Minuten-Basis schneiden dabei nicht so gut ab: Ein Gewinn pro Trade von maximal $ 30 lohnt nicht. Die Situation ist ähnlich wie bei Sojabohnen. Die echten Trends verstecken sich hinter so viel

TABELLE 4.WN.C5

Handelsergebnisse: Berg-und-Tal-Day-Trading-Methode*
Weizen: Konservative Einstellung, 5-Minuten-Daten

Datum	Position	Einstiegs-zeit	Einstiegs-kurs	Ausstiegs-zeit	Ausstiegs-kurs	$G/V	$ Max. Verlust	Zeit	$ Max. Gewinn	Zeit
12/5/95	Long	12:56	1364.5	13:14	368	175	0	12:56	175	13:11
17/5/95	Short	12:54	356.75	13:14	356	38	0	12:54	38	13:14
25/5/95	Long	12:09	376.75	13:14	376.5	-12	-112	12:39	88	13:09
$ Total						200				
Durchschnittsgewinn/Trade in $						67				

*Einstellungen: Minimaldifferenz aufeinander folgender hoher/tiefer Schlusskurse = 0,875 Cent
Anzahl aufeinander folgender hoher/tiefer Schlusskurse = 5

TABELLE 4.WN.C30

Handelsergebnisse: Berg-und-Tal-Day-Trading-Methode*
Weizen: Konservative Einstellung, 30-Minuten-Daten

Datum	Position	Einstiegs-zeit	Einstiegs-kurs	Ausstiegs-zeit	Ausstiegs-kurs	$G/V	$ Max. Verlust	Zeit	$ Max. Gewinn	Zeit
8/5/95	Short	12:31	356.5	13:14	356.75	-12	-25	13:01	0	12:31
10/5/95	Long	12:30	359.25	13:14	359.25	0	0	12:30	12	13:00
12/5/95	Long	12:00	360.5	13:14	368	375	0	12:00	375	13:14
17/5/95	Short	13:04	356.25	13:14	356	12	0	13:04	12	13:14
18/5/95	Long	13:01	359.75	13:14	359.5	-12	-12	13:14	0	13:01
26/5/95	Long	12:31	384.25	13:14	386	88	0	12:31	88	13:14
30/5/95	Short	12:58	377.5	13:14	374	175	0	12:58	175	13:14
$ Total						625				
Durchschnittsgewinn/Trade in $						89				

*Einstellungen: Minimaldifferenz aufeinander folgender hoher/tiefer Schlusskurse = 0,125 Cent
Anzahl aufeinander folgender hoher/tiefer Schlusskurse = 4

Turbulenz, dass wirksame Filter (großer Abstand zwischen den Schlusskursen oder hohe Anzahl) nötig sind, durch die der Trader den Trend erst spät erwischt.

Tabelle 4.WN.C30 zeigt einen ausgesprochen anspruchsvollen konservativen Ansatz (vier höhere Schlusskurse in Folge als Long-Kriterium). Es kommen nur sieben Trades zu Stande (vier davon erfolgreich), und der Gesamtgewinn ist eher bescheiden.

Hier braucht man Geduld für die Big Moves. Der einzige wirklich lohnende Trade ist in Chart WN-3 graphisch dargestellt. Nach 11.00 Uhr erfolgt in Wellen ein Anstieg, der nach 13.00 Uhr eine echte, stimmige Aufwärtsbewegung einleitet. An Punkt (D) wird nach vier höheren Schlusskursen im Abstand von mindestens 1/8 Cent ein Kaufsignal generiert. Der Trader stellt am Ende des Tages seine Long-Position bei 368 glatt und kann einen Gewinn von 8 Cent ($ 400) einstreichen.

Ein ganz anderes Bild zeigt Tabelle 4.WN.S30. Hier geht es bei lebhaftem Handel in die Trend-Richtung bei großer Aktivität. Es kommt zu zwei Trades pro Tag, was den Trader bei rund 30 Trades allein für Mai ganz gut auf Trab hält. Wenn er schnell reagiert, seine Order günstig ausgeführt werden und die Transaktionskosten niedrig sind, ist es die Mühe wert: Er verdient um die $ 1 000 im Monat, vor Abzug der Kosten.

Eine deutliche Trendwende im Tagesverlauf bei spekulativen Parameter-Einstellungen auf 30-Minuten-Basis zeigt Chart WN-4. Die Kurse steigen zunächst langsam und drehen gegen 11.30 Uhr EDT ab. Um 12.30 Uhr, also bei Punkt (B), sind zwei signifikante tiefere Schlusskurse in Folge zu verbuchen. In der Umgebung von 379 erfolgt ein Short-Signal. Die Kurse entwickeln sich weiter wie gehabt, die Position wird bei 374 eingedeckt mit einem Gewinn von 5 Cent bzw. $ 250.

Schließlich wird noch eine durch und durch spekulative Einstellung präsentiert, mit minimalem Abstand (1/8 Cent) zum Bestimmen eines signifikanten höheren oder tieferen Schlusskurses und nur einer solchen Differenz als Voraussetzung für ein Positions-Signal. Doch der Trader benutzt sein Köpfchen. Er verlängert den Zeitraum auf 60 Minuten, um ausgeprägte Bewegungen zu ermitteln. Der Einsatz dieser Einstellungskombination – äußerst sensible Einstiegsmechanismen bei einem langen Zeitintervall – zeigt interessante Ergebnisse, die in Tabelle 4.WN.S60 detailliert aufgeführt sind. Insgesamt kommen 32 Trades zu Stande,

T A B E L L E 4.WN.S30

Handelsergebnisse: Berg-und-Tal-Day-Trading-Methode*
Weizen: Spekulative Einstellung, 30-Minuten-Daten

Datum	Position	Einstiegs-zeit	Einstiegs-kurs	Ausstiegs-zeit	Ausstiegs-kurs	$G/V	$ Max. Verlust	Zeit	$ Max. Gewinn	Zeit
1/5/95	Long	12:02	358	13:14	358.5	25	0	12:02	50	13:02
2/5/95	Short	11:00	357.25	12:00	360	-138	-138	12:00	0	11:00
2/5/95	Long	12:00	360	13:14	361	50	-12	12:30	50	13:14
3/5/95	Short	11:01	357.25	12:30	358.25	-50	-50	12:30	12	11:31
3/5/95	Long	12:30	358.25	13:14	360.25	100	0	12:30	100	13:14
4/5/95	Long	10:54	359	12:32	358.5	-25	-25	12:32	0	10:54
4/5/95	Short	12:32	358.5	13:14	356.75	88	0	12:32	112	13:02
5/5/95	Short	11:00	351.75	12:30	352.25	-25	-25	12:30	0	11:00
5/5/95	Long	12:30	352.25	13:14	353	38	0	12:30	38	13:14
8/5/95	Short	11:59	360.5	13:14	361	-25	-25	13:14	75	12:30
10/5/95	Long	11:30	358.25	13:14	359.25	50	0	11:30	62	13:00
12/5/95	Long	11:00	359.75	13:14	368	412	0	11:00	412	13:14
15/5/95	Long	11:30	364.75	13:00	361.5	-162	-162	13:00	38	12:00
15/5/95	Short	13:00	361.5	13:14	360.75	38	0	13:00	38	13:14
16/5/95	Short	10:59	356.5	12:02	358.5	-100	-100	12:02	0	10:59
16/5/95	Long	12:02	358.5	13:14	360.75	112	-25	12:33	112	13:14
17/5/95	Short	12:04	360.75	13:14	356	238	0	12:04	238	13:14
18/5/95	Long	12:00	358	13:14	359.5	75	0	12:00	88	13:01
19/5/95	Long	11:00	362.5	12:00	360.25	-112	-112	12:00	0	11:00
19/5/95	Short	12:00	360.25	13:14	359.75	25	0	12:00	25	13:14
22/5/95	Long	11:30	366.5	13:14	366.25	-12	-12	13:14	75	12:30
23/5/95	Short	11:31	374.25	13:14	374	12	-88	12:01	12	13:14
24/5/95	Long	11:32	375.25	13:02	373.25	-100	-100	13:02	0	11:32
24/5/95	Short	13:02	373.25	13:14	373.75	-25	-25	13:14	0	13:02
25/5/95	Long	12:02	375.75	13:14	376.5	38	-38	12:32	38	13:14
26/5/95	Long	11:30	380.75	13:14	386	262	0	11:30	262	13:14
30/5/95	Short	12:00	379.25	13:14	374	262	0	12:00	262	13:14
31/5/95	Short	10:58	371.5	13:14	372.25	-38	-138	11:30	0	10:58
$ Total						1062				
Durchschnittsgewinn/Trade in $						37				

*Einstellungen: Minimaldifferenz aufeinander folgender hoher/tiefer Schlusskurse = 0,125 Cent
Anzahl aufeinander folgender hoher/tiefer Schlusskurse = 2

247

davon 19 mit Gewinn. Das Gesamtplus liegt bei $ 1 875. Sie werden feststellen, dass die Verluste nur gering sind, maximal $ 100, während die Gewinne zum Teil mehr als $ 300 ausmachen und auch zahlenmäßig überwiegen. Ein durchaus empfehlenswer-

CHART WN-4
Spekulative Einstellung: 30-Minuten-Kurse
Weizen

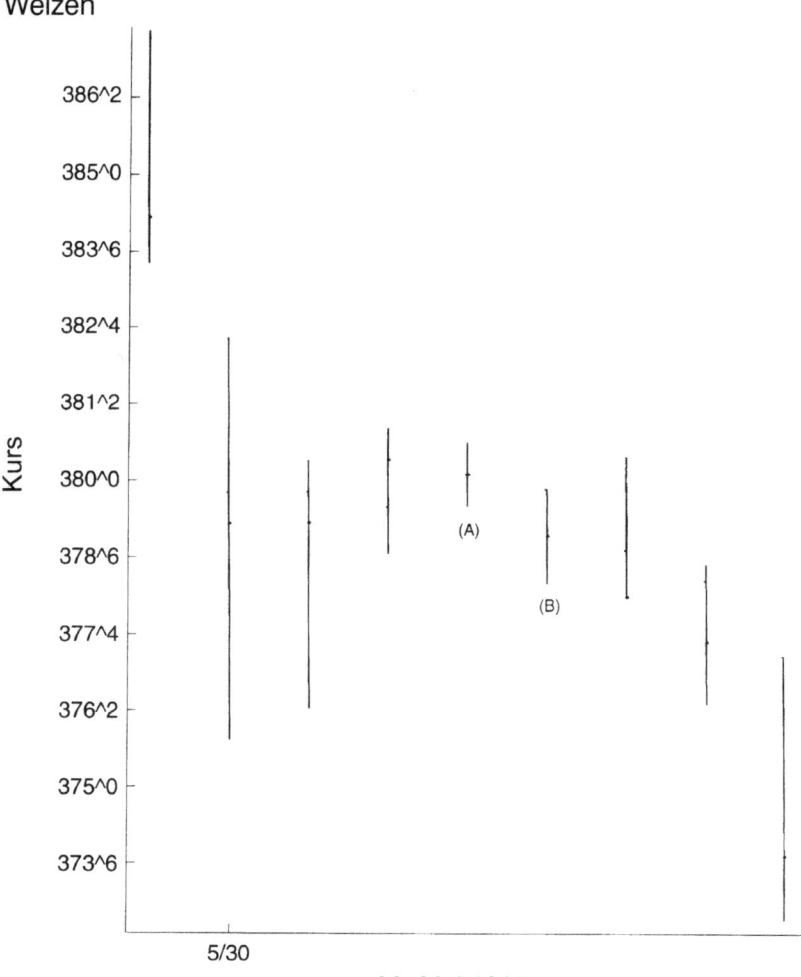

30. Mai 1995

ter Ansatz. Ein attraktiver Trade ist in Chart WN-5 dargestellt. Beim ersten möglichen Intervall bei 362,5 (11.29 Uhr) eröffnet der Trader eine Short-Position und hält diese bis zum Handelsschluss – mit einem Gewinn von 6 Cent bzw. $300.

C H A R T WN-5
Spekulative Einstellung: 60-Minuten-Kurse
Weizen

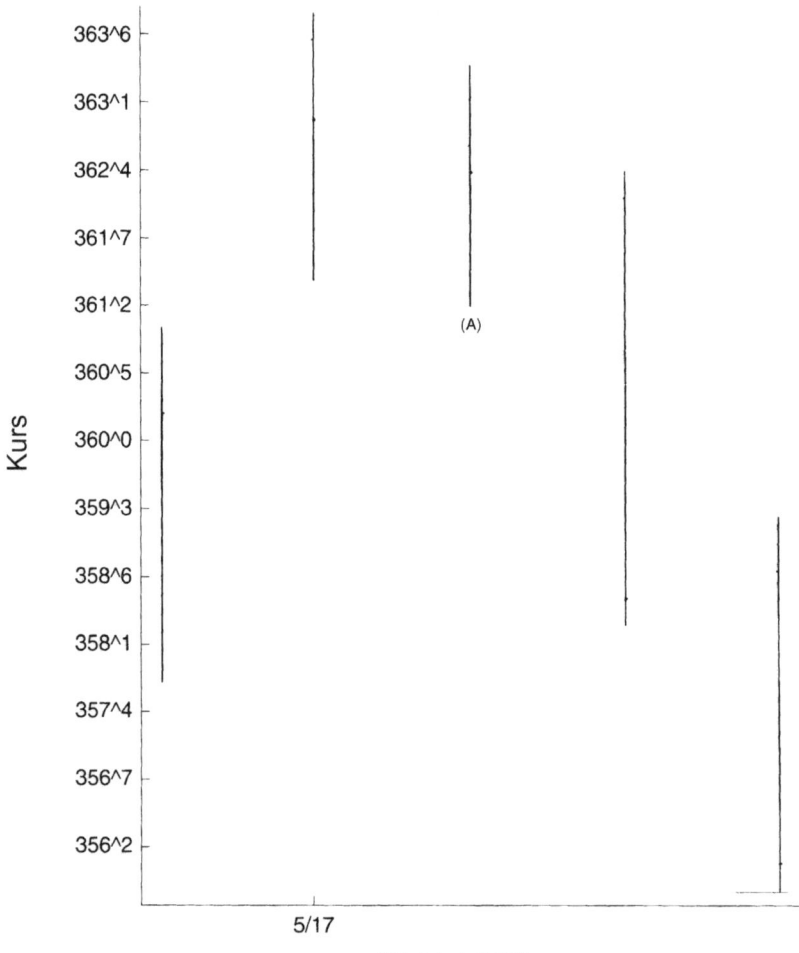

17. Mai 1995

KAPITEL IV

T A B E L L E   4.WN.S60

Handelsergebnisse: Berg-und-Tal-Day-Trading-Methode*
Weizen: Spekulative Einstellung, 60-Minuten-Daten

Datum	Position	Einstiegs-zeit	Einstiegs-kurs	Ausstiegs-zeit	Ausstiegs-kurs	$G/V	$ Max. Verlust	Zeit	$ Max. Gewinn	Zeit
1/5/95	Long	11:32	356.5	13:14	358.5	100	0	11:32	100	13:14
2/5/95	Long	11:29	358.75	13:14	361	112	0	11:29	112	13:14
3/5/95	Short	11:31	357	12:30	358.25	-62	-62	12:30	0	11:31
3/5/95	Long	12:30	358.25	13:14	360.25	100	0	12:30	100	13:14
4/5/95	Long	11:32	359	12:32	358.5	-25	-25	12:32	0	10:54
4/5/95	Short	12:32	358.5	13:14	356.75	88	0	12:32	112	13:02
5/5/95	Short	11:30	352	12:30	352.25	-12	-12	12:30	0	11:30
5/5/95	Long	12:30	352.25	13:14	353	38	0	12:30	38	13:14
8/5/95	Short	11:30	357.75	13:14	356.75	50	0	11:30	62	12:31
9/5/95	Short	11:30	361.25	13:14	361	12	0	11:30	112	12:30
10/5/95	Long	11:30	358.25	13:14	359.25	50	0	11:30	50	12:30
11/5/95	Long	11:29	362.25	12:29	362	-12	-12	12:29	0	11:29
11/5/95	Short	12:29	362	13:14	362.25	-12	-12	13:14	0	12:29
12/5/95	Long	11:30	360.25	13:14	368	388	0	11:30	388	13:14
15/5/95	Long	11:30	364.75	12:30	363.75	-50	-50	12:30	0	11:30
15/5/95	Short	12:30	363.75	13:14	360.75	150	0	12:30	150	13:14
16/5/95	Long	11:29	358	13:14	360.75	138	0	11:29	138	13:14
17/5/95	Short	11:29	362.5	13:14	356	325	0	11:29	325	13:14
18/5/95	Long	11:29	355.75	13:14	359.5	188	0	11:29	188	13:14
19/5/95	Long	11:30	362	12:30	360	-100	-100	12:30	0	11:30
19/5/95	Short	12:30	360	13:14	359.75	12	0	12:30	12	13:14
22/5/95	Long	11:30	366.5	13:14	366.25	-12	-12	13:14	75	12:30
23/5/95	Short	11:31	374.25	12:31	376	-88	-88	12:31	0	11:31
23/5/95	Long	12:31	376	13:14	374	-100	-100	13:14	0	12:31
24/5/95	Long	11:32	375.25	12:32	374.25	-50	-50	12:32	0	11:32
24/5/95	Short	12:32	374.25	13:14	373.75	25	0	12:32	25	13:14
25/5/95	Long	11:31	373	13:14	376.5	175	0	11:31	175	13:14
26/5/95	Long	11:30	380.75	13:14	386	262	0	11:30	262	13:14
30/5/95	Long	11:29	380.25	12:29	378.25	-100	-100	12:29	0	11:29
30/5/95	Short	12:29	378.25	13:14	374	212	0	12:29	212	13:14
31/5/95	Long	11:30	374.25	12:29	374	-12	-12	12:29	0	11:30
31/5/95	Short	12:29	374	13:14	372.25	88	0	12:29	88	13:14
$ Total						1875				
Durchschnittsgewinn/Trade in $						59				

*Einstellungen: Minimaldifferenz aufeinander folgender hoher/tiefer Schlusskurse = 0,125 Cent
Anzahl aufeinander folgender hoher/tiefer Schlusskurse = 1

250

FESTVERZINSLICHE WERTPAPIERE

T-Bonds

T-Bonds, Schuldverschreibungen der US-Regierung mit 30-jähriger Laufzeit, konkurrieren mit Eurodollars (US-Dollareinlagen in Europa, für die die dortigen Zinssätze gelten) um den ersten Platz, was das Trading-Volumen bei Commodities angeht. Ein großes Thema also. Bei vielen Unternehmen, Institutionen, Regierungen und Einzelanlegern stellen T-Bonds den Löwenanteil des Portefeuilles. Der T-Bond hat in den 20 Jahren seines Bestehens mehrere deutliche Trendbewegungen gezeigt, insbesondere in der Hochzinsphase von 1980-81, als die Sätze bis fast auf 20 Prozent gestiegen waren. Auch in den letzten fünf Jahren hat es mehrere Bewegungen größeren Ausmaßes gegeben, mit Veränderungen in der Größenordnung von 40 Punkten oder mehr, wie sie in etwa jedem zweiten Jahr vorkommen. Jeder Punkt bedeutet für den getradeten Kontrakt $ 1 000. Ziemlich regelmäßig konnte man mittlere und kleinere Bewegungen (von weniger als 10 Punkten) beobachten. Sie sind zurückzuführen auf Prognosen der Federal Reserve-Polititk, auf Verhandlungen zwischen den USA und Japan, auf Arbeitslosenzahlen, Produzentenpreisindex, Neubauten, Bruttoinlandsprodukt, und vieles mehr.

Typische Kursbewegungen innerhalb eines Tages

Welche Bewegungen innerhalb eines Handelstages stattfinden, steht auf einem ganz anderen Blatt. Hier kommt es nur sehr selten zu wirklich dramatischen Veränderungen von 2 ganzen Punkten und mehr. Die übliche Größenordnung liegt bei 1/4 bis 1/2 Punkt, wobei Bewegungen um 1 Punkt oder mehr gelegentlich möglich sind. Der Day-Trader lebt also von (und hofft auf) Bewegungen um 1/4 Punkt, die ihm nach Abzug der Verluste durchschnittlich 1/8 Punkt Gewinn bringen. Der Markt ist jedoch glücklicherweise groß und zuverlässig, so dass mit wenig Slippage

bei der Ausführung von Trades zu rechnen ist. Meinen Erfahrungen als Broker nach liegen die Werte hier bei 1/2 Tick in die eine oder andere Richtung, vielleicht bei einem Tick (0,03125 Punkte) im Schnitt, wenn der Parketthändler einigermaßen fit ist.

Der Trader kann demnach um die $80 brutto gutmachen und die Hälfte davon (also $40) nach Abzug der Kosten als Nettogewinn verbuchen. Doch das liegt immer auch mit daran, was Sie mit Ihrem Broker ausgehandelt werden. Viel Glück dabei!

Chart US-1 zeigt einen ganz typischen Tag für T-Bonds. Die Tagesspanne beträgt 10 bis 11 Punkte (Ticks), innerhalb derer sich wellenförmige Reaktionen nach oben und unten erkennen lassen. Ein geschickter Trader kann hier ein paar Punkte (Ticks) Gewinn mitnehmen, mit etwas Glück vielleicht 6 Punkte. Wenn er mit der Theorie der „gegensätzlichen Meinung" arbeitet – in einen deutlichen Einbruch hinein kaufen, in einen kräftigen Anstieg hinein verkaufen –, macht er möglicherweise da und dort noch etwas Gewinn. Trendfolger sind hier verloren, denn der Trader kommt erst spät in Long-Position, kurz vor Erreichen des Tops, und verkauft dann nahe bei Tagestief, nachdem die Kurse stark gefallen sind. Mit der Berg-und-Tal-Methode, die ja auch auf Trendfolge basiert, kann man das zum Glück vermeiden und viele trügerische Bewegungen entlarven.

Chart US-2 zeigt eine häufige, dem Trader sehr willkommene Situation. Erst bewegen sich die Kurse für eine Weile innerhalb eines Staubereiches, dann beginnt im weiteren Verlauf des Tages ein stimmiger Trend, der über das angestrebte Gewinnpotenzial von 6 bis 8 Punkten verfügt (wobei wir natürlich immer auf den ganz großen Wurf hoffen können).

CHART US-1
Typischer Kursverlauf eines Tagescharts für T-Bonds

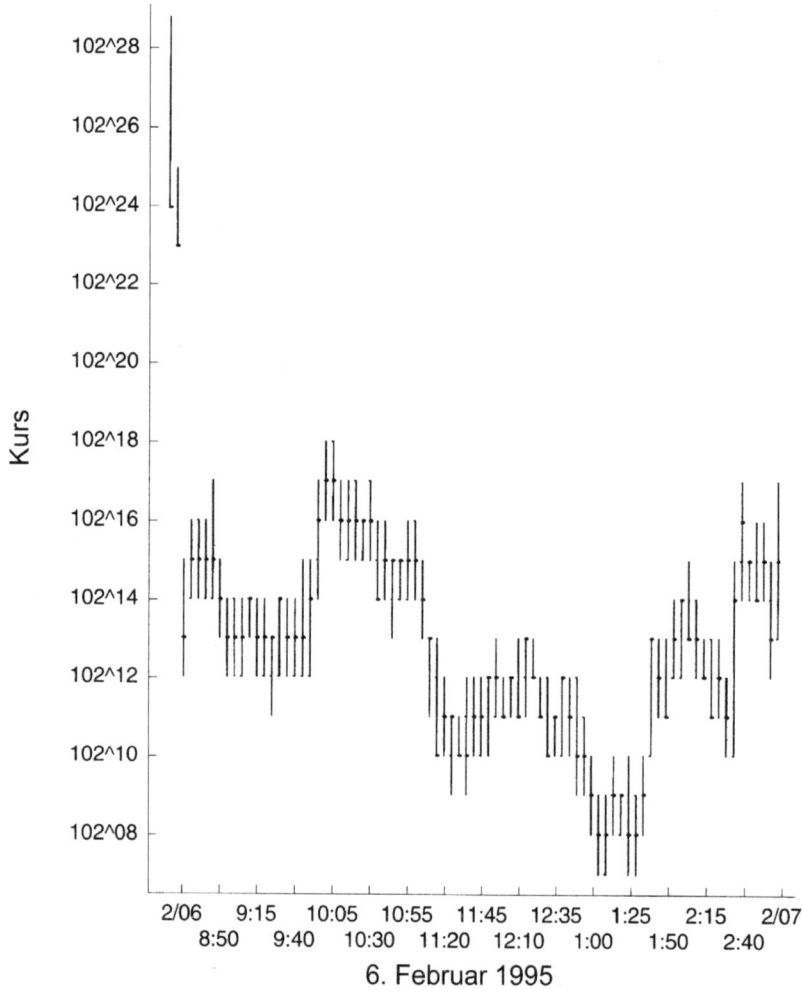

6. Februar 1995

Eine Auswahl an Einstellungen für verschiedene Trading-Stile

Unsere Methode wurde getestet anhand von 1-, 5-, 15-, 30- und 60-Minuten-Kursdaten für den Monat Februar 1995. Die Ergebnisse waren in allen Zeitrahmen positiv, wobei die jeweils erste Wahl abhängt vom bevorzugten Trading-Stil.

Tabelle 4.US.C1 repräsentiert eine konservative Haltung (mit sechs aufeinander folgenden höheren Schlusskursen im Mindestabstand von 1 Tick als Long-Kriterium), bei der doch fast ein Trade am Tag drin ist (wohl durch den gewählten Zeitrahmen). Die Ergebnisse zeigen, dass nur ein Trade über $400 Verlust brachte und die längste Verlustphase (Tage) $500 ausmachte. Dem gegenüber stehen mehrere Einzelgewinne von über $400, ein kumulierter Gewinn von $1700 und ein Gewinn pro Trade von $82.

Tabelle 4.US.S15 zeigt Ergebnisse von Trades auf der Basis von 15-Minuten-Intervallen. Hier ist ein aggressiverer Typ von Trader am Werk, der so viele Trades wie möglich mitnimmt und nur geringe Vorsichtsmaßnahmen einbaut (Anzahl bestätigender Schlusskurse in Folge). Er verlangt dabei einen moderaten Abstand zwischen den aufeinander folgenden Schlussnotierungen (3 Ticks), doch lediglich zwei davon als Voraussetzung für ein Long- oder Short-Signal. Wider Erwarten unterscheiden sich die Werte hier nicht wesentlich von den Ergebnissen der konservativen Trading-Variante auf 1-Minuten-Basis. Beim Gesamtgewinn haben wir einmal $1800, einmal $1700, der durchschnittliche Gewinn pro Trade ist mit $82 gleich, die Anzahl der Trades nahezu identisch (22 gegenüber 21), doch die Verluste sind kleiner (der größte beträgt einmal $219, einmal $469). An sich sollte diese Variante ja stärker spekulativ geprägt sein, doch das macht sich wohl erst über einen längeren Zeitraum bemerkbar.

C H A R T   US-2

Typischer Kursverlauf eines Tagescharts für T-Bonds

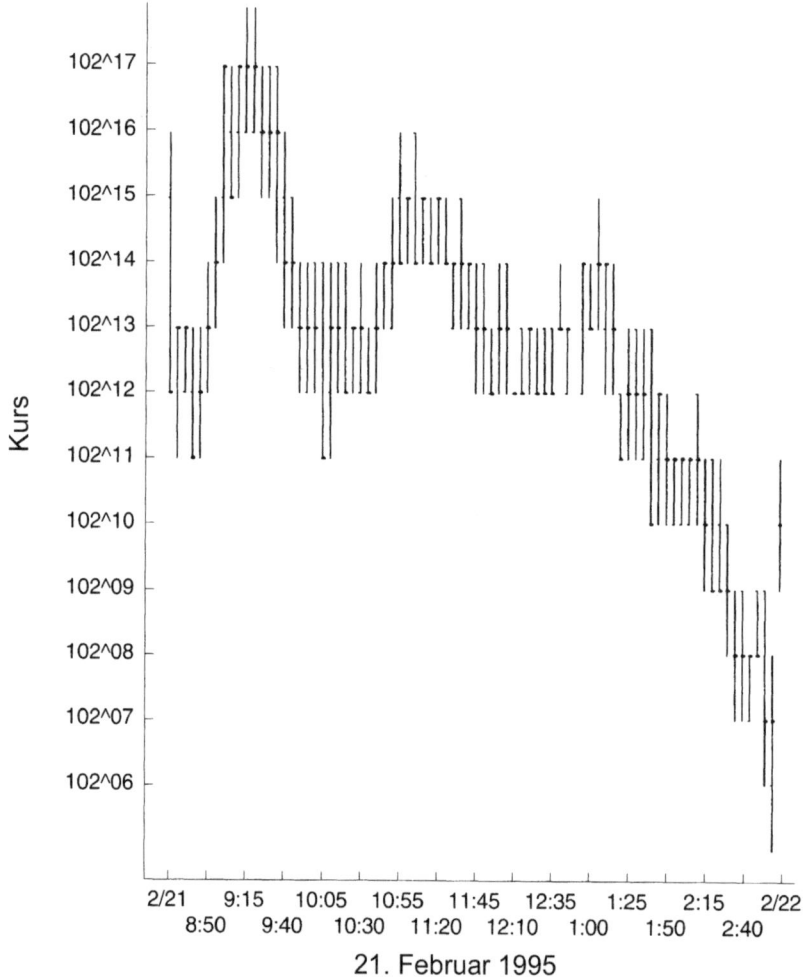

21. Februar 1995

Chart US-3 zeigt das anständige Tagwerk eines einsatzfreudigen Spekulanten. Gleich im Anschluss an den Boden bei 102-6, der gegen 8.00 Uhr CDT erreicht wurde, kommt es zu zwei kräftigen Kurssprüngen, so dass unser Trader an Punkt (B) in Long-Position geht – beim zweiten deutlich (um drei oder mehr Ticks) höheren Schlusskurs in Folge. Kurz nach 11.00 Uhr EDT bildet

TABELLE 4.US.C1

Handelsergebnisse: Berg-und-Tal-Day-Trading-Methode*
T-Bonds: Konservative Einstellung, 1-Minuten-Daten

Datum	Position	Einstiegs-zeit	Einstiegs-kurs	Ausstiegs-zeit	Ausstiegs-kurs	$G/V	$ Max. Verlust	Zeit	$ Max. Gewinn	Zeit
1/2/95	Short	13:27	101.3125	14:10	101.1875	125	-219	13:36	156	14:00
3/2/95	Long	9:35	102.343	14:10	102.718	375	-218	10:06	563	13:51
6/2/95	Short	12:28	102.218	14:09	102.375	-157	-313	13:39	0	12:28
7/2/95	Short	13:15	102.406	14:10	102.281	125	-156	13:37	125	14:09
8/2/95	Short	12:35	102.031	14:10	102.25	-219	-281	13:24	0	12:35
9/2/95	Long	13:00	102.25	13:49	101.968	-282	-282	13:49	93	13:06
9/2/95	Short	13:49	101.968	14:10	101.843	125	0	13:49	156	14:00
10/2/95	Short	7:43	101.937	14:10	101.593	344	-94	8:01	687	11:33
14/2/95	Long	8:22	102.093	14:11	102.3125	219	-281	9:12	219	13:54
15/2/95	Long	8:24	102.5	11:13	102.906	406	0	8:24	750	10:43
15/2/95	Short	11:13	102.906	14:10	102.687	219	-62	11:16	313	13:44
16/2/95	Short	8:29	102.781	10:53	102.687	94	-187	9:01	531	9:34
16/2/95	Long	10:53	102.687	13:40	102.593	-94	-187	11:28	281	12:53
16/2/95	Short	13:40	102.593	14:09	102.718	-125	-157	13:59	0	13:40
22/2/95	Short	9:55	102.343	11:01	102.531	-188	-188	11:01	218	10:07
22/2/95	Long	11:01	102.531	14:10	103.187	656	-156	11:15	687	13:59
24/2/95	Short	12:13	102.531	14:00	103	-469	-469	14:00	0	12:13
24/2/95	Long	14:00	103	14:10	103.031	31	0	14:00	31	14:01
27/2/95	Long	12:38	103.593	14:09	103.625	32	-250	13:25	94	12:59
28/2/95	Short	0:00	103.25	13:21	103.75	-125	-125	13:21	219	13:32
28/2/95	Long	13:21	103.375	14:10	104	625	-32	13:22	625	13:59
$ Total						1717				
Durchschnittsgewinn/Trade in $						82				

*Einstellungen: Minimaldifferenz aufeinander folgender hoher/tiefer Schlusskurse = 0,03125 Punkte
Anzahl aufeinander folgender hoher/tiefer Schlusskurse = 6

sich bereits ein Top, und es kommt zu zwei dramatischen Einbrüchen bis zu Punkt (b). Hier wird eine Short-Position eröffnet und den Rest des Tages gehalten. Der Gesamtgewinn liegt bei $93 auf der Long- und $156 auf der Short-Seite.

Die konservative Variante auf 15-Minuten-Basis ist in Tabelle 4.US.C15 dargestellt. Hier legt der Trader sehr hohe Maßstäbe für die Einstiegskriterien an (fünf um 4 Ticks oder 0,125 Punkte auseinander liegende höhere/tiefere Schlusskurse in Folge als Voraussetzung für die Eröffnung einer Position), so dass es nur zu wenigen (doch lukrativen) Trades kommt. Geduldig wartet er auf die große Chance, ohne sich von der geringen Anzahl von Trades beirren zu lassen. Er kann sein Geld ja in andere (konservative) Trades investieren! Chart US-4 illustriert einen hübschen Gewinn von $344 durch eine Long-Position, die mitten am Tag – dem 3. Februar 1995 – bei Punkt (E) eröffnet wurde, als der fünfte höhere Schlusskurs in Folge im Abstand von mindestens 4 Ticks zu verzeichnen war.

Tabelle 4.US.S60 schließlich zeigt die Ergebnisse eines quasi-spekulativen Trading-Ansatzes auf Basis von 60-Minuten-Kursdaten. Verlangt ein Trader einen großen Abstand zwischen den aufeinander folgenden höheren bzw. tieferen Schlusskursen (1/2 Punkt oder 16 Ticks), der jedoch nur einmal vorkommen muss, damit eine Long- oder Short-Position ausgelöst wird (spekulatives Element!); wird er sein Trading damit zuverlässig auf deutliche Ausbrüche zu maßgeblichen Tageszeiten ausrichten. Der daraus resultierende Gewinn liegt bei moderaten $532 insgesamt und bei $177 pro Trade. Ein typischer Trade für diesen Monat ist in Chart US-5 dargestellt. Von der Eröffnung und dann wieder von einem Schlusstief bei 102-6 gegen 11.20 Uhr EDT steigen die Kurse schließlich auf eine um 0,50 Punkte (16 Ticks) höhere Notierung um 13.20 Uhr CDT (14.20 EDT). Der Trader geht long und streicht bei Tagesschluss $406 ein.

TABELLE 4.US.S15
Handelsergebnisse: Berg-und-Tal-Day-Trading-Methode*
T-Bonds: Spekulative Einstellung, 15-Minuten-Daten

Datum	Position	Einstiegs-zeit	Einstiegs-kurs	Ausstiegs-zeit	Ausstiegs-kurs	$G/V	$ Max. Verlust	Zeit	$ Max. Gewinn	Zeit
1/2/95	Short	13:49	101.3125	13:59	101.1875	125	0	13:49	125	13:59
3/2/95	Long	8:34	102.03125	13:59	102.75	719	0	08:34	844	13:49
7/2/95	Short	13:19	102.4375	13:59	102.3125	125	-63	13:34	125	13:59
8/2/95	Long	10:49	102.375	12:04	102.156	-219	-219	12:04	31	11:04
8/2/95	Short	12:04	102.156	13:59	102.25	-94	-94	13:04	94	12:49
9/2/95	Short	11:05	101.906	12:50	102.125	-219	-219	12:50	31	12:05
9/2/95	Long	12:50	102.125	13:50	101.9375	188	-188	13:50	1875	13:05
9/2/95	Short	13:50	101.9375	13:59	101.906	31	0	13:50	31	13:59
10/2/95	Short	10:05	101.5625	13:59	101.5625	0	0	10:05	281	11:35
14/2/95	Long	13:36	102.0625	13:59	102.3125	250	0	13:36	250	13:59
15/2/95	Long	8:34	102.75	11:19	102.843	93	-94	8:49	437	10:34
15/2/95	Short	11:19	102.843	13:59	102.687	156	-125	12:19	218	13:49
16/2/95	Short	9:19	102.531	10:04	102.562	-31	-31	10:04	281	9:34
16/2/95	Long	10:04	102.562	13:59	102.75	188	-62	10:34	313	13:04
21/2/95	Short	13:20	102.281	13:59	102.218	63	0	13:20	63	13:59
22/2/95	Long	10:50	102.46	13:59	103.218	812	0	10:50	812	13:59
24/2/95	Short	12:04	102.593	13:49	102.781	-188	-188	13:49	31	12:19
24/2/95	Long	13:49	102.781	13:59	102.875	94	0	13:49	94	13:59
27/2/95	Long	9:34	103.406	13:34	103.406	0	-63	10:19	281	13:04
27/2/95	Short	13:34	103.406	13:59	103.531	-125	-125	13:59	0	13:34
28/2/95	Short	8:34	103.468	13:34	103.625	-157	-157	13:34	406	11:34
28/2/95	Long	13:34	103.625	13:59	104	375	-32	13:49	375	13:59
$ Total						1810				
Durchschnittsgewinn/Trade in $						82				

*Einstellungen: Minimaldifferenz aufeinander folgender hoher/tiefer Schlusskurse = 0,09375 Punkte
Anzahl aufeinander folgender hoher/tiefer Schlusskurse = 2

C H A R T US-3
Spekulative Einstellung: 15-Minuten-Kurse
T-Bonds

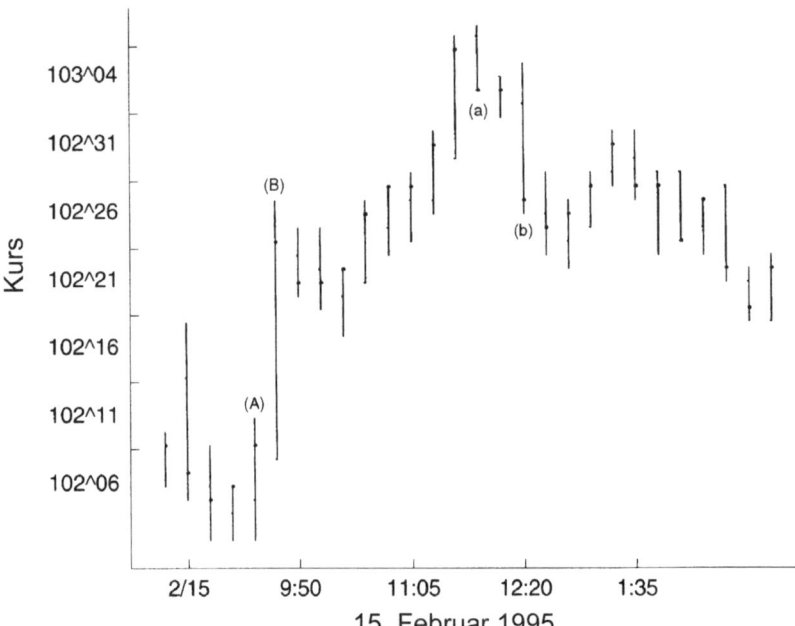

15. Februar 1995

T A B E L L E 4.US.C15
Handelsergebnisse: Berg-und-Tal-Day-Trading-Methode*
T-Bonds: Konservative Einstellung, 15-Minuten-Daten

Datum	Position	Einstiegs-zeit	Einstiegs-kurs	Ausstiegs-zeit	Ausstiegs-kurs	$G/V	$ Max. Verlust	Zeit	$ Max. Gewinn	Zeit
3/2/95	Long	10:49	102.406	13:59	102.75	344	-63	11:19	469	13:49
22/2/95	Long	13:50	103.125	13:59	103.218	93	0	13:50	93	13:59
$ Total						437				
Durchschnittsgewinn/Trade in $						218				

*Einstellungen: Minimaldifferenz aufeinander folgender hoher/tiefer Schlusskurse = 0,125 Punkte
Anzahl aufeinander folgender hoher/tiefer Schlusskurse = 5

259

C H A R T US-4
Konservative Einstellung: 15-Minuten-Kurse
T-Bonds

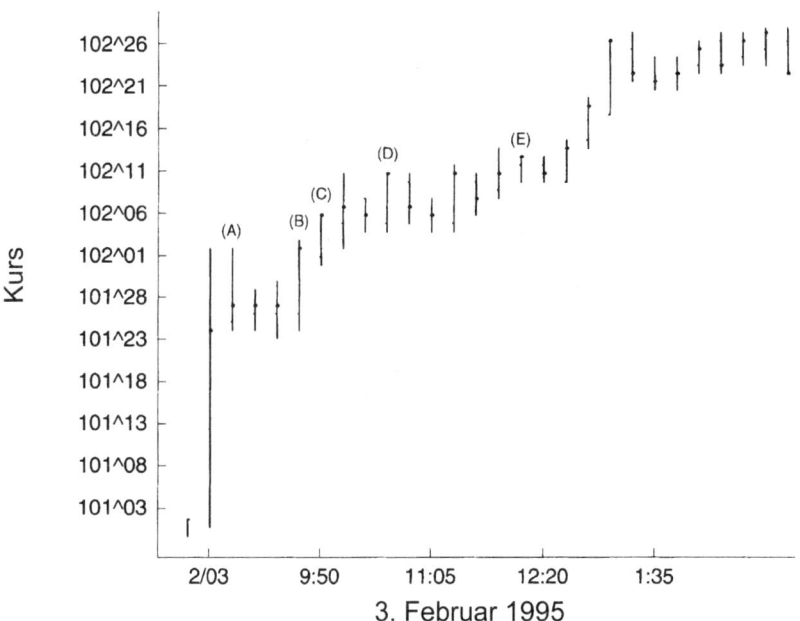

3. Februar 1995

T A B E L L E 4.US.S60
Handelsergebnisse: Berg-und-Tal-Day-Trading-Methode*
T-Bonds: Spekulative Einstellung, 60-Minuten-Daten

Datum	Position	Einstiegs-zeit	Einstiegs-kurs	Ausstiegs-zeit	Ausstiegs-kurs	$G/V	$ Max. Verlust	Zeit	$ Max. Gewinn	Zeit
3/2/95	Long	10:20	102.343	13:59	102.75	407	0	10:20	407	13:20
15/2/95	Long	10:20	102.968	13:59	102.687	-281	-218	13:59	0	10:20
22/2/95	Long	13:20	102.812	13:59	103.218	406	0	13:20	406	13:59
$ Total						532				
Durchschnittsgewinn/Trade in $						177				

*Einstellungen: Minimaldifferenz aufeinander folgender hoher/tiefer Schlusskurse = 0,50 Punkte
Anzahl aufeinander folgender hoher/tiefer Schlusskurse = 1

260

C H A R T US-5
Spekulative Einstellung: 60-Minuten-Kurse
T-Bonds

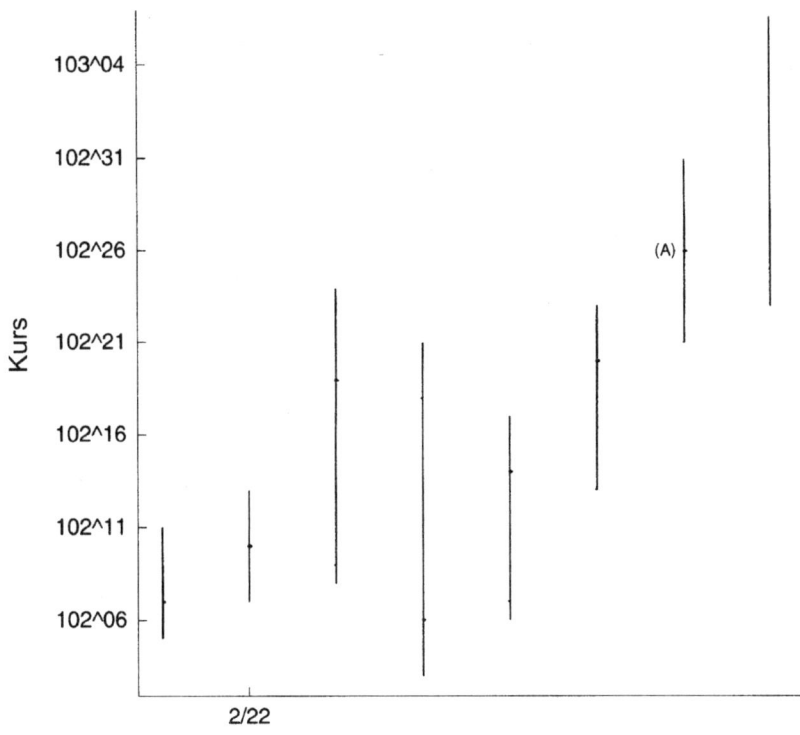

22. Februar 1995

261

KAPITEL IV

T-Notes

Über dieses relativ undurchsichtige Staatspapier ist nur wenig bekannt oder belegt. Weil sein Zinssatz zwischen den kurzfristigen T-Bills und Eurodollars und den langfristigen T-Bonds mit 30-jähriger Laufzeit liegt und damit im mittleren Bereich der Renditekurve, genießt es wenig Aufmerksamkeit. Die meisten wissen zwar um seine Existenz, gestehen ihm jedoch keine Führungsrolle für die Zinskurve zu. Viele denken vielleicht noch an die 2/3-Regel, die besagt, dass eine Bewegung bei Bonds um x eine Bewegung bei Notes um (etwa) 2/3 x nach sich zieht.

Es ist korrekt, dass die Bewegungsfreiheit der T-Notes von den rechnerischen Vorgaben des älteren, mächtigeren Bonds eingeschränkt wird, doch gelegentlich kann es dabei kurzfristig (sagen wir, über einen Tag) zu Abweichungen kommen, die die Unsicherheit der Anleger im Hinblick auf die Richtung der kurz- und langfristigen Zinssätze widerspiegeln und sich daraus eine Trendumkehr ergibt.

Typische Kursbewegungen innerhalb eines Tages

Wie bei Bonds kommt es auch bei T-Notes gelegentlich zu kräftigen Trendbewegungen von systematischem Verlauf (bei einem gemächlichen Anstieg von Eröffnung bis Tagesschluss). Chart TY-1 zeigt ein gutes Beispiel für einen typischen Aufwärtstrend bei T-Notes. Gleich zu Anfang erfolgt ein Kurssprung von 7 Ticks, der jedoch eine schier endlose Seitwärtsbewegung nach sich zieht. Das wahre Potenzial eines Tages zeigt sich erst in dem Moment, als ein stetiger Anstieg von geringer Volatilität und mehr als drei Stunden Dauer bis auf das Tageshoch einsetzt. Dieser Anstieg macht unterm Strich fast 1 ganzen Punkt (32 Ticks) aus. Leider, und das ist nur allzu typisch, kommt es am Ende zu einer Korrektur in die Gegenrichtung (um 8 Ticks). Das Muster, das sich hier ergibt, ist ein ganztägiger, von geringer Volatilität ge-

zeichneter, stetiger und kraftvoller Aufwärtstrend, der am Ende eine massive Korrektur erfährt. Tage wie dieser kommen mehrmals im Monat vor.

Ein anderer typischer Tagesverlauf ist bei T-Notes jedoch noch häufiger.

Chart TY-2 zeigt eine dynamische Aufwärtsbewegung bei T-Notes früh am Morgen des 24. Mai über 18 Ticks innerhalb einer halben Stunde. Zur größten Enttäuschung des begeisterten Traders verlaufen die Kurse im Anschluss jedoch fast horizontal. Dieses Verhalten, am Anfang ein deutlicher Sprung, und danach gar nichts mehr, ist häufig zu beobachten.

C H A R T TY-1
Typischer Kursverlauf eines Tagescharts für T-Notes

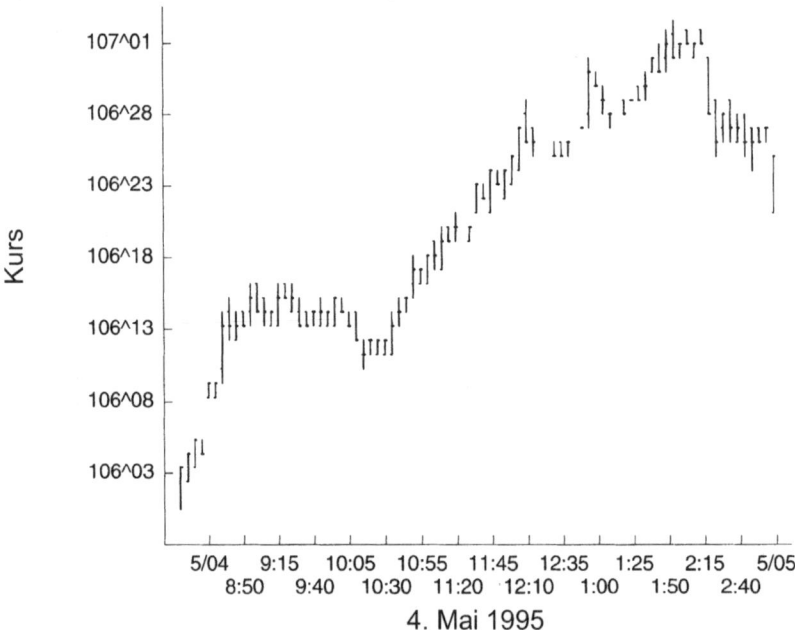

4. Mai 1995

Geeignete Einstellungen für T-Notes

Die Berg-und-Tal-Methode wurde anhand der Kursdaten der 1-, 5-, 15-, 30- und 60-Minuten-Intervalle für den Monat Mai 1995 getestet. Die Resultate sind ganz passabel, doch keinesfalls überwältigend, der Monat war im Großen und Ganzen eher lahm. Verschiedene lukrative Einstellungen für konservative wie spekulative Trading-Varianten wurden dennoch gefunden und sind den Tabellen 4.TY.C1 bis S60 zu entnehmen. Die beigefügten Charts zeigen Beispiele für besonders typische und gelungene Trades.

CHART TY-2
Typischer Kursverlauf eines Tagescharts für T-Notes
24. Mai 1995

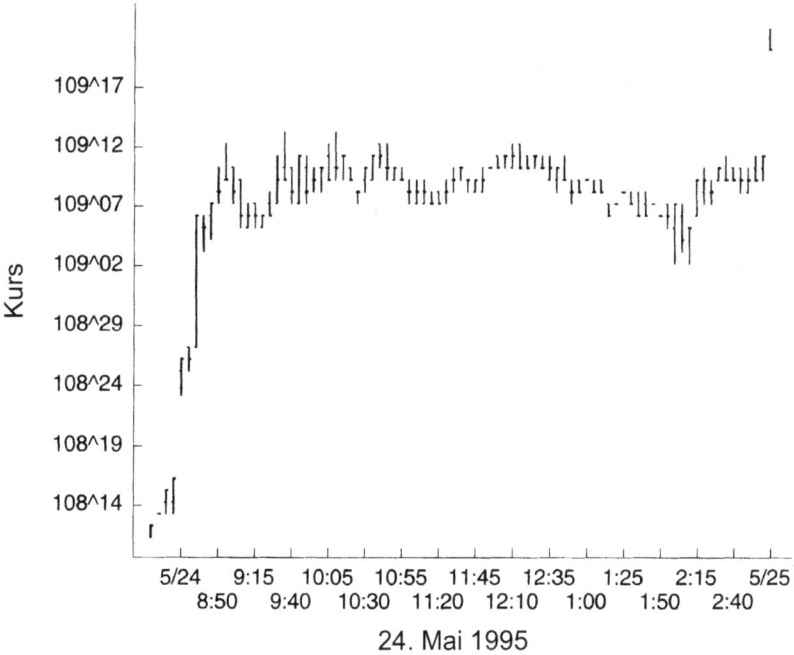

24. Mai 1995

Tabelle 4.TY.S1 präsentiert einen spekulativen Ansatz auf 1-Minuten-Basis, bei dem nur ein höherer Schlusskurs (quasi ein Ausbruch) im Abstand von 1/2 Punkt bzw. 16 Ticks erforderlich ist. Überraschenderweise kam es innerhalb dieses Monats neunmal zu einem derartigen Move, wobei knapp die Hälfte der resultierenden Trades Gewinn brachten, und zwar insgesamt $ 844 netto, oder $ 94 pro Trade vor Abzug der Kosten. Die Verluste waren erwartungsgemäß klein, dem zu Grunde liegenden Instrument (T-Notes) entsprechend. Man kann also sagen, dass der spekulative Trader hier genügend Potenzial für ausreichende Gewinne findet. Eine besonders kräftige Bewegung bei T-Notes war am 5. Mai zu registrieren. Sie findet sich in Chart TY-3 (blättern Sie zurück zu Chart TY-1 – vertrauter Anblick?), wo der clevere Spekulant um 8.34 Uhr EDT (7.34 Uhr CDT) bei Punkt (A) rasch long geht und bis zum Schluss am Ball bleibt – mit einem Gewinn von einem 3/4 Punkt bzw. $ 781.

TABELLE 4.TY.S1
Handelsergebnisse: Berg-und-Tal-Day-Trading-Methode*
T-Notes: Spekulative Einstellung, 1-Minuten-Daten

Datum	Position	Einstiegs-zeit	Einstiegs-kurs	Ausstiegs-zeit	Ausstiegs-kurs	$G/V	$ Max. Verlust	Zeit	$ Max. Gewinn	Zeit
3/5/95	Long	12:40	106,156	14:00	106.125	-31	-156	13:38	0	12:40
4/5/95	Long	10:45	106.75	14:10	106.812	62	-32	10:47	312	12:51
5/5/95	Long	7:34	107,187	14:09	107.968	781	0	07:34	813	13:24
9/5/95	Long	8:19	108,468	14:09	108.468	0	-218	13:29	375	9:29
10/5/95	Short	11:50	108.5	14:10	108.093	407	-156	12:19	657	12:48
11/5/95	Short	9:43	107,718	14:10	107.906	-188	-219	10:12	218	11:21
12/5/95	Long	10:21	107,968	14:09	107.875	-93	-218	10:47	32	10:24
17/5/95	Short	10:02	108,593	14:09	108.718	-125	-282	10:43	0	10:02
letzte Order	Long	7:47	109,312	14:11	109.343	31	-219	12:57	63	8:32
$ Total						844				
Durchschnittsgewinn/Trade in $						94				

*Einstellungen: Minimaldifferenz aufeinander folgender hoher/tiefer Schlusskurse = 0,5 Punkte
Anzahl aufeinander folgender hoher/tiefer Schlusskurse = 1

C H A R T TY-3
Spekulative Einstellung: 1-Minuten-Kurse
T-Notes

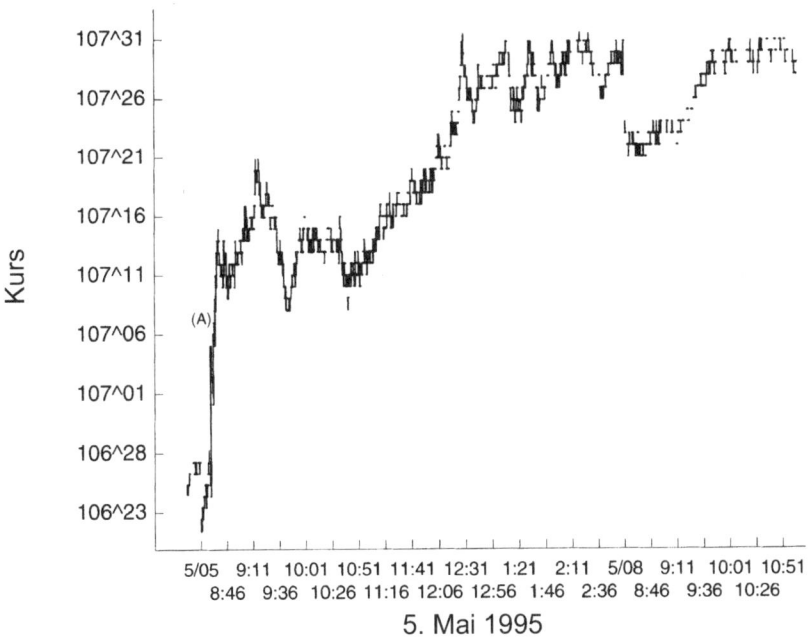

5. Mai 1995

T A B E L L E 4.TY.C1
Handelsergebnisse: Berg-und-Tal-Day-Trading-Methode*
T-Notes: Konservative Einstellung, 1-Minuten-Daten

Datum	Position	Einstiegs-zeit	Einstiegs-kurs	Ausstiegs-zeit	Ausstiegs-kurs	$G/V	$ Max. Verlust	Zeit	$ Max. Gewinn	Zeit
5/5/95	Long	11:27	107,875	14:09	107.968	93	-125	11:39	125	13:24
10/5/95	Short	12:33	108,312	14:10	108.093	219	156	12:38	469	12:48
$ Total						312				
Durchschnittsgewinn/Trade in $						156				

*Einstellungen: Minimaldifferenz aufeinander folgender hoher/tiefer Schlusskurse: 0,03125 Punkte
Anzahl aufeinander folgender hoher/tiefer Schlusskurse: 14

EINSTELLUNGEN FÜR DIE TRADING-PRAXIS

TABELLE 4.TY.C30

Handelsergebnisse: Berg-und-Tal-Day-Trading Methode*
T-Notes: Konservative Einstellung, 30-Minuten-Daten

Datum	Position	Einstiegs-zeit	Einstiegs-kurs	Ausstiegs-zeit	Ausstiegs-kurs	$G/V	$ Max. Verlust	Zeit	$ Max. Gewinn	Zeit
3/5/95	Long	12:51	106,093	13:59	106.125	32	-62	13:22	63	13:57
4/5/95	Long	12:17	106,875	13:59	106.843	-32	-63	13:50	156	12:50
10/5/95	Short	11:50	108.5	13:59	108.093	407	-125	12:20	594	12:50
$ Total						407				
Durchschnittsgewinn/Trade in $						136				

*Einstellungen: Minimaldifferenz aufeinander folgender hoher/tiefer Schlusskurse = 0,03125 Cent
Anzahl aufeinander folgender hoher/tiefer Schlusskurse = 5

Eine ganz andere Trading-Variante findet sich in Tabelle 4.TY.C1: Wir gehen auf Nummer sicher und verzichten dafür sogar auf den ganz großen Wurf – Hauptsache, keine Verluste! Hier werden 14 (in Worten: vierzehn!) aufeinander folgende höhere Schlusskurse mit gerade mal einem Tick Differenz als Voraussetzung für ein Long-Signal angesetzt, um so mit größerer Zuverlässigkeit erfolgreiche Trades zu ermitteln – auf Kosten der Anzahl und des Gewinnpotenzials der Trades. Es zahlt sich aus: Zwar kommen nur zwei Trades zu Stande, mit einem bescheidenen Gewinn von $ 312, doch wir haben keine Verluste, und der durchschnittliche Gewinn pro Trade liegt bei $ 156.

Tabelle 4.TY.C30 zeigt ebenfalls einen konservativen Ansatz, doch hier wartet der Trader auf weniger höhere/tiefere Schlussnotierungen in Folge und arbeitet mit 30-Minuten-Intervallen (die reichlich Spielraum bieten für positive Entwicklungen, aber auch für negative). Das Ergebnis kann sich jedoch immer noch sehen lassen: Der Gesamtgewinn ist zwar nicht übermäßig groß, doch mit $ 407 schon höher, der Gewinn pro Trade liegt bei $ 136. Der einzige Verlust ist mit $ 32 gering. Chart TY-4 zeigt den ersten Trade mit einem moderaten Plus. Ein allmählicher, sukzessiver, beständiger Anstieg erreicht fünf höhere Schlusskurse in Folge, der Trader geht bei Punkt (E) in Long-Position und bringt bei Schluss einen kümmerlichen Gewinn von nur $ 31 nach Hause.

CHART TY-4
Konservative Einstellung: 30-Minuten-Kurse
T-Notes

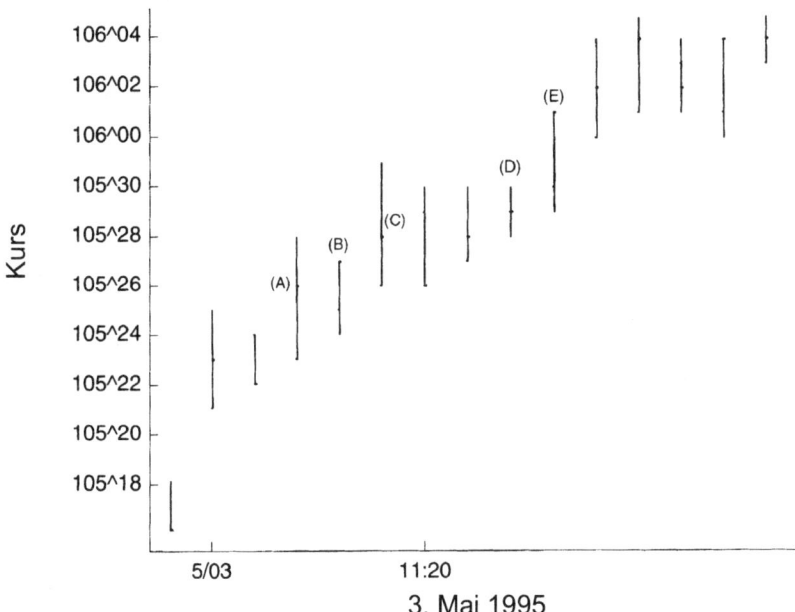

3. Mai 1995

TABELLE 4.TY.S60
Handelsergebnisse: Berg-und-Tal-Day-Trading-Methode*
T-Notes: Spekulative Einstellung, 60-Minuten-Daten

Datum	Position	Einstiegs-zeit	Einstiegs-kurs	Ausstiegs-zeit	Ausstiegs-kurs	$G/V	$ Max. Verlust	Zeit	$ Max. Gewinn	Zeit
10/5/95	Short	11:21	108,656	13:59	108.093	563	0	11:21	563	13:59
$ Total						563				
Durchschnittsgewinn/Trade in $						563				

*Einstellungen: Minimaldifferenz aufeinander folgender hoher/tiefer Schlusskurse = 0,1875 Punkte
Anzahl aufeinander folgender hoher/tiefer Schlusskurse = 2

Schließlich zeigt Tabelle 4.TY.S60 noch eine spekulative Strategie auf 60-Minuten-Basis. Hier sind nur zwei um mindestens 6 Ticks (0,1875 Punkte) niedrigere Schlussnotierungen in Folge erforderlich, damit ein Short-Signal ausgelöst wird. Der einzige

EINSTELLUNGEN FÜR DIE TRADING-PRAXIS

– doch beachtliche – Trade kommt am 10. Mai 1995 zu Stande (siehe Chart TY-5). Die Kurse fallen stetig und deutlich von der Eröffnung an und erreichen bei (B) den zweiten niedrigeren Schlusskurs in Folge. Hier geht der Trader short und macht bei Schluss mehr als 1/2 Punkt bzw. $ 563 Gewinn.

C H A R T TY-5
Spekulative Einstellung: 60-Minuten-Kurse
T-Notes

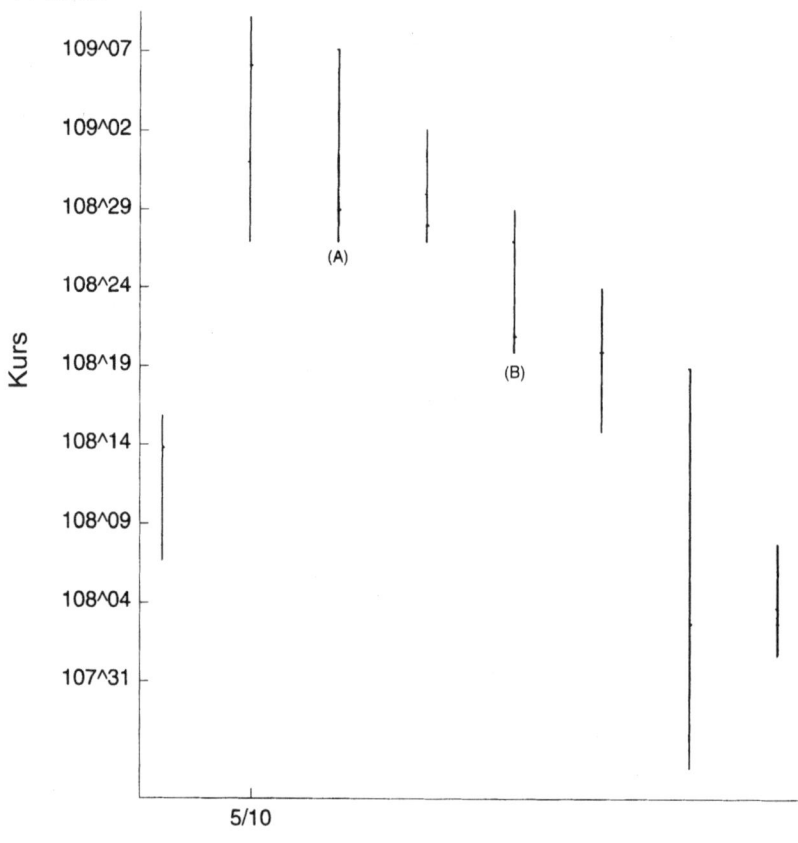

10. Mai 1995

FLEISCH

Lebende Rinder

Bei lebenden Rindern hat sich in jüngster Zeit eine Tendenz zu größeren Kursbewegungen gezeigt, bis auf $ 1,00 pro Pfund und mehr (ein neuer Rekord), und ebenso in Abwärtsrichtung. Dies spricht womöglich für eine künftige Ausweitung der Trends. Die bisherigen Trends umspannen vielleicht 10 bis 20 Cent, bzw. $ 4 000-8 000, und sind damit nicht überdimensional. Die aktuellen Bewegungen über 20 bis 30 Cent und mehr könnten die Gewinnchancen bei lebenden Rindern für den Trendfolger stark verbessern, langfristig wie im Day-Trading. Da die Viehzucht von der Getreideproduktion abhängt (insbesondere von Mais, Sojabohnen und Weizen) – die Tiere brauchen ja Futter –, können witterungsbedingte und andere langfristige Einflüsse nicht nur ausgeprägte (Aufwärts-)Trends bei Getreide zur Folge haben, sondern auch bei Vieh. Massive Trends bei Getreide können also massive Trends bei Vieh nach sich ziehen.

Typische Kursbewegungen innerhalb eines Tages

An den meisten Tagen bewegen sich Kontrakte auf lebende Rinder eher schwerfällig und sind für den Trendfolger weitgehend uninteressant. Normal ist dabei eine Spanne von 40 bis 60 Punkten, was für einen anhaltenden Trend nicht ausreicht. (Selbst wenn der Trader die Bewegung sehr zeitig entdeckt, ist sie vielleicht zu kurzlebig, und er macht trotzdem Verlust.)

Chart LC-1 zeigt einen Tagesmarkt in einer Seitwärtsbewegung am 3. Mai 1995, ein gutes Beispiel für einen typischen Tag. Die Notierungen (der 5-Minuten-Basis) setzen ein bei 61,90 (der Chart weicht leider wieder um eine Dezimalstelle ab, aufgrund der Voreinstellungen des Software-Pakets), klettern dann fast bis auf ihr Tageshoch von 62,20 und rutschen steil ab bis auf das Tagestief von 61,60. Das alles findet in der ersten Stunde statt. Doch

CHART LC-1

Typischer Kursverlauf eines Tagescharts für lebende Rinder

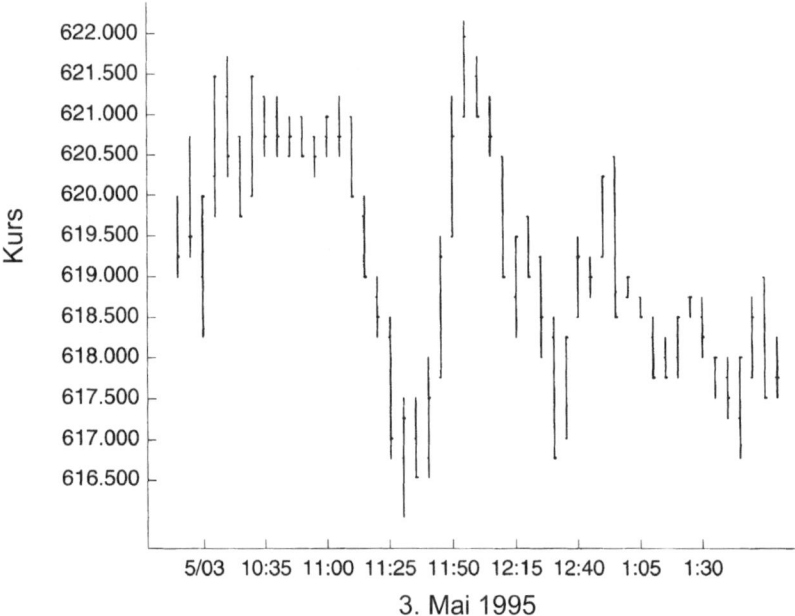

3. Mai 1995

damit nicht genug, die Kurse springen rasch zurück auf Höchstwerte und schwanken den Rest des Tages zwischen diesen beiden Extremen. Der Trend Trader wäre hier erst short gegangen, dann long und noch einmal short – und hätte wohl jedesmal Geld verloren.

Ein Beispiel für einen Tag, wie wir ihn brauchen, zeigt Chart LC-2. Hier kommt es unmittelbar zu einer Abwärtsbewegung, denn die Kurse beginnen bei 62,40 zu fallen. Der Trend vollzieht sich mit geringer Volatilität – die Kurse erholen sich maximal um 0,40 Cent. Schaukeltrends in die Gegenrichtungen gibt es praktisch nicht, so dass der Trendfolger seine Position bis ans Ende des Tages halten und ein Gutteil des Gewinnpotenzials von 1,00 Cent mit nach Hause nehmen kann.

Doch nur wenige Tage im Monat laufen so ab – es sei denn, wir befinden uns in einem ausgeprägten, langfristigen Trend, bei dem sich die Tagesspannen erweitern und die Kurse stärkere Bewegung zeigen.

Chart LC-3 zeigt eine weitere Formation, die immer häufiger vorkommt und dem gewieften, reaktionsschnellen Trader zwei Trendgelegenheiten bietet. An diesem Tag zeigen die Kurse von Anfang an einen guten Trend in eine Richtung (hier einen Abwärtstrend von 62,30 auf 61,10), drehen dann scharf nach oben und erholen sich wieder bzw. tendieren in die entgegengesetzte Richtung (bis auf 62,00).

C H A R T LC-2
Typischer Kursverlauf eines Tagescharts für lebende Rinder

30. Mai 1995

Geeignete Einstellungen für lebende Rinder

Für Lebende-Rinder-Kontrakte wurde für Mai 1995 auf 1-, 5-, 15-, 30- und 60-Minuten-Basis getestet, welche Gewinnchancen sich mit der Berg-und-Tal-Trend-Methode ergeben. Vier Fallbeispiele, zwei für spekulative und zwei für konservative Einstellungen der Trading-Parameter, wurden ermittelt, in den Tabellen 4.LC.C1-S60 präsentiert und mit den entsprechenden Charts ergänzt.

Tabelle 4.LC.C1 zeigt eine konservative Einstellung mit Kursintervallen auf 1-Minuten-Basis. Hier sind sechs aufeinander folgende höhere Schlusskurse im Mindestabstand von 0,15 Cent (6 Minimalticks) erforderlich, damit eine Long-Position ausgelöst wird. Aufgrund dieser strengen Kriterien und der Tatsache, dass es im Betrachtungsmonat nur wenige Trendgelegenheiten

CHART LC-3
Typischer Kursverlauf eines Tagescharts für lebende Rinder

23. Mai 1995

gab, kommen nur vier Trades zu Stande, die jedoch allesamt Gewinn bringend sind: Der Gesamtgewinn vor Abzug der Kosten liegt bei $ 580, der Gewinn pro Trade bei $ 145. Chart LC-4 zeigt einen Short-Trade für den 5. Mai 1995. Die Notierungen setzen ein in der Umgebung von 62,20 und bröckeln im Tagesverlauf allmählich ab. Einbrüche um 0,15 Cent, das geforderte Minimum, kommen bei den Punkten (A), (B), usw., bis (F) vor, wo um 12.16 Uhr CDT (13.16 Uhr EDT auf dem Chart) bei 61,17 ein Short-Signal erfolgt. Die Position wird gehalten bis zum Schluss und bringt 0,375 Punkte bzw. $ 150 Gewinn. (Hinweis: Es werden auch Werte für den 8. Mai gezeigt, was missverständlich ist. Die Kurse für den 5. Mai enden bei 60,80, wie Sie bei genauerem Hinsehen feststellen werden.)

Tabelle 4.LC.S1 illustriert die spekulative Einstellung auf 1-Minuten-Basis. Bei dieser Variante sind lediglich zwei um jeweils 0,40 Cent tiefere Schlusskurse in Folge Voraussetzung für eine Short-Position. Die Ergebnisse sind gar nicht schlecht, wenn man von einem Verlust von $ 350 absieht. Das Gesamtplus summiert sich trotzdem auf $ 550 bzw. $ 79 pro Trade, wobei von sieben Trades nur zwei in die Verlustzone führen. Dieser Modus ist ideal, wenn sich die Kurse rasch und stark bewegen und schnelle Entscheidungen gefordert sind. Chart LC-5 zeigt deutliche Einbrüche bei

TABELLE 4.LC.C1
Handelsergebnisse: Berg-und-Tal-Day-Trading-Methode*
Lebende Rinder: Konservative Einstellung, 1-Minuten-Daten

Datum	Position	Einstiegs- zeit	Einstiegs- kurs	Ausstiegs- zeit	Ausstiegs- kurs	$G/V	$ Max. Verlust	Zeit	$ Max. Gewinn	Zeit
2/5/95	Short	11:13	62.125	13:07	61.925	80	-80	11:26	130	12:31
5/5/95	Short	12:16	61,175	13:10	60.8	150	0	12:16	250	12:43
8/5/95	Short	10:06	59,425	13:01	59.25	70	-150	10:56	70	12:14
10/5/95	Short	10:43	59.85	13:09	59.15	280	-60	10:45	440	12:38
$ Total						580				
Durchschnittsgewinn/Trade in $						145				

*Einstellungen: Minimaldifferenz aufeinander folgender hoher/tiefer Schlusskurse = 0,15 Cent
Anzahl aufeinander folgender hoher/tiefer Schlusskurse = 6

lebenden Rindern am 8. Mai 1995. Bevor der Trader noch sein Frühstück beendet hat, sind die Kurse in Minutenschnelle bereits um 1,00 Cent gefallen. Zweimal geben sie um 0,40 Cent oder mehr nach, so dass an Punkt (B) bei 59,80 um 9.22 Uhr CDT (10.22 Uhr EDT) eine Short-Position eröffnet wird, die der Trader durch mehrere Seitwärtsbewegungen hindurch hält, bis die Kurse zum Schluss auf ihr ultimatives Tief von 59,25 fallen. Dieser Trade beschert ihm $220 Gewinn.

Wenn wir uns systematisch zu längeren Intervallen vorarbeiten, folgt als Nächstes die konservative Variante auf 5-Minuten-Basis, die in Tabelle 4.LC.C5 dargestellt wird. Voraussetzung für eine Short-Position sind hier neun tiefere Schlusskurse in Folge im Abstand von einem Tick (0,025 Cent). Durch den Mangel an

C H A R T LC-4
Konservative Einstellung: 1-Minuten-Kurse
Lebende Rinder

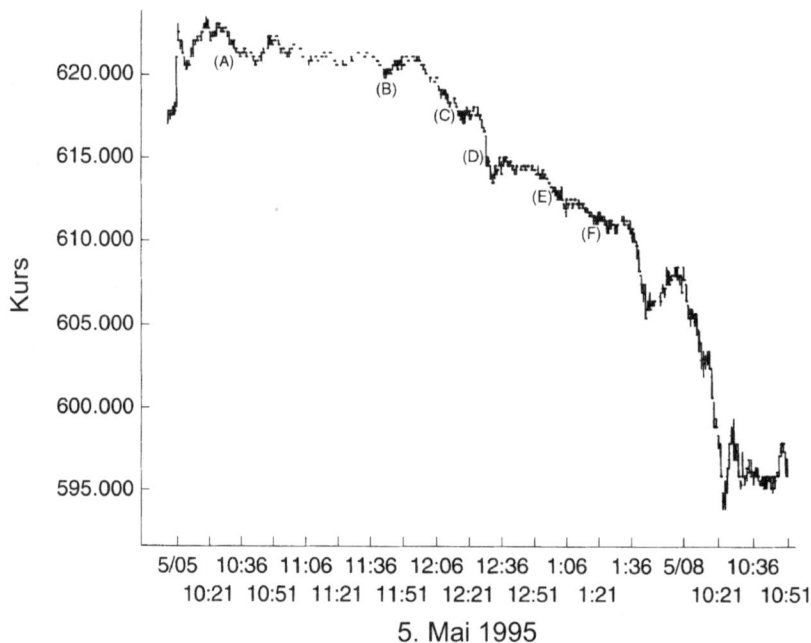

5. Mai 1995

Gelegenheiten und die strengen Trading-Kriterien ergeben sich für den Monat Mai lediglich fünf Trades. Vier davon sind erfolgreich, einer bringt einen geringen Verlust ($ 100). Der Gesamtgewinn vor Abzug der Kosten beträgt $ 690, bzw. $ 138 pro Trade. Ein typischer Trade für den 2. Mai 1995 ist auf Chart LC-6 abgebildet. Die Preise fallen hier kontinuierlich und erreichen bei (1) bis (9) neue Tiefs, so dass unser Trader um 10.49 Uhr CDT (11.49 Uhr EDT auf unserem Chart) bei 62,35 eine Short-Position eröffnet, die er bis zum Schluss bei 62,05 beibehält – mit 0,30 Cent bzw. $ 120 Gewinn!

Schließlich haben wir noch ein Beispiel für eine spekulative Einstellung auf 15-Minuten-Basis, deren Ergebnisse Sie in Tabelle 4.LC.S15 finden. Nur zwei höhere Schlusskurse in Folge mit mindestens 0,40 Cent Abstand sind erforderlich zum Auslösen einer Long-Position. Durch die hohe Differenz (0,40 Cent) und den Mangel an Gelegenheiten zum Day-Trading im Mai kommt es lediglich zu drei Trades. Einer davon bringt einen geringfügigen Verlust, die anderen beiden einen ordentlichen Gewinn, so dass die Monatsbilanz ein Plus von $ 530 und einen erfreulichen Durchschnittsgewinn pro Trade von $ 177 aufweist.

T A B E L L E 4.LC.S1

Handelsergebnisse: Berg-und-Tal-Day-Trading-Methode*
Lebende Rinder: Spekulative Einstellung, 1-Minuten-Daten

Datum	Position	Einstiegs-zeit	Einstiegs-kurs	Ausstiegs-zeit	Ausstiegs-kurs	$G/V	$ Max. Verlust	Zeit	$ Max. Gewinn	Zeit
2/5/95	Short	11:13	62.125	13:07	61.925	80	80	11:26	130	12:31
5/5/95	Short	11:31	61.375	13:10	60.8	230	-50	11:35	330	12:43
8/5/95	Short	9:22	59.8	13:01	59.25	220	-30	09:28	220	12:14
10/5/95	Short	10:32	60.1	13:09	59.15	380	-30	10:33	540	12:38
23/5/95	Short	10:47	61.1	12:29	61.975	-350	-350	12:29	0	10:47
23/5/95	Long	12:29	61,975	13:08	61.9	-30	-60	12:36	10	12:52
30/5/95	Short	13:00	61.4	13:10	61.35	20	0	13:00	30	13:09
$ Total						550				
Durchschnittsgewinn/Trade in $						79				

*Einstellungen: Minimaldifferenz aufeinander folgender hoher/tiefer Schlusskurse = 0,40 Cent
Anzahl aufeinander folgender hoher/tiefer Schlusskurse = 2

C H A R T LC-5

Spekulative Einstellung: 1-Minuten-Kurse

Lebende Rinder

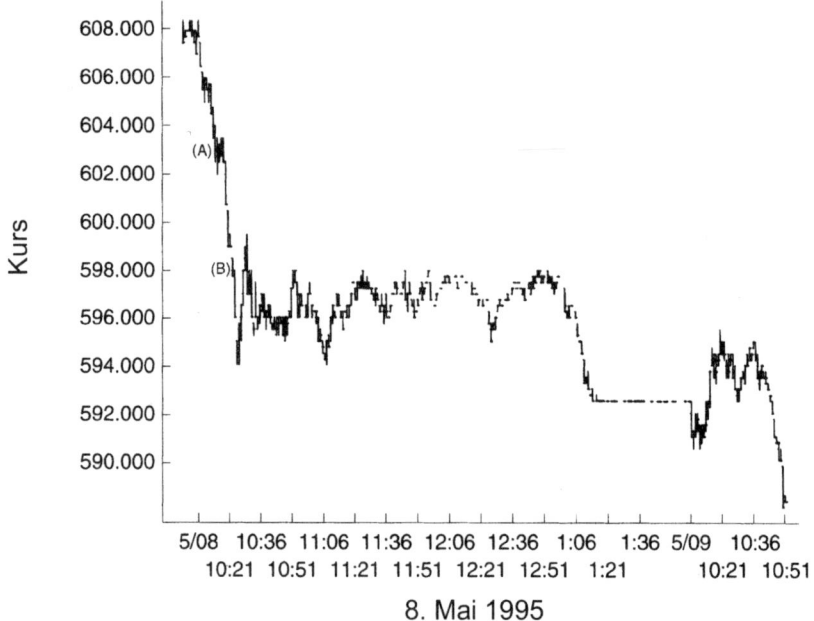

8. Mai 1995

T A B E L L E 4.LC.C5

Handelsergebnisse: Berg-und-Tal-Day-Trading-Methode*

Lebende Rinder: Konservative Einstellung, 5-Minuten-Daten

Datum	Position	Einstiegs-zeit	Einstiegs-kurs	Ausstiegs-zeit	Ausstiegs-kurs	$G/V	$ Max. Verlust	Zeit	$ Max. Gewinn	Zeit
2/5/95	Short	10:49	62.35	12:59	62.05	120	-20	10:54	200	12:34
5/5/95	Short	11:24	61.75	12:59	60.8	380	0	11:24	460	12:44
10/5/95	Short	10:54	59.7	12:59	59.15	220	-110	11:04	320	12:39
19/5/95	Long	12:29	61.1	12:59	60.85	-100	-120	12:44	20	12:54
30/5/95	Short	12:54	61.75	12:59	61.575	70	0	12:54	70	12:59
$ Total						690				
Durchschnittsgewinn/Trade in $						138				

*Einstellungen: Minimaldifferenz aufeinander folgender hoher/tiefer Schlusskurse = 0,025 Cent
Anzahl aufeinander folgender hoher/tiefer Schlusskurse = 9

CHART LC-6
Konservative Einstellung: 5-Minuten-Kurse
Lebende Rinder

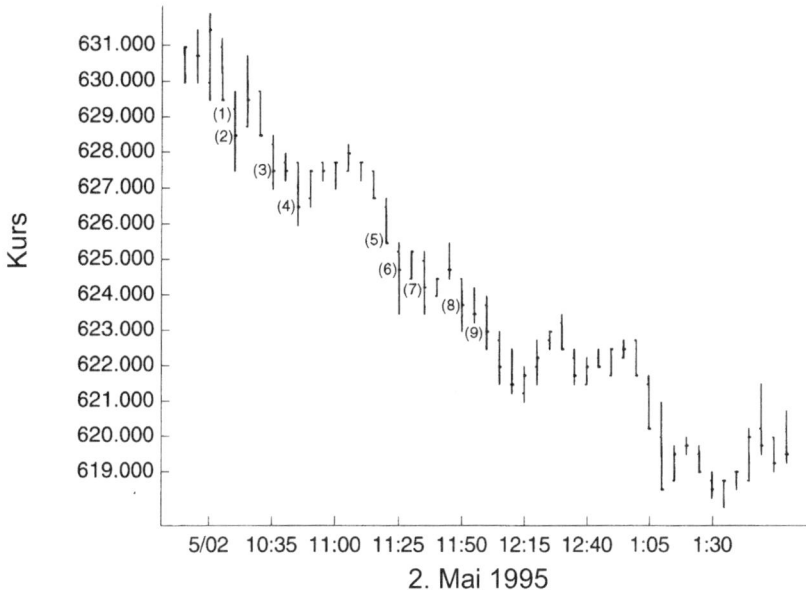

2. Mai 1995

TABELLE 4.LC.S15
Handelsergebnisse: Berg-und-Tal-Day-Trading-Methode*
Lebende Rinder: Spekulative Einstellung, 15-Minuten-Daten

Datum	Position	Einstiegs- zeit	Einstiegs- kurs	Ausstiegs- zeit	Ausstiegs- kurs	$G/V	$ Max. Verlust	Zeit	$ Max. Gewinn	Zeit
2/5/95	Short	12:19	61.95	12:59	62.05	-40	-40	12:59	40	12:34
5/5/95	Short	12:04	61.25	12:59	60.8	220	0	12:04	240	12:47
10/5/95	Short	10:34	60.125	12:59	59.15	390	0	10:34	460	12:49
$ Total						530				
Durchschnittsgewinn/Trade in $						177				

*Einstellungen: Minimaldifferenz aufeinander folgender hoher/tiefer Schlusskurse = 0,40 Cent
Anzahl aufeinander folgender hoher/tiefer Schlusskurse = 2

Schweinebäuche

Von Mitte der 60er bis Anfang der 80er Jahre waren Schweinebäuche Spekulationsobjekt Nr. 1, doch seither ist das Volumen
hier zurückgegangen. Die Kurse haben sich von einer Größenordnung um die 20 Cent in anhaltenden, ausgeprägten Trends
mit hoher Volatilität auf bis über einen Dollar bewegt, wobei es
im Tagesverlauf häufig zu dramatisch anmutenden Bewegungen kam, die durch Stopp-Limits ausgelöst wurden. In jüngster
Zeit hat sich das Kursverhalten etwas beruhigt, so dass der Trader
mäßige Bewegungen mit geringer bis mäßiger Volatilität nutzen
konnte. Lebende-Rinder-Kontrakte zeigen gewöhnlich von Frühling bis Spätherbst die größten Bewegungen, ausgelöst durch
die Verbrauchernachfrage und auch durch den Umstand, dass
die Lagervorräte einen kritischen Stand erreichen – bedingt durch
die Verderblichkeit der Ware.

Typische Kursbewegungen innerhalb eines Tages für Schweinebäuche

Die Kurse für Kontrakte auf Schweinbäuche sind immer noch
recht volatil, selbst innerhalb eines Tages und mit wie ohne Trend.
Die Kurse bewegen sich manchmal von Eröffnung bis Schluss
netto um einen Cent mit einer Schwankungsbreite von 2 Cent.
Es kommt aber auch vor, dass sich bei gleicher Spanne unterm
Strich keine Bewegung zeigt.

Chart PB-1 zeigt einen typischen Tag mit mäßigem Trend bei
mäßiger bis starker Volatilität. Von der Eröffnung (37,50) bis zum
Schluss (38,10) ist eine eher geringe Bewegung zu verzeichnen. Im Verlauf kommt es jedoch zu starkem Auf und Ab – zu
einer Berg-und-Tal-Fahrt, die selbst die flexibelste und ausge-
feilteste Trendfolge-Technik auf eine harte Probe stellt. (Mit einem kurzen Moving Average würde man böse verschaukelt, ein
langer würde ein Long-Signal erst sehr spät oder gar nicht generieren).

C H A R T   PB-1
Typischer Kursverlauf eines Tagescharts für Schweinebäuche

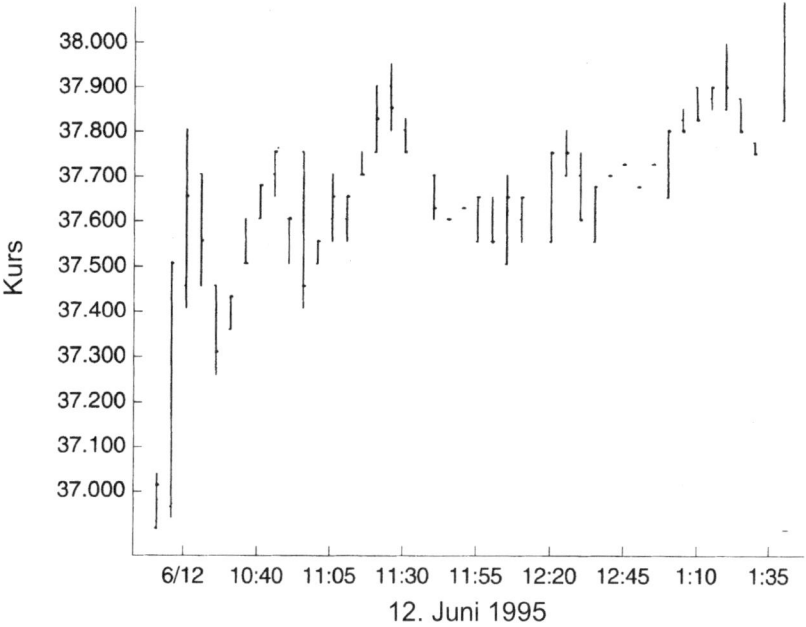

12. Juni 1995

Chart PB-2 zeigt einen ähnlichen Tag (kein Trend, hohe Volatilität), an dem ein vermeintlicher Trend am Ende zusammenbricht und sich in nichts auflöst. Dabei machen die Volatilität und die dadurch hervorgerufenen Kopfschmerzen dem eifrig Trend folgenden Trader zu schaffen.

Chart PB-3 zeigt ein Szenario, das für den Trendfolger entweder einen Glücksfall oder eine Katastrophe darstellt: Ein Tag mit einer großen Spanne und hoher Volatilität, mit zwei oder mehr Trends, in die man einsteigen kann.

Die Notierungen eröffnen am 13. Juni 1995 bei 38,30, steigen rasch bis fast auf 39,00 und purzeln dann auf das Tagestief bei 37,60, eine Bewegung um 140 Punkte. Doch damit nicht genug,

C H A R T PB-2

Typischer Kursverlauf eines Tagescharts für Schweinebäuche

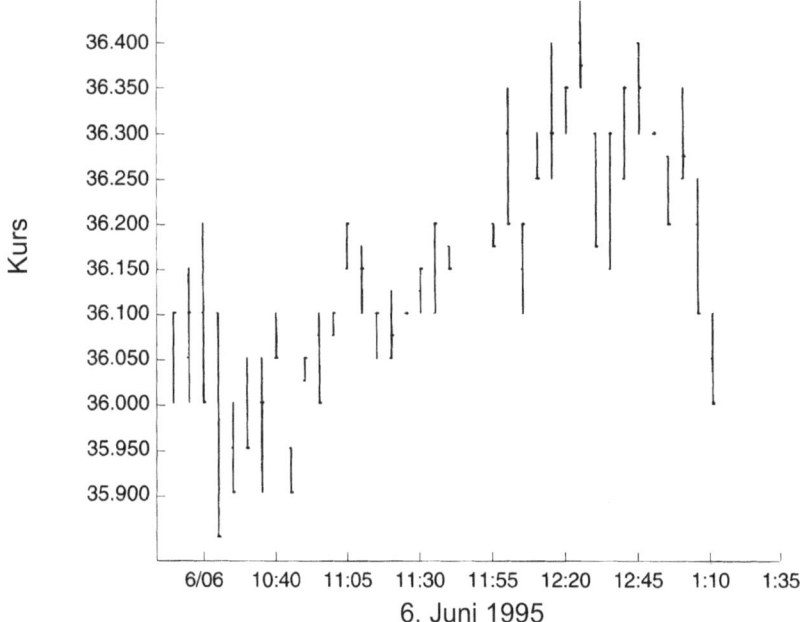

6. Juni 1995

die Kurse springen bis Tagesschluss wieder zurück auf 39,00, so dass der Trader entweder doppelt profitiert oder mit beiden Trends Geld in den Sand setzt – je nachdem, wie schnell und sauber er reagiert.

Geeignete Einstellungen für Schweinebäuche

Für Kontrakte auf Schweinebäuche wurde die Berg-und-Tal-Methode anhand von Daten für den Monat Juni 1995 getestet, und zwar auf 1-, 5-, 15-, 30- und 60-Minuten-Basis. Aus Mangel an Gelegenheiten (im Grunde bieten nur der 1. und der 19. Juni

moderate Gewinnchancen) kam es bei allen Einstellungen nur zu wenigen Trades, doch die Bilanzen der beiden spekulativen wie auch der beiden konservativen Varianten sind nicht schlecht. Tabelle 4.PB.C1 enthält die Ergebnisse ausgesprochen konservativen Tradings mit folgenden Einstellungen: 16 höhere Schlusskurse in Folge im (Mindest-)Abstand von 0,05 Cent auf der Basis von 1-Minuten-Intervallen. Hier konnten lediglich zwei Trades registriert werden, die jedoch beide Gewinn bringen – $450 insgesamt bzw. $225 pro Trade. Für den geduldigen Trader hat es sich also gelohnt.

Als Nächstes haben wir einen ähnlich konservativen Ansatz erprobt, dessen Erfolgsbilanz bei 5-Minuten-Intervallen Tabelle 4.PB.C5 zu entnehmen ist. Hier sind nur neun höhere Schlusskurse im Mindestabstand von einem Tick (0,05 Cent) gefordert,

CHART PB-3
Typischer Kursverlauf eines Tagescharts für Schweinebäuche

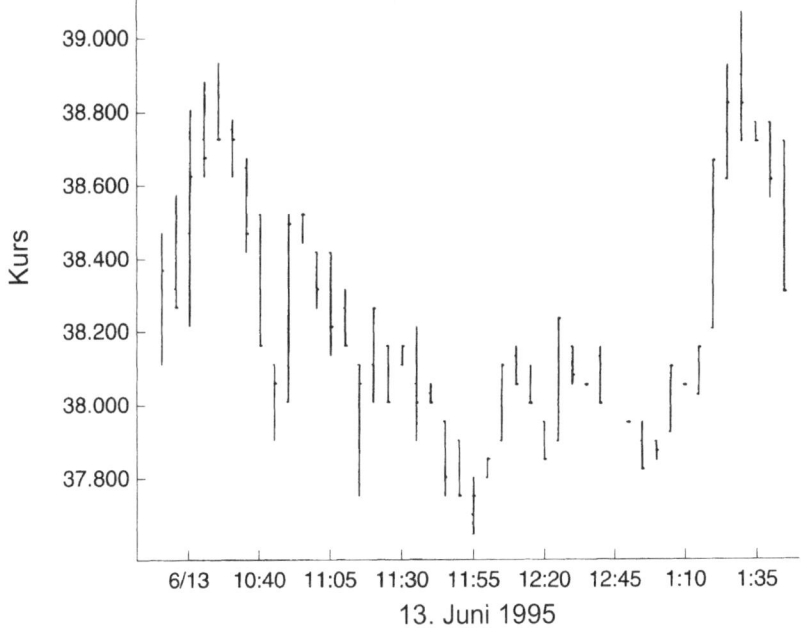

13. Juni 1995

TABELLE 4.PB.C1
Handelsergebnisse: Berg-und-Tal-Day-Trading-Methode*
Schweinebäuche: Konservative Einstellung, 1-Minuten-Daten

Datum	Position	Einstiegs-zeit	Einstiegs-kurs	Ausstiegs-zeit	Ausstiegs-kurs	$G/V	$ Max. Verlust	Zeit	$ Max. Gewinn	Zeit
1/6/95	Short	10:46	36.45	13:06	35.725	290	-180	11:56	340	12:42
5/6/95	Long	10:21	35.7	13:01	36.1	160	-160	11:24	170	12:32
$ Total						450				
Durchschnittsgewinn/Trade in $						225				

*Einstellungen: Minimaldifferenz aufeinander folgender hoher/tiefer Schlusskurse = 0,05 Cent
Anzahl aufeinander folgender hoher/tiefer Schlusskurse = 16

CHART PB-4
Konservative Einstellung: 5-Minuten-Kurse
Schweinebäuche

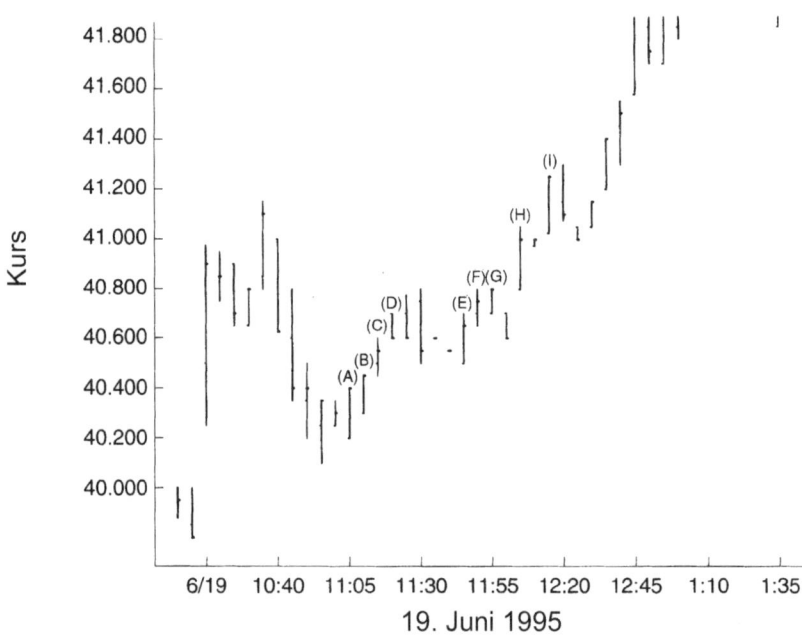

19. Juni 1995

damit eine Long-Position ausgelöst wird. Chart PB-4 zeigt, wie der vorsichtige Trader vom Tagestief kurz vor 11.00 Uhr EDT aus neun um einen Tick höhere Schlusskurse abzählt, von (A) bis (I), wo er um 12.15 Uhr EDT (11.15 Uhr CDT) long geht und mit dieser Position bei Schluss 0,65 Cent respektive $ 260 Gewinn einstreicht.

Spekulativer ausgerichtet ist die in Tabelle 4.PB.S5 dargestellte Trading-Variante, bei der nur vier um 3 Ticks oder 0,15 Cent höhere Schlusskurse zum Auslösen einer Long-Position nötig sind. Dieser Trader ist aggressiver und eher auf marginale Gewinnchancen aus, wobei er mehrere (kleine) Verluste und ein paar gewinnneutrale Trades in Kauf nimmt, um unterm Strich seinen Gewinn zu steigern. Der Gesamtgewinn ist dabei höher ($ 730), doch der Gewinn pro Trade hat gelitten ($ 91). Die Verluste sind letztendlich jedoch gering. Chart PB-5 zeigt einen Trade in Long-Position für den 5. Juni 1995. Die Kurse erreichen gegen 10.30 Uhr EDT ein Tief, klettern zweimal jeweils bis zu (A) bzw. (B) und bewegen sich danach erst wieder erwähnenswert, als es zu den Sprüngen auf (C) und (D) kommt. Hier geht der Trader um 11.08 Uhr EDT long und hält seine Position bis zum Tagesschluss – mit einem Gewinn von 0,70 Cent bzw. $ 280.

T A B E L L E   4.PB.C5

Handelsergebnisse: Berg-und-Tal-Day-Trading-Methode*
Schweinebäuche: Konservative Einstellung, 5-Minuten-Daten

Datum	Position	Einstiegs- zeit	Einstiegs- kurs	Ausstiegs- zeit	Ausstiegs- kurs	$G/V	$ Max. Verlust	Zeit	$ Max. Gewinn	Zeit
1/6/95	Short	10:54	36.1	12:59	35.7	160	-280	11:54	160	12:59
5/6/95	Long	12:26	35.9	12:58	36	40	-90	12:41	40	12:31
19/6/95	Long	11:15	41.25	11:59	41.9	260	-100	11:23	260	11:45
$ Total						460				
Durchschnittsgewinn/Trade in $						153				

*Einstellungen: Minimaldifferenz aufeinander folgender hoher/tiefer Schlusskurse = 0,05 Cent
Anzahl aufeinander folgender hoher/tiefer Schlusskurse = 9

TABELLE 4.PB.S5
Handelsergebnisse: Berg-und-Tal-Day-Trading-Methode*
Schweinebäuche: Spekulative Einstellung, 5-Minuten-Daten

Datum	Position	Einstiegs- zeit	Einstiegs- kurs	Ausstiegs- zeit	Ausstiegs- kurs	$G/V	$ Max. Verlust	Zeit	$ Max. Gewinn	Zeit
1/6/95	Short	10:44	36.55	12:59	35.7	340	-100	11:54	340	12:59
5/6/95	Long	10:08	35.3	12:58	36	280	0	10:08	280	12:31
8/6/95	Long	10:25	37.3	12:59	36.95	-140	-160	12:55	180	10:40
9/6/95	Long	10:53	36.8	12:59	36.925	50	-80	11:06	160	11:22
12/6/95	Long	12:45	38.35	12:59	38.35	0	-70	12:50	0	12:45
19/6/95	Long	11:15	41.25	11:59	41.9	260	-100	11:23	260	11:45
20/6/95	Short	12:06	41	12:58	41.15	-60	-300	12:46	40	12:11
21/6/95	Long	12:43	41.9	12:59	41.9	0	0	12:43	80	12:54
$ Total						730				
Durchschnittsgewinn/Trade in $						91				

*Einstellungen: Minimaldifferenz aufeinander folgender hoher/tiefer Schlusskurse = 0,15 Cent
Anzahl aufeinander folgender hoher/tiefer Schlusskurse = 4

CHART PB-5
Spekulative Einstellung: 5-Minuten-Kurse
Schweinebäuche

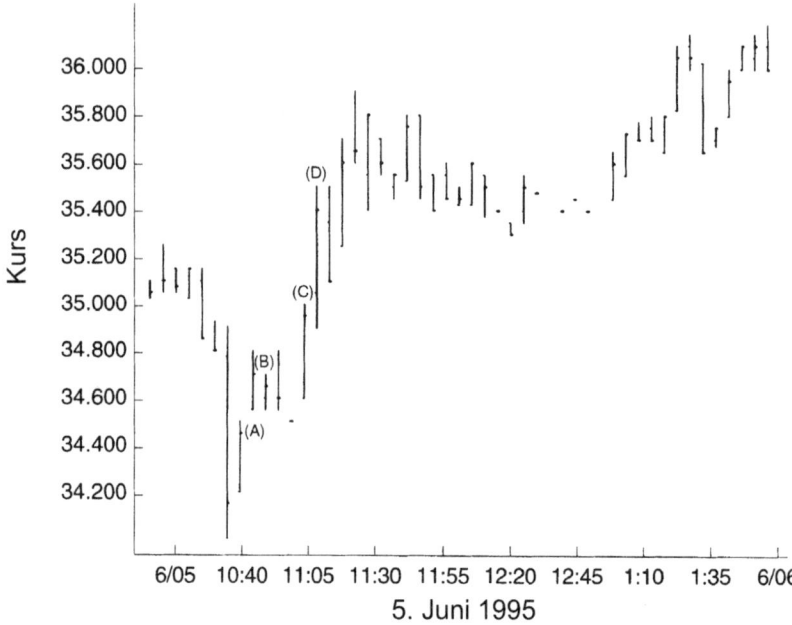

5. Juni 1995

T A B E L L E 4.PB.S30

Handelsergebnisse: Berg-und-Tal-Day-Trading-Methode*

Schweinebäuche: Spekulative Einstellung, 30-Minuten-Daten

Datum	Position	Einstiegs-zeit	Einstiegs-kurs	Ausstiegs-zeit	Ausstiegs-kurs	$G/V	$ Max. Verlust	Zeit	$ Max. Gewinn	Zeit
1/6/95	Short	11:07	36.4	12:59	35.7	280	-190	12:10	280	12:59
5/6/95	Long	10:33	35.6	12:58	36	160	-50	11:35	160	12:58
9/6/95	Long	11:39	36.9	12:59	13.925	10	-30	12:39	40	12:10
12/6/95	Long	12:42	38.25	12:59	38.35	40	0	12:42	40	12:59
19/6/95	Long	11:40	41.5	11:59	41.9	460	0	11:40	160	11:59
21/6/95	Long	12:42	41.85	12:59	41.9	20	0	12:42	20	12:59
$ Total						670				
Durchschnittsgewinn/Trade in $						112				

*Einstellungen: Minimaldifferenz aufeinander folgender hoher/tiefer Schlusskurse = 0,30 Cent
Anzahl aufeinander folgender hoher/tiefer Schlusskurse = 2

Schließlich betrachten wir noch eine spekulative Trading-Variante auf Basis von 30-Minuten-Daten, wie in Tabelle 4.PB.S30 dargestellt. Wider Erwarten sind damit zuverlässig Gewinne zu erzielen, Verluste bleiben aus. Der erkleckliche Gesamtgewinn liegt bei $ 670, der Gewinn pro Trade bei $ 112. Die Intervallgröße glättet offensichtlich unberechenbare Kursschwankungen ausreichend, so dass kleine Trends (Ausbrüche) registriert werden und ihr Gewinnpotenzial ausgeschöpft werden kann.

METALLE

Kupfer

Kupfer ist an die Entwicklung bei Silber gekoppelt, da beide Metalle Nebenprodukte desselben Abbauverfahrens sind. Die Beziehung zwischen den Kursen ist dabei oft gegenläufig. Bei wachsender Nachfrage und steigendem Verbrauch von Silber wird von beidem mehr produziert, so dass die Kupferpreise unter Druck geraten, wenn hier die Nachfrage nicht mithalten kann. Die Kursentwicklung bei Kupfer ist abhängig von der Industrieproduktion und der allgemeinen Wirtschaftslage: Ein Aufschwung dort treibt auch den Kupferpreis nach oben. Während der vergangenen 30 Jahre hat es hier ganz erhebliche Kursschwankungen gegeben. In Zeiten mit knappem Angebot auf Förderseite oder starker Nachfrage seitens der Industrie kam es zu einer Verdoppelung auf 150 Cent pro Pfund, in konjunkturell schwachen Perioden zu Einbrüchen bis auf 50 Cent.

Typische Kursbewegungen innerhalb eines Tages

Der Kupferkurs ist volatil, ob im Tagesgeschäft oder auch langfristig betrachtet. Traditionelle Trendfolge-Techniken tun sich hier schwer, denn selbst an Tagen mit deutlichen Trends hebelt die Volatilität den Trader aus einwandfreien Positionen und treibt ihn in Verlust bringende. Die drei häufigsten Muster bei Kupfer sind: (1) ein guter Trend mit hoher Volatilität, (2) erst ein Trend in die eine, dann in die andere Richtung – gute Chancen für alle, die flexibel genug sind, und (3) Schaukelbewegungen, die sich von Eröffnung bis Schluss fortsetzen, ohne dass sich ein Trend herausbildet.

Chart HG-1 zeigt einen vielversprechenden Trend von Eröffnung bis Schluss, bei dem die Kurse am 2. Februar 1995 von 131,80 auf 133,40 Cent/Pfund ansteigen – ein Trend von beinah 2,00 Punkten! Doch es herrscht immer starke Volatilität, so dass es

dreimal zu Kursverlusten in der Größenordnung von 1,00 Cent kommt – um 10.40 Uhr, 12.40 Uhr und 13.10 Uhr. Bei jedem dieser Einbrüche hätte eine herkömmliche Trendfolge-Technik den Trader in eine Short-Position manövriert.

Chart HG-2 zeigt eine ebenso reizvolle wie trügerische Gelegenheit. Die Kurse stürzen am 3. Februar von Werten über 133,00 auf 131,00, bilden dann einen Boden und erholen sich wieder fast bis auf 133,00. Der Trader kann hier einerseits zwei Trend Trading-Gelegenheiten wahrnehmen, andererseits aber auch in eine Reihe von Schaukelbewegungen geraten.

Der dritte Chart, HG-3, ist der Alptraum eines jeden Trendfolgers. Kein Trend von Eröffnung (130,60) bis Schluss (130,40), doch jede Menge Heulen und Zähneknirschen auf der Strecke. Ein langsamer Moving Average würde hier vier mögliche Trades signalisieren, die allesamt Verlust gebracht hätten.

Geeignete Einstellungen für Kupfer

Die Berg-und-Tal-Technik wurde hier anhand von Kursdaten auf Basis von 1-, 5-, 15-, 30- und 60-Minuten-Intervallen für den Februar 1995 getestet. Die Ergebnisse von vier besonders ergiebigen Strategien für spekulatives wie konservatives Engagement sind in den Tabellen 4.HG.C1 bis S60 zusammengefasst.

Tabelle 4.HG.C1 zeigt moderate Trading-Aktivität auf 1-Minuten-Basis. Als Voraussetzung für Long-Signale wurden hier 10 aufeinander folgende höhere Schlusskurse im Mindestabstand von 10 Cent festgesetzt. Die Bilanz kann sich sehen lassen: Bei nur drei (geringfügigen) Verlusten von maximal $ 88 bei insgesamt 13 Trades ergibt sich ein Plus von $ 1 188 vor Abzug der Kosten.

Eine weitere konservative Variante liegt Tabelle 4.HG.C15 zu Grunde. Ein Long-Kriterium besteht in diesem Fall aus vier aufeinander folgenden höheren Schlusskursen im Abstand von

C H A R T HG-1
Typischer Kursverlauf eines Tagescharts für Kupfer

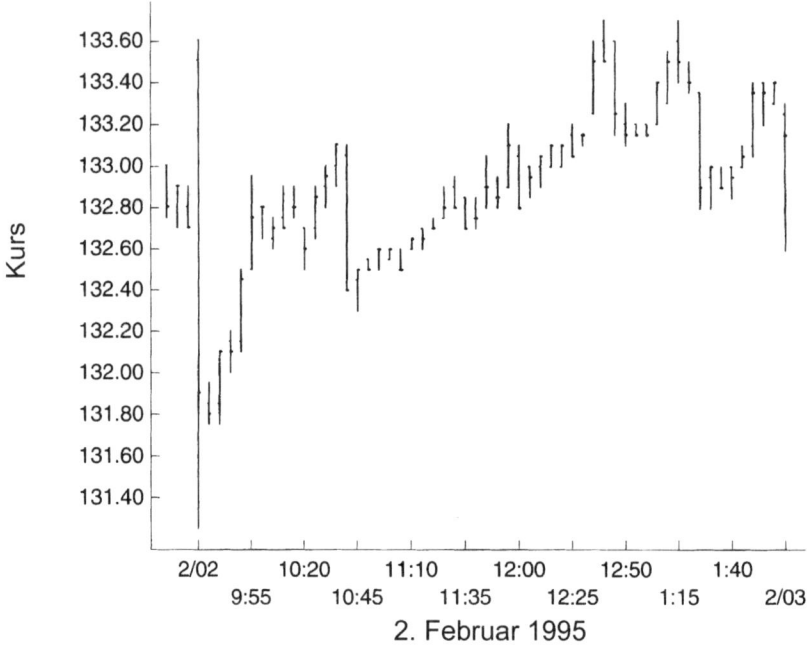

2. Februar 1995

mindestens 0,20 Cent. Diese Strategie ist ein wenig riskanter, denn der Trader verfolgt die Kurse auf 15-Minuten-Basis und arbeitet mit weniger Schlusskursen in Folge als bei der konservativen 1-Minuten-Variante. Chart HG-4 zeigt einen erfolgreichen Trade für den 6. Februar 1995. Der erste höhere Schlusskurs in Folge ist bei (A) zu verzeichnen, und zwar um 10.40 Uhr kurz nach dem Boden bei 1,2875 um 10.25 Uhr. Diese Entwicklung setzt sich fort bis Punkt (D) bei 1,3000 um 13.11 Uhr, wo der Trader schließlich long geht und damit $375 Gewinn erzielt.

C H A R T   HG-2
Typischer Kursverlauf eines Tagescharts für Kupfer

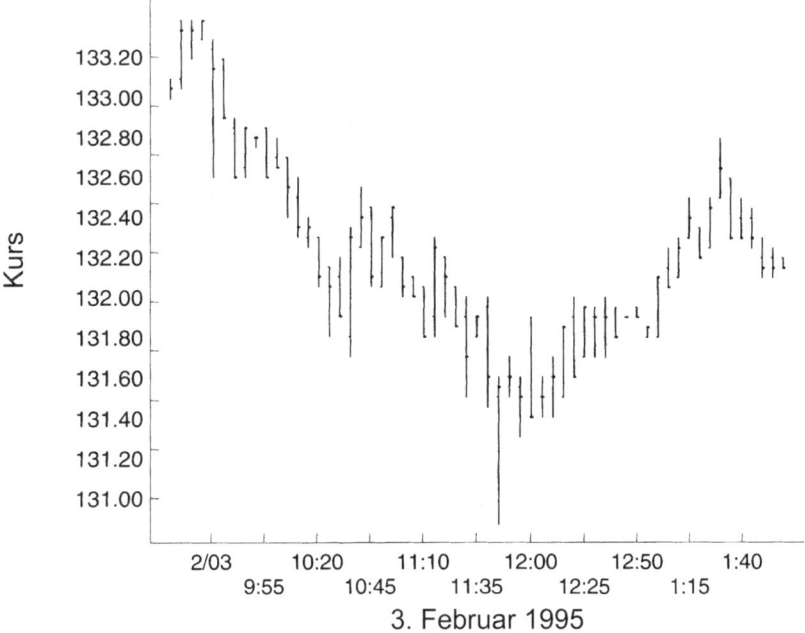

3. Februar 1995

Tabelle 4.HG.S15 beruht auf einer spekulativen Einstellung der Parameter und zeigt ausgezeichnete Resultate. Für die 15-Minuten-Intervalle im Februar werden drei aufeinander folgende höhere Schlusskurse im Mindestabstand von 0,30 Cent als Auslöser für ein Long-Signal festgelegt und damit wird insgesamt $ 1 212 Gewinn erzielt. Der Gewinn pro Trade beläuft sich auf $ 121, bei 10 Trades gibt es zwei Verluste. Chart HG-5 zeigt eine solche Long-Position für den 8. Februar 1995. Nachdem kurz vor Mittag bei 1,2800 ein Boden erreicht wurde, setzt ein Kurs-

CHART HG-3

Typischer Kursverlauf eines Tagescharts für Kupfer

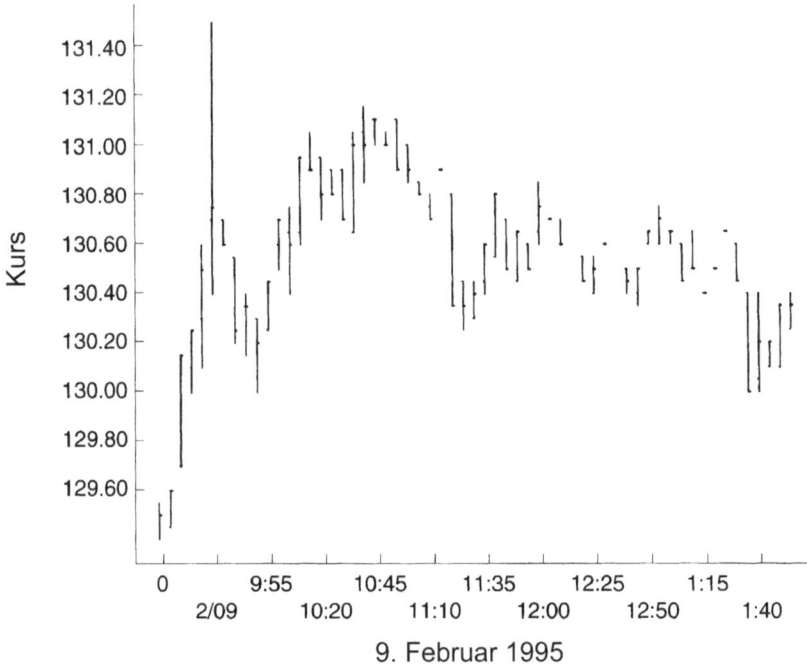

9. Februar 1995

anstieg ein, der allmählich von (A) bis (C) aufwärts verläuft, wo eine Long-Position eröffnet wird. Diese Position wird bis zum Schluss gehalten und bringt 2,00 Cent Gewinn.

Spekulatives Trading auf Basis von 60-Minuten-Intervallen zeigt schließlich Tabelle 4.HG.S60. Bei neun Trades ist nur ein (mit $50 kleiner) Verlust zu verbuchen. Der Gesamtgewinn beträgt

KAPITEL IV

T A B E L L E 4.HG.C1

Handelsergebnisse: Berg-und-Tal-Day-Trading-Methode*
Kupfer: Konservative Einstellung, 1-Minuten-Daten

Datum	Position	Einstiegs-zeit	Einstiegs-kurs	Ausstiegs-zeit	Ausstiegs-kurs	$G/V	$ Max. Verlust	Zeit	$ Max. Gewinn	Zeit
1/2/95	Short	11:13	133.75	14:45	132.2	388	-88	12:48	412	14:34
2/2/95	Long	12:33	133.5	14:43	133.7	50	-175	13:24	100	14:36
3/2/95	Short	11:28	131.5	14:37	131.25	62	-325	13:29	138	11:41
6/2/95	Long	13:02	130	14:48	131.8	450	-100	13:24	550	14:37
7/2/95	Short	12:22	129.75	14:45	129.45	75	-138	12:43	412	13:12
8/2/95	Long	13:04	129.75	14:42	131.1	88	-100	13:25	188	14:00
10/2/95	Long	13:34	134.75	14:43	134.4	-88	-112	14:37	112	13:45
14/2/95	Short	14:33	134.2	14:37	134.4	-50	-75	14:34	0	14:33
17/2/95	Short	14:30	133.15	14:37	133.3	-38	-62	14:34	12	14:32
22/2/95	Short	14:09	131.7	14:57	131.45	62	-75	14:16	125	14:29
23/2/95	Long	14:35	132.3	14:44	132.35	12	0	14:35	25	14:36
27/2/95	Short	13:58	132.9	14:14	132.7	50	-25	14:01	75	14:06
28/2/95	Short	12:30	130.6	14:19	130.1	125	-150	12:49	125	14:02
$ Total						1188				
Durchschnittsgewinn/Trade in $						91				

*Einstellungen: Minimaldifferenz aufeinander folgender hoher/tiefer Schlusskurse = 0,10 Cent
Anzahl aufeinander folgender hoher/tiefer Schlusskurse = 10

immerhin $ 1 575, der Gewinn pro Trade $ 175. Kriterium für ein Long- bzw. Short-Signal ist lediglich ein höherer oder tieferer Schlusskurs im Abstand von mindestens 0,60 Cent. Ein typischer Trade ist in Chart HG-6 für den 28. Februar 1995 abgebildet. Die Kurse brechen nach der zweiten Trading-Stunde ein und bei Punkt (A) erfolgt ein Short-Signal bei 1,3080. Diese Position wird bis zum Schluss gehalten und bringt $ 175 ein.

292

TABELLE 4.HG.C15

Handelsergebnisse: Berg-und-Tal-Day-Trading-Methode*
Kupfer: Konservative Einstellung, 15-Minuten-Daten

Datum	Position	Einstiegs-zeit	Einstiegs-kurs	Ausstiegs-zeit	Ausstiegs-kurs	$G/V	$ Max. Verlust	Zeit	$ Max. Gewinn	Zeit
1/2/95	Short	13:24	133.3	14:34	132.1	300	0	13:24	300	14:34
6/2/95	Long	13:11	130	14:34	131.5	375	-100	13:26	375	14:34
7/2/95	Short	12:09	130	14:34	129.5	125	-50	12:54	362	13:39
8/2/95	Long	12:58	129.6	14:34	130.1	125	-38	13:42	200	13:58
10/2/95	Long	13:39	134.65	14:34	134.65	0	0	13:39	50	13:54
17/2/95	Short	13:46	133.5	14:34	133.4	25	0	13:46	100	14:32
22/2/95	Short	14:31	131.5	14:34	131.6	-25	-25	14:34	0	14:31
27/2/95	Short	13:34	133	14:14	132.7	75	-75	13:47	75	14:14
28/2/95	Short	14:03	130.1	14:06	130.7	-150	-150	14:06	0	14:03
$ Total						850				
Durchschnittsgewinn/Trade in $						94				

*Einstellungen: Minimaldifferenz aufeinander folgender hoher/tiefer Schlusskurse = 0,20 Cent
Anzahl aufeinander folgender hoher/tiefer Schlusskurse = 4

CHART HG-4

Konservative Einstellung: 15-Minuten-Kurse
Kupfer

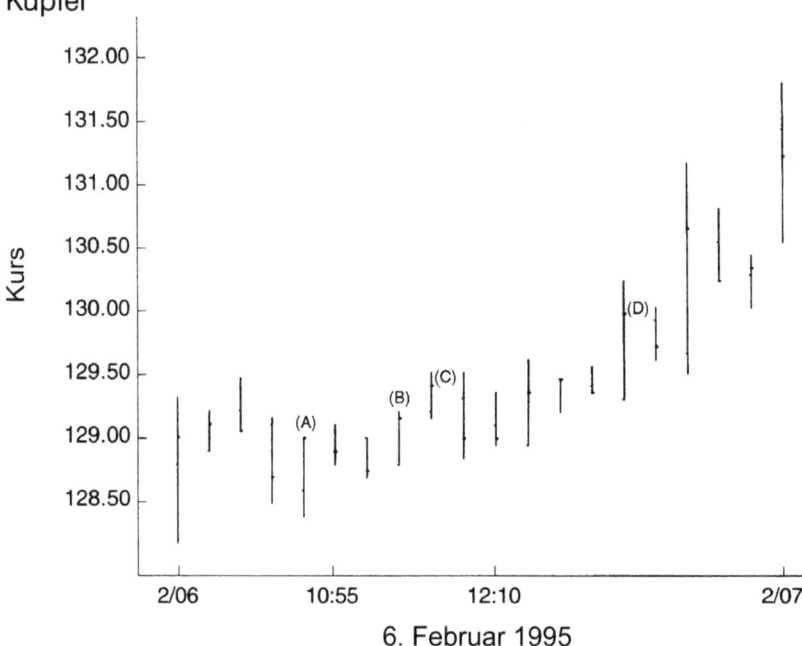

6. Februar 1995

T A B E L L E 4.HG.S15

Handelsergebnisse: Berg-und-Tal-Day-Trading-Methode*
Kupfer: Spekulative Einstellung, 15-Minuten-Daten

Datum	Position	Einstiegs-zeit	Einstiegs-kurs	Ausstiegs-zeit	Ausstiegs-kurs	$G/V	$ Max. Verlust	Zeit	$ Max. Gewinn	Zeit
1/2/95	Short	11:24	133.65	14:34	132.1	388	-62	11:54	388	14:34
2/2/95	Long	12:40	133.5	14:34	133.45	-12	-150	13:25	0	12:40
6/2/95	Long	13:41	130.5	14:34	131.5	250	-100	13:56	250	14:34
7/2/95	Short	12:09	130	14:34	129.5	125	-50	12:54	362	13:39
8/2/95	Long	12:42	129.3	14:34	130.1	200	0	12:42	275	13:58
10/2/95	Long	13:39	134.65	14:34	134.65	0	0	13:39	50	13:54
17/2/95	Short	13:46	133.5	14:34	133.4	25	0	13:46	100	14:32
22/2/95	Short	14:17	131.95	14:34	131.6	88	0	14:17	112	14:31
27/2/95	Short	13:34	133	14:14	132.7	75	-75	13:47	75	14:14
28/2/95	Short	12:18	131	14:06	130.7	75	-50	13:30	225	14:03
$ Total						1212				
Durchschnittsgewinn/Trade in $						121				

*Einstellungen: Minimaldifferenz aufeinander folgender hoher/tiefer Schlusskurse = 0,30 Cent
Anzahl aufeinander folgender hoher/tiefer Schlusskurse = 3

C H A R T HG-5

Spekulative Einstellung: 15-Minuten-Kurse
Kupfer

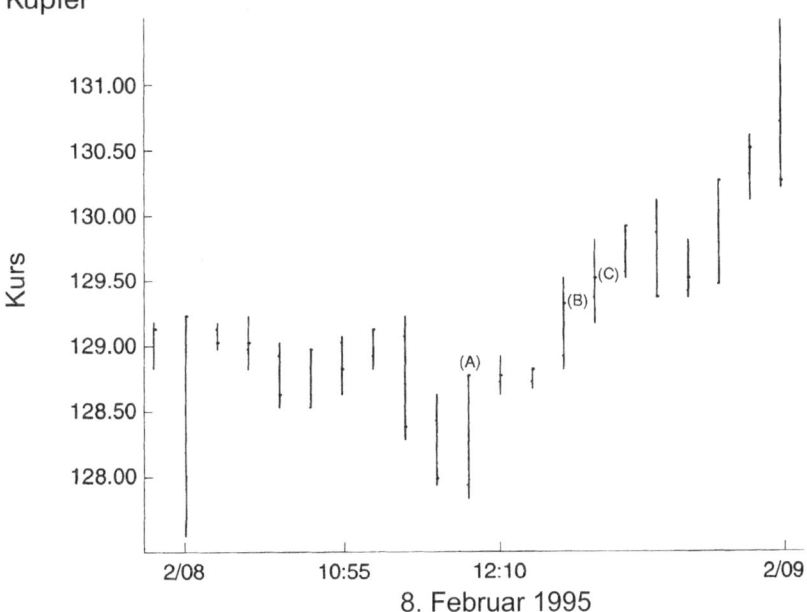

8. Februar 1995

T A B E L L E 4.HG.S60
Handelsergebnisse: Berg-und-Tal-Day-Trading-Methode*
Kupfer: Spekulative Einstellung, 60-Minuten-Daten

Datum	Position	Einstiegs-zeit	Einstiegs-kurs	Ausstiegs-zeit	Ausstiegs-kurs	$G/V	$ Max. Verlust	Zeit	$ Max. Gewinn	Zeit
1/2/95	Short	11:25	133.7	14:34	132.1	400	0	11:25	400	14:34
6/2/95	Long	12:26	129.45	14:34	131.5	512	0	12:26	512	13:34
7/2/95	Short	12:27	129.7	14:34	129.5	50	0	12:27	175	13:27
8/2/95	Long	13:25	129.35	14:34	130.1	188	0	13:25	262	14:25
10/2/95	Long	11:25	134.1	14:34	134.65	138	-25	12:25	138	13:34
17/2/95	Short	13:27	133.75	14:34	133.4	88	0	13:27	138	14:29
22/2/95	Short	14:30	131.4	14:34	131.6	-50	-50	13:34	0	13:30
27/2/95	Short	13:34	133	14:14	132.7	75	0	13:34	75	14:14
28/2/95	Short	12:31	130.8	14:19	130.1	175	-100	13:30	175	14:19
$ Total						1575				
Durchschnittsgewinn/Trade in $						175				

*Einstellungen: Minimaldifferenz aufeinander folgender hoher/tiefer Schlusskurse = 0,60 Cent
Anzahl aufeinander folgender hoher/tiefer Schlusskurse = 1

C H A R T HG-6
Spekulative Einstellung: 60-Minuten-Kurse
Kupfer

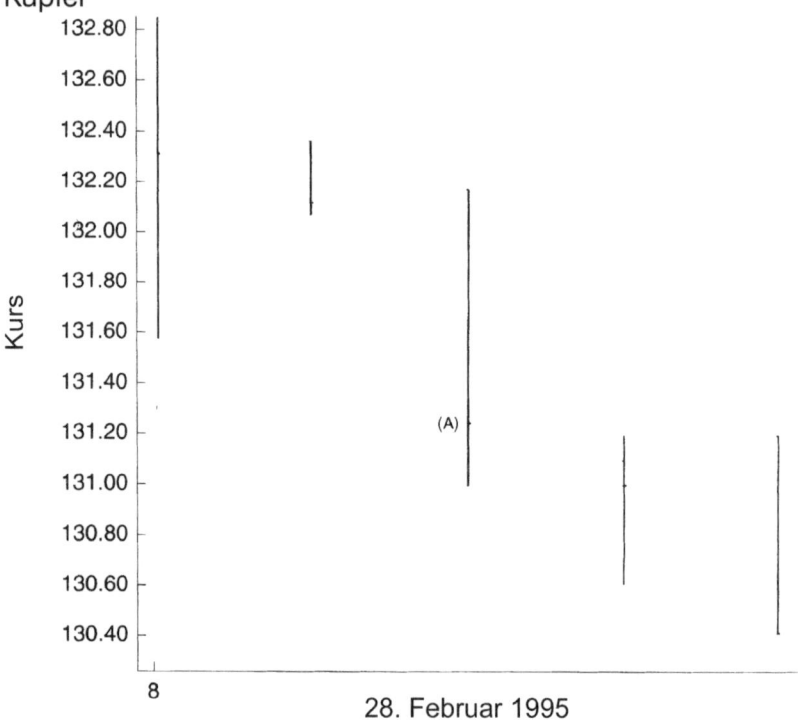

28. Februar 1995

KAPITEL IV

Gold

Das gelbe Edelmetall hat die Welt lange Zeit in seinem Bann gehalten. Wann immer es Unruhen, Kriege oder Naturkatastrophen gegeben hat, sind Reich und Arm, Wirtschaft und Regierung, Jung und Alt in die sprichwörtliche Sicherheit von Gold geflüchtet. Dies gilt insbesondere für die unterentwickelten Regionen der Welt und für nicht demokratisch organisierte Gesellschaften.

Inflation und Hochzinsphasen, die Doppelgeißel des Geldwertes, treiben den Goldpreis nach oben, wenn die Landeswährung de facto an Wert verliert. So geschah es 1979-80, als sich das Schreckgespenst der Inflation erhob und Gold wahre Höhenflüge von $ 100 bis auf $ 800 erlebte, um anschließend in den Hochzinsjahren 1980-81 eine große Schwankungsbreite zu zeigen. Ein ausgebuffter Trader weiß, dass Gold in schlechten Zeiten tonangebend ist und ausgeprägte Trends entwickeln kann.

Typische Kursbewegungen innerhalb eines Tages

Seit über zehn Jahren hat sich der Goldpreis nun recht gemäßigt verhalten – sehr zur Enttäuschung manches Anlegers, der in Gold investiert hat und auf die nächste große Aufwärtsbewegung spekuliert. Doch die lässt auf sich warten. Die politische und wirtschaftliche Situation hat sich weltweit positiv entwickelt, die Inflation ist sehr niedrig, und so gibt es keinen Anlass für plötzliche große Ausschläge oder Trends bei Gold.

Durch die langfristige Flaute hat sich das Interesse auf Tagesbewegungen verlagert. Dabei kommt es nur ganz selten zu Bewegungen um 15 oder 20 Dollar – wenn überhaupt. Eine Veränderung von sechs Dollar ist schon die Ausnahme. Der Trader muss sich also mit kleineren Tagestrends zufrieden geben, wobei hier Volatilität und Slippage bei der Ausführung beträchtlich niedriger sind.

Chart GC-1 zeigt einen typischen Trading-Tag mit einer geringfügigen Kursveränderung im Tagesverlauf von weniger als 1,0 Dollar. Die Volatilität von Gipfel zu Boden ist in dieser Tagesumgebung allerdings größer als der Trend – sehr zur Verzweiflung insbesondere des Traders, der mit Moving Averages arbeitet, denn er wird an einem solchen Tag böse verschaukelt.

Fast genauso katastrophal und bestimmt genauso frustrierend für den Trend Trader, der glaubt, einen Monster-Trend am Schwanz gepackt zu haben, ist das in Chart GC-2 dargestellte Szenario – ein anfänglich steiler Aufwärtstrend am 12. Januar von Eröffnung bis 9.30 Uhr. Dieser Trend ist so reizvoll, dass jeder Trader long gehen wird, doch prompt rührt sich dann für den Rest des Tages nicht mehr viel. Der Gewinn bleibt aus, der Trader steht vielleicht sogar mit einem Verlust da.

C H A R T GC-1
Typischer Kursverlauf eines Tagescharts für Gold

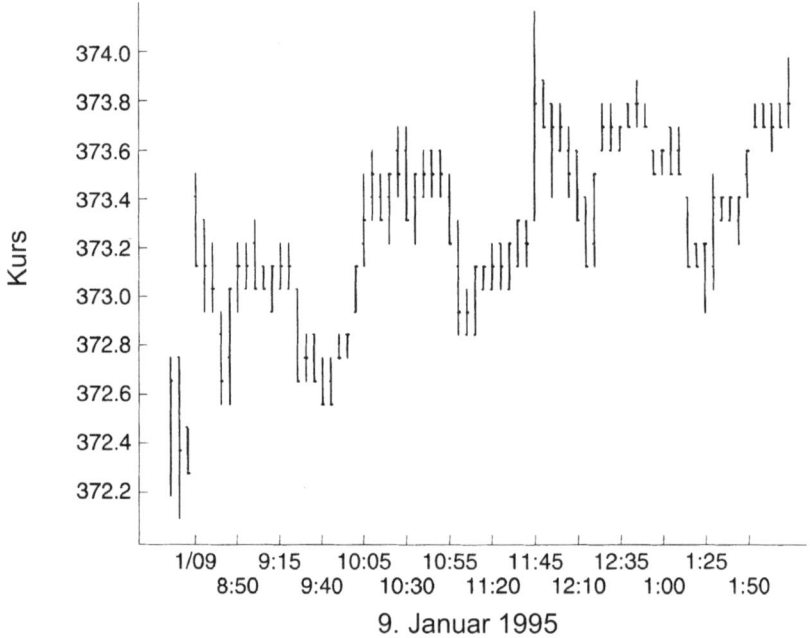

9. Januar 1995

Gelegentlich wird der Trader aber doch mit einem einigermaßen lukrativen Trend verwöhnt, wie er auf Chart GC-3 zu sehen ist. Ein stetiger Kursrückgang bietet genügend Gelegenheiten, auf den Abwärtstrend aufzuspringen. (Die Ergebnisse für konservative bzw. spekulative Einstellungen sind den Tabellen zu entnehmen). Eine Reaktion in der Größenordnung von $2 gegen Ende des Tages stellt die Entschlossenheit und Überzeugung des Traders auf die Probe, doch wenn er die Position behält, kann er mit ihr $200 ($2 pro Unze) Gewinn machen.

C H A R T GC-2
Typischer Kursverlauf eines Tagescharts für Gold

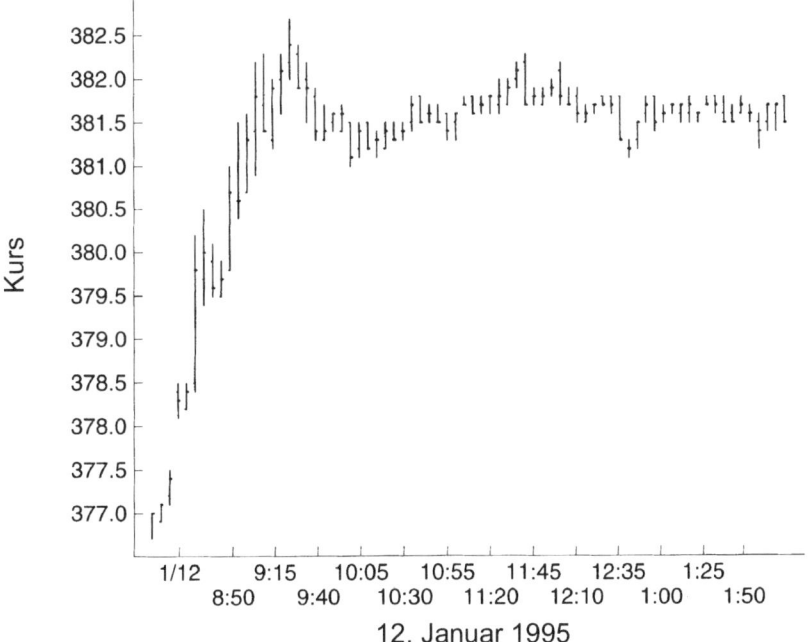

12. Januar 1995

Geeignete Einstellungen für Gold

Die Berg-und-Tal-Technik wurde anhand von Kursdaten auf Basis von 1-, 5-, 15-, 30- und 60-Minuten-Intervallen für den Monat Januar 1995 getestet. Die Tests zeigen größtenteils zuverlässige Gewinne, die jedoch im Schnitt eher bescheiden ausfallen – eine Folge der bereits angesprochenen geringen Spannen und Gelegenheiten für Trendbewegungen. Stellt sich die berechtigte Frage, ob sich angesichts der begrenzten Möglichkeiten Trading überhaupt lohnt. Glücklicherweise gibt es hier kaum Slippage bei der Ausführung – nicht mehr als etwa 1 Tick in die eine oder andere Richtung –, so dass der Trader bei niedrigen Trading-Kosten mit den hier präsentierten spekulativen und konservativen Parameter-Einstellungen immer noch interessante Gewinne machen kann.

C H A R T   GC-3
Typischer Kursverlauf eines Tagescharts für Gold

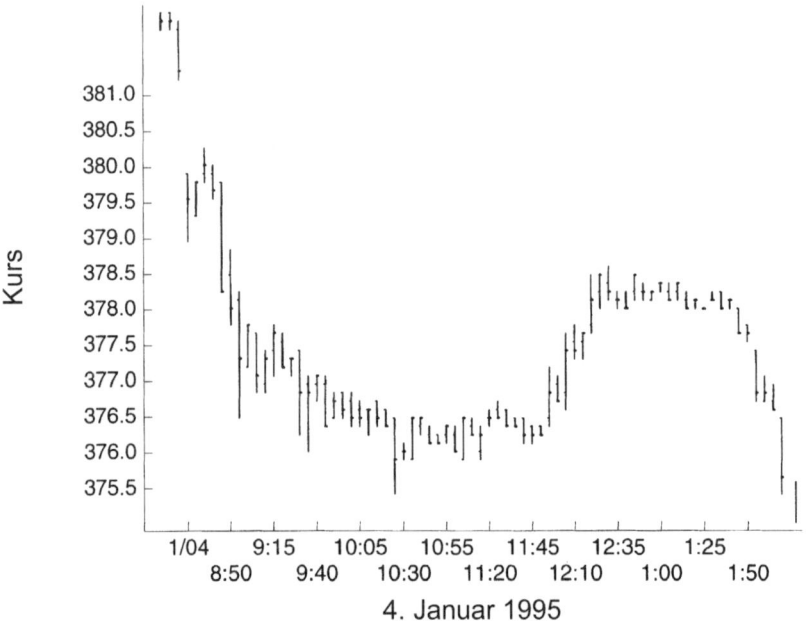

4. Januar 1995

Tabelle 4.GC.C1 enthält die Daten eines Trades mit konservativer Einstellung auf 1-Minuten-Basis. (Kriterien: vier aufeinander folgende höhere Schlusskurse im Mindestabstand von einem halben Dollar.) Es kommt nur zu zwei geringfügigen Verlusten. Die meisten Trades bringen (im Vergleich dazu) größere Gewinne, so dass der Trader in einem mageren Monat insgesamt $ 650 gutmacht, was einem Durchschnittsgewinn pro Trade von $ 81 entspricht.

Aggressiver ist die in Tabelle 4.GC.S5 dargestellte Variante. Hier wird auf 5-Minuten-Basis mit nur einem höheren Schlusskurs im Abstand von mindestens $ 1,20 gearbeitet. Es kommt zu einer beträchtlichen Anzahl von Trades (15) auf der Suche nach schnellen, kräftigen Trendbewegungen. Dabei sind nur vier Verluste zu verbuchen. Bei dieser Variante ist der Trader allzeit bereit für ein neues goldenes Jahr wie 1980. Er erzielt insgesamt $ 980 Nettogewinn, also $ 65 pro Trade. Chart GC-4 zeigt einen erfolgreichen Trade, bei dem der Trader im Grunde nur auf den ersten

TABELLE 4.GC.C1
Handelsergebnisse: Berg-und-Tal-Day-Trading-Methode*
Gold (Comex): Konservative Einstellung, 1-Minuten-Daten

Datum	Position	Einstiegs- zeit	Einstiegs- kurs	Ausstiegs- zeit	Ausstiegs- kurs	$G/V	$ Max. Verlust	Zeit	$ Max. Gewinn	Zeit
4/1/95	Short	8:52	377.5	14:30	375.3	220	-90	12:25	220	14:29
6/1/95	Short	13:52	374.3	14:29	372.2	210	-30	13:53	220	14:24
12/1/95	Long	8:56	381	14:31	381.4	40	-40	9:00	150	9:28
17/1/95	Long	9:31	380.2	14:33	380.6	40	-60	9:33	120	9:51
19/1/95	Long	11:59	383.7	14:31	383.6	-10	-50	12:36	40	12:26
23/1/95	Short	9:45	383.3	14:34	381.4	190	-10	12:27	330	13:50
27/1/95	Short	11:23	378	14:27	377.6	40	-50	11:36	370	13:57
27/1/95	Long	14:27	377.6	14:33	376.8	-80	-110	14:30	0	14:27
$ Total						650				
Durchschnittsgewinn/Trade in $						81				

*Einstellungen: Minimaldifferenz aufeinander folgender hoher/tiefer Schlusskurse: 0,5 Dollar
Anzahl aufeinander folgender hoher/tiefer Schlusskurse: 4

größeren Ausbruch von $ 1,20 oder mehr gewartet hat, der bei (A) um 9.29 Uhr auftrat. Mit einer Short-Position bei $ 384,30 waren bis Tagesschluss $ 290,00 Gewinn drin.

Tabelle 4. GC.C5 zeigt das andere Extrem. Hier wird der Trend nur zögernd als solcher bestätigt und ein Einstieg erfolgt erst nach Erreichen von sieben höheren Schlusskursen in Folge bei einer Mindestdifferenz von $ 0,10 auf der Basis von 5-Minuten-Daten. Auch hier sind die Verluste rar und gering (dank konservativer Philosophie), doch der ohnehin nicht besonders ausgeprägte Trend kann nur zu einem geringen Teil genutzt werden, so dass der Gewinn pro Trade eher dürftig bleibt. Auch dieser Trader hofft auf das Einsetzen der „Big Moves". Chart GC-5 zeigt

T A B E L L E   4.GC.S5
Handelsergebnisse: Berg-und-Tal-Day-Trading Methode*
Gold (Comex): Spekulative Einstellung, 5-Minuten-Daten

Datum	Position	Einstiegs-zeit	Einstiegs-kurs	Ausstiegs-zeit	Ausstiegs-kurs	$G/V	$ Max. Verlust	Zeit	$ Max. Gewinn	Zeit
3/1/95	Short	10:34	381.4	14:29	380.8	60	-40	11:55	60	14:29
4/1/95	Short	8:54	377.5	12:09	377.6	-10	-10	8:59	140	10:24
4/1/95	Long	12:09	377.6	14:11	375.6	-200	-200	14:11	70	12:58
4/1/95	Short	14:11	375.6	14:29	375.3	30	-20	14:16	30	14:29
6/1/95	Short	13:51	375.2	14:26	372.3	290	0	13:51	290	14:11
12/1/95	Long	8:34	379.5	14:29	381.5	200	0	8:34	300	9:29
17/1/95	Long	9:19	379.6	14:29	380.5	100	-10	9:24	130	9:54
18/1/95	Short	10:04	383.3	14:29	382.9	40	-40	11:58	50	13:44
19/1/95	Short	9:23	382.1	11:47	383.5	-140	-140	11:47	10	10:13
19/1/95	Long	11:47	383.5	14:28	383.7	20	-30	11:50	50	12:27
20/1/95	Long	10:04	384.8	14:29	385.4	60	-90	11:19	60	14:29
23/1/95	Short	09:29	384.3	14:28	381.4	290	-10	9:33	420	13:59
27/1/95	Short	9:49	378.5	14:18	376.4	210	-70	10:44	340	13:53
27/1/95	Long	14:18	376.4	14:28	377.3	90	0	14:18	90	14:28
31/1/95	Short	9:39	375.2	12:05	375.8	-60	-60	11:57	70	9:49
$ Total						980				
Durchschnittsgewinn/Trade in $						65				

*Einstellungen: Minimaldifferenz aufeinander folgender hoher/tiefer Schlusskurse = 1,2 Dollar
Anzahl aufeinander folgender hoher/tiefer Schlusskurse = 1

C H A R T   GC-4
Spekulative Einstellung: 5-Minuten-Kurse
Gold

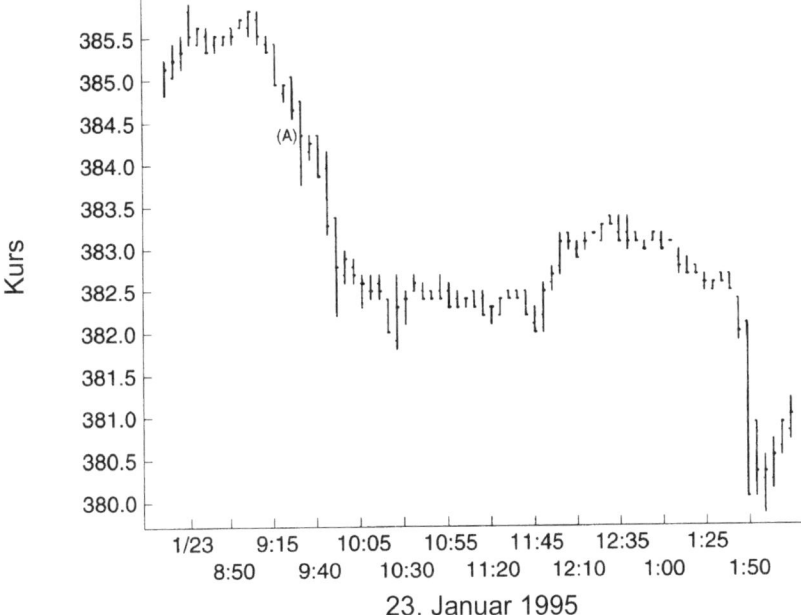

23. Januar 1995

einen vielversprechenden Trade. Die Kurse bewegen sich im Tagesverlauf kaum von der Stelle, zeigen dann aber doch fünf neue Schlusstiefs bis zum entscheidenden Punkt gegen 13.30 Uhr, wo es zu einer massiven Welle von Verkäufen kommt und die Kurse einbrechen. Die beiden abschließenden tieferen Schlusskurse sind bei (F) und (G) zu verzeichnen, wo um 13.41 Uhr zu 375,4 eine Short-Position eröffnet wird, die am Schluss $ 310 Gewinn bringt.

Tabelle 4.GC.S30 liefert schließlich noch ein Bild von spekulativ ausgerichtetem Trading (ein höhere Schluss im Abstand von $ 1,60 oder mehr als Voraussetzung für ein Long-Signal) auf 30-Minuten-Basis. Der Trader reagiert prompt auf jede Bewegung,

TABELLE 4.GC.C5
Handelsergebnisse: Berg-und-Tal-Day-Trading-Methode*
Gold (Comex): Konservative Einstellung, 5-Minuten-Daten

Datum	Position	Einstiegs- zeit	Einstiegs- kurs	Ausstiegs- zeit	Ausstiegs- kurs	$G/V	$ Max. Verlust	Zeit	$ Max. Gewinn	Zeit
3/1/95	Short	10:24	381.8	14:29	380.8	100	0	10:24	100	14:29
4/1/95	Short	10:24	346.1	14:29	375.3	80	-220	12:58	80	14:29
5/1/95	Long	13:11	137.6	14:29	376.7	10	-40	13:31	10	14:00
6/1/95	Short	13:41	375.4	14:26	372.3	310	0	13:41	310	14:11
9/1/95	Long	11:44	374	14:29	373	0	-90	13:15	0	11:44
12/1/95	Long	9:24	382	14:29	381.5	-50	-100	10:04	50	9:29
17/1/95	Long	9:38	380	14:29	380.6	60	0	9:38	90	9:54
19/1/95	Short	10:13	382	11:27	383.2	-120	-120	11:27	10	10:13
19/1/95	Long	11:27	383.2	14:28	383.7	50	-30	11:37	80	12:27
21/1/95	Long	12:24	384.9	14:29	385.4	50	-50	12:54	50	14:29
23/1/95	Short	9:44	383.8	14:28	381.4	240	0	9:44	370	13:59
27/1/95	Short	12:18	377.8	14:28	377.3	50	0	12:18	270	13:53
30/1/95	Long	10:56	377.5	14:29	376.4	-110	-140	11:42	0	10:56
$ Total						670				
Durchschnittsgewinn/Trade in $						52				

*Einstellungen: Minimaldifferenz aufeinander folgender hoher/tiefer Schlusskurse = 0,1 Dollar
Anzahl aufeinander folgender hoher/tiefer Schlusskurse = 7

TABELLE 4.GC.S30
Handelsergebnisse: Berg-und-Tal-Day-Trading-Methode*
Gold: Spekulative Einstellung, 30-Minuten-Daten

Datum	Position	Einstiegs- zeit	Einstiegs- kurs	Ausstiegs- zeit	Ausstiegs- kurs	$G/V	$ Max. Verlust	Zeit	$ Max. Gewinn	Zeit
3/1/95	Short	10:48	381.4	14:29	380.8	60	-30	11:49	60	14:29
4/1/95	Short	9:49	376.9	14:29	375.3	160	-130	12:19	160	14:29
6/1/95	Short	14:02	372.7	14:29	372.2	50	0	14:02	50	14:29
12/1/95	Long	9:19	381.8	14:29	381.5	-30	-60	10:19	0	9:19
17/1/95	Long	9:49	380.4	14:29	380.6	20	-40	10:49	40	10:19
20/1/95	Long	14:22	385.5	14:29	385.4	-10	-10	14:29	0	14:22
23/1/95	Short	9:49	382.5	14:28	381.4	110	-70	12:19	140	13:49
27/1/95	Short	9:50	378.6	14:29	377.3	130	-30	10:50	310	13:52
$ Total						490				
Durchschnittsgewinn/Trade in $						61				

*Einstellungen: Minimaldifferenz aufeinander folgender hoher/tiefer Schlusskurse = 1,6 Dollar
Anzahl aufeinander folgender hoher/tiefer Schlusskurse = 1

C H A R T   GC-5
Konservative Einstellung: 5-Minuten-Kurse
Gold

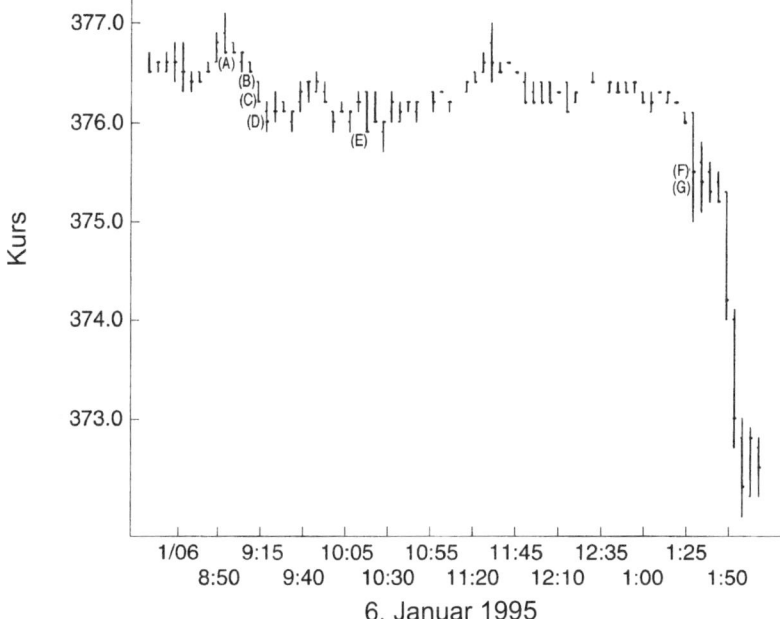

6. Januar 1995

die nur entfernt wie ein Trend aussieht, erwartet jedoch einen deutlichen Kurssprung, damit sich das Risiko auszahlt. Die Ergebnisse sind gar nicht schlecht, mit einem Gesamtgewinn von $ 500, einem Gewinn pro Trade von $ 61 und wenigen, kleinen Verlusten. Chart GC-6 zeigt eine Short-Position für den 27. Januar, die bereits mit Eröffnung um 9.50 Uhr bei (A) eröffnet und bis zum Schluss gehalten wird – mit einem Plus von $ 130.

CHART GC-6

Spekulative Einstellung: 30-Minuten-Kurse
Gold

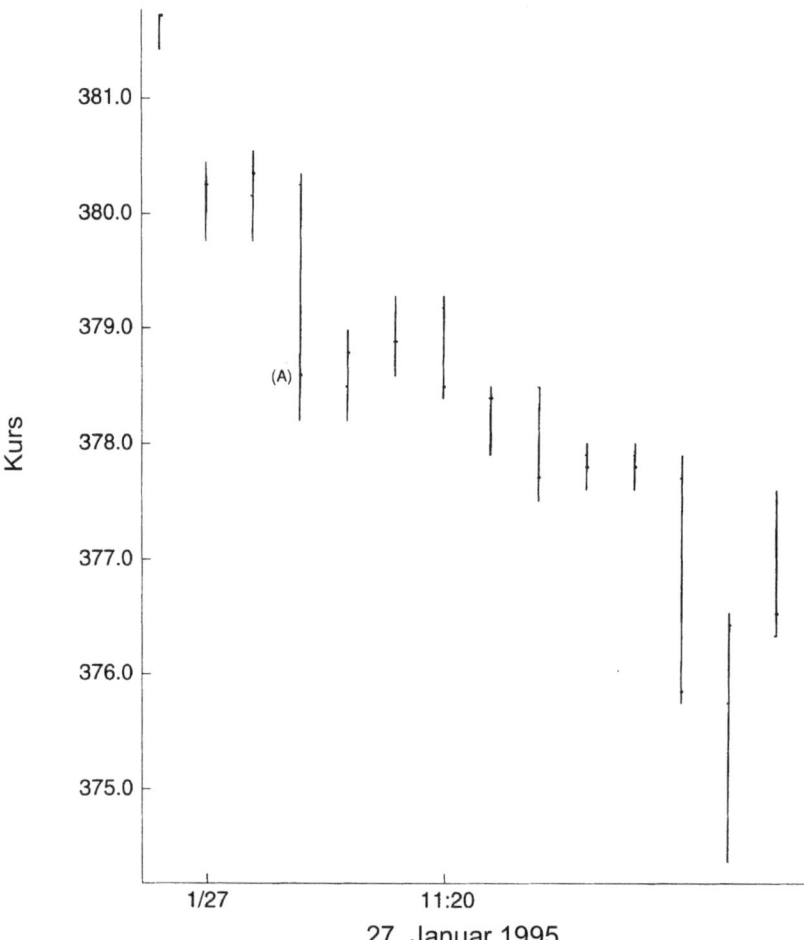

27. Januar 1995

305

Silber

Wie schön wäre es, wenn Silber wieder einmal so lebhafte, atemberaubende Kursbewegungen zeigte wie 1979-80. Das war die Zeit der großen Bullen- und Bärenmärkte, als die Kurse von $5 auf über $50 pro Unze emporschossen und dann wieder auf ihren Eröffnungskurs zurückfielen. Leider hat sich Silber seither nur noch auf recht niedrigem Niveau bewegt. Hin und wieder kommt es zu Kursspitzen, wenn Gerüchte über Konflikte oder Unruhen die Runde machen, doch selbst dann halten sich die Kurse in verhältnismäßig knappen Spannen in der Größenordnung von $5 bis $6. Mit herkömmlichen Trend-Techniken auf Grundlage von Tageskursen gerät der Trader in der Mehrzahl der Fälle in Schaukelbewegungen zwischen Überkauft- und Überverkauft-Situationen. Es sieht beinah so aus, als ob hier nur mit der Theorie der „gegensätzlichen Meinung" (also mit der umgekehrten Methode) Erfolge möglich sind.

Dabei gibt es genug Bewegungen innerhalb eines Tages, aus denen man mit Trendfolge-Techniken Kapital schlagen kann.

Typische Kursbewegungen innerhalb eines Tages

Gelegentlich kommt es innerhalb eines Tages zu größeren Bewegungen – um 15 Cent oder mehr – (siehe die Ergebnisse für den 18., 19. und 26. April in den beigefügten Tabellen), doch die weitaus meisten Tage zeichnen sich durch geringe Spannen aus (meist 6-8 Cent). Chart SV-1 zeigt einen typischen Tag mit einer so kleinen Spanne. Hier zeigen die Kurse auf den ersten zwei Balken (5-Minuten-Intervallen) nach Eröffnung wilde Ausschläge, wobei die Bandbreite des restlichen Tages überschritten wird (ich vermute hier Fehler in den Aufzeichnungen der Kurshochs und -tiefs). Den größten Teil des Tages bewegen sich die Kurse zwischen 538 und 545. Ausgeprägte Trends sind nicht erkennbar. Die üblichen Trend-Techniken wie Ausbruchsmethode oder Moving Averages würden hier, bedingt durch eine Schaukel-

C H A R T SV-1

Typischer Kursverlauf eines Tagescharts für Silber

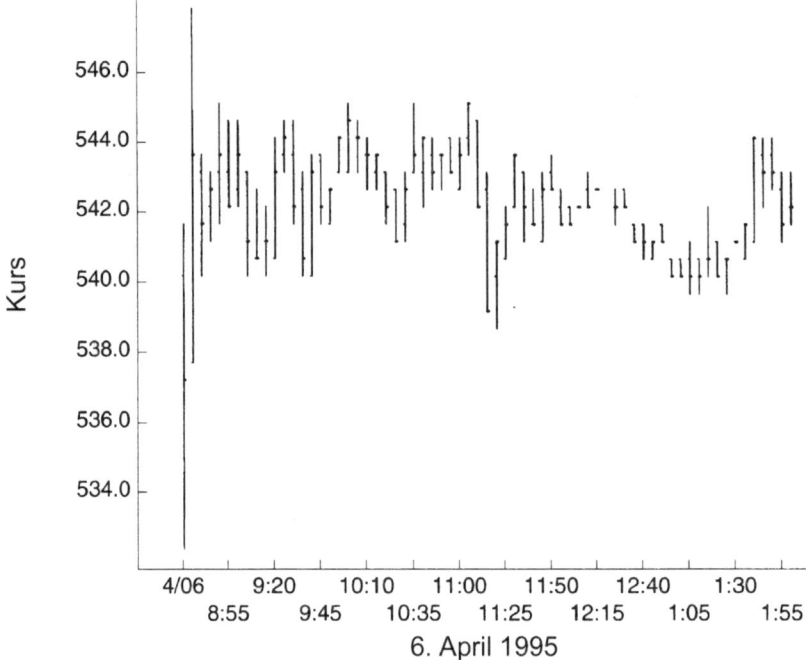

6. April 1995

börse, sehr schnell unprofitable Long-Signale auslösen, die wiederum von ebensowenig Gewinn bringenden Short-Positionen abgelöst würden (wie gegen 11.25 Uhr auf dem Chart).

Doch es gibt auch noch ein handfestes Kursmuster, das relativ häufig vorkommt: Hier bewegen sich die Kurse die meiste Zeit des Tages kontinuierlich in eine Richtung, und zwar um 12 Cent oder mehr. Ein Beispiel dafür liefert Chart SV-2. Die Kurse eröffnen bei 572, bewegen sich dann in 4-6 Cent-Schritten abwärts,

gefolgt von Gegenreaktionen in Aufwärtsrichtung über die Hälfte des Kursverlustes oder mehr. Um die Mittagszeit haben sich die Kurse in einer Handelsspanne von 4 Cent eingependelt, die sie erst verlassen, als die letzte (und stärkste) Verkaufswelle die Kurse auf 556 drückt. Die Formation, die sich hier erkennen lässt, sieht so aus: Rückgang um 10 Cent, Seitwärtsbewegung über den größten Teil des Tages, erneuter Einbruch um 10 Cent – also insgesamt 14-16 Cent –, nach Aufwärts-Retracements. Und das war es dann. Von einem solchen charakteristischen Tag darf sich der Trader 6-8 Cent Gewinn erwarten. Die meisten der im folgenden angesprochenen Strategien können bei diesen Gelegenheiten profitieren.

C H A R T SV-2
Typischer Kursverlauf eines Tagescharts für Silber

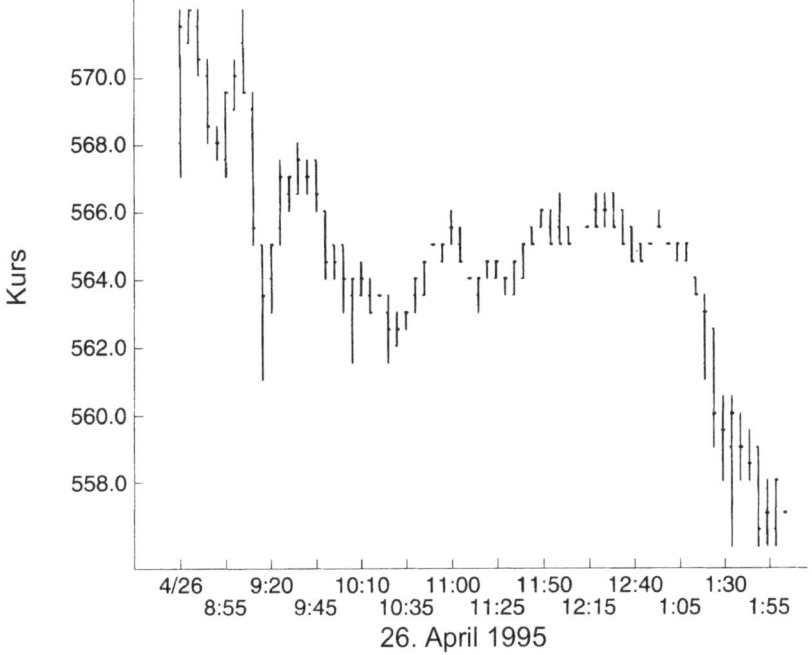

26. April 1995

Geeignete Einstellungen für Silber

Die Berg-und-Tal-Technik wurde anhand von Kursdaten auf der Basis von 1-, 5-, 15-, 30- und 60-Minuten-Intervallen für den Monat April 1995 getestet. Alle Beispiele zeigen graduell unterschiedliche Rentabilität für die verschiedenen Trading-Varianten.

Tabelle 4.SV.C1 beinhaltet die Positionen, die ein konservativ orientierter Trader auf Basis von 1-Minuten-Kursdaten einnimmt. Der Mindestabstand der aufeinander folgenden höheren/tieferen Schlusskurse, der für Silber zu Grunde gelegt wurde, be-

T A B E L L E 4.SV.C1
Handelsergebnisse: Berg-und-Tal-Day-Trading-Methode*
Silber (Comex): Konservative Einstellung, 1-Minuten-Daten

Datum	Position	Einstiegs-zeit	Einstiegs-kurs	Ausstiegs-zeit	Ausstiegs-kurs	$G/V	$ Max. Verlust	Zeit	$ Max. Gewinn	Zeit
4/4/95	Long	11:40	531	13:56	530	-50	-250	13:33	25	11:41
5/4/95	Long	12:50	536.5	13:56	540.5	200	0	12:50	200	13:44
7/4/95	Long	13:01	544.5	13:57	539	-275	-275	13:54	75	13:05
10/4/95	Short	11:04	523	13:59	525.5	-125	-125	13:53	100	11:12
11/4/95	Long	9:42	533.5	13:56	534.5	50	-150	10:04	250	12:03
13/4/95	Long	13:54	536	13:56	538	100	0	13:54	125	13:55
17/4/95	Long	13:07	565	13:56	572.5	375	0	13:07	550	13:50
18/4/95	Long	12:32	571	14:02	586.5	775	-50	12:44	850	13:55
19/4/95	Short	13:52	587.5	14:03	579.5	400	-25	13:53	475	13:56
20/4/95	Long	9:17	578	11:24	580	100	-150	9:21	450	10:41
20/4/95	Short	11:24	580	13:57	569	550	0	11:24	575	13:53
21/4/95	Long	9:29	572	14:00	568	-200	-325	11:06	100	12:12
24/4/95	Short	9:27	569	13:59	566.5	-125	-225	9:56	225	13:52
25/4/95	Long	11:16	572	13:55	571.5	-25	-100	13:16	125	11:20
26/4/95	Short	9:11	564.5	14:04	557	375	˙-150	9:35	400	13:47
27/4/95	Long	13:39	569	13:57	572	150	-25	13:40	200	13:47
28/4/95	Short	13:55	570	13:56	575	-250	-250	13:56	0	13:55
$ Total						2275				
Durchschnittsgewinn/Trade in $						134				

*Einstellungen: Minimaldifferenz aufeinander folgender hoher/tiefer Schlusskurse = 0,5 Cent
Anzahl aufeinander folgender hoher/tiefer Schlusskurse = 11

trägt nur 1 Tick (0,5 Cent), doch es sind 11 höhere Schlusskurse in Folge erforderlich, um eine Long-Position zu eröffnen. Trotz dieser strengen Kriterien wurden 17 Trades ausgelöst, also im Schnitt knapp einer pro Tag. Der größte Verlust lag bei $ 275, die Gewinne waren größtenteils höher. Bei dieser Variante ergab sich ein Gesamtplus von $ 2 275 vor Abzug der Kosten und damit ein Gewinn pro Trade von $ 134 – ein annehmbares Resultat, wenn die Transaktionskosten (Slippage) im Rahmen bleiben. Die Erfolgsquote ist mit fast 65 Prozent beachtlich (11 erfolgreiche Trades von 17).

Chart SV-3 zeigt die Vorgänge für den 20. April. Um 9.17 Uhr wird nach elf aufeinander folgenden Schlusskursen auf 1-Minu-

C H A R T SV-3
Konservative Einstellung: 1-Minuten-Kurse
Silber

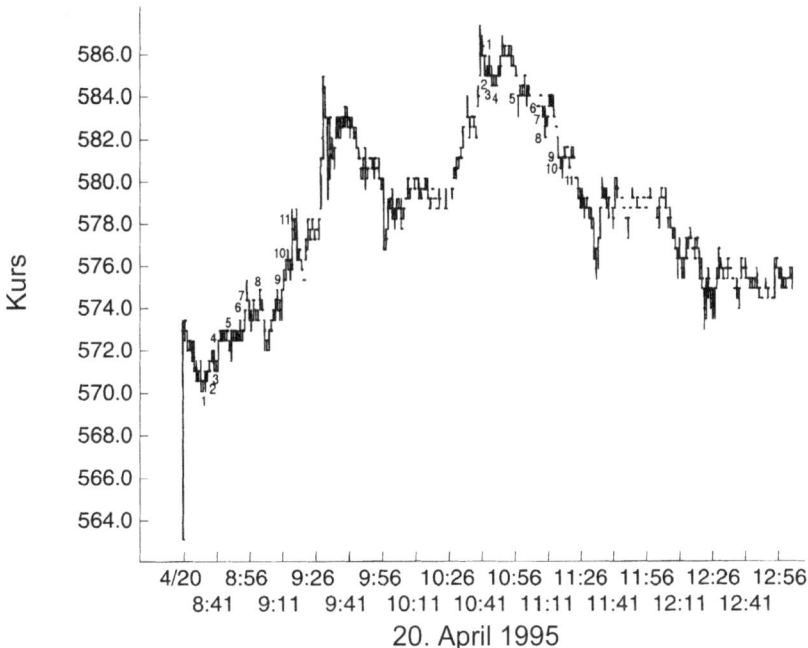

20. April 1995

Chart SV-3, Fortsetzung

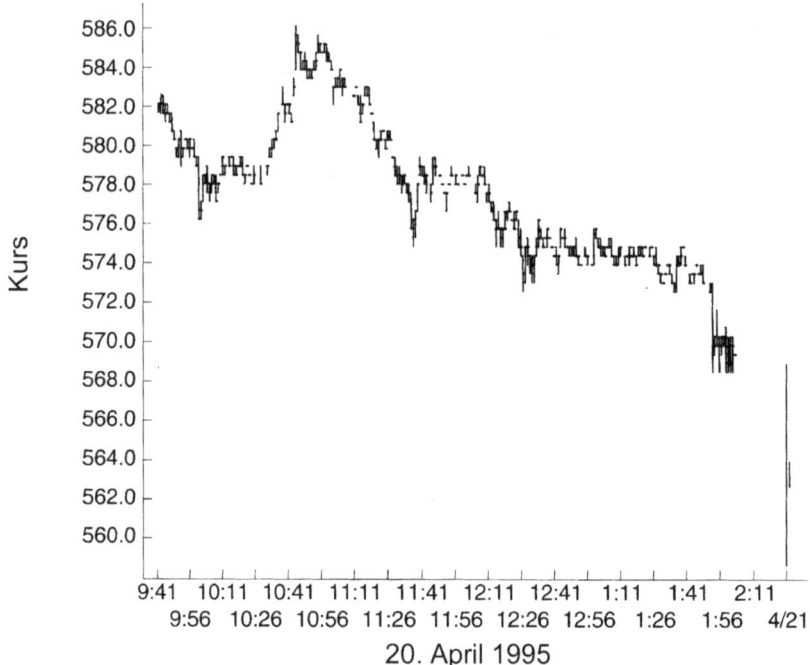

20. April 1995

ten-Basis bei Punkt 11 eine Long-Position ausgelöst zu $ 5,80 pro Unze. Die Kurse bewegen sich schrittweise weiter aufwärts, bis in der Umgebung von 587 ein Hoch zu verzeichnen ist. Danach fallen die Kurse stetig und zeigen einen beständigen Abwärtstrend. Wir erhalten bei Punkt 11 im Abwärtstrend ein Short-Signal, zu $ 5,80 um 11.24 Uhr. Beide Positionen bringen Gewinn, die Long-Position 2 Cent, die Short-Position 11 Cent.

Tabelle 4.SV.S5 zeigt eine spekulative Einstellung der Trading-Parameter für Silber auf 5-Minuten-Basis. Nur zwei höhere Schlusskurse in Folge im Abstand von mindestens 4 Cent sind Voraussetzung für das Auslösen eines Long-Signals. Auch hier ist die Bilanz erfreulich: 10 Trades bringen $ 1 075 Gewinn. Die Trefferquote kann sich ebenfalls sehen lassen – mit 60 Prozent

(6 von 10 Trades). Die Verluste sind klein, $200 oder darunter. Chart SV-4 zeigt eine Long-Position gegen Schluss an Punkt (B) zu 569, nach dem zweiten höheren Schlusskurs. (Der erste bei (A) lag vier Cent über dem Tiefstschluss des Tages bei $5,57 gegen 9.00 Uhr).

Tabelle 4.SV.C15 zeigt eine konservative Strategie auf 15-Minuten-Basis. Voraussetzung für eine Long-Position sind hier sechs höhere Schlusskurse in Folge im Abstand von mindestens 1 Cent. Aufgrund der strengen Kriterien kommt es nur zu drei Trades, die aber alle Gewinn bringen, und zwar $183 im Schnitt. Chart SV-5 zeigt eine Short-Position auf das Signal um 12.55 Uhr an Punkt (F) am 28. April 1995 hin, nachdem die Kurse sukzessive gefallen sind.

Zu guter Letzt präsentiert Tabelle 4.SV.S30 noch eine spekulative Variante auf 30-Minuten-Basis. Für eine Short-Position sind hier nur zwei aufeinander folgende tiefere Schlusskurse in ei-

T A B E L L E 4.SV.S5

Handelsergebnisse: Berg-und-Tal-Day-Trading-Methode*
Silber (Comex): Spekulative Einstellung, 5-Minuten-Daten

Datum	Position	Einstiegs-zeit	Einstiegs-kurs	Ausstiegs-zeit	Ausstiegs-kurs	$G/V	$ Max. Verlust	Zeit	$ Max. Gewinn	Zeit
5/4/95	Long	13:09	539.5	13:54	540	25	-100	13:14	50	13:44
11/4/95	Long	11:29	537	13:54	533.5	-175	-225	13:19	50	12:04
17/4/95	Long	13:14	569	13:54	573.5	225	0	13:14	300	13:49
18/4/95	Long	12:34	572	13:54	585	650	-100	12:44	650	13:54
19/4/95	Short	11:15	588	13:54	585	150	-325	12:20	150	13:54
20/4/95	Long	9:29	581	11:34	577	-200	-200	11:34	275	10:54
20/4/95	Short	11:34	577	13:54	569.5	375	-125	11:43	375	13:49
21/4/95	Long	9:24	570	13:54	569	-50	-175	11:02	125	13:32
25/4/95	Long	11:19	573.5	13:54	572	-75	-175	13:19	0	11:19
26/4/95	Short	9:14	561	13:54	558	150	-300	9:29	175	13:51
$ Total						1075				
Durchschnittsgewinn/Trade in $						108				

*Einstellungen: Minimaldifferenz aufeinander folgender hoher/tiefer Schlusskurse = 4,0 Cent
Anzahl aufeinander folgender hoher/tiefer Schlusskurse = 2

CHART SV-4
Spekulative Einstellung: 5-Minuten-Kurse
Silber

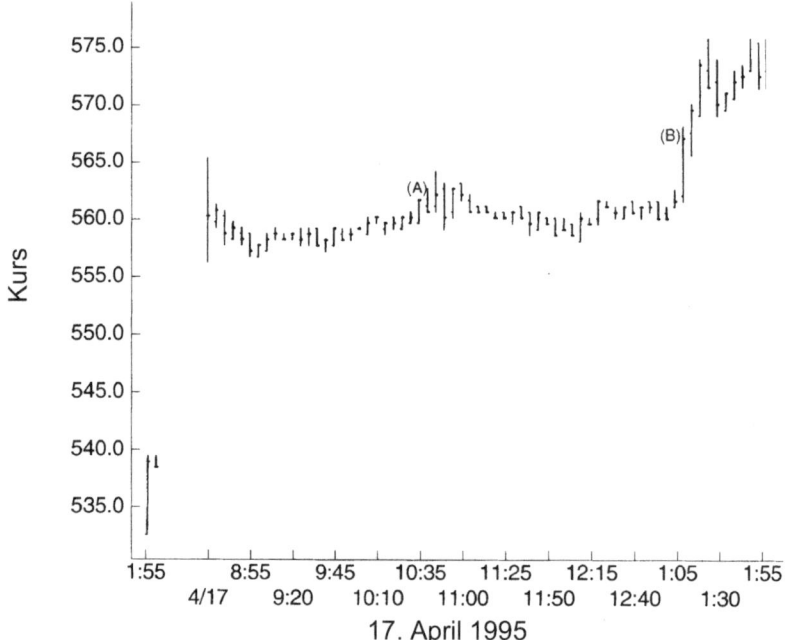

17. April 1995

TABELLE 4.SV.C15
Handelsergebnisse: Berg-und-Tal-Day-Trading-Methode*
Silber (Comex): Konservative Einstellung, 15-Minuten-Daten

Datum	Position	Einstiegs-zeit	Einstiegs-kurs	Ausstiegs-zeit	Ausstiegs-kurs	$G/V	$ Max. Verlust	Zeit	$ Max. Gewinn	Zeit
20/4/95	Short	13:24	573:5	13:54	569:5	200	0	13:24	200	13:54
26/4/95	Short	13:41	559	13:54	558	50	0	13:41	50	13:54
28/4/95	Short	12:55	577	13:54	571	300	-125	13:05	300	13:54
$ Total						550				
Durchschnittsgewinn/Trade in $						183				

*Einstellungen: Minimaldifferenz aufeinander folgender hoher/tiefer Schlusskurse = 1,0 Cent
Anzahl aufeinander folgender hoher/tiefer Schlusskurse = 6

313

C H A R T SV-5
Konservative Einstellung: 15-Minuten-Kurse
Silber

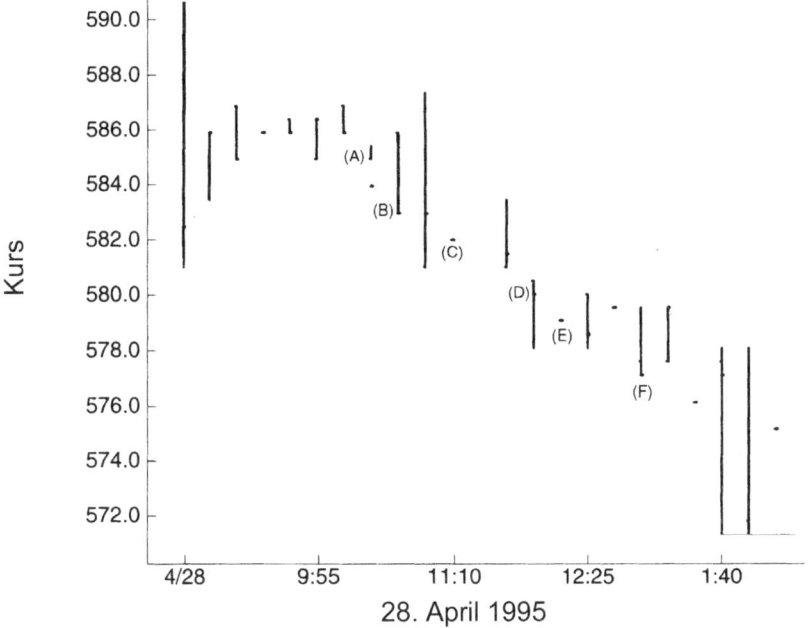

28. April 1995

nem Mindestabstand von 1 1/2 Cent erforderlich. Der beachtliche Gesamtgewinn von $2 525 ergibt $133 Dollar Gewinn pro Trade. Der größte Verlust beträgt $350, wobei vier Gewinne höher sind. Die Trefferquote liegt bei fast 60 Prozent, es kommt ungefähr zu einem Trade pro Tag. Chart SV-6 zeigt die Long-Position für den 18. April 1995. Die Kurse bewegen sich nach der Eröffnung zunächst seitwärts, dann nach unten. Etwa bei 563 bildet sich vor 11.00 Uhr ein Boden. Zwei beträchtlich höhere Schlusskurse in Folge sind bei Punkt (A) und (B) zu verzeichnen, wo der Trader mit einer Long-Position ins Rennen geht. Er steigt bei 567,50 ein, gerät in eine deutliche Aufwärtsbewegung bis auf 585 am Tagesschluss und steigt aus mit $875 Gewinn vor Abzug der Kosten.

T A B E L L E 4.SV.S30
Handelsergebnisse: Berg-und-Tal-Day-Trading-Methode*
Silber (Comex): Spekulative Einstellung, 30-Minuten-Daten

Datum	Position	Einstiegs-zeit	Einstiegs-kurs	Ausstiegs-zeit	Ausstiegs-kurs	$G/V	$ Max. Verlust	Zeit	$ Max. Gewinn	Zeit
4/4/95	Short	10:24	526.5	11:54	530.5	-200	-200	11:54	0	10:24
4/4/95	Long	11:54	530.5	13:54	529.5	-50	-100	13:24	0	11:54
5/4/95	Long	11:54	534.5	13:54	540	275	-25	12:22	275	13:54
6/4/95	Short	12:56	540.5	13:54	541.5	-50	-50	13:54	0	12:56
7/4/95	Long	11:25	542.5	13:54	539	-175	-175	13:54	25	13:00
10/4/95	Short	10:59	526	13:54	525	50	0	10:59	150	11:59
11/4/95	Long	12:24	534.5	13:54	533.5	-50	-100	13:23	0	12:24
13/4/95	Short	11:25	0:00	13:54	536	-350	-350	13:54	50	11:55
17/4/95	Long	10:44	564	13:54	573.5	475	-225	12:16	475	13:47
18/4/95	Long	12:24	567.5	13:54	585	875	0	12:24	875	13:54
19/4/95	Short	11:23	590.5	13:54	585	275	-150	12:25	275	13:54
20/4/95	Long	9:54	580.5	11:53	578.5	-100	-100	11:53	300	10:54
20/4/95	Short	11:53	578.5	13:54	569.5	450	0	11:53	450	13:54
21/4/95	Long	13:47	571.5	13:54	569	-125	-125	13:54	0	13:47
24/4/95	Short	12:25	569.5	13:54	566	175	0	12:25	175	13:54
25/4/95	Long	11:24	571.5	13:54	572	25	-25	12:58	50	13:30
26/4/95	Short	9:54	564.5	13:54	558	325	-75	12:25	325	13:54
27/4/95	Long	10:12	567	13:54	573	300	-200	12:20	300	13:54
28/4/95	Short	11:59	579	13:54	571	400	0	11:59	400	13:54
$ Total						2525				
Durchschnittsgewinn/Trade in $						133				

*Einstellungen: Minimaldifferenz aufeinander folgender hoher/tiefer Schlusskurse = 1,5 Cent
Anzahl aufeinander folgender hoher/tiefer Schlusskurse = 2

C H A R T SV-6
Spekulative Einstellung: 30-Minuten-Kurse
Silber

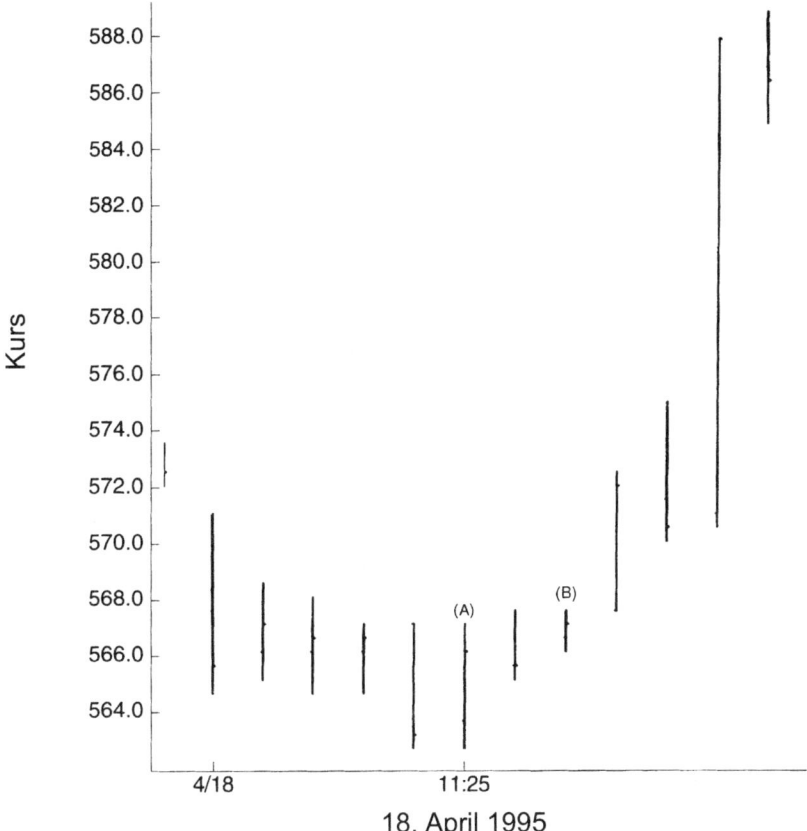

18. April 1995

AKTIENINDIZES

S&P-Futures

S&P-Futures genießen wohl die meiste Beachtung – sowohl im Hinblick auf langfristige Tendenzen als auch, was Day-Trading-Gelegenheiten anbelangt. Damit symbolisieren sie am besten die Suche nach dem Heiligen Gral des Commodity Traders: stetige, große, vorhersagbare Gewinne. Ausgeprägte Bewegungen um 100 Punkte oder mehr sind keine Seltenheit, und die Volatilität der Kurse eröffnet dem Trader eine Vielfalt von verschiedenen Trading-Gelegenheiten für jeden möglichen Ansatz. Die S&P-Kurse sind dabei gar nicht leicht zu interpretieren. Weder die Fachleute der Privatwirtschaft noch die staatlichen Wirtschaftsexperten liefern hier besonders zuverlässige Prognosen, so dass im Grunde jeder Trader sein Glück versuchen kann. S&P-Futures werden insbesondere von Day-Tradern favorisiert, von denen sich manche ausschließlich darauf konzentrieren: Sie arbeiten nur mit einem System und haben nur diesen Futures-Kontrakt im Portefeuille.

Typische Kursbewegungen innerhalb eines Tages bei S&P

Entgegen der verbreiteten Meinung kommt es bei S&P nicht regelmäßig zu großen Bewegungen (um 8 bis 15 Punkte). (Wenn das ein-, zweimal im Monat vorkommt, ist das schon etwas Besonderes.) Dafür sind zwei andere Verhaltensmuster ausgesprochen häufig: unruhige Seitwärtsbewegungen mit hoher Volatilität und mäßige Bewegungen von 2 bis 4 Punkten, die zwei oder mehr Trends beinhalten.

Chart SP-1 zeigt einen ganz typischen unruhigen Markt. Die Kurse bewegen sich in der ersten halben Stunde rapide aufwärts und bestimmen damit praktisch die Tagesspanne von 534,50 bis 537,50, wobei sich die meisten Kursschwankungen zwischen 535,50 und 537,50 abspielen, einer Spanne von 2 Punkten also.

C H A R T   SP-1
Typischer Kursverlauf eines Tagescharts für S&P

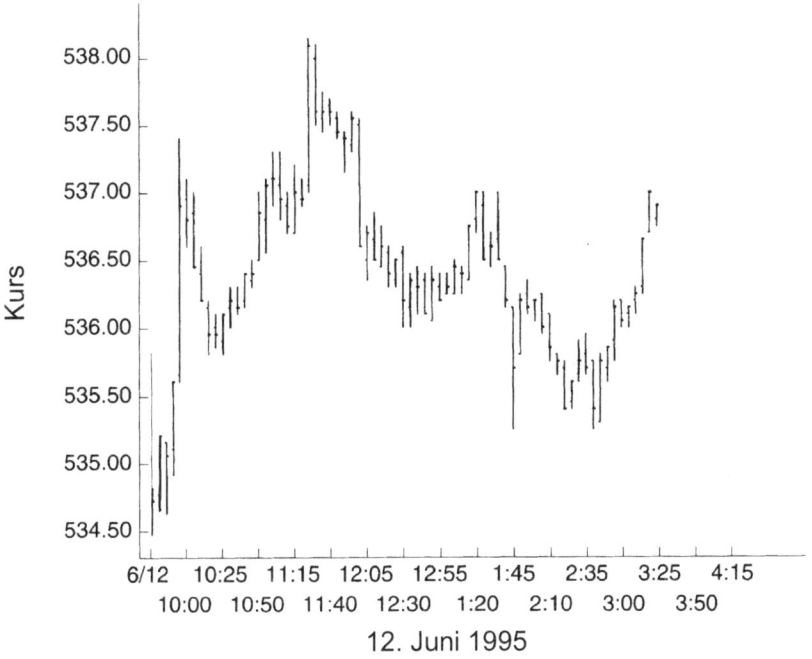

12. Juni 1995

Beachten Sie die Trendbewegung zum Höchststand des Tages hin (den Aufwärtstrend), die Abwärtsbewegung bis fast zum Boden (den Abwärtstrend), und dann die Erholung bis etwa auf den Mittelwert der Spanne, in der sich das Tagesgeschehen hauptsächlich abspielt. Mit einer traditionellen Trend-Technik würde der Trader von dem vielen Auf und Ab gnadenlos verschaukelt.

Ebenso häufig, doch mit attraktiven Gewinnchancen für den Trend Trader ausgestattet, sind die beiden ausgeprägten Trendmöglichkeiten auf Chart SP-2, obwohl die Volatilität auch hier beträchtlich ist. Die Kurse fallen von 533,50 auf 530, ein Abwärtstrend über 3 1/2 Punkte. Um die Mitte des Börsentages erfolgt

dann eine Trendwende. Die Kurse nehmen denselben Weg, doch diesmal in die entgegengesetzte Richtung: ein Aufwärtstrend von 3 Punkten. Ein Trader, der Fehlentscheidungen aufgrund der in beiden Trends auftretenden Reaktionen vermeiden kann, hat gut lachen: zwei Trends über jeweils 3 Punkte!

Chart SP-5 zeigt einen größeren Intraday-Trend, der nur in einer Abwärtsbewegung verläuft – eine Idealkonstellation in den Augen der Trendfolger! Am 26. Juni 1995 bewegen sich die Kurse kontinuierlich abwärts, wobei der Abwärtstrend nur einmal durch eine Reaktion unterbrochen wird. Eine solche Konstellation kommt allerdings höchstens ein paar Mal im Monat vor.

C H A R T SP-2
Typischer Kursverlauf eines Tagescharts für S&P

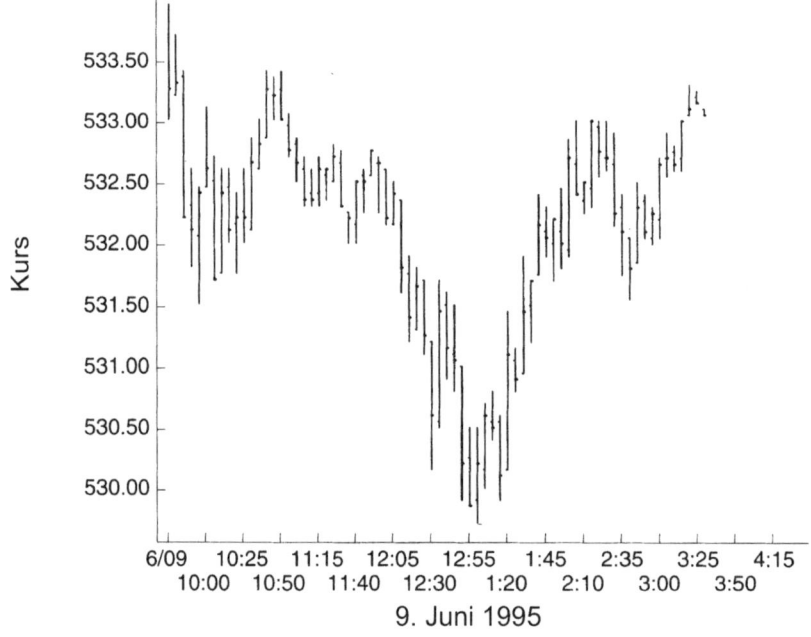

9. Juni 1995

Geeignete Einstellungen für S&P

Die Berg-und-Tal-Technik wurde hier anhand von Kursdaten auf Basis von 1-, 5-, 15-, 30- und 60-Minuten-Intervallen für Juni 1995 getestet. Viele Parameter-Kombinationen waren hier erfolgreich. Die beiden überlegenen konservativen Varianten und zwei sehr gute spekulative wurden ausgewählt und in den Tabellen 4. SP.S1 bis S30 zusammengefasst.

Die erste, spekulative ausgerichtete Einstellung auf 1-Minuten-Basis ist in Tabelle 4.SP.S1 enthalten. Hier sind nur zwei aufeinander folgende höhere Schlusskurse im Mindestabstand von 80 Cent erforderlich, um eine Long-Position zu eröffnen. Und jetzt halten Sie sich fest! Diese Variante generierte 50 Trades mit einer Trefferquote von fast 50 Prozent und einem Gesamtgewinn von knapp $5 000 – $112 pro Trade. Zwei, ja, manchmal sogar drei oder mehr Trades pro Tag waren keine Seltenheit. Am ersten Tag, dem 1. Juni 1995, kam es zu sieben Trades! Chart SP-3 zeigt die Kurse für den 9. Juni 1995 auf 1-Minuten-Basis. Es ging schrittweise abwärts, bis bei Punkt (A) die erforderlichen 80 Cent erreicht wurden, und noch einmal bei Punkt (B) um 9.31 Uhr. Bei 533 wurde eine Short-Position eröffnet. Diese wurde um 13.36 Uhr zu 532,30 bei Punkt (b) glattgestellt. Hier, beim zweiten Schlusskurs vom Boden aus, der um mindestens 80 Cent höher liegt, wird eine Long-Position eingegangen und bis zum Schluss gehalten. Am Ende des Tages haben sich so zwei Gewinne angesammelt: $350 aus der Short-Position und $375 aus der Long-Position.

Von den in Tabelle 4.SP.C1 enthaltenen Trades war fast jeder erfolgreich. Die Bilanz ist hier ähnlich: Es ergibt sich ein Gesamtgewinn von $5 600 und ein Gewinn pro Trade von $122 vor Abzug der Kosten. Der Unterschied liegt im Ansatz. Diesmal sind viele (sieben) aufeinander folgende höhere Schlusskurse im Abstand von mindestens 15 Cent erforderlich, damit ein Long-Signal erfolgt. Hier sind also mit jeder Einstellung gute Resultate

TABELLE 4.SP.S1

Handelsergebnisse: Berg-und-Tal-Day-Trading-Methode*
S&P: Spekulative Einstellung, 1-Minuten-Daten

Datum	Position	Einstiegs-zeit	Einstiegs-kurs	Ausstiegs-zeit	Ausstiegs-kurs	$G/V	$ Max. Verlust	Zeit	$ Max. Gewinn	Zeit
1/6/95	Long	8:44	539.05	9:04	537	-1025	-1025	9:04	325	8:47
1/6/95	Short	9:04	537	9:28	537.4	-200	-200	9:28	925	9:09
1/6/95	Long	9:28	537.4	9:51	534.9	-1250	-1250	9:51	150	9:31
1/6/95	Short	9:51	534.9	10:24	537	-1050	-1050	10:24	0	9:51
1/6/95	Long	10:24	537	13:56	537.8	400	-650	10:49	1450	13:47
1/6/95	Short	13:56	537.8	15:04	538.5	-350	-350	15:04	700	14:05
1/6/95	Long	15:04	538.5	15:16	538.4	-50	-175	15:12	0	15:04
2/6/95	Short	8:34	534.2	8:49	536	-900	-900	8:49	200	8:40
2/6/95	Long	8:49	536	9:42	539.9	1950	-250	8:59	3150	9:31
2/6/95	Short	9:42	539.9	14:20	537.4	1250	0	9:42	2200	14:11
2/6/95	Long	14:20	537.4	15:16	536.5	-450	-475	14:28	200	15:02
5/6/95	Long	9:42	539.45	13:53	540.9	725	-700	10:03	1825	13:42
5/6/95	Short	13:53	540.9	15:15	541.2	-150	-225	14:16	625	13:56
6/6/95	Long	9:21	542.2	10:56	540.35	-950	-950	10:56	50	10:00
6/6/95	Short	10:56	540.3	12:05	541.35	-525	-525	12:05	150	11:07
7/6/95	Short	13:13	537.2	15:20	537.85	-325	-400	14:37	550	13:41
8/6/95	Short	9:45	536.9	15:25	536.2	350	-750	13:05	525	15:00
9/6/95	Short	9:31	533	13:36	532.3	350	-225	9:36	1650	12:56
9/6/95	Long	13:36	532.3	15:27	533.05	375	-350	14:38	425	15:25
12/6/95	Long	9:52	536	12:45	536.1	50	-100	10:13	1050	11:25
12/6/95	Short	12:45	536.1	15:23	536.9	-400	-450	13:20	375	14:41
13/6/95	Long	11:12	540.2	15:23	540.7	250	-457	12:01	650	13:35
14/6/95	Long	11:59	541.1	15:22	540.5	-300	-400	14:38	525	13:55
15/6/95	Long	9:01	542.2	14:07	541.8	-200	-400	9:26	1025	13:29
15/6/95	Short	14:07	541.8	14:31	542.2	-200	-200	14:31	600	14:08
15/6/95	Long	14:31	542.2	15:16	542.7	250	-225	14:41	350	14:48
16/6/95	Long	9:50	544.3	15:19	544	-150	-700	11:04	225	13:57
19/6/95	Long	9:18	547.35	15:23	549.75	1200	-100	9:31	1450	14:42
20/6/95	Short	12:59	547.9	14:27	549.7	-900	-900	14:27	100	13:05
20/6/95	Long	14:27	549.7	15:19	549.2	-250	-350	14:44	75	14:28
22/6/95	Long	9:14	552.3	15:22	555.35	1525	0	9:14	1800	13:59
23/6/95	Short	14:10	553	15:15	554.9	-950	-950	15:15	250	14:13
23/6/95	Long	15:15	554.9	15:22	555	5	0	10:12	75	15:16
26/6/95	Short	10:12	552.9	15:22	548.25	2325	0	10:12	2475	15:00
27/6/95	Long	9:04	550.5	13:37	549.6	-450	-500	9:25	600	10:07
27/6/95	Short	13:37	549.6	15:20	547.1	1250	-175	13:45	1550	14:57
28/6/95	Short	9:15	545.6	10:03	547.5	-950	-950	10:03	275	9:38
28/6/95	Long	10:03	547.5	11:29	549.3	900	-150	10:04	1925	11:11
28/6/95	Short	11:29	549.3	14:32	547.6	850	-175	13:29	1750	14:25
28/6/95	Long	14:32	547.6	15:19	549.5	900	0	14:32	1100	15:02
29/6/95	Short	9:03	548.5	12:44	546.8	850	0	9:03	1975	11:54
29/6/95	Long	12:44	546.8	15:20	548.4	800	-225	13:01	950	14:32
30/6/95	Long	10:26	550.65	13:51	549.2	-725	-725	13:51	275	10:27
30/6/95	Short	13:51	549.2	15:18	547.25	975	-300	14:17	1200	14:49
$ Total						4925				
Durchschnittsgewinn/Trade in $						112				

*Einstellungen: Minimaldifferenz aufeinander folgender hoher/tiefer Schlusskurse = 0,80 Dollars
Anzahl aufeinander folgender hoher/tiefer Schlusskurse = 2

C H A R T   SP-3
Spekulative Einstellung: 1-Minuten-Tageskurse
S&P

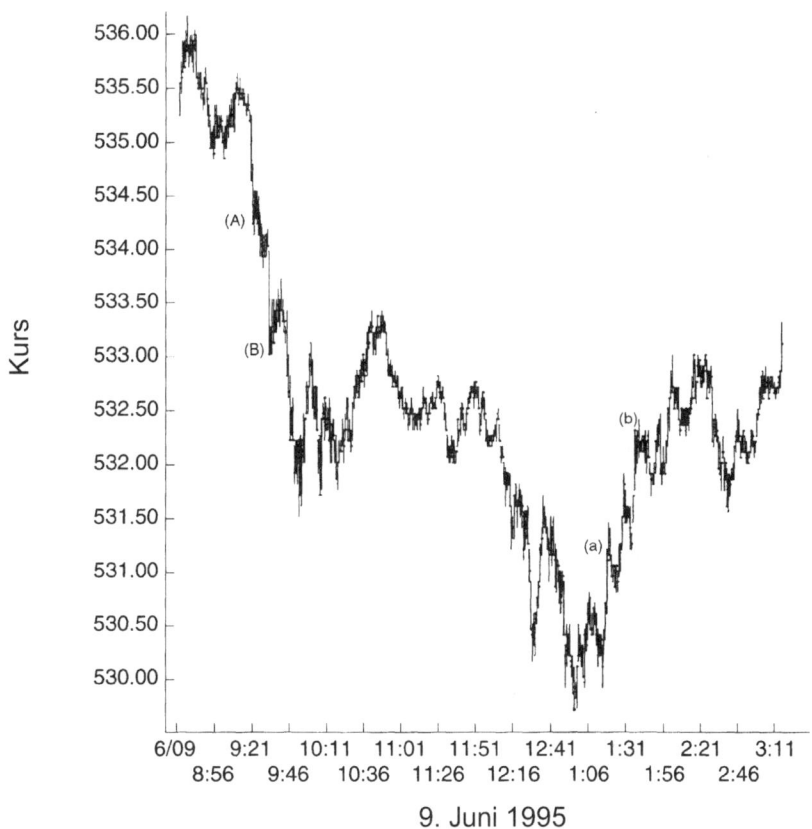

9. Juni 1995

zu erzielen. Chart SP-4 zeigt einen Teil eines Trading-Tages, an dem gleich mit Startschuss um 8.50 Uhr bei Punkt (7) eine Long-Position eingenommen wird, die beim nächsten Punkt (7) zu 538,20 um 9.51 Uhr in eine Short-Position gedreht wird. Die Auflösung der Long-Position brachte $ 950, die der Short-Position am Schluss zu 536,50 $ 850 – ganz passabel für nur einen Tag!

TABELLE 4.SP.C1
Handelsergebnisse: Berg-und-Tal-Day-Trading-Methode*
S&P: Konservative Einstellung, 1-Minuten-Daten

Datum	Position	Einstiegs- zeit	Einstiegs- kurs	Ausstiegs- zeit	Ausstiegs- kurs	$G/V	$ Max. Verlust	Zeit	$ Max. Gewinn	Zeit
1/6/95	Long	8:46	539.55	8:59	537.5	-1025	-1025	8:59	75	8:47
1/6/95	Short	8:59	537.5	9:28	537.4	50	-200	9:02	1175	9:09
1/6/95	Long	9:28	537.4	15:16	538.4	500	-1250	9:51	1250	13:47
2/6/95	Long	8:50	536.3	9:51	538.2	950	-400	8:59	3000	9:31
2/6/95	Short	9:51	538.2	15:16	536.5	850	-575	10:47	1350	14:11
5/6/95	Long	9:42	539.45	13:56	539.65	100	-700	10:03	1825	13:42
5/6/95	Short	13:56	539.65	15:15	541.2	-775	-850	14:16	0	13:56
6/6/95	Long	9:19	542	12:05	541.35	-325	-1000	11:07	150	10:00
7/6/95	Long	12:12	539.9	12:33	538.2	-850	-850	12:33	0	12:12
7/6/95	Short	12:33	538.2	15:20	537.85	175	-375	12:47	1050	13:41
8/6/95	Long	12:45	538.2	14:44	536.3	-950	-950	14:44	100	13:05
8/6/95	Short	14:44	536.3	15:25	536.2	50	-175	15:04	225	15:00
9/6/95	Short	9:26	534	13:28	531.5	1250	-50	9:29	2150	12:56
9/6/95	Long	13:28	531.5	15:27	533.05	775	-125	13:34	875	15:25
12/6/95	Long	9:52	536	12:28	536.25	125	-100	10:13	1050	11:25
12/6/95	Short	12:28	536.25	15:23	536.9	-325	-375	13:20	450	14:41
13/6/95	Short	9:24	537.65	10:46	539.2	-775	-775	10:46	0	9:24
13/6/95	Long	10:46	539.2	15:23	540.7	750	-125	10:47	1150	13:35
14/6/95	Long	11:56	540.6	15:22	540.5	-50	-150	14:38	525	13:55
15/6/95	Long	9:01	542.2	14:07	541.8	-200	-400	9:26	1025	13:29
15/6/95	Short	14:07	541.8	14:47	542.8	-500	-500	14:47	600	14:08
15/6/95	Long	14:47	542.8	15:16	542.7	-50	-500	15:02	50	14:48
16/6/95	Long	13:57	544.75	15:19	544	-375	-825	14:07	0	13:57
19/6/95	Long	8:51	546.3	15:23	549.75	1725	-50	9:00	1975	14:42
20/6/95	Short	11:53	548.25	14:21	549.3	-525	-525	14:21	275	13:05
20/6/95	Long	14:21	549.3	15:19	549.2	-50	-150	14:44	275	14:28
21/6/95	Short	10:13	549	13:14	550.3	-650	-650	13:14	200	10:15
21/6/95	Long	13:14	550.3	14:26	548.85	-725	-725	14:26	0	13:14
21/6/95	Short	14:26	548.85	15:19	549	-75	-300	14:35	0	14:26
22/6/95	Long	9:14	552.3	15:22	555.35	1525	0	9:14	1800	13:59
23/6/95	Short	13:53	553.4	15:03	554.45	-525	-525	15:03	450	14:13
24/6/95	Long	15:03	554.45	15:22	555	275	-75	15:11	300	15:16
26/6/95	Short	9::46	553.15	13:38	551.1	1025	-225	9:52	1950	12:38
26/6/95	Long	13:38	551.1	14:26	549.4	-850	-850	14:26	0	13:38
26/6/95	Short	14:26	549.4	15:22	548.25	575	-125	14:39	725	15:00
27/6/95	Long	9:02	549.95	11:24	550.1	75	-225	9:25	875	10:07
27/6/95	Short	11:24	550.1	15:20	547.1	1500	-525	12:49	1800	14:57
28/6/95	Short	9:09	546	10:02	547.25	-625	-625	10:02	475	9:38
28/6/95	Long	10:02	547.25	11:35	548.8	775	0	10:02	2050	11:11
28/6/95	Short	13:35	548.8	14:37	548.15	325	-425	13:29	1500	14:25
28/6/95	Long	14:37	548.15	15:19	549.5	675	-100	14:44	825	15:02
29/6/95	Short	9:06	547.2	12:21	545.9	650	-550	9:18	1325	11:54
29/6/95	Long	12:21	545.9	15:21	548.4	1250	-325	12:25	1400	14:32
30/6/95	Short	9:26	548.8	10:00	549.9	-550	-550	10:00	100	9:27
30/6/95	Long	10:00	549.9	14:00	549	-450	-450	14:00	650	10:27
30/6/95	Short	14:00	549	15:18	547.25	875	-400	14:17	1100	14:49
$ Total						5600				
Durchschnittsgewinn/Trade in $						122				

*Einstellungen: Minimaldifferenz aufeinander folgender hoher/tiefer Schlusskurse = 0,15 Dollars
Anzahl aufeinander folgender hoher/tiefer Schlusskurse = 7

CHART SP-4
Konservative Einstellung: 1-Minuten-Tageskurse
S&P

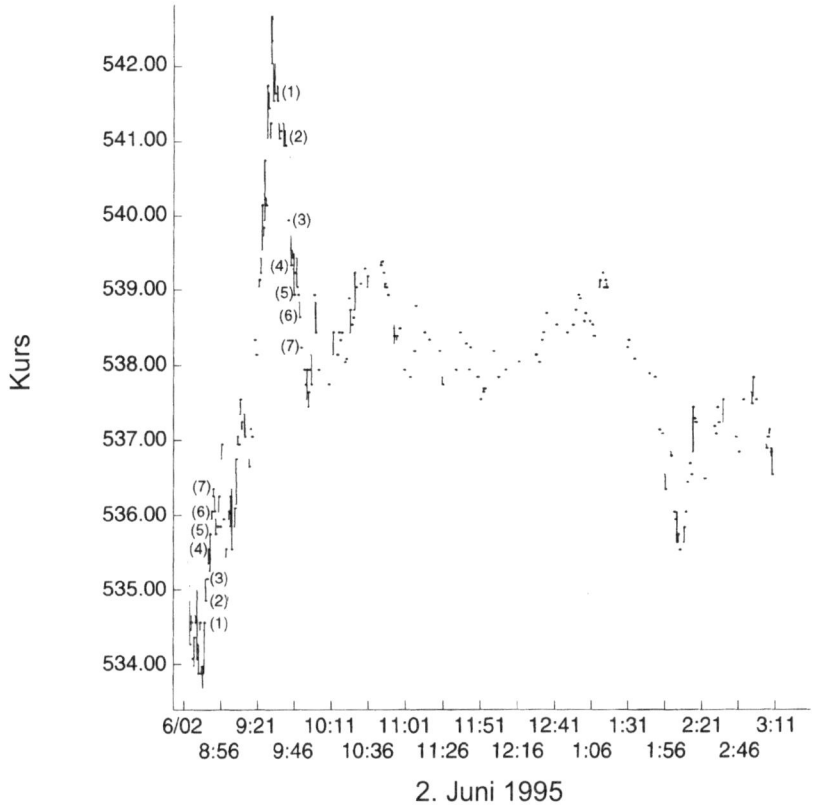

2. Juni 1995

Tabelle 4.SP.C15 zeigt eine konservative Variante auf Grundlage längerer Intervalle – 15 Minuten. Als Long-Kriterien sind fünf höhere Schlusskurse in Folge im Abstand von mindestens 15 Cent erforderlich. Die Zahl der Trades ist hier zwar niedriger, doch der Gewinn von insgesamt $ 2 000 auch nicht zu verachten. Pro Trade ergibt das im Schnitt $ 143. Diese Variante ist besonders zu empfehlen, wenn ausschließlich auf Basis von Charts gearbeitet wird.

Chart SP-5 zeigt einen einzigen, doch lukrativen Trade bei einem schönen Tagestrend in Abwärtsrichtung. Die Kurse fallen stetig und erreichen fünfmal hintereinander um 15 Cent niedrigere Schlusskurse (diesmal tatsächlich in einer Reihe) von (A) bis (E). Hier erfolgt um 10.29 Uhr bei 552,45 ein Short-Signal. Die generierte Position bringt bei Börsenschluss zu 548 das hübsche Sümmchen von $ 2 225.

Tabelle 4.SP.S30 schließlich zeigt, was der spekulativ veranlagte Trader tun kann, der nur mit Charts arbeitet und zwischendurch gern mal eine Pause einlegt. Diese Variante auf 30-Minuten-Basis verlangt nur zwei höhere Schlusskurse in Folge im Abstand von mindestens 60 Cent, um ein Long-Signal auszulösen. Trotz der langen Intervalle können sich die Ergebnisse sehen lassen.

T A B E L L E   4.SP.C15
Handelsergebnisse: Berg-und-Tal-Day-Trading-Methode*
S&P: Konservative Einstellung, 15-Minuten-Daten

Datum	Position	Einstiegs-zeit	Einstiegs-kurs	Ausstiegs-zeit	Ausstiegs-kurs	$G/V	$ Max. Verlust	Zeit	$ Max. Gewinn	Zeit
5/6/95	Long	13:05	541.15	15:14	540.8	-175	-350	14:32	550	13:34
8/6/95	Short	14:59	536	15:14	536.15	-75	-75	15:14	0	14:59
9/6/95	Short	12:14	531.45	15:14	532.85	-700	-700	15:14	625	12:59
12/6/95	Short	13:44	535.5	15:14	536.4	-450	-450	15:14	0	13:44
13/6/95	Long	13:29	541	15:14	541.4	200	-300	13:59	200	15:14
15/6/95	Long	12:29	543.05	15:14	542.6	-225	-1050	14:14	600	13:29
19/6/95	Long	10:59	548.6	15:14	549.9	650	-150	11:14	800	14:44
22/6/95	Long	13:14	554.7	15:14	555.5	400	0	13:14	600	13:59
23/6/95	Short	14:14	552.8	15:14	554.6	-800	-800	15:14	0	14:14
26/6/95	Short	10:29	552.45	15:04	548	2225	0	10:29	2225	15:04
27/6/95	Short	13:59	549	15:14	547.25	872	0	13:59	1150	14:59
29/6/95	Short	10:44	546.2	15:14	548.05	-925	-925	14:14	525	11:44
29/6/95	Long	14:14	548.05	15:14	548.25	100	-100	14:44	100	15:14
30/6/95	Short	13:59	549.15	15:14	547.15	1000	-200	14:14	1000	15:14
$ Total						2000				
Durchschnittsgewinn/Trade in $						143				

*Einstellungen: Minimaldifferenz aufeinander folgender hoher/tiefer Schlusskurse = 0,15 Dollars
Anzahl aufeinander folgender hoher/tiefer Schlusskurse = 5

Ein Gesamtplus von $3375 ergibt $130 pro Trade, vor Abzug der Kosten. Chart SP-6 zeigt einen typischen Erfolgstrade am 13. Juni 1995. Die Kurse geben zunächst nach, ziehen dann vom früh am Morgen bei 538 erreichten Boden an, steigen eineinhalb Stunden, bis zwei höhere Schlusskurse mit 60 Cent Differenz registriert werden, und lösen an Punkt (B) um 11.00 Uhr bei 539,70 ein Long-Signal aus. Die Long-Position wird gehalten bis zum Schluss und bringt $850 Gewinn.

C H A R T SP-5
Konservative Einstellung: 15-Minuten-Tageskurse
S&P

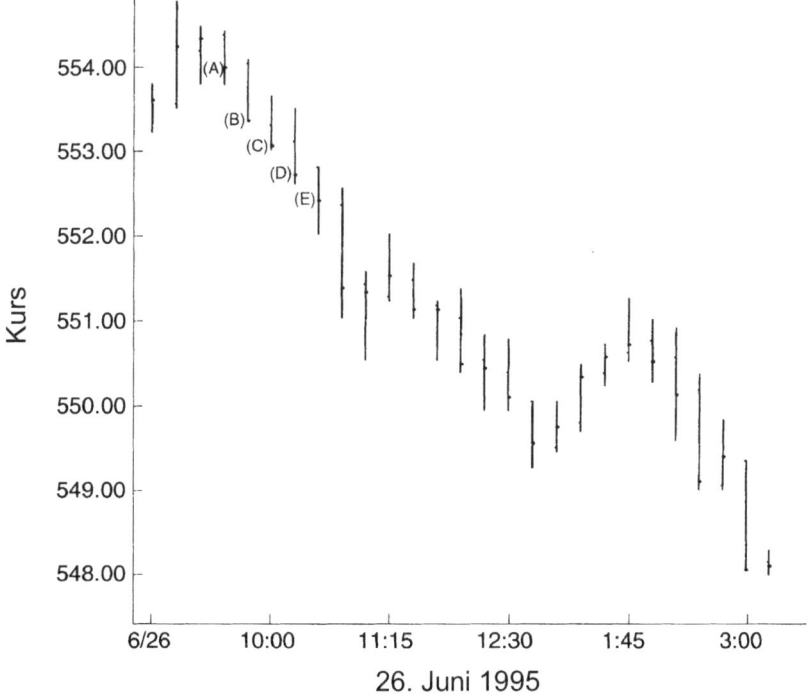

26. Juni 1995

TABELLE 4.SP.S30

Handelsergebnisse: Berg-und-Tal-Day-Trading-Methode*
S&P: Spekulative Einstellung, 30-Minuten-Daten

Datum	Position	Einstiegs-zeit	Einstiegs-kurs	Ausstiegs-zeit	Ausstiegs-kurs	$G/V	$ Max. Verlust	Zeit	$ Max. Gewinn	Zeit
1/6/95	Long	13:41	539.1	15:13	538.2	-450	-1350	14:05	0	13:41
2/6/95	Short	11:28	537.7	15:14	536.8	450	-475	13:06	1000	14:09
5/6/95	Long	12:50	540.6	15:14	540.8	100	-200	14:50	550	13:50
6/6/95	Short	10:58	540.3	12:05	541.35	-525	-525	12:05	0	10:58
7/6/95	Short	13:16	537.05	15:14	537.45	-200	-425	14:46	275	13:46
9/6/95	Short	10:00	532.6	14:00	532.7	-50	-50	14:00	1200	13:00
9/6/95	Long	14:00	532.7	15:14	532.85	75	-225	14:30	75	15:14
12/6/95	Long	11:30	537.6	14:30	535.75	-925	-925	14:30	0	11:30
12/6/95	Short	14:30	535.75	15:14	536.4	-325	-325	15:14	0	14:30
13/6/95	Long	11:00	539.7	15:14	541.4	850	-150	12:00	850	15:14
14/6/95	Long	12:00	541	15:14	540.55	-225	-225	15:14	25	12:30
15/6/95	Long	12:30	542.85	14:30	542.05	-400	-400	14:30	600	13:30
15/6/95	Short	14:30	542.05	15:14	542.6	-275	-275	15:14	0	14:30
16/6/95	Long	14:00	544.75	15:14	543.8	-475	-525	14:30	0	14:00
19/6/95	Long	10:30	547.9	15:14	549.9	1000	0	10:30	1075	15:00
20/6/95	Short	12:00	548.25	15:14	549.15	-450	-700	14:30	150	13:00
21/6/95	Short	10:30	549.1	15:14	549	50	-525	13:30	50	12:30
22/6/95	Long	12:00	554.8	15:14	555.5	350	-100	13:00	400	14:00
26/6/95	Short	10:30	552.4	15:04	548	2200	0	10:30	2225	15:00
27/6/95	Short	14:01	548.95	15:14	547.25	850	0	14:01	1125	15:01
28/6/95	Long	10:30	547.6	12:00	548.85	625	0	10:30	1800	11:00
28/6/95	Short	12:00	548.85	15:14	549.2	-175	-400	13:30	850	14:30
29/6/95	Short	10:00	547.15	13:00	546.4	375	0	10:00	1025	12:00
29/6/95	Long	13:00	546.4	15:14	548.25	925	0	13:00	1050	14:30
30/6/95	Long	10:30	550.85	14:00	549	-925	-925	14:00	75	11:00
30/6/95	Short	14:00	549	15:14	547.15	925	0	14:00	925	15:14
$ Total						3375				
Durchschnittsgewinn/Trade in $						130				

*Einstellungen: Minimaldifferenz aufeinander folgender hoher/tiefer Schlusskurse = 0,60 Dollars
                       Anzahl aufeinander folgender hoher/tiefer Schlusskurse = 2

C H A R T SP-6

Spekulative Einstellung: 30-Minuten-Tageskurse
S&P

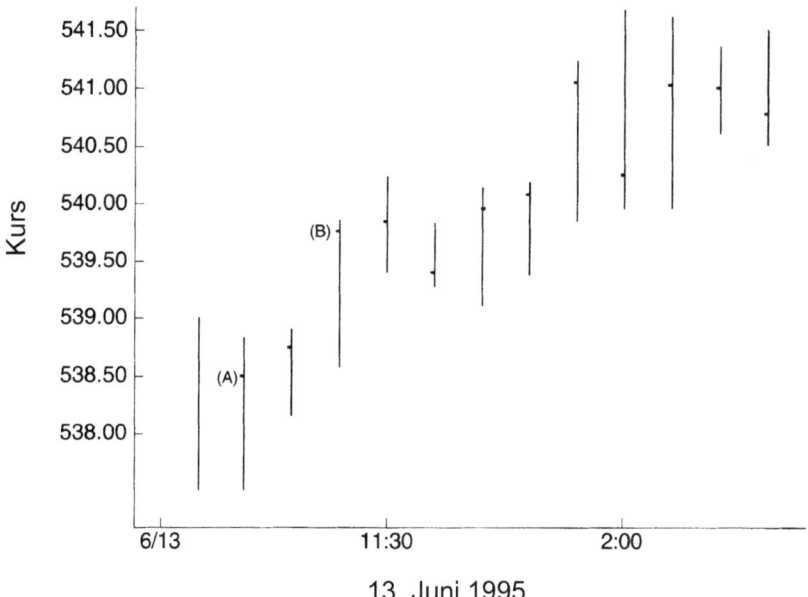

13. Juni 1995

KAPITEL V

PRAKTISCHE TIPS UND HINWEISE

Zu guter Letzt gibt es noch ein paar Eigentümlichkeiten und taktische Schachzüge, die zum Erfolg beim Day-Trading beitragen. So können wir von der kurzfristigen Natur des Day-Tradings profitieren (Glattstellen der Position bei Tagesschluss), oder von der Art der Timing-Methode, die wir verwenden (Trendphilosophie), oder von dem Verkleinern der Zeitintervalle und von der Symmetrie/Analogie zur aktuellen langfristigen Kursentwicklung (Trends).

ERMITTLUNG GEEIGNETER TRADING-OBJEKTE

Der erste und wichtigste Schritt ist die Auswahl der geeigneten Commodities für Trading am gewählten Tag.

Das Timing von Trades ist kein Problem für uns, doch damit sich Trading überhaupt lohnt, müssen genug Trendbewegungen von ausreichender Größe vorhanden sein. Manche Commodities (Hafer, z. B.) zeigen innerhalb eines Tages so gut wie nie genug Bewegung, insbesondere im Verhältnis zu den Kosten. Die Kursveränderungen innerhalb des Betrachtungszeitraums (bis hin zu 1-Minuten-Intervallen) können aber auch zu groß sein im Vergleich zu der durchschnittlichen Tagesbewegung. Bei Hafer etwa können sich die Kurse immerhin um 1/4 Cent verschieben, wenn es zu Veränderungen kommt, doch die durchschnittliche Tagesspanne liegt eben bei kümmerlichen 2 1/4 Cents. Der Trader bekommt das Signal womöglich ganz am Ende des Trends (da er ja beispielsweise sechs neue Hochs oder Tiefs benötigt) und macht jedes Mal Verlust. Vielleicht besinnt er sich auf die Theorie der „gegensätzlichen Meinung", doch angesichts der Reaktion auf den Trend, auf die er zählt, um mit dieser Strategie Gewinn zu machen, wäre das durchschnittliche Plus vor Abzug der Kosten gering – Trading zur Kostendeckung also.

Am anderen Ende des Spektrums liegen S&P oder Kaffee, wo es im Verhältnis zu den Kosten große Bewegungen gibt. Hier ist sorgfältiges Timing unter Umständen überflüssig, denn die

Tagesspannen sind groß und es gibt keine Hinweise auf zyklisches Verhalten oder längere Phasen der Inaktivität.

Doch jede Commodity hat ihre Eigenheiten und erlebt zwangsläufig früher oder später Phasen mit ausgeprägten Trends und dann aber wieder auch Flauten. In Trend-Zeiten rechnen wir im Tagesverlauf mit deutlichen Bewegungen in Trendrichtung oder starken Reaktionen auf den zu Grunde liegenden langfristigen Trend.

Zur Selektion der Trading-Objekte mit höherem Potenzial für Intraday-Bewegungen gibt es im Wesentlichen zwei Filtermethoden: Bei der einen werden die Intraday-(Tages-)Bewegungen als solche analysiert und ihre Zielbereiche prognostiziert, bei der anderen werden die Tagesbewegungen im Zusammenhang mit langfristigen Trends über mehrere Tage betrachtet.

1. Ausgeprägte Tagestrends
   Der erste Filter befasst sich mit Trendbewegungen innerhalb eines Tages und untersucht, ob diese Regelmäßigkeiten aufweisen oder vorhersehbar sind. Ist dem nicht so, müssen wir darauf hoffen, dass unsere Timing-Methode für Tagestrends nicht nur genau ist, sondern außerdem die Trends erkennt, die bei der jeweiligen Commodity ausreichend Spielraum bieten. Doch wir wissen, dass manche Commodities (so gut wie) immer mittelmäßige Bilanzen aufweisen. Vielleicht wäre es also sinnvoll, manche nur aufgrund des Mangels an langfristigen Gewinnchancen von vornherein auszuschließen? Meiner Ansicht nach ist das auf jeden Fall ratsam. (Ich denke, Hafer, Mais, T-Bills, Eurodollars und noch ein paar andere können wir getrost außer Acht lassen).

Nun müssen wir als Erstes einen Indikator, eine Art Barometer finden für das, was wir suchen – starke (große) Trends im Tagesverlauf. Wir wollen uns nur dann engagieren, wenn unser Indikator auf die Existenz eines ausgeprägten Trends hinweist.

Ein Maßstab für Trendbewegungen während des Tages ist die Tagesspanne (niedrige bis hohe Kursdifferenz), die direkt zumindest eine große Bewegung an diesem Tag misst (wobei es innerhalb der Spanne zu mehreren solchen Bewegungen kommen kann). Wir wissen, dass große Spannen zumindest eine Trendgelegenheit im Tagesverlauf bieten, und darauf kommt es uns an. Vielleicht gibt es ja mehr als einen Trend, doch nach meiner Erfahrung in der Analyse von Intraday-Bewegungen ist mehr als eine wirklich signifikante Bewegung selten. In den meisten Fällen gibt es gar keine größeren Bewegungen, sondern viele kleine bis mittlere. Gerade das wollen wir nicht, denn unsere (wie alle) Trend-Timing-Methode(n) erreicht in solchen Szenarien nur schlechte Ergebnisse, oder – in diesem Falle dann das Beste – gibt gar keine Signale.

Sollte tatsächlich eine Fortsetzung der Trendbewegung (die wir anhand der Spanne ermitteln) ins Haus stehen, so ist ein gleitender Durchschnitt der Spanne das Mittel der Wahl zur Prognose eines langfristigen, stetig zunehmenden Tagestrends. Wir erfahren so, dass sich im Betrachtungszeitraum im Tagesverlauf eine Reihe von Trendgelegenheiten ergeben, und deren durchschnittlichen Wert. Nun müssen wir nur noch herausfinden, ob dieser Wert groß genug ist – ob er tatsächlich so beschaffen ist, dass unsere Timing-Methode ein zufriedenstellendes Durchschnittsergebnis erzielen kann. Ebenfalls wichtig ist, dass der Indikator weiter zulegt oder ein Mindestniveau nicht unterschreitet, um gute Durchschnittsergebnisse zu ermöglichen. Bei Licht betrachtet ist das ein Anpassungs-, ein Korrelationsprozess – wir müssen den Moving Average für die Spanne ermitteln und feststellen, welcher Mindestwert zu den Phasen passt, in denen unsere Berg-und-Tal-Technik Gewinn verspricht. Und das für jede einzelne Commodity...

Im Grunde berechnet der Trader einen Moving Average der Tagesspanne und steigt ein, wenn dieser einen bestimmten

Wert erreicht oder überschreitet (wobei zur Ermittlung dieses Werts reale oder simulierte Trading-Ergebnisse auf die Bereiche hin abgeklopft werden, in denen der Average gute Leistungen zeigte). Wird dieser Wert nicht erreicht, lässt man am besten die Finger davon.

Der andere Ansatz ist, sich auf solche Commodities zu beschränken, die die im Verhältnis zur Trading-Einheit größten Tagesschwankungen zeigen. Die Grundannahme dabei ist, dass die Commodities mit den höchsten Averages auch weiterhin die höchsten Averages haben werden – und damit aktuell die (im Durchschnitt) besten Trendgelegenheiten bieten. Um hier einen objektiven Wert zu bekommen, muss man den Average jeder Commodity durch die zu Grunde liegende Trading-Einheit teilen (etwa 1/4 Cent bei Weizen, 0,05 bei lebenden Rindern, etc.). Dann wählt der Trader die maximale Anzahl der Commodities für seine momentanen Trading-Vorhaben aus, vielleicht insgesamt 10, und sortiert sie von oben nach unten nach dem gleitenden Durchschnitt des relativen Ausmaßes der Trends (Tagesspanne geteilt durch Basiseinheit). Der große Vorteil dieser Vorgehensweise ist, dass der Trader die besten Gewinnperspektiven ermitteln kann. Ein Schwachpunkt für den Fall, dass sich alle Commodities in der Flaute befinden, ist allerdings, dass der Trader dann auf wenig berauschende Trends reagiert und das Ergebnis entsprechend ausfällt.

2. Starke Trends über Nacht
Ein zweiter Weg zu einer besseren Day-Trading-Bilanz ist, nur solche Trades auszuführen, die mit dem vorherrschenden Trend vom Vortag übereinstimmen. So kann die Trefferquote gesteigert und der Gewinn pro Trade positiv beeinflusst werden, da die Trades besser der Richtung des Trends entsprechen und in Trendrichtung größer ausfallen – ganz einfach deshalb, weil die Kurse im Allgemeinen in diese Richtung verlaufen. Natürlich könnte es zu signifikanten Korrekturen

gegen den aktuellen Trend kommen, die dann gute Gelegenheiten für Day-Trading konträr zum Trend bieten.

Der Erfolg hängt hier stark davon ab, wie zuverlässig die längerfristig ausgerichtete Trend-Methode den Haupttrend bestimmen kann. Solange es sich um eine ausgeprägt starke Trendbewegung handelt, ist das kein Problem. Bei kleinen, kurzlebigeren Trends jedoch fällt man bei der Ermittlung des zu Grunde liegenden Trends oft Schaukelbewegungen zum Opfer, was viele kleinere bis mittelgroße Verluste nach sich ziehen kann. Über das Schicksal von Day-Trades lässt sich hier nur mutmaßen. Das Ausmaß der Tagestrends wird im Durchschnitt geringer sein, doch ob die Berg-und-Tal-Methode eine bessere, eine schlechtere oder eine unveränderte Trefferquote zeigt, ist schwer zu sagen. Die Day-Trading-Technik wird sich hier eher auf Trends konträr zu der neuen Richtung des längerfristigen Trends konzentrieren, da die langfristig ausgerichtete Trendtechnik den aktuellen Entwicklungen hinterher hinkt. Doch der längerfristige Trend wird seine Richtung vielleicht bald wieder ändern, so dass der Day-Trade womöglich (völlig unbeabsichtigt) mit diesem Trend geht.

LATE-IN-THE-DAY-TRADING

Wir müssen den Trading-Tag als Miniaturausgabe eines längeren Zeitraums betrachten, etwa eines Jahres. Wie beim Trading von Optionen ist der Wert der Option respektive des Day-Trades am Ende des Zeitraums gleich Null. Es ist nicht ratsam, einen Trade kurz vor Ende der Laufzeit des Basiswerts einzugehen, denn die Aussichten auf Gewinn sind dann nur noch gering (wobei es bei manchen Optionen gegen Ende der Laufzeit noch zu großen Kursbewegungen in Gegenrichtung zum Basiswert kommen kann). Nur ein kleiner Teil der Trendbewegung (wenn man eine große erwischt hat) findet normalerweise am Ende des Tages statt. Der Löwenanteil spielt sich vorher ab, gleich zu Anfang, mitten am Tag, oder allmählich im Tagesverlauf.

Ein weiterer Faktor sind die Trading-Kosten. Selbst wenn ein Trader sicher wüsste, dass ein Trade gegen Ende des Tages noch etwas Gewinn bringt, muss er sich mit dem unvermeidlich niedrigeren Durchschnittsgewinn zufrieden geben und diesen den Trading-Kosten gegenüberstellen (Slippage und Provisionen).

Welcher Zeitpunkt zu spät ist für einen Trade, ist von Commodity zu Commodity unterschiedlich (siehe die Überlegungen zu frühem, spätem und idealem Zeitpunkt in Kapitel 4). Bei Silber etwa sind auch spät am Tag noch rasche, deutliche Kursveränderungen drin, während für T-Bonds und Schweizer Franken lange, gleichmäßige Bewegungen über den ganzen Tag typisch sind, so dass am Tagesende nur noch wenig Spielraum für Profit besteht.

Für jede Commodity gilt ein anderer Zeitraum als spät (siehe wieder Kapitel 4), doch generell kann man sagen, dass ein in der letzten Stunde eingegangener Trade wenig Aussichten auf Gewinn hat. In diesem Zeitabschnitt sollte man also von weiteren Trades absehen.

EIN TRADE PRO TAG

Wenn wir den Trading-Tag als Miniaturausgabe eines längeren Zeitraums – etwa eines Jahres – betrachten, stellen wir schnell fest, dass es der sicherste und lukrativste Trading-Stil ist (mit der höchsten Erfolgsquote und dem größten Gewinn pro Trade), einen großen Trend abzupassen.

In der Kürze der Zeit eines Trading-Tages können sich kaum mehrere Trends entwickeln. Dramatische Richtungsänderungen sind ebenfalls eher unwahrscheinlich, da normalerweise etwas Zeit und große Aktivität seitens der Trader erforderlich ist, damit sich an einem Tag ein ausgeprägter Trend herausbildet. Doch die Trader ändern ihre Grundhaltung zur Trendrichtung nicht so

oft, so dass ein Trend (Trading-Seite), der bereits den Großteil des Tages über angehalten hat, nur schwer von einem starken Trend in die Gegenrichtung außer Gefecht gesetzt und gedreht werden kann. So erweisen sich die meisten Bewegungen in die Gegenrichtung als Reaktionen zur Gewinnmitnahme oder als kleine Gegenbewegungen. Auch die Zeit, die uns noch bleibt für einen zweiten, dritten Trade oder mehr Trades grenzt die Gewinnmöglichkeiten eines jeden Trades stark ein.

KEIN WIEDEREINSTIEG IN DIE GLEICHE POSITION

Wird ein Trade ausgestoppt, muss der Trader entscheiden, ob ein Wiedereinstieg in gleicher Position sinnvoll ist. Der Stopp weist entweder auf ein Verebben des Trends hin oder darauf, dass die Position Verlustrisiken birgt. Die erste Möglichkeit (Ende des Trends) ist leider nicht immer folgerichtig, denn darüber kann nur die Berg-und-Tal-Methode Sicherheit geben. Die zweite, ein Schutz gegen Verluste in dieser Position, ist ähnlich unbelegt, da der Trend sich ja noch fortsetzen kann (unter stärkeren Kursschwankungen). Das Ziel ist jedoch einleuchtend: Der Trader will keine Verluste.

Angesichts der dürftigen Argumente für Stopps – denn der Trend ist ja nicht nachweisbar am Ende – müssen wir uns stets vor Augen führen, dass wir uns aufs Day-Trading verlegt haben, um unser Trading-Kapital vor Verlusten zu schützen – ob nun aus einzelnen Trades oder kumuliert. Weil ein Trend manchmal lange braucht, um seine Richtung zu ändern, könnte sich der Gewinn aus einer aktuellen Position verflüchtigen und stattdessen Verlust entstehen. Aus diesem Grund wird der wirklich konservative Trader nicht auf den Einsatz von Stopps verzichten und auch nicht die gleiche Position (in gleicher Richtung) wieder einnehmen, denn er geht davon aus, dass der Stopp korrekt funktioniert hat und auf eine Trendwende hinweist (so dass wir für den Einstieg in eine neue Position ein neues Trend-Signal abwarten).

Die Lösung des Dilemmas liegt darin, über ausgiebige Testläufe oder Analyse historischer Daten eine deutliche Korrelation zwischen der Auslösung eines Stopps und dem Ende des aktuellen Trends zu ermitteln. Besteht sie, kann sich der Trader durch Stopps vor Kapitalverlusten schützen, besteht sie nicht, wird durch einen voreiligen Stopp eine einwandfreie Trend-Position aufgelöst, was unterm Strich Gewinneinbußen bringt.

INDEX

INDEX

Die „Börsenstadt" repräsentiert das erste wirklich
interaktive Börsen-Hotline-Angebot Europas.
Dank der einmaligen Telefontechnik bewegen
Sie sich blitzschnell entweder mit Ihrer Stimme
oder per Tonfrequenzwahl zwischen
den brandaktuellsten Börseninformationen.
Über das gesamte aktuelle Börsengeschehen hinaus
finden Sie neben Kursen, Charts und Analysen
sogar konkrete Empfehlungen und Strategievorschläge
– **24 Stunden am Tag und 7 Tage die Woche.**
Rufen Sie uns an, und lassen Sie sich überraschen!

BÖRSENSTADT
0190 77 33 44

Europas grosses Börsenforum per Telefon & Faxabruf

Für alle Interessierten haben wir exklusiv für Sie den „Börsen-
stadt-Infoletter" entwickelt, der Sie regelmäßig
über alle Erweiterungen und technischen Neuheiten
der Börsenstadt informiert.
Rufen Sie uns einfach unter 0 80 31/20 33 -0 an,
oder senden Sie uns die im Buch beigelegte
Postkarte zurück. Dann werden Sie regelmäßig informiert!
Gratis und vollkommen unverbindlich!

EINE NUMMER, BLITZSCHNELLE AUSWAHL.

TM BÖRSENVERLAG AG, 1 MIN = 2,42 DM

Alle Neuerscheinungen mit bis zu 30 % Nachlaß über die Börsen-Post

Alle Neuerscheinungen werden Ihnen rechtzeitig vor Auslieferung in unserem Infoletter „Rosenheimer Börsen-Post" vorgestellt und mit einem <u>attraktiven Subskriptionsrabatt</u> bis zu <u>30 %</u> ange-boten. Bitte lassen Sie sich bei Interesse auf die Bezugsliste setzen. Die Börsen-Post wird Ihnen kostenlos übersendet und verpflichtet Sie zu nichts.

Unser Katalog gratis!

Wir informieren Sie gerne und ausführlich über unsere <u>Börsen-Briefe</u>, <u>Börsen-Bücher</u>, <u>Börsen-Signale und Börsen-Hotlines</u>.

Lassen Sie sich bitte unverbindlich unseren aktuellen Börsen-Katalog zusenden.

Rufen Sie einfach an unter 0 80 31/20 33-0, oder schicken Sie uns die beigefügte Postkarte.

ROSENHEIMER BÖRSEN KATALOG